揭示企业常青的秘密
打造中国百年企业

DO YOU WANT TO DO
BUSINESSLONGEVITY

你想企业长寿吗？

刘战 主编

从世界五百强的兴衰轨迹
看百年不老企业打造规律

社会科学文献出版社
SOCIAL SCIENCES ACADEMIC PRESS (CHINA)

序

记得三年前的一天，刘战带着一份写作计划找到我，说是要写一本关于世界500强企业兴衰成败规律方面的书，目的是为有志于打造百年不老企业的中国企业家和同人提供参考和借鉴，请我给予指导和支持。我知道，刘战是一位有激情、有志气、有能力，而且说到做到的人，他主编的《实践"三个代表"巩固执政党地位——苏共丧失执政地位的教训与启示》和《当代中国系统管理——"三个体系"建设的实践与探索》等书，在思想理论界和管理界都有良好的影响和声誉，并被选为中央党校研究生的参考教材。但同时我也知道，刘战没有具体从事过企业管理工作，对他能否做成这件事情，心里"没有底"。不过，被刘战那热情洋溢的解释说明和充满自信的激情所感染，我还是同意了。

三年磨一剑。三年后的今天，一部名为《你想企业长寿吗》的书稿摆在了我的面前。

我开始阅读这部厚厚的书稿，越读越兴奋，越读越觉得有味道。读完之后，不仅三年前那"心里没底"的感觉荡然无存，而且一种新的感受油然而生：这本书的确有它自己与众不同的特色。

第一，愿景可嘉，具有针对性。当年刘战说，撰写本书的愿景目标就是为有志气的企业家提供一本怎样才能管理好、打造好企业的通俗读物，以期为国家和企业的强大作出贡献。现在我深为这种精神境界所感动。企业强则国家强，中国赶超世界经济强国的根基在于打造强大的企业群，而目前这方面的工作还任重道远。从总体上看，进入世界500强的企业不仅强大，而且寿命也比较长。相比之下，中国的企业特别是民营企业的平均寿命则比较短，打造百年企业的要求既现实又紧迫。本书的可贵之处，正在于从世界500强企业的发展轨迹中探求打造百年不老企业的规律，以期为中国的企业家们提供借鉴。这种责任、精神和境界，令人钦佩！

第二，观点鲜明，具有本质性。作者从大量世界500强企业的资料中感悟、提炼出了许多鲜明的观点。例如，"决策是企业长盛不衰的心脏""决策正确是企业百年不老的秘诀"，并用大量正反案例加以说明，形象地揭示了"决策"在企业生存、发展中的极端重要性。又如，"期权制是企业管理的'金手铐'"，形象地揭示了用期权制的形式来激励员工的重要意义；"资金是企业长盛不衰的血脉""虚拟经济是把双刃剑"，形象地说明资金和融资对企业的极端重要性。再如，"执行力决定着企业的盛衰成败""成功的企业是对责任的成功经营""人才是企业长盛不衰的第一资本""文化是企业长盛不衰的灵魂""品牌能使企业保持旺盛的生命力""员工是企业长盛不衰的基石"等等，揭示了执行力、责任、人才、文化、品牌、员工在企业发展中的重要作用。这些"过目不忘"的警句可以说俯拾皆是、贯穿全书，以简短精练、通俗易懂的方式揭示了500强企业"百年不老"的真谛。

第三，论述深刻，具有规律性。尽管刘战一再说明，此书不是一部系统的教科书，不是一项创新的科研成果，不是所有500强企业经验的全面总结，而是一部提供给企业家一点启发、格调新颖的书，是一把打开财富之门的钥匙。但是，本书还是从企业的决策、执行、责任、考核、人才、管理、机制、资金、文化、品牌、员工等11个方面进行了较为系统的研究和总结，并做了深刻论述。这些论述，比较深刻地揭示了企业长盛不衰的一般性和普遍性的规律。例如，在企业决策方面，从决策地位、决策要素、决策方法等方面展开论述，阐明企业正确决策应遵循的规律；在企业的执行力方面，从执行力的作用、执行不力的表现、企业如何打造高效执行力等方面展开论述，阐明了企业在强化执行力上应遵循的规律；在责任方面，从责任主体、责任目标、责任管理、企业的社会责任等方面展开论述，阐明了企业在落实责任、建立责任体系中应遵循的原则和方法；在人才方面，从什么是人才，企业如何发现人才、使用人才、留住人才等方面展开论述，揭示了企业在人才管理方面应把握的规律；在品牌方面，从品牌价值、品牌价值塑造、强势品牌的锻造等方面展开论述，揭示了500强企业打造品牌的真谛；在员工方面，从企业需要什么样的员工到如何锻造员工队伍展开论述，总结了员工管理的经验。特别是在管理理论方面，在总结世界500强企业人力资源管理经验的基础上，首创性地提出了"综合人假设理论"，深刻论述了这一理论的核心内容及其作用，为企业管理特别是打造百年不老企业的实践提供了强有力的理论依据。这些总结和探索都是难能可贵的。

第四，案例鲜活，具有现实性。事实胜于雄辩。本书从世界

500强企业和国内知名案例中选用了大量正反两个方面的实例，来说明打造百年不老企业的规律，可谓言之确确，事据凿凿，故事生动，令人震撼。书中选用的案例多达170多个，有保罗·盖帝、摩托罗拉、埃克森美孚等成功决策的故事，也有王安电脑公司、铁本公司、大宇集团等决策失误的案例；有通用电气公司原总裁韦尔奇在决策、执行、用人等方面引人入胜的故事，也有丰田、惠普在责任、考核、文化等方面的具体做法；还有杜邦、沃尔玛、爱立信、IBM、松下、宝洁、微软等众多公司的鲜活事例。读这些案例，使人如临其境、如见其事，有的让人拍案叫绝、兴奋不已；有的让人惊心动魄、久久难忘；有的让人痛心疾首、荡气回肠；有的让人茅塞顿开、一学就会；有的让人浮想联翩、回味无穷。读者可以从这些鲜活的案例中领悟管理的奥妙，学习成功的做法，吸取失败的教训，理解和掌握企业百年不老的规律。这些鲜活的案例，犹如肥沃的土壤、纯净的空气、灿烂的阳光，使读者从中汲取丰富的营养，升华自己的境界。

第五，体例新颖，具有可读性。本书在写作形式上采取"论述、案例、思索"三位一体的模式，分章节逐一展开，可以说在企业管理方面的图书中是不多见的。读"论"，可以使人明"理"，提高理性认识；读"例"，可以使人增"智"，增加感性认识；读"思"，可以使人开"慧"，丰富人生哲理，加深对"百年不老"规律的理解。"论、例、思"三方面相互作用，增强了作品的说服力、感染力和渗透力。

总之，本书是一本易懂、管用的通俗读物，对企业家的理论提升和管理实践具有很好的启示、借鉴作用，同时为企业管理专家、学者进行中外企业研究也提供了丰富的素材。他山之石，可

序

以攻玉,诚如作者在"前言"中所言:谁说企业不能长寿?只要按照百年不老企业的运行规律去用心打造自己的企业,经过代代人的不懈努力,"百年"企业绝不是"神话"。相信此书的出版,定能为有志于打造百年不老企业的中国企业家和仁人志士实现自己的梦想提供有益的借鉴和启示。

是为序。

王伟光

(作者系中国社会科学院常务副院长)

2011 年 12 月 20 日

目 录

前　言　百年企业不是"神话" / 1

第一章　决策是企业长盛不衰的心脏 / 1
　　第一节　决策地位 / 2
　　第二节　决策要素 / 16
　　第三节　决策方法 / 63

第二章　执行是企业长盛不衰的关键 / 86
　　第一节　执行力决定着企业的兴衰成败 / 87
　　第二节　执行不力的表现及其原因 / 99
　　第三节　高效执行我们也能做到 / 109

第三章　责任是企业长盛不衰的命脉 / 121
　　第一节　责任主体 / 123
　　第二节　责任目标 / 130
　　第三节　责任管理 / 141
　　第四节　社会责任 / 157

第四章　考核是企业长盛不衰的加油器 / 171
　　第一节　做好一把"尺子" / 173
　　第二节　扬起督导"鞭子" / 176

第三节　一把尺子"量"到底 / 181

第四节　让考核结果"说话" / 183

第五节　拆除"篱笆墙" / 188

第六节　抓住"灵魂"来考核 / 191

第五章　人才是企业长盛不衰的第一资本 / 197

第一节　慧眼识珠发现人才 / 200

第二节　各尽其能用好人才 / 215

第三节　想方设法留住人才 / 225

第六章　资金是企业长盛不衰的血脉 / 238

第一节　融资 / 239

第二节　外源融资 / 249

第三节　融资与投资 / 256

第四节　资金管控 / 271

第五节　资金链 / 284

第七章　理论是企业长盛不衰的航灯 / 298

第一节　管理理论的形成及发展 / 299

第二节　人性假设理论的地位作用 / 303

第三节　人性假设理论的历史回顾 / 305

第四节　综合人假设理论的创新依据及核心内容 / 309

第五节　综合人假设理论的管理方式及实践效果 / 339

第八章　机制是企业长盛不衰的杠杆 / 343

第一节　机制具有根本性、稳定性、长效性 / 344

第二节　我国激励机制建设的历史演进及存在的突出问题 / 362

第三节　"四个体系"激励机制的核心内容 / 367

第四节　机制创新需要把握的几个关键问题 / 389

目 录

第九章 文化是企业长盛不衰的灵魂 / 403
第一节 什么是企业文化 / 404
第二节 企业文化有哪些作用 / 416
第三节 如何建设企业文化 / 433

第十章 品牌是企业长盛不衰的旗帜 / 450
第一节 品牌价值 / 451
第二节 品牌价值塑造 / 462
第三节 强势品牌的锻造 / 472

第十一章 员工是企业长盛不衰的基石 / 487
第一节 企业需要"会做人"的员工 / 487
第二节 企业需要"能做事"的员工 / 500
第三节 企业需要"善管理"的员工 / 512

附 件
1. 美国《财富》世界500强评选特点 / 533
2. 国际其他"大编队"扫描 / 534
3. 中国进入《财富》世界500强情况 / 537
4. 参考书目 / 538

后 记 / 543

前 言

百年企业不是"神话"

在世界经济奔腾不息的历史长河中，无数企业生生息息、盛盛衰衰，上演着一幕幕波澜壮阔的历史剧。它们有的像陨落的流星，一闪而过；有的像霜打的鲜花，中途夭折；有的则像奔腾的江河，源远流长。特别是世界500强企业，它们在曲折中不断发展壮大，引领着时代的潮流，弹奏着世界经济发展的最强音，创造着百年企业的"神话"。这其中有规律和奥秘可寻吗？

几年来，我们一直思索和探讨着这个问题。我们认为，企业是社会物质财富和精神财富的创造者，是一个国家国民经济的细胞和市场经济活动的主体，是一个社会赖以生存和发展的根基。企业的发展对一个国家、一个民族的兴衰至关重要。企业强则国家强，企业弱则国家弱，企业衰则国家衰。只有企业做大做强，国家才能强大；只有企业长盛不衰，国家才能长治久安。探求企业长盛不衰的规律，是摆在我们面前重大而现实的课题，也是每一个中华民族的优秀儿女义不容辞的责任和义务。

从当今世界经济发展的趋势看，一个国家的综合经济实力和国际竞争力，越来越集中地表现为这个国家所拥有的世界级大企业的数量与竞争力，特别是以世界500强企业为代表的大企业的数量和实力。随着经济全球化的深入发展，那些综合经济实力和国际竞争力越强的国家，往往也是拥有世界500强企业越多的国家。以大企业出现最早、发育最成熟的美国为例，一方面，只占全美2000多万家企业5%的美国大公司，其生产总额高达全美企业生产总额的50%~60%，所创造的国民生产总值和联邦政府财政收入均达到全美的一半以上；另一方面，近10年来，美国企业进入世界500强的数量始终保持在130家以上，并有几十家企业在各自行业排名中位居世界第一。美国的大企业不但在美国国内社会经济活动中起着决定性的作用，而且为美国的国际地位奠定了雄厚的经济基础。因此，我们要赶超世界经济强国，其根基在于打造自己的大企业群、强企业群和百年不老企业群。

　　从中国企业的情况看，改革开放30多年取得的巨大成就为国家培育发展更多的大企业创造了有利条件。早在1995年中国就有3家企业进入《财富》杂志世界500强排行榜，2011年更是达到了69家，数量超过日本排名第二，仅次于美国的133家。但是，大而强、强而寿的企业数量少的状况不容忽视。特别是作为中国市场经济主体中最活跃、最具生命力和成长性的民营经济，虽然已占GDP总量的66%，税收贡献率达71%，但据《中国民营企业发展报告》统计，全国每年增加15万家民营企业，同时每年又有10万多家倒闭；有60%的民营企业在5年内死亡，有85%的民营企业在10年内死亡，平均寿命只有2.9年。许多曾经辉煌一时的企业明星的衰败令人触目惊心、扼腕痛惜。因此，探求企业长盛不衰、百年不老的规律，不仅是中国企业自身迫切渴望解决的一个核心问题，更是确保中国经济社会长足发展急需解决的现实问题。

前言　百年企业不是"神话"

于是，带着这个问题，我们走进世界500强，沿着它们的兴衰轨迹，研究它们的发展历史，探求它们做大做强的规律和百年不老的奥秘。我们不企求写一部系统的教科书，不企求搞一项创新的科研成果，也不企求写成所有500强企业全面经验的总结，但是，我们要为有志气的企业家提供一本易懂、管用的通俗读物，提供一把启发灵感、打开财富大门的钥匙，以期为国家和企业的强大作出贡献。为此，我们用三年多的时间，收集了大量世界500强企业和国内知名企业的资料，查阅了世界著名经济学家、管理学家的伟大著作，为进行分析、研究收集了丰富的素材。然后，从这些丰富的资料中，认真地查找、分析、鉴别、比较，筛选出大量精彩的案例，作为重点研究的对象，并从这些生动的案例中，总结它们的经验，找出它们的教训，研究它们的做法，体会和感悟其中蕴涵的真谛，仅书中选用的精彩案例就达170多个。最后，在此基础上进行总结、归纳、梳理、论证，从企业的决策、执行、责任、考核、人才、管理、机制、资金、文化、品牌、员工等11个方面进行发掘，总结提炼出带有一般性和普遍性的经验，加以归纳论证，以此揭示打造百年不老企业的规律。至此，企业长盛不衰的奥秘就展现在我们面前——真可谓"众里寻他千百度，蓦然回首，那人却在，灯火阑珊处"。当这部书成稿的时候，我们从中看到的，不就是百年企业的奥秘吗？

现代管理之父、管理学宗师彼得·德鲁克曾经说过："没有一条法则说一家公司必须永远存在。相反，有一条法则说人所创造的每一样东西都会消亡。一家公司保持成功25年就已经很了不起了。企业的不朽是华尔街的神话。"德鲁克说得不错，但他是从一般"法则"而言的。从现实来看，到目前为止，尽管有资料统计表明，全球企业组织在总体上呈现出高死亡、短寿命的特征。如，美国有62%的企业平均生命周期不到5年，存活能超过20年的企业只占10%，只有2%的企业能活50年；日本和欧洲企业的平均寿命为12.5年；即使进入世界500强的企业，平均寿命也只有40~50年。但是，尽管如此，现实生活中长盛不衰、百年不老的企业也屡见不鲜。中国的"同仁堂""全聚德""张裕"等都是百年老店，而瑞士的劳力士、美国的杜邦和德国的西门子等公司的寿命都超过了200年，美国的花旗银行、宝洁、通用电气、波音、强生、沃尔玛、福特、默克制药、IBM、3M、迪斯尼、摩托罗拉、惠普等500强企业的平均年龄超过了98岁。谁说企业不能长寿？只要按照百年不老企业的规律和奥秘去用心打造自己的企业，经过代代人的不懈努力，"百年"企业绝不是"神话"！

在本书的撰写过程中，我们把握了以下原则：一是力求观点鲜明，所提炼出的论点具有真理性、指导性和可操作性；二是论述深刻，力求把一些企业由小到大、由弱到强的成功经验和由兴到衰的失败教训进行对比，从中得出规律性的东西，给人以深刻的启示；三是事例鲜活，力求用事例说话，以事实说理，主要从世界500强企业和我国知名企业中选择鲜活的案例，求阐明道理、揭示规律，以增强作品的震撼性和可读性。

你想企业长寿吗？那就按照它的规律去用心打造它吧！请坚信，"百年"企业不是"神话"！

编　者

2011年12月

第一章
决策是企业长盛不衰的心脏

"决策是管理的心脏,管理是由一系列决策组成的,管理就是决策。"这是决策理论大师赫伯特·西蒙的一句名言。西蒙1916年6月15日出生于美国密尔沃基市。现代企业经济学和管理研究大部分建立在西蒙思想之上。因此,1978年,由于对经济组织内的决策程序所进行的开创性研究,他获得了诺贝尔经济学奖。西蒙是以管理学家身份获得这一殊荣的唯一人士,是前无古人的。他的这一著名论断值得每一位企业家深深铭记和反复品味。

决策有狭义和广义之分。狭义决策,是指在几种行动方案中进行选择的一个过程,就是指拍板、作出决定;广义决策,是指在组织的内、外部环境进行综合分析的基础上,确定组织目标,并用科学的方法拟定、评估各种可行方案,从中优选出合理方案并予以实施的过程。决策的概念包括了以下四个要点:一是决策要有明确的目标,这是决策的出发点和归宿;二是决策要有两个或两个以上的可行方案供选择,但只能选择一个作为行动方案;三是决策要有科学的分析、评价和选择,还必须知道采用各种方案后可能出现的各种结果;四是决策是一个过程。

西蒙对传统的决策理论进行了严厉批评,提出一系列新的、与众不同的观点:①管理就是决策,决策贯穿于整个管理过程。组织是作为决策者的个人所构成的系统,组织活动的本质就是决策,对组织活动的管理包含着各种类型的决策；②管理的实质是决策，它是由一系列相互联系的工作构成的一个过程。这个过程包括四个阶段：情报活动、设计活动、抉择活动、审查活动；③用"令人满意的原则"代替传统决策的"最优化原则"。他认为，企业决策者并不拥有"完全理性"而只有"有限理性"，并且他们不再追求"最优"而只追求"满意"；④一个组织的决策根据其活动是否反复出现，可分为程序化决策和非程序化决策。此外，根据决策条件，决策还可分为肯定型决策、风险型决策和非肯定型决策，每一种决策所采用的方法和技术都是不同的；⑤发展人工智能，逐步实现决策自动化。

第一节　决策地位

管理活动的成功，组织目标的达成，必须基于成功的决策。决策是管理工作的核心，决策是计划的灵魂，它对管理具有决定意义。现代管理者只有善于在预测的基础上进行科学的决策，才能达到各自的管理目标，实现企业长盛不衰。

正确的决策是在正确的时机、正确的场合做正确的事情。

正确的决策包含两个方面：一方面是顺应时代的潮流，把握事物内在的发展规律，学会顺势，才会有作为；另一方面，扬长避短发挥自己的优势。做最适合自己的事，选自己最有优势的事，个人才会发展，企业才会长寿。

（一）决策正确是企业百年不老的秘诀

比尔·盖茨曾经精辟地概括说："进步来自正确的决策。"希尔顿连锁酒店的创始人康拉德·希尔顿进一步阐述说："一个企业只要领导层决策正确，员工犯点小错误，不会影响它的发展。"世界500强的经验证明，企业出现的问题，如果仔细研究，大多是源于决策的问题。决策正确了，大方向定好了，其余就变为细枝末节了；决策失误，尤其是重大决策一旦失误，会给企业带来不可估量的损失，甚至是灭顶之灾。决策的重大意义和战略地位可以用一个通俗的比喻来理解：有一位农夫，在自家的东院墙外种了一棵大杏树，杏子熟了，农夫命令儿子把梯子靠在西院墙上摘杏子，儿子越用力爬，离目标越远。在企业里，决策错了，也就是梯子靠错了墙，职工越用力，给企业造成的损失就越大；只有放梯子的位置选正确了，也就是有了正确的决策，企业才会平步青云、迅猛发展。

案例一　发展方向的正确决策使他登上了世界首富的宝座

世界首富保罗·盖帝出生在美国加利福尼亚州。中学毕业后他在南加州大学就读了一阵后，转到伯克利加州大学。这个美国十大最好学校之一的大学，仍然不能令他满意，他又转到英国的牛津大学。他说牛津大学的政治经济学是世界上最好的，在那儿所受到的教育，在他一生中受益最大。

保罗·盖帝1914年9月开始进入石油业。1916年和父亲合伙组建了盖帝石油公司。在石油勘探、开采、销售的商海里，保罗·盖帝的聪明才智得到了充分发挥，21岁那年就成为百万富翁。1957年，他被《财富》杂志评选为世界首富。

保罗·盖帝在事业上并没有走多少弯路，他凭着雄厚的知识积累、敏锐的商业敏感和年轻人难有的自信心，在从业之初就对自己的发展方向做出了正确的决策。在谈到自己获得超常成功的体会时，保罗·盖帝饱含深情地说："没有一个人会事事都做对的——不管他是生意人、酒吧里的调酒师、生物学家或公共汽车司机，都如此。但是，有的时候，在某种情况下，一个商人一旦作出了正确决策，选择了正确方向，那他就会获得重大的成功，在他的事业上建立起里程碑。我的第一次重大成功，始自1915年，在俄克拉荷马州，买下了西南泰勒土地租用权。虽然在那个地方，我第一次挖到了产油的井，然后把它卖掉，只赚了1.2万美元，但这初次的胜利对我一生影响极大，当时有几件事情，决定了我一生事业的走向。首先，我买了这个租用权的时候，当时还有许多老经验在场，这点使我对自己的判断能力和做生意的能力建立了信心；其次，我钻出了石油，使我又建立起作为一个独立探油人的信心；其三，由于这初次的成功，使我得到了无限的快慰。因此，我决定终生从事石油行业。"①

> **深度思索** 投资重点的选择、发展方向的确定，对一个人事业的成功、对一个企业的长盛不衰至关重要。保罗·盖帝之所以成为世界首富，就是在决策上找到了最适合自己发展的事情。俗话说："女怕嫁错郎，男怕选错行。"作为一个胸怀大志的企业家，务必把主要精力放在企业愿景的谋划上、战略目标的确定上、主导产业的培育上和发展方向的选择上。

案例二　摩托罗拉具有远见的决策

摩托罗拉公司的前身是保罗·高尔文于1928年在美国成立的高尔文制造公司，1947年更名为摩托罗拉公司。它最早生产汽车收音机与音响，后来发展到无线电对讲、宇航通讯，与诺基亚、爱立信并称为世界通讯三大巨头。在2010年的世界500强中，排名第391位。

1992年，摩托罗拉经过一番考察之后，出资12亿美元，在天津经济开发区注册成立了摩托罗拉（中国）电子有限公司。摩托罗拉第三代掌门人、前总裁克里斯罗夫·高尔文决策的独到之处就是预见。他在一次演讲中说："1986年，我跟随父亲访问中国三个星期，走了一些地方，看到中国正在寻求更快的发展。通过这次访问，我们意识到了与中国人民建立一种密切的伙伴关系，将给我们带来巨大的市场，并且对摩托罗拉的生存与发展是不可或缺的。"之后，摩托罗拉

---

① 〔美〕保罗·盖帝：《我如何成为世界首富》，滕飞译，企业管理出版社，2006。

高层一致决策，不断扩大在中国市场的投资。

十多年过去了，摩托罗拉在天津的投资已超过了34亿美元，建立了6个现代化的高科技工厂，生产手机、芯片、半导体、双向对讲机、基站和手机配件等产品。摩托罗拉在天津还成立了亚洲通讯产品和半导体集成生产中心两大基地，天津已成为摩托罗拉在全球主要的生产基地之一。试想，如果没有高尔文当初高瞻远瞩的决策，如果不抢先占领中国这个大市场，摩托罗拉绝不会有今天的长足发展。①

深度思索 一个企业的成功，关键在于它的决策。一个远见卓识的决策，会引导企业走向更广阔、更快速的发展之路。正如拿破仑·希尔说的："一次决策失误有可能导致全军覆没，而一次英明的决策则可能创造奇迹。"摩托罗拉就是在企业发展战略上，做出了正确决策，站在了时代的潮头，借助中国经济腾飞之势，实现了企业发展。

（二）决策失误是酿成悲剧的祸根

世界管理大师、通用电气公司前董事长兼CEO杰克·韦尔奇说："无能的管理者是企业的杀手，而且是职业杀手。在讨论一项决策时，你要清楚地约定足够的限制条件，因为通用电气是一个全球企业，任何一个小的失误都有可能造成严重后果，甚至让你扮演杀手角色。"从《财富》杂志几十年来发布的世界500强排序名单上看，能在500强中牢牢站稳脚跟的确不是一件容易的事。一些曾经风光一时的大企业因为种种原因或排名迅速下滑，或干脆被淘汰出局。究其"折戟受挫"的深层根源，决策失误当列祸根之首。

---

① 吴能文：《落实力就是战斗力》，新世界出版社，2008。

案例一　璀璨的流星——王安电脑

王安电脑公司的前身，是中国移民、哈佛大学博士生王安于1951年创办的一家小型电子公司，专门生产应用王安发明的磁脉冲记忆芯片的特种电子与数字设备，即磁芯存储器。王安本是上海交通大学的高才生，1945年赴美深造，就读于哈佛大学。其创业资本只有600美元。到1955年，王安正式将企业注册为王安电脑公司，自任总裁兼财务主管。

王安公司先后研制了计算机的排字系统，LOCI及300系列可编程计算器、磁性脉冲控制仪等产品，这些为当时计算机小型化作出了重大贡献。1964年公司销售额突破100万美元，从此王安电脑公司进入了爆发性成长阶段。1970年，公司销售额达到2500万美元；1980年公司销售额达到5.43亿美元；1984年突破20亿大关；1988年，公司销售额达到29.15亿美元，被《财富》杂志列为全世界500强企业之第414位。王安个人资产超过20亿美元，名列当时全美第五大富豪。1989年，自由女神像落成100周年之际，美国总统里根亲自授予王安自由勋章，以表彰他对美国科学发展作出的杰出贡献！鉴于他在科学和实业上的杰出贡献，他以得票数第一的显赫成就荣登美国12位最杰出的移民之首。

好景不长，王安电脑公司的溃败竟然比爆发性成长来得更快。1985年，王安电脑公司总裁卡宁哈姆和执行副总裁J. A. 克罗伯及销售官员J. K. 马西相继辞职。王安不得不于1986年任命其子费雷德·王担任总裁。1989年，公司亏损4.24亿美元。为此，王安再次撤免儿子费雷德·王，并以100万美元年薪聘请经营能手理查德·W. 米勒担任公司总裁。米勒虽是管理能手，却是计算机行业的新兵，对产品开发一无所知。公司债务虽一时得到缓解，作为公司生命线底蕴的新产品却始终不能面世，公司战略性产品方向的错误终于显露无遗。公司销售额1990年大幅度下降，只有13亿美元。公司的市场价值也从56亿美元降至不足1亿美元。公司股票从最高42.5美元降至3.75美元,崩溃之势在即。1990年8月18日,王安电脑公司大厦轰然倒塌,宣布破产保护。曾跻身于世界500强工业企业之列的一颗新星,从此陨落。[①]

深度思索 企业的发展战略决策是决定企业命运的决策。有两层含义:一是用人决策,二是市场决策,在这两个方面如果出现失误,就会危及企业生存。王安电脑公司,曾经作为高科技领域华人世界的一面旗帜享誉全球。这艘华人引以为豪的"巡洋舰"缘何沉没得这样快,失败得这么惨?究其根由,主要是晚年的王安倚功自骄、故步自封、反应迟钝、优柔寡断,在决策上犯了两大错误:一是用人错误,近亲繁殖,人才流失,能人相继辞职挂冠而去,先是不听劝告任用刚愎自傲的儿子费雷德·王,后又重用了只懂管理不懂业务的理查德·米勒,连续的用人失误,使公司伤了元气,在全世界由家族控制的大公司转由职业管理者经营的大势下,王安仍坚持子承父业、逆潮流而动,结局自然不堪回首;二是产品开发方向的决策错误,抱住文字处理机和中型电脑不放,忽视了个人微机的开发设计,未能适应市场变化,终于惨遭市场淘汰。

案例二 可口可乐铤而走险

可口可乐公司成立于1892年,总部设在美国佐治亚州亚特兰大,是全球最大的饮料公司,在2010年公布的世界500强排名中,列第245位。

自从1886年亚特兰大药剂师约翰·潘伯特发明神奇的可口可乐配

---

① 钱风元主编《大编队:全球500强沉浮录》,经济日报出版社,1999。

方以来，可口可乐在全球可谓无往而不胜。直到20世纪70年代中期，可口可乐公司一直是美国饮料市场上无可争议的领导者。然而，1976～1979年间，可口可乐在市场上的增长速度从每年递增13%猛跌到2%。与此形成鲜明对比的是，百事可乐来势汹汹，异常红火。它推出了"百事新一代"的系列广告，将促销锋芒直指饮料市场最大的消费群体——年轻人。同时，百事可乐还大胆地对顾客口感试验进行了冒险的现场直播，连续几次试验，品尝者都认为百事可乐更好喝。"百事挑战"使百事可乐在美国饮料市场的份额由6%狂升到18.8%，与可口可乐21.7%的占有率只差2.9%。

1985年4月23日，可口可乐董事长罗伯特·戈伊朱埃塔在纽约市的林肯中心举行了盛大的新闻发布会，宣布了一项惊人的决定：用"新可乐"取代传统的可口可乐！这次大会，可口可乐公司向美国所有新闻媒介发出了邀请，共有200余名报纸、杂志、电视台记者出席，消息闪电般传遍美国。在24小时之内，81%的美国人知道了可口可乐改变配方的消息，这个比例比1969年7月阿波罗登月时24小时内公众获悉的比例还高。紧接着，全国上下一片哗然。在美国乃至世界商业史上，还从来没有哪一个商业决策能像可口可乐的决策那样引起如此巨大的震惊、骚动和争论。

曾经是神圣不可侵犯的、99年秘不示人的配方忽然被抛弃了，许多人难以理解和接受。"新可乐"上市4小时内，可口可乐公司接到了650个抗议电话。到5月中旬，公司每天接到的批评电话多达5000个，而且还有抗议信件雪片般地飞向可口可乐公司。在西雅图，一群忠诚于传统可口可乐的人组成了"美国老可口可乐饮者"组织，准备在全国范围内发动抵制"新可乐"的运动。到6月中旬，"新可乐"的销售量远远低于可口可乐公司的预期值，不少瓶装商要求改销老可口可乐。到了7月份，只剩下30%的人说"新可乐"的好话了。愤怒的情绪继续在美国蔓延，传媒也乘机煽风点火。堪萨斯大学教授安东尼奥说："可口可乐公司把一个神圣的象征玷污了。"就连董事长戈伊朱埃塔的父亲也站出来批评"新可乐"，并威胁说不认这个儿子了。

公众抗议愈演愈烈。可口可乐公司看到了问题的严重性，决定恢复传统配方的生产，其商标定名为"可口可乐古典"；同时，继续保留新配方，商标定名为"新可乐"。7月11日，戈伊朱埃塔率领可口可乐公司的高层管理者站在可口可乐标志下向公众道歉，并宣布立即恢复传统配方的生产。消息传来，美国上下一片沸腾，所有传媒都以头条新闻报道了"老可乐"归来的喜讯。"老可乐"的归来使可口可乐公司的股价攀升到12年来的最高点。

百事可乐美国业务总裁罗杰尔·恩里克说："可口可乐公司推出'新可乐'的决策是灾难性的错误。"[①]

深度思索　一次决策失误并不可怕，关键是看有没有改正错误。决策不是一锤子买卖，而是一系列连续勇气判断和行动及时发现自己的错误，并果断纠正，坏事就变成了好事，甚至会成为具有奇效的创意，可口可乐的经历就是如此。可口可乐公司更改饮料配方的决策差点使公司陷于难以自拔的危险境地。这一教训可以给我们三点启示：一是做任何决策，特别是重大决策，必须进行深入、广泛、反复的调查研究；二是有些具有民族精神象征的东西绝不可以轻易更改；三是既要敢于作出正确的决策，还要勇于修改错误的决策，这样不但可以减少损失，甚至可能将坏事变成好事，迎来"柳暗花明又一村"。

（三）观念偏颇是科学决策的心腹大患

决策者的素质是影响决策质量的关键因素。决策者对决策的影响，主要通过决策者的知识、心理、观念、能力等各种因素对决策产

---

① 林根祥、伍娜、潘连柏主编《管理学原理习题库》，武汉理工大学出版社，2009。

生作用。在决策时，决策者需要调动心理因素、树立崭新观念、克服思想障碍。此外，决策者还必须具备承担决策风险的心理承受能力。因为，任何大的决策都带有一定程度的风险，并且利润越大风险也越大，决策者对风险的不同态度会影响对决策的选择。喜好冒险的人通常会选取风险程度高但收益也较高的行动方案，而惧怕风险的人则会选择比较安全但同时收益也较低的行动方案；理念先进的人通常会选择时代前卫的行动方案，理念传统的人则会选择古典些的行动方案；思想解放的人通常会选择成就大业的行动方案，观念保守的人则会选择修修补补的决策方案。

有些人之所以终生碌碌无为，甚至陷入贫困平庸之中而不能自拔，主要是因为在人生和经营的决策时，被一些错误观念所束缚，致使在财富之路上误入歧途。概括起来说，影响决策的错误观念主要有12个：

（1）冒险危险，平稳安全；
（2）不在前，不靠后，不紧不慢悠悠悠；
（3）能抠一分是一分，只要省钱就能致富；
（4）冒险挣得再多也是公家的，出一点点事也是自己的；
（5）借钱是坏事，用自己的钱干自己的事才稳当；
（6）失败总不是好事，倒霉了就得认输；
（7）事业成功一靠政府，二靠他人；
（8）只有你输了，我才会赢；
（9）有钱才能办事，无钱没法赚钱；
（10）人若没有钱，也不会有朋友；
（11）马无夜草不肥，人无外财难富；
（12）遇到红灯绕道走，谁老实了谁吃亏。

在决策中，经常听到有人流露上述观念。因为这些话猛一听有些道理，很容易让人信以为真。但是这些错误观念，非常妨碍人们的正确决策，更干扰人们成就大业，必须予以铲除。

第一章　决策是企业长盛不衰的心脏

案例一　王永庆勇于承担决策风险

"塑胶大王"王永庆在台湾是家喻户晓的人物。他创建的台塑企业集团是台湾实业界的典范，为台湾经济的腾飞作出了卓越贡献。他是台湾首富，公认的台湾第一经营管理高手，有"台湾经营之神"的美誉。同时，他又是一个集中国传统家族观念与现代民主管理观念于一身的复杂人物，他独特的经营之道，值得每一位华人企业家细细品味。

王永庆1917年出生于台湾地区台北县一个贫苦茶农之家。由于家境贫寒，刚念完小学就到一家米店当小工。后来他自己开了一家米店，从一斗米赚一分钱做起，王永庆踏上了创业致富之路。在时任台湾"经营安全委员会"负责人尹仲容的扶持下，王永庆进入了塑胶业。1957年3月，台塑建厂开工，月产仅100吨。预计每吨生产成本800美元左右，而当时的国际行情是每吨1000美元，有利可图。但是，当台塑产品正式进入市场时，国际行情迅速跌至每吨800美元以下，台塑的成本高于市场售价，当然无钱可赚，产品严重积压。

为了降低生产成本，王永庆决定扩大生产规模，提高产量。

在产品大量积压时扩大生产，实属冒险。但王永庆认为，与其坐以待毙，不如冒险一搏。

1958年，台塑完成了第一次扩建工程，使月产量提高到200吨。然而，在台塑增加产量的同时，日本、欧洲的同类厂家也在成倍增加产量，成本的降幅比台塑还大，国际行情持续下跌。如此一来，台塑的产品价格还是没有市场竞争力。

怎么办？王永庆决定继续增加产量。不过，增加多少呢？如果一点一点往上加，始终落在别人后面，显然不能改变被动局面。

为此，王永庆召集公司高层及外国专家共商对策。会上，有人提议将月产量增加到400吨，外国专家提议增加到600吨，王永庆大胆决定，增加到1200吨。

从月产量200吨增加到1200吨，未免太过惊人，与会诸人没有一个同意的。外国专家说："要进行大规模扩建，设备就得全部更新，虽然提高到1200吨，成本会大大降低，但风险也随之增大。因此，600吨是一个比较合理的保险数字。"外国专家的意见得到了多数人的赞同。

王永庆坚持说："我们的仓库里，积压产品堆积如山，究其原因是价格太高。现在日本的塑胶厂月产已达到5000吨，如果我们只是小改造，成本下不来，结果只是死路一条。我们现在是骑在虎背上，如果掉下来，后果不堪设想。只有竭尽全力，将老虎彻底征服。"

终于，王永庆的胆识与气魄折服了所有人，他们最后都同意增产到1200吨，拼上老本搏一搏。

当台塑月产量激增至1200吨时，成本果然大幅度下降，终于具备了争胜市场的条件。此后，台塑产品不但垄断了台湾岛内市场，并且逐渐在国际市场上获得了领先优势，终成霸业。①

> **深度思索** 危难关头，鼓勇而上或急流勇退都是可行的选择。不同之处在于，鼓勇而上是冒着更大失败的危险去追求胜利，而急流勇退是放弃胜利以避免更大的失败。在胜负难测时，急流勇退是谓理智，鼓勇而上才有创造奇迹的可能。王永庆之所以成就了称雄塑胶行业的霸业，就是因为他树立了勇于承担风险的观念，形成了敢于拼死一搏的气魄；而那些畏首畏尾、前怕狼后怕虎的人，永远成不了大器！

案例二 铁本之死

1996年，戴国芳注册成立了江苏铁本铸钢有限公司，注册资本200万元。戴国芳决定倾家荡产上高炉项目，高炉建成之日，戴国芳

---

① 胡卫红：《世界500强创始人的16个商业信条》，企业管理出版社，2004。

当着数千工人，面对高炉长跪不起，泪水与汗水交混而下。2003年，铁本钢产量猛增到100万吨，销售收入超过25亿元。在当年度的《新财富》"中国400富人榜"上，戴国芳名列第376位，估算资产2.2亿元。

戴国芳出生在江苏常州的一个小村庄里，是一个从蒿草丛中长出来的苦孩子。12岁那年，因家里实在太穷而辍学，靠捡废铜烂铁维持生计。戴国芳成为亿万富翁后，生活仍然十分俭朴，是当地出了名的"五不老板"——不坐高级轿车，不进娱乐场所，不大吃大喝，不赌博，不住高级酒店。他常年坐的车子是抵债抵回来的桑塔纳2000。

2002年5月，戴国芳提出了在长江边建钢铁厂的规划，总投资为10亿元，占地2000亩，年产260万吨宽厚板。

2003年，在常州市政府和有关人士的热情推动下，铁本项目一改再改，日渐膨胀。短短的6个月，规模从一开始的200多万吨级加码到840万吨级，占地从2000亩攀升到9379亩，工程概算从10多亿元猛涨到106亿元。戴国芳提出了"3年内超过宝钢，5年内追上浦项"的宏伟目标。在那个时候，铁本的固定资产为12亿元，净资产6.7亿元，以这样的资本规模启动超百亿元的项目，无疑是"小马拉大车"。

铁本的新建计划始终得到了当地政府超乎寻常的热情支持。常州人在铁本项目上，尝试着"闯关"，人们怀着侥幸心理，一旦十几亿乃至上百亿元投下去，难道还能将已经生出来的孩子再塞回娘肚子里去？于是，铁本的840万吨项目被拆分成7个项目和1个码头项目分别上报；在建设用地的权证审批上，被化整为零切成14块报批。项目所在地的常州高新区经济发展局在一天内，就火速批准了所有基建项目。戴国芳日后在看守所对来访记者说："当时所有的手续都是政府去搞的，我们也没过问这些事，当政府说可以动了，我们就开工了。"

正当戴国芳信心百倍、披星戴月在工地上奔波的时候，他身边弥漫起了一场漫天大雾。2003年年底，国家拉下了宏观调控的大闸，12月23日，国务院办公厅下发了〔2003〕103号文，即《国务院办公厅转发发展改革委员会等部门关于制止钢铁、电解铝、水泥行业盲目投资的若干意见的通知》；2004年1月，再次下发了《国务院办公厅关于开展贯彻落实中央经济工作会议精神情况专项检查的通知》；2月4日，国务院专门举行严格控制部分行业过度投资的电视电话会议，明确对钢铁、电解铝、水泥三大行业进行清理检查，随即国务院组成8个督察组分赴各地清查。就这样，戴国芳和他的铁本卷入了一场始料未及的惊涛骇浪中，成为2004年那场宏观调控的"祭旗者"。对于中国政治环境这一大变化，平时很少读书看报的戴国芳全然不知，他只顾自己埋头往前冲。

面对声势浩大的调查，戴国芳方寸大乱。他和"谋士们"天真地认为，铁本问题也许能花钱买平安，于是向上级呈递了一份"自查报告"，声称"虚开发票近2亿元，抵扣税额近2000万元""法定代表人戴国芳疏于管理，应承担相关责任。"这份"花钱消灾"的自查报告，是戴国芳为挽救铁本而做的最后努力。出乎意料的是，正是这份自查报告成为两年后检察院最有力的指控证据。

2004年4月19日，戴国芳和他的妻子、岳父等10人被警方带走。4月28日，九部委在国务院常务会议上向温家宝总理汇报了查处情况，对铁本案的定性为："这是一起典型的地方政府及有关部门严重失职违规、企业涉嫌违法犯罪的重大案件。"之后，行政处罚之重史无前例，有8名政府官员被罢免撤职、责令辞职及受到党内纪律处分。

不得不补充的一点是，正在铁本被高调惩戒的时候，在浙江宁波还有个开工时间、建设规模与铁本差不多的民营企业建龙钢铁公司，也被中央电视台曝了光。虽被勒令停产，但却神奇地活了下来，建龙公司被杭州钢铁公司重组，杭钢持股51%，建龙持股49%。建龙的老板郭广昌开始也争以谁为核心，后来以牺牲控股权为代价，死里逃生。[①]

---

① 吴晓波：《大败局》，浙江人民出版社，2010。

第一章 决策是企业长盛不衰的心脏

深度思索 时势能造英雄，也能毁英雄。企业长寿关键是看决策者是否能读懂大势顺应大势，与大势背道而驰注定要碰得头破血流。关乎企业命运的战略决策，企业家不但要有市场眼光，还要有政治眼光和世界眼光，只有这样，才能抓住大势。从人品上说，戴国芳是一个出身贫寒、生活俭朴、吃苦耐劳、干事执著的亿万富翁；从事业上说，戴国芳不但"超宝钢、追浦项"的梦想没有实现，而且还遭受了监牢之苦。为什么呢？关键在决策选择上出现了一系列错误！为什么在决策上会一错再错呢？根子是思想观念上出了毛病。戴国芳的教训警示我们：一是绝不能高估自己的实力作决策，干那些"小马拉大车"的事情；二是绝不能怀着侥幸心理作决策，还是步步走得扎实、事事有根有据保险；三是绝不能以"花钱消灾"的心态作决策，不干那些损人害己的事情；四是绝不能为谋取暴利铤而走险作决策，而要知己知彼，量力而行，顺势而为；五是绝不能为维护既得利益而不顾政治生命作决策，要学会在迂回和妥协中保护自己，大舍才能大得；六是绝不能看着地方政府的眼色作决策，一定不要认为凡是地方政府支持的事，就肯定会成功，既要看地方政府的态度，更要看中央在想什么、在抓什么；七是绝不能忽视政治环境作决策，不要只顾埋头赚钱，而要坚持读书看报，学政治、懂政治、讲政治！对政治这个敏感的词，在中国企业家这个群体中，我们看到太多过度热情者、视而不见者、公然对抗者、茫然无知者，却很少发现分寸拿捏准确、进退从容有序的人。企业做得越大，越应该时刻关注政治，多拿点时间研究政治。既做企业家又是政治家的人，才会把企业引领到更高的发展境界。

第二节　决策要素

当代管理学的开创者、大师中的大师彼得·德鲁克在他的那本全球管理者必读的经典——《卓有成效的管理者》[①] 一书中说:"费尔和斯隆的决策,主要的意义,绝不是表示决策应标新立异,也不是表示决策应有引人争议的特征,而是表示出决策的以下五点特征:

(1) 要确实了解问题的性质,如果问题是经常性的,那就只能通过一项建立规则或原则的决策才能解决。

(2) 要确实找出解决问题必须满足的界限,换言之,应该找出问题的'边界条件'。

(3) 仔细思考解决问题的正确方案是什么,以及这些方案必须满足哪些条件,然后再考虑必要的妥协、适应及让步事项,以期望该决策能够被接受。

(4) 决策方案要同时兼顾执行措施,让决策变成可以被贯彻的行动。

(5) 在执行的过程中重视反馈,以印证决策的正确性及有效性。

这就是有效决策的五个要素。"

德鲁克这段精辟的论断,按照运行顺序,从纵向上指明了有效决策的方向,值得好好遵循。下文将从正确决策必须具备的前提条件的角度,按照横向思维的方式,谈谈科学决策需要具备的要素。

(一) 理念先进,根深叶茂

任何一个公司,无论时间长短,都受一定的理念支配。失败的公司坚持了错误的理念,而基业常青的公司则将正确的理念始终如一地

[①] 〔美〕彼得·德鲁克:《卓有成效的管理者》,许是祥译,机械工业出版社,2009。

贯彻到底。对于一个公司来说，不是有没有理念，而是你的理念先进不先进。高瞻远瞩的公司之所以基业常青，不在于其庞大的资产或什么名牌产品，而是在于其正确的核心理念。这种理念具有永恒的价值，是稳定的、长期的、不变的，是使企业形成自己特质、保证长久发展的根本。凡是高瞻远瞩的公司都有先进的核心理念作支撑。如波音公司的"领导航空工业，永为先驱""吃饭、呼吸、睡觉念念不忘航空事业"；福特公司的"人员是我们的力量源泉""以诚实及正直为基础"；通用电气的"以科技及创新改善生活品质"；IBM 的"坚持到底把事情做好，追求卓越"；强生公司的"公司存在的目的是要减轻病痛""我们的责任层次分明：顾客第一，员工第二，整个社会第三，股东第四"；马里奥特公司的"人员第一，善待他们，寄予高度期望，其余一切会随之而来"；索尼公司的"体验以科技进步、应用与创新造福大众，带来快乐""提升日本文化与国家地位"；沃尔玛公司的"我们存在的价值是提供给顾客物有所值的东西""和员工成为伙伴"；迪士尼公司的"带给千百万人快乐，并且歌颂、培育、传播健全的美国价值观"；雀巢公司的"让母亲欢心"；微软公司的"让计算机摆到桌子上，进入千家万户"。正是这些先进的理念，主导着他们的决策，引领着公司一路高歌、突飞猛进，始终居于世界长寿公司排行榜的第一军团。

决策理论大师西蒙将决策前提分为两类：一类是事实前提，即技术、知识、情报信息这类可观察到的事物及其运动方式的陈述，陈述的正误可以由经验事实来验证；另一类是价值前提，即个人的某种行为及其前景、后果的主观性评价，诸如组织目的、效果标准、公平标准、个人价值等。理念则是价值观诸要素中的核心，错误观念会导引出错误决策，先进理念则可以指引你作出正确决策。

案例　安利"让更多的人享受更多的幸福"

美国安利公司是理查狄维士和杰温安洛于 1959 年在美国密歇根州

成立的，目前总资产500多亿美元，在全美最大的100家私营企业里，2005年排名第25位。

安利公司的核心理念是"让更多的人享受更多的幸福，为你的生活添色彩"。正是基于这一先进理念，安利公司在产品生产方面的决策是突出养生保健品和化妆美容品两大系列，其生产的蛋白质粉、倍力健、深海鱼油等产品深受消费者欢迎，生产的雅姿系列化妆品更为女士们所青睐！在销售方面的决策是在全世界广建网络，实施产品直销，谨防以假乱真，确保质量信誉；在科研和新产品开发方面的决策是斥巨资成立了65个实验室，拥有500多名科学家和技术人员，在全球取得专利800多项，围绕提高人们的生活质量不断推出新产品，最近上市的逸新空气净化器，只要在室内装上一台，就有在大森林里睡觉的感觉。

深度思索 安利公司之所以在世界商海大潮中乘风破浪、久盛不衰，安利产品之所以拥有越来越多的崇拜者，就是因为它的每一个决策都有先进的核心理念作指导。安利的核心理念具有三个特点：一是突出了以人为本，坚持以"更多的人"为服务对象；二是突出了人人都关心的"幸福指数"，"为你的生活添色彩"；三是突出了动态的、发展的特点，坚持随着人们生活水平提高、需求越来越多、与时俱进推出新产品的理念，"让更多的人享受更多的幸福"为安利的发展提供了广阔的上升空间。

（二）目光远大，把握规律

眼光是金，行动是银。分析决策环境，不仅要看现在，更要看未来。表面上看，决策是为了解决现在的问题，但实质上它会对企业的未来产生深远影响。因此，决策者必须具备战略眼光，有一定的预见能力。企业决策者如果对千变万化的市场形势视而不见、决策失误，轻则使企业丧失一次发展机会，重则使企业陷入困境、一蹶不振；如果眼光敏锐、预测准确、决策科学，企业就会获得一个又一个大发展的机遇，迎来春风扑面的艳阳天。看得远，才能走得快。

案例一　洛克菲勒白送地皮给联合国

埃克森美孚是由约翰·洛克菲勒于1882年在美国成立的一家公司，主营炼油。洛克菲勒是美国石油大王，他开创的石油王国在美国占据垄断地位达85年之久。在世界500强排名中，埃克森美孚公司2004年居第三位，2006年居第一位，2010年列第三位。

二战结束后，以美英法为首的战胜国几经磋商，决定在美国纽约成立一个协调处理世界事务的联合国。洛克菲勒家族得知后，果断出资870万美元，在纽约买下一块地皮，无条件地赠送给了这个刚刚挂牌、身无分文的国际性组织。同时，洛克菲勒家族也把毗邻联合国周围的大片地皮全部买了下来。对洛克菲勒家族的这一举动，当时许多美国财团吃惊不已，纷纷嘲笑说："这简直是蠢人之举！"

但奇怪的是，联合国大楼刚刚建成，它四周的地价便立即飙升起来，相当于捐赠款的数十倍、近百倍的巨额财富源源不断地涌进了洛克菲勒家族。[①]

深度思索　惊人的举动，来自远见卓识的眼光。决策就是要把握事物发展的方向，顺势而为。如果抓住了事物的发展规律，成为新潮流的引领者，就能把握主动权创造更多的发展空间。只有那些拥有超前思维的人，才会为企业创造滚滚不断的财源。

案例二　希尔顿力排众议买下华尔道夫

希尔顿集团，1919年创建，在全球拥有2800多家酒店，人称旅

[①] 邱庆剑：《世界500强企业管理理念精选》，机械工业出版社，2006。

店帝王。在 2004 年公布的世界 500 强排名中，名列第 369 位。

世界旅店大王希尔顿生命里有三条原则：信仰、努力和眼光。不论做哪一行，若想做得比别人更出色，希尔顿认为，首先必须具备高瞻远瞩的眼光，唯有如此，才可作出远见卓识的决策。

希尔顿一生中最重要的成就就是买到了华尔道夫旅馆。如果没有希尔顿高瞻远瞩的眼光和力排众议的决策，华尔道夫的辉煌也许便是一小段鲜为人知的历史。

华尔道夫旅馆的那些优雅的大房间曾经住过许多皇族，当别人打电话来找"国王"时，华尔道夫的接线生一定会问："请问您找哪一位国王？"但是这家旅馆却破产了，1942 年，华尔道夫的股票暴跌。

希尔顿决定要买下华尔道夫。当他把这个决定向希尔顿集团董事会宣布的时候，有人惊叫起来："你是不是病得不轻，花钱要去买这个赔大钱的累赘呢？"然而，希尔顿向来相信自己的商业眼光，他说："如果你们仅仅看到它现在的艰难处境而不是看得更远一点就去拒绝它，那只能说明你是一个商业的短视者。"但是，无论他怎么反复阐述自己的意见，希尔顿的董事们就是不能分享他的狂热。他们不相信这个落魄到如此境地的旅馆还会东山再起。身为希尔顿旅馆公司的董事长，没有董事们的同意，他也不能以公司的名义买下华尔道夫。

希尔顿没有因此而退却，因为他相信拥有这样一家旅馆，将会给他带来想象不到的价值和地位。他想："我可以像 30 年代得克萨斯州西斯柯那样自己买下来，然后把自己的看法再推销给那些能够接受我的意见的人。"

于是，他开始行动了。他首先打电话给华尔街上拥有华尔道夫股票的老大，"我今天就能开个价钱。"希尔顿说，"我什么时候可以过来呢？"

当天下午，他走进了那位老大的办公室，要买下 249042 股，这是控股的数目，并给了一张 10 万美元的支票当押金。

华尔道夫的股东们正为拿着一大把廉价的股票而大伤脑筋，如今听说希尔顿要以12美元一股的高价收购，他们欣喜若狂——终于抛掉这个烂包袱了。

几天后，华尔道夫旅馆便改名为"希尔顿"。从此，华尔道夫给希尔顿带来了无数荣誉和财富，在助推希尔顿登上"世界旅店大王"宝座的征程上立下了汗马功劳！①

深度思索 营造大势，引领潮流，是所有优秀企业家的梦想，也是企业发展战略决策的至高境界。看到别人看不到的趋势，发现别人看不到的机会，这是决策能力的表现，希尔顿高人一筹之处就在于，遇到机会比别人看得更远、抓得更死，排除千难万险，敢于拍板决策。

案例三　波音公司短视带来的威胁

波音公司是威廉·波音于1916年7月15日创立的，曾经是世界上最大的航空制造公司，在世界航空业中长期居于领导地位，在2010年公布的世界500强中，排名第91位。

20世纪90年代后期，商用客机市场出现了前所未有的急速繁荣。作为世界上生产商用客机的主要厂商，波音在世界的市场领导地位似乎不可撼动，来自世界各地的订单蜂拥而至。然而令人难以想象的是，尽管赶上了黄金时代，1997年波音却遭受了50年来的第一次亏损。

20世纪90年代初期，波音在行业低迷的时候解雇了很多富有经验的员工。尽管从1995年开始在18个月内波音招聘了32000名新员工，但新员工因为经验不足使得出现的失误不断增加。公司的生产成本也随之增加，生产任务更难完成。如1998年初，波音向客户航空公司交付了12架波音737NC，但预定的交货数量是40架，实际交货数

---

① 刘雪芹：《赢在决策》，地震出版社，2005。

量不及计划的1/3。波音公司不但赔了大量罚款,还丢了一批客户。许多客户纷纷转向波音的竞争对手、总部位于法国图鲁兹的空中客车公司。

空中客车公司成立于1970年,由英国、德国、法国和西班牙四个国家的航空公司联合组成。空中客车的定位非常明确,就是向波音无法满足其需要的航空公司销售客机,并且把提高顾客舒适度、尊重顾客感受放在首要位置。在波音新型的737-700型客机与737-800型客机因没有考虑到乘客的舒适度而声名狼藉时,空中客车公司的订单却与日俱增。泛美航空公司董事长斯蒂芬·沃尔夫说:"空中客车的座位更宽敞,头顶的空间更大,走道更宽——对于我们这样一个关注感受的航空公司来说,这些都非常重要。"①

> **深度思索** 波音陷入困境的一个重要原因是决策时目光太短浅。比如,在行业生产低迷时,解雇了一些管理经验丰富、业务技术精湛的核心员工,当行业繁荣、订单蜂拥而至时新招的员工远远适应不了生产需求,导致了质量下降、交货推迟、客户流失;再如,随着人们生活水平的日益提高,对舒适度的要求越来越强烈,波音公司仍然不关注乘客的感受,败在空中客车公司手下自然也就顺理成章了。企业决策就如下棋一样,平庸之辈往往只能看到眼前一两步,而高明的棋手则能看出五步棋,只有目光远大的决策者才能稳操胜券!

要放远眼光,关键在于学会把握事物的内在发展规律。

早在1938年5月,伟大的抗日战争刚刚开始不到一年的时间,毛泽东针对亡国论和速胜论两方面的思潮发表了震撼中外的《论持久战》。在这篇光辉著作中,毛泽东将抗日战争表述为三个阶段:"第一

---

① 〔美〕罗伯特·哈特利:《世界500强风云战败启示录》,严若森译,中国人民大学出版社,2009。

个阶段,是敌之战略进攻,我之战略防御时期。第二阶段,是敌之战略保守,我之准备反攻的时期。第三阶段,是我之战略反攻,敌之战略退却的时期。"八年抗战结束了,整个战争历程都是按照毛泽东所预测的战略防御、战略相持、战略反攻三个阶段走过来的。全世界反法西斯的人们都惊呼:"毛泽东真神了!"毛泽东之所以能够高瞻远瞩,正是基于他对中日战争性质的判断、对两国国情的分析及对抗日战争规律的准确把握。

张瑞敏在介绍海尔的竞争战略时说:"搞企业,如果总不能先谋几着棋,赢的可能性不大。"在海尔长足发展的历程中,张瑞敏规划了三个阶段:名牌战略阶段(1984~1991年);多元化战略阶段(1992~1998年);国际化战略阶段(1999年至今)。仔细研究可以发现,海尔的三个战略阶段的转移互相咬合,环环相扣。海尔是在名牌战略和多元化战略的基础上发展起来的。如果没有名牌战略阶段的艰苦创业,如果没有多元化战略阶段固本强基,就不可能有国际化战略阶段的品牌、规模、技术和管理基础。实际上,任何一个成功的大企业的掌门人,都必须以超前的眼光为企业发展谋划出一个大的发展目标和几个切实可行的战略阶段,如果只顾眼前、低着头拉车,企业是不会有大出息的。而要对企业的发展阶段科学规划,还有赖于对企业长盛不衰规律有一个深刻的把握。

(三) 信息充分,筛选科学

美国 IBM 公司的创始人托马斯·沃森说:"一个成功的决策,等于 90% 的信息加上 10% 的直觉。"世界企业管理大师杰克·韦尔奇也说:"信息是指导经营管理的一种资源。"这就告诉我们,作为一个精明的企业管理者,必须提高对信息的收集、筛选和加工能力。如果我们不注重在信息的汪洋大海中增强获取有用信息的能力,那就会被淹死在信息的汪洋之中。由于缺乏信息而作出错误决策的教训很多。上海有一家保温瓶厂,花了 10 年时间,耗费了大量人力物力,试验成功了以镁代银的镀膜工艺，事后才知道这项发明专利早在1929年就由英国一家公司申请了。信息不足，使企业浪费了大量人力物力。这个教训告诉我们，要使企业立于不败之地，决策者必须信息灵通。信息是企业成功的密使。

案例一　三菱到处设"耳目"

在世界500强中，日本企业特别重视信息的收集、筛选和运用。美国国际业务情报公司的托马斯曾经评价说："日本人在收集情报信息方面像梭子鱼一样，极其厉害，他们什么都不放过，甚至连饭店的菜单都复印出来。他们的工作理念是：谁知道日后什么是重要的？谁知道哪块云彩会下雨？可以说，日本企业在情报信息方面卓有成效的工作，也是他们决胜市场的法宝之一。"

三菱公司，是日本岩崎弥太郎于1870年创立的造船厂，1873年更名为三菱商会，已有100多年的历史。在2010年公布的世界500强排名中，三菱公司位于第146位。

1973年，扎伊尔发生叛乱。这件事对远在日本东京的三菱公司来说，似乎并无多大关系。但三菱公司的决策者却认为，与扎伊尔相邻的赞比亚是世界重要的铜矿生产基地，对此不能掉以轻心，于是命令情报人员密切注视叛军动向。

不久，叛军向赞比亚铜矿转移。

接到这一情报后，三菱决策者分析交通将因此而中断，势必影响世界市场铜的价格。

当时，世界铜市场对此毫无反应，三菱公司趁机买进一大批铜，待价而沽。时隔不久，果然每吨铜的价格上涨了60多英镑，三菱公司转手赚了一大笔钱。

三菱在128个国家建有142个分支机构，雇员达3700多名，专门负责搜集信息。其情报中心每天接收来自世界各地发来的电报4万多份，电话 6 万多次，邮件 3 万多件，每天的电信电报纸可绕地球 11 圈。①

深度思索 战略决策的境界是有先见之明。英明的决策不是拍脑袋想出来的，而是因为决策者掌握了更准确的信息。发现有价值的信息，利用有价值的信息是企业家必备的一种能力。其精髓就是能够从细节中发现机会，在这方面，日本企业很有经验，他们的做法值得我们学习。

案例二　有准确的情报，才有精确的定位

丰田公司，由丰田喜一郎于 1933 年在日本爱知县创立，主营汽车及零件。在 2010 年《财富》公布的世界 500 强排名中，位于第 5 位。

丰田汽车进入美国市场是从失败开始的，原因在于对市场的调研忽略了细节。

历经 20 年的风风雨雨，1957 年，丰田公司终于如愿以偿，发展为日本国内最大的汽车企业，生产规模达到年产 8 万辆。但丰田公司并不满足于这一辉煌成果，雄心勃勃地把目光投向国际市场。经过多次考察后，丰田公司的高层领导者一致认为：美国汽车市场的潜力最大，如果敲开美国市场的大门，并站稳脚跟，肯定能获得更大的发展空间和更多的利润。于是，在对美国汽车市场的一些细节缺乏了解的情况下，丰田公司便迫不及待地决定进军美国市场。

第一批皇冠车出现在美国汽车市场上时，立即受到当地消费者的广泛关注，有很多消费者甚至打电话咨询怎样才能买到丰田汽车。根据这一情况，丰田公司预计，在 1957 年的美国市场上，销量至少可以达到 1 万辆。针对这个预测，丰田开足马力大批生产，以期赚取更多

---

① 邱庆剑：《世界 500 强企业管理理念精选》，机械工业出版社，2006。

的利润。但由于丰田的市场预测没有想到美国市场的细节，大赚一笔的愿望很快成了痴心妄想。相对于日本狭窄弯曲的马路，丰田车的性能可以说十分优越，但是在美国平坦的高速公路上，时速一超过80公里，丰田车就有点"力不从心"了。特别在持续高温的情况下，丰田车的发动机振动剧烈，功率急速下降。另外，丰田的售价为2500美元，而竞争对手大众"甲壳虫"的售价则为1600美元，由于缺乏价格竞争优势，结果愿意经销丰田车的汽车商寥寥无几。

1960年，丰田车不得不作出暂停向美国出口轿车的决策。这样，丰田汽车进军美国市场的首次努力以失败而告终。

失败乃成功之母。自那次失败以后，丰田汽车公司深刻地吸取教训，开始对美国市场进行潜心研究，以便找到缺口，制定更适合美国的战略。无论在市场调研、产品开发，还是汽车生产后的销售服务等各个环节，都表现出日本人特有的精细。

丰田人为了设计出美国人喜欢的汽车，曾派人到美国用户家中调查。一位日本人以学习英语的名义，跑到一个美国家庭里居住。奇怪的是这个日本人除了学习英语外，每天都在做美国人居家生活的细节笔记，包括吃什么食物、看什么电视节目等，全在记录之列。三个月后，日本人走了。此后不久，丰田公司就推出了针对美国家庭需求而设计的价廉物美的旅行车，大受欢迎。该车的设计在每个细节上都考虑到了。例如，美国男士（特别是年轻人）喜欢喝玻璃瓶装饮料而非纸盒装的饮料，日本设计师就专门在车内设计了能冷藏并安全放置玻璃瓶的柜子。直到该车在美国市场推出时，丰田公司才在报上刊登了他们对美国家庭的研究报告，并向那户人家致歉，同时表示感谢！

这个发生在20世纪90年代的小故事，说明了丰田汽车公司市场调研的精密程度。①

---

① 吕国荣主编《小故事大管理：世界500强管理绝活》，中国经济出版社，2010。

第一章　决策是企业长盛不衰的心脏

深度思索　同样一个丰田汽车在同样一个市场上的销售，为何先后两重天呢？丰田的教训和经验告诉我们：准确的市场信息是市场细分、目标锁定、产品研发的前提。没有准确的市场信息就没有精确的市场定位！市场调研不深、不细、不全就盲目开发新产品，企业自然会遭受失败；通过精细化的市场调研，企业得到了准确信息，才能作出精确的决策，成功地驾驭未来！

信息是决策的"原材料"。无论是问题的提出、分析、预测还是方案的拟订，都是以信息为依据的。我们常常很奇怪一些人为什么会有先见之明，他们往往在机会出现之前就已经预料到了。那么，他们真能先知先觉吗？其实不然，那些超凡的决策，都是建立在充分的信息基础之上的，他们只不过是对信息比一般人更具有敏感性和灵感性罢了。

美国曾在1920年颁布禁酒令，导致一大批酒厂倒闭，贮酒的白橡木桶基本上绝迹。罗斯福在竞选时，提出了解决经济危机的"新政"。大商人哈默根据竞选动态，预计罗斯福将获胜。一旦罗斯福当选，就会推出"新政"，禁酒令也会废除，大批酒厂将重新开业，贮酒的白橡木桶必然成为紧俏商品。

哈默马上从前苏联购进大批廉价橡木，着手生产橡木桶。

不久后，罗斯福果然当选总统并废除了禁酒令。一时间，各地的酒厂如雨后春笋般冒出来，市场对白橡木桶的需求量剧增，哈默由于抢先了一步，大获其利。

每个人都有逻辑分析能力，能够从罗斯福当选推断出废除禁酒令的商人不在少数，但哈默不去造酒而着力生产橡木桶，这就是灵感了。[1]

---

[1]　金鸣、张敏主编《世界500强企业：领导班子之道》，北京出版社，2006。

决策的理论大师赫伯特·西蒙说:"今天的稀有资源不是信息,而是信息的处理能力。"那么,怎样才能准确把握和科学处理信息呢?根据世界500强企业的经验教训可归纳为四句话:获取要全面,加工要科学,判断要精确,运用要果断。

(四)参谋高超,快速支招

世界500强企业的许多成功经验和失败教训表明,一个资产超过1000万美元的企业,如果没有智囊团作支撑的话,其生命周期一般不会超过5年。实际上,企业出现问题,如果仔细追究,多数源于决策。但是一个大的决策如果不充分听取并采纳各路高人的意见,也难以完善和科学。

美国历史上每一位卓有成效的总统,都有一套听取专家意见、发挥参谋团作用的办法,以帮助自己作出有效决策。罗斯福总统对智囊们的意见更为重视。每当需要对一些重要事情作出决策时,他会找来一位参谋助手,对他说:"我想请你帮我考虑一下这个问题,但请不要声张。"接着,他又找来几位从一开始就对此问题持不同意见的智囊人员,向他们布置同样的任务,同时也叫他们"绝对保密"。这样一来,他便可以肯定,关于这个问题的各个重要方面都会被考虑到,并且都会被提出来。他还可以肯定,这样一来,他就不会被某个人先入为主的想法所左右。罗斯福的这一做法曾经受到他内阁中的"专业经理"、内政部长哈罗德的强烈批评,诸如"缺乏细致作风"、"泄露机密"、"轻率鲁莽"等指责总统的言辞到处可见。但是,罗斯福心里明白,总统的首要任务不是行政管理,而是制定政策,是进行正确的决策。企业领导在决策时,同样也是在为整个企业的前途着想,而不是在为树立自己的形象服务,就应该放下架子,多请高人指点,发挥好智囊团的作用。

美国的多数总统,特别是有成就的总统,都注意发挥智囊团的作用。但也有过忽视智库意见而遭受惨败的决策。在美国,每逢重大决策的决断，一般是智库先提出建议，然后媒体讨论、国会听证，最后政府采纳。智库的参与度、公信力都很高。每届政府上台后，都要从智库中聘请一些人担任要职，以至许多智库被称为"影子内阁"、"美国的大脑"。基辛格、布热津斯基在进入白宫前，都曾在洛克菲勒兄弟基金会、兰德公司等智库担任过要职，离开白宫后又回到了智库。最厉害的是兰德公司，在全盛时期，美国几乎所有内政外交大的决策都由兰德策划，兰德曾参与策划了越南战争、"星球大战"计划和两次海湾战争。20世纪50年代，朝鲜战争爆发前夕，针对"中国是否会出兵朝鲜"的议题，兰德公司得出结论：中国将出兵朝鲜！兰德想将此报告以200万美元，也就是一架战斗机的价格卖给美国政府，被婉拒。其后，中国果然出兵朝鲜，美国在朝鲜战争中遭遇大败。美军司令麦克阿瑟后来感慨地说："我们最大的失策是舍得几百亿美元和数十万美国军人的生命，却吝啬一架战斗机的代价。"

行业不同理相同。在世界500强企业中，有许多企业因为充分发挥了智囊团的作用，而成就了伟业。

案例　杜邦公司注重发挥智囊团的作用

杜邦公司，是杜邦于1802年在美国成立的一个合伙企业，主营化学品。在2010年世界500强企业排名中，位于第296位。

杜邦家族的富裕，是一个奇迹；盛兴200多年而不衰，这在世界经营史上，也是一个奇迹。他们创造的秘诀是：一靠分权力，二靠智囊团。

从战略眼光看，大公司不能只局限于眼前的市场竞争，更要放眼未来，重视对经济全局的战略研究和战略决策。早在70多年前的1935年，杜邦公司就在美国设置了第一个具有战略意义的智囊团——经济研究室。以后，其他美国企业纷纷效仿，建立了类似的机构。

由受过专业培训的经济学家组成的经济研究室，着重研究全国性和世界性的经济发展状况、结构、特点及发展趋势，注重调查与本公司产品有关的市场动向，并就和本公司将来有联系的经济动向进行分析和预测。在日内瓦、渥太华及其他地方的分支机构中，都有专人收集欧、美及其他地方的经济研究资料，公司内各部门收集到的情况，也都汇集到经济研究室来。

除了向总公司领导、有关业务部门作专题报告及口头报告、解答问题外，经济研究室还编辑几种出版物，每月出两份刊物，一份发行给公司的主要供应厂商和客户，报道有关信息和资料、黄金价格、汇率变动等；另一份内部发行，根据内部经营全貌分析存在的问题，提出解决措施，研究短期或长期的战略规划、市场需求量，以及和竞争对手之间的比较性资料。每季度出版一期《经济展望》，供总公司领导、各部门经理在进行经营决策时参考。

智囊团辛勤、扎实、细致的工作，为杜邦卓有成效的决策提供了坚实的客观基础，助推杜邦公司在世界的黑色炸药领域独占鳌头，并进而向尼龙、绵纶、涤纶等新产品进军，向汽车、医药、石油、煤炭、油漆、印刷等领域推进，还涉足电子行业。这些像当年的火药一样，并且远远超过火药，使杜邦家族赢得了数不尽的财富，成就了"化学工业帝国"的伟业！[①]

> **深度思索** 每一个大企业的掌门人，特别是世界500强企业的掌门人都是伟大的；但是任何一个企业掌门人的智慧又是有限的，要想在商场上左右驰骋、层层突破、节节胜利，要想在瞬息万变的商海里捕捉机会、抓住机遇、迅速出手，要想对5年、10年，甚至更长期的发展预测科学、把握准确、决策精确，就必须发扬三国时期刘备的精神，虚怀礼士，向高人请教、求高手支招，其核心是建立一种务实、高效的决策咨询机制，使决策过程更科学，决策结果更准确，方可决胜千里之外，成就百年大计。

---

① 钱风元主编《大编队：全球500强沉浮录》，经济日报出版社，1999。

（五）民主决策，众志成城

决策的民主化，是指决策必须充分反映广大员工的根本利益，切实保障企业健康发展的前进方向以及班子成员和广大职工能够积极参与到决策的过程中，并在决策系统的运行中，形成民主的体制、程序和氛围。决策民主化的主要标志是，在决策过程中，各种决策要素能够畅通、规范、高效、有序地发挥作用。民主决策是企业坚持以人为本管理理念的本质要求，是提高决策水平、保证决策质量的有效方法，也是现代社会发展、现代企业管理的必然结果。目前企业民主决策中还存在三个突出问题：一是个人说了算，"我是大股东，我是责任人，天下是我打下来的，决策理所当然得我说了算"。二是副职成摆设，班子里的副职多数都是一把手选出来的，觉得自己是打工干活的，完成领导交办的任务就不错了，不可多嘴惹领导不高兴。三是员工只是执行者，许多企业大老板觉得员工算什么？文化低，见识少，眼光短，在决策上能出什么好主意，能把领导的决策落实好了就是好员工。

美国社会学家 T. 戴伊说："正确的决策来自众人的智慧，如果个人说了算，大家就不会积极主动地去干。"事实上，只有不搞个人说了算，依靠集体智慧作出的决策，才能充分调动副职和员工们的积极性，使决策得以有效执行。俗话说："众人拾柴火焰高""三个臭皮匠胜过一个诸葛亮"。作为一个企业掌门人，在经营环境错综复杂、千变万化的今天，更应该充分发挥群众智慧的作用，保证决策科学精确，绝不能再搞个人说了算。

玫琳凯化妆品公司的创始人、总裁玫琳凯·艾施说："我认为让下属参与对他们有直接影响的决策是很重要的，所以我总是甘冒损失时间的风险，广泛听取意见。如果你希望下属全力支持你，就必须让他们参与决策，越早越好。"实际上，让员工参与决策起码有三个好处：一是员工处于第一线，对实情看得清、摸得透，让他们充分发表意见，容易使决策更切合实际，更周密完善；二是形成让员工参与决策的机制以后,能促使员工更关心企业的发展,更注重观察企业存在的问题,思索攻关破难的办法;三是员工参与后形成的决策,执行起来会理解得更深,落实得更到位。

案例一 "一人机制"行将寿终正寝

三九集团是中国中药企业中唯一一个能把产值做到将近100亿元的企业。它曾经构筑了一个令人生畏的企业集群,它的产品曾经风靡全国,它曾经拥有3家上市公司,它在连锁药店、健康网站、中医医疗设备等领域的扩张无人可及。

1985年8月7日,深圳城郊的笔架山上,茅草丛生,满目荒芜。赵新先躺在一个铁皮做的狗棚里,用铁锹当枕头,用军大衣当被子,曲身而眠。从撬起的铁皮缝里,他瞧得见南方浩瀚的星空。那年他已经43岁了,受命到笔架山上创办南方药厂。跟随他创业的有6名医院员工和8名聘用工人,其中一个是他的夫人。这支由军人组成的团队以惊人的激情,3个月就铲平了15万土方,造好了两个标准车间。仅靠500万元的创办费,凭着自主创新和果敢大胆,赵新先成功地建成了中国第一条中药自动化生产线。

赵新先手中还有一个宝贝,那就是治疗胃病的中药药方。这个配方是几年前他在粤北乡间从老乡那里得来的,原料是南方特有的三桠苦和九里香,对治胃病有奇效。他和南方医院消化科的教授们日夜攻关,将之形成一个纯中药的复方冲剂。为了给这个药起个名字,赵新先两天抽掉5包香烟,最后定名为"三九胃泰"。办厂第一年,南方药厂就实现了1100万元的营业收入。

到1988年底,南方药厂的产值达到18亿元,利税4亿元,居全国500家最大企业第82位,成为当时国内知名度最高、赢利最多的中药企业。南方药厂的中药开发和市场运作能力及地位,在当时的国内已无人撼动。

南方药厂的快速崛起,使赵新先成为中国企业界一颗耀眼的明星。1989年4月，解放军总后勤部为南方药厂记集体二等功，授予赵新先"优秀军队企业家"称号，颁发二级英雄模范奖章一枚，还向全军作出了《关于向赵新先同志学习的决定》。9月，赵新先被国务院授予"全国劳动模范"称号。在南方药厂奇迹般的崛起中，赵新先的才华无疑是具有决定性作用的，渐渐地他在企业内部树立了不可替代的绝对权威，在决策中也是说一不二。

1991年10月，解放军总后勤部出资1亿元从广州第一军医大学手中买下了南方药厂，药厂更名为三九集团。解放军总后勤部对三九集团实行极为宽松的法人代表个人负责制，对赵新先充分放权。在组建企业集团文件中明文规定只管赵新先一人，由他对企业全部资产的增值和安全负有全权和责任。在三九集团内部，赵新先是总经理兼党委书记，下面不设副总经理。集团总部只设党务部、财务部和人事部3个机构，甚至连总裁办公室都没有，赵新先手下设5个秘书，分别处理相关具体事务。赵新先将这种管理设置，得意地称为"一人机制"。这就从企业的体制、机制上进一步保证了赵新先"个人说了算"，将企业决策权牢牢控制在"一人"手中。

1992年9月，时任国务院副总理的朱镕基到三九集团视察，看后十分满意，临走时提出要跟药厂领导班子合个影。他说："老赵，把那些副厂长叫来一起照个相。"赵新先说："我这儿没有副厂长，领导就我一个人，我是厂长、书记、总工程师一身兼。"顿时，赵新先的"一人机制"被各大媒体争相报道，传为美谈，全国皆知。

1995年5月1日，在美国纽约曼哈顿最繁华，也最有商业标志意义的时代广场竖起了一块中国公司的广告牌，在可口可乐、索尼、丰田等国际品牌的旁边，"999三九药业"的霓虹灯广告十分醒目。赵新先专程赴美召开记者招待会，他站在广告牌下接受数十家中外媒体的采访，侃侃而谈，顾盼生风。这块广告牌成为中国公司进入全球化的一道风景线。三九，让人们看到了中药复兴的曙光。

从1996年到2001年，三九出手并购了140多家地方企业，平均每个月并购 2 家，迅速扩张成全国最大的中医药企业，总资产猛增到 186 亿元。但是由于赵新先心情过急，盲目吞下了很多"烂桃子"，为三九集团日后的健康发展埋下十分险恶的种子。

2000 年，三九集团的旗舰公司"三九医药"上市，同时并购江西和上海两家上市公司，赵新先成为国有企业资本运作第一人。但是，2001 年 8 月 27 日，三九在猝不及防的情况下遭到中国证监会的警告，批评三九大股东及关联方占用上市公司资金超过 25 亿元，占公司资产的 96%。通报还公开点名批评董事长赵新先，称其有"重大失职行为，情节特别恶劣，应当予以谴责"。中国证监会的公开谴责一发表，三九顿时成为一个"股市巨骗"。

2003 年，四处狂奔而无所收获的赵新先和他的三九一起冲到了悬崖边缘。5 月，曼哈顿时代广场上的那块"999 三九药业"广告牌被悄然拆除，三九的资金现状已经养不起这道昂贵的风景线了。9 月 28 日，《21 世纪经济报道》刊文《98 亿贷款：银行逼债三九集团》，此文一出，顿时把三九的资金窘境曝光天下，"讨债大军"纷至沓来，三九总部一片混乱，三九的资金危机全面爆发。

2004 年 3 月，"两会"召开，全国政协委员赵新先大胆逼宫国资委，声称：国有出资人是存在的，却没有实际出资。他要求国资委为三九注资 50 亿元，或让三九产权明晰化。仅过两月之后的 5 月 16 日，国资委党委书记李毅中亲赴深圳，突然宣布免去赵新先的一切职务。拥有 500 多家公司的三九集团呈现失控局面，三九宣告瓦解。

2005 年 11 月 19 日，赵新先去北京颐和园游玩，那天他心情不错，一路上与家人拍了不少照片，出园时被警察拦住，赵新先涉嫌经济犯罪被拘捕。赵新先被关押的囚室与其当年创业时睡的狗棚，仅隔 1000 多米远。[①]

---

① 吴晓波：《大败局》，浙江人民出版社，2010。

深度思索　"一人机制"成就了三九，也摧毁了三九，"一人机制"的背后，是对明星企业家的能力膜拜。正如《追求卓越》的作者吉姆·柯林斯所言："对于一个企业的健康发展，没有什么比明星CEO的增多更具破坏性。"企业家过度独裁，就成了企业生存最大的风险。企业因人而兴，因人而衰，这样的企业注定不会长久，企业家不可能永远正确决策，企业家的一个错误决策，就可能把企业推向万劫不复的深渊。每一个想让企业经久不衰的当家人都应该明白：建立一个集体决策机制生命攸关、势在必行。

案例二　让集体决策代替个人说了算

杜邦公司是世界上最大的化学公司，也是美国最古老、最有权势的巨型工业企业之一，素有世界最庞大的"化学工业帝国"之称。

最初，杜邦公司只经营一个品种——黑火药。它的管理也像那个时代的家族企业一样，采用家长独裁制。当外号"亨利将军"的杜邦二世即位后，采用"恺撒式"管理，更是将独裁发挥到登峰造极的地步。他执掌公司近40年，事无巨细，全部由自己拍板定夺，就连写业务信件、对下属进行具体指导，也从不用别人。他一生写了十余万封信件，堪称世界之最。当时业务单一，市场也不复杂，加上"亨利将军"精力异于常人，所以管理起来还能应付下去。

"亨利将军"死后，"杜邦三世"沿用他的管理办法，不多久就劳累过度而死，管理秩序几近崩溃。这时，三个杜邦兄弟用2000万美元，买下了杜邦公司，重新改组，引进了集体决策的系统管理体制，使杜邦公司走出了困境，重振了雄风。

杜邦公司于1903年建立起了由集体领导的执行委员会，用集体决策来取代个人决策，这在美国还是第一家。经过20多年的探索改革，逐步完善，形成了一个经营管理集体决策执行机构：由 27 位董事组成了公司的最高决策机构，每月的第三个星期一开会。董事会议闭会期间，由董事长、副董事长、总经理和六位副总经理组成执行委员会，行使权力，集体负责，分兵把口，承担日常的经营决策。每个星期三，执行委员会开会，听取和审议各部门经理的业务报告，并对解决问题的措施进行讨论，作出决议。执行委员会的决定，通常采用多数赞成的方式通过。

杜邦公司还扩大了下属机构的权力，使他们拥有更大的自主性。各下属机构成为独立的核算单位，在大政策上执行公司的集体决策，在具体事务方面又有随机决断的权力。

事实证明，杜邦公司这种集权和分权相结合的管理制度是成功的。时至今日，这家有 200 多年历史的老店仍然不显老态，处处充满了生机活力，经营的品种已超过 2000 个，年营业额超过 400 亿美元，在世界化工领域左右驰骋，引领时代潮流。①

深度思索　凡是决策总想自己说了算的企业家，骨子里是高估了自己，小看了属下。企业不是一个人的财产，而是所有利益相关者共同的饭碗，即使是私营企业也不例外。如果企业家把自己当成了孤家寡人，就是累死、困死，也不一定能把企业管好。企业越大，越需要集体管理，企业要想长寿，必须要建立起一套行之有效的集体管理机制。

案例三　通用电气全员决策

通用电气公司（GE），是由摩根于 1896 年在美国创立的多元化公司，在 2010 年公布的世界 500 强企业排名中，位于第 13 位。其前总

---

① 胡卫红：《世界 500 强创始人的 16 个商业信条》，企业管理出版社，2004。

裁杰克·韦尔奇被誉为全美最优秀的企业家。

杰克·韦尔奇成为美国通用电气公司首席执行官后,实施了"无界限行为"和"群策群力"决策模式。"无界限行为"的意思是,打破公司内部的层次界限以及公司的内外界限,使各种好主意能够无障碍地尽快汇集起来,形成公司的好决策。杰克·韦尔奇坚信,不论何时何地,都有一些拥有好主意的人存在,而当务之急是设法将他们找出来,为提高决策质量服务。

"群策群力"的基本含义是:举行企业内部各阶层职工参加的讨论会,让每一个与会者开动脑筋想办法,共同为解决问题、形成卓有成效的决策出主意。"群策群力"的实施程序是:从各公司的不同阶层选取40~100人,举行非正式会议,主持人设定议题后就离去。与会者分组讨论,让各种观念碰撞,冒出灵感的火花,形成好上加好的方案。主持人回来后,听取各组的汇报。一旦方案通过,就等于形成了决策,将立即责成相关部门遵照执行。

"群策群力"的效果怎样呢?通用电气一位中层经理肯定地说:"采用群策群力的办法后,1991年我们节省时间50%,生产库存减少400万美元,库存周转次数从以前的一年2.6次,变成了现在的一年7次。"

"群策群力"决策模式自1989年首次实行以来,迅速扩散到通用电气公司的各个部门,成为公司领先于市场的一项独门利器。这种方式把公司每一个人的潜力都挖掘出来了,因此公司的成长速度是惊人的。20年内,它就使一家不景气的公司迅速跃居世界500强的前列。[①]

深度思索 员工常常最清楚工作该怎么干,清楚企业一线到底存在什么问题,清楚尽快解决问题的有效办法在哪里。让员工参与决策,必然会降低决策风险,提高决策质量。

---

① 胡卫红:《世界500强创始人的16个商业信条》,企业管理出版社,2004。

既然人人都知道民主决策比一个人说了算好，那么为什么在许多企业独断专行之风老是刹不住呢？究其深层次的原因，必须破除三种观念：

一是破除"自我高明"论，树立珍爱集体智慧的强烈意识。我们承认，就多数企业而言，掌门人的眼界、能力、魄力比企业副职要强一些。但是，一个人对各种问题的认识、对复杂环境的了解、对发展前景的预测毕竟有局限性，可能会漏掉许多重要的东西，利用残缺的东西作决策，风险无疑大得多。把班子成员的积极性调动起来，把大家的智慧挖掘出来，让每一个人都能为形成一个好决策出力献计，肯定会作出更完善、更全面、更精准的决策。综观许多决策者的巨大成功，绝非单靠其个人披荆斩棘而得来的。他们之所以成功，其秘诀就在于决策涵盖了群体智慧。聪明的企业当家人应该珍惜、尊重、保护、重金收购部属的好主意！只有傻瓜才自欺欺人，对部属的智慧视而不见、拒之门外呢！华人首富、香港长江实业集团董事长李嘉诚有三段话值得每一位想成为伟大的企业掌门人的人深思："要想成为一位成功的领导者，不单要靠自己努力，更要听取别人的意见""我虽然是做最后决策的人，但每次决定前我也要做好准备，事先听取很多方面的意见，当做决定和执行时必定很快""要依赖下属，公司所有行政人员，每个人都有其消息来源及市场资料，决定任何大事，应该召集有关人员一起研究，汇合各人的资讯，从而集思广益，尽量减少决策出错的机会"。

二是破除"员工无知"论，树立群众是真正英雄的历史唯物主义观念。美国 IBM 公司董事长兼总裁路易斯·郭士纳说："要相信在一群人一起讨论、辩论、尽力去做得更好时，每一个决策都会是强有力的。"美国花旗银行董事长约翰·列德说："我最信奉的是员工的力量。我相信如果他们犯了错误，应该让他们明白这并不会导致恶果。真正能够导致恶果的，是犯错误却竭力掩盖。如果员工愿意犯错误的话，那么他们永远不可能作出正确的决策。"这两位大企业的掌门人从不同角度讲出员工参与决策的意义。实际上，关于是英雄创造历史，还是人民群众创造历史的问题，理论界早有定论。让员工参与决策，也是企业坚持以人为本、尊重人性的必然要求。可惜的是，在许多企业管理者眼中，员工只是任凭摆布的附属物，只是领导决策的盲目执行者。员工在企业发展中的潜力连50%都没有发挥出来。在这方面柯达的建议制度令人耳目一新。1889年的一天，柯达创始人乔治·伊斯曼收到了一个普通工人的建议信，建议生产部门将玻璃擦干净。伊斯曼立即召开表彰大会，发给这名工人奖金。对此，许多人大惑不解，但在伊斯曼眼中，这正是可贵之处，员工的积极性比任何东西都值钱。于是，柯达的建议制度就建立起来了。100多年过去了，柯达公司员工提出的建议接近200万个，其中被公司采纳的接近60万个。比如，1983、1984两年，该公司因采纳各种合理化建议而节约资金1850万美元，公司拿出70万美元奖励了建议者。

三是破除"事不关己"论，树立强烈的事业心、责任感。不少企业副职在决策问题上存有"事不关己，高高挂起，明知不对，少说为佳"的明哲保身观念，在大小决策会议上都是随声附和，盲目赞同。这种只管自身安全、不顾企业发展的思想，既害了企业，最终也害了自己。如果企业因决策失误而走了下坡路，甚至破产解体，这些副职还会有什么好果子吃吗？皮之不存，毛将焉附？当然，这也要求企业当家人在实施集体决策的过程中，既要做到坚持自己本身的正确意见，又要鼓励其他领导成员提出新点子或批评意见，以创造一个良好的氛围，确实能把副职的智慧吸纳到决策中来。阿尔弗雷德·斯隆在任美国通用汽车公司总裁时，曾提出要把听取不同意见作为决策中一个系统的方法来运用。斯隆主持的决策会议气氛一般都非常热烈。有一次他主持会议，讨论一项重要决策。在大家广泛发言后，他说："在我看来，大家都有了一个完全一致的看法了。"会议出席者们都点点头，但是斯隆却突然话锋一转："现在我宣布休会！这个问题延期到我们能听到不同意见时再开会决策。"与会者先是一愣，接着都会心地笑了。事实证明，斯隆那次避免了一个错误的决策。当有人问及通用汽车公司为何如此成功时，斯隆坦言，汽车公司成功靠的就是"听不到不同意见就不决策"的决策理念。

（六）贴近实际，量力而行

华人首富李嘉诚说："做任何决策之前，我们先要知道自己的条件，然后才知道自己有什么选择。在企业的层次，要知道自己的优点和缺点，更要看对手的长处，掌握准确、充足的资料，才能作出正确的决策。"美国伯克希尔·撒哈韦公司总裁沃伦·巴菲特进一步坚定地指出："任何事情都不会驱使我做出在能力范围之外的投资决策。"两位企业界的精英从不同角度指出了决策必须遵循的一个重要原则：量力而行，实事求是！实事求是是马克思主义的精髓，它是我们思考一切问题和从事一切工作的出发点，也是领导决策的一个基本原则。经验告诉我们，要想作出正确的决策，就要老老实实从客观实际出发，从企业的人、财、物的能力出发，找出客观事物的发展规律，从而运用这个规律指导决策。否则，决策超出了企业的能力所及，就必然要在实践中碰壁，轻则给企业造成损失，重则使企业由此开始走下坡路，甚至招来灭顶之灾。

案例一　大宇"航母"的沉没

大宇集团于1967年在韩国的汉城成立，仅用短短28年便进入了世界大企业前50强行列，其膨胀的速度犹如细胞裂变一样令人炫目。到了1995年公司销售额达到512亿美元，居世界500强第34位。

大宇集团最初的经营范围仅仅是服装贸易以及纤维类产品的出口，创始人金宇中借来5000美元与另一家贸易公司合伙办了一家公司，命名为"巨大的宇宙"。不久，金宇中就买下了公司的全部产权，成为独资公司的老板。

创业之初，大宇以生产劳动密集型产品为主。20世纪70年代侧重发展化学工业，80年代开始全面扩张，包括汽车、电子设备、家电、钢铁、成套机械、造船、通讯、计算机、建筑、金融、交通、保险、旅游、教育等多个领域。其子公司有70家，国外分公司、海外厂家、研究所多达600多家，1300种产品行销世界各地。

大宇如此神速的发展，首先依赖于韩国政府的大力支持。韩国政府学习日本的成功经验，为开拓国际市场，与世界级大公司竞争，竭尽全力扶持大宇扩大公司规模、增强整体实力。在大宇集团扩张的高峰期，每隔3天就兼并一家企业。

大宇公司的神速发展，还得益于大宇集团总裁金宇中及其员工们的"拼命三郎"般的工作努力。金宇中酷爱企业，人称工作狂，平均每年有200天以上是在国外度过的。1981年，他在国外239天，仅在飞机上的时间就有525个小时。为了节约时间，他坐夜班飞机，晚上在飞机上睡觉，早晨抵达目的地后衣冠整齐地去会见客人，参加谈判。为节省企业开支，金宇中这位韩国一流财阀的总裁出差常住三流旅馆。金宇中以自己的行动实践着大宇集团提出来的口号："我们珍惜时间，但不珍惜汗水和努力！"在金宇中的带动下，大宇的员工不分昼夜地为公司效力。大宇集团的快速发展，就是在金宇中的以身作则与员工的吃苦耐劳相结合中实现的。

然而，由于大宇集团的扩张速度远远超过了自身实力所能承受的范围，其债务从1995年的190亿美元，迅速攀升到1998年的500亿美元，超过其净资产的4倍。形势危如累卵，实际上公司已经资不抵债，由此引发了金融风暴，大宇集团的解体已不可避免。

翻开1999年的《财富》杂志，最新世界500强排序表明，1997年仍排名第18位的大宇公司，到了1998年，由于无法向《财富》杂志提供财务数字，而从500强中悄然消失。[1]

---

[1] 钱凤元主编《大编队：全球500强沉浮录》，经济日报出版社，1999。

深度思索 企业战略决策，最基本的原则是根据自己的能力，做最适合的事，这是决定一个企业是否能长寿的关键。企业是实业，企业领导人和广大员工们做的都是实事，来不得半点虚假。俗话说："看菜吃饭，量体裁衣。"企业作任何决策都必须严守量力而行、实事求是的底线，那种蛇吞象的把戏必然会把自己噎死！

案例二 包玉刚量力而行成就船王梦

在香港环球航运集团公司创始人包玉刚初涉航运业时，多数船主采用的是"散租"的方式。这种方式租期短，可根据运输业的行情变化及时调整租金，在航运业兴隆时期最容易赚大钱。在 20 世纪 60 年代航运巅峰时期，挪威船王耶士坦只散租了一程由波斯湾到欧洲的短途运油线就赚了 500 万美元。而包玉刚宁肯不赚这种厚利，摒弃了散租方式，采取了"低廉租金，长期租赁"的经营方针。包玉刚的做法受到了许多船主的嘲笑，说他是"初出茅庐的傻瓜"。

其实，包玉刚是在冷静分析内、外环境条件以后量力而行决策的。他说，做任何事情，每个人都必须本着实事求是的原则，从自己的实际情况出发作决策。一些航运公司有许多老关系、老客户，甚至有国家作后盾。所以，他们不怕担风险，采取"散租"方式也能赚大钱。而我们完全靠自己的力量起家，对造船和航海知识几乎一无所知，也没有相对稳定的客户，经不起大的风险，弄不好连饭碗都砸了，不能不谨慎从事，采用低价长租方式。"散租"虽能赚大钱，但风险也大，一旦船租不出去，船东就要遭受巨大的经济损失。一艘巨轮即使一动不动地停在那里，每天的开支也需要几万美元。

事实证明，包玉刚的分析是正确的。航运业风险大，价格几次暴涨暴跌，那些追求短期暴利采用"散租"形式的船东在航运业衰退时往往难以为继。如1975年世界航运业出现衰退，挪威船王耶士坦的十几艘巨轮无人租用，使77岁的老船王如坐针毡。而包玉刚的租期一般为4~5年，市场波动对包玉刚影响不大，可稳获租金。

当航运业低潮过去之后，一些船东也学包玉刚的方法，实行"长租"的经营方针，而这时包玉刚却反其道而行之，新船出租，旧船自营。因为新船租金高，而旧船自用，效果一样。他是这样考虑的：现在情况不同了，公司实力强了，船队大了，不能再实行全部船只出租，必须自营一部分，以便熟悉航海业务，航运价格高时可赚大钱，价格低时也能稳收租金。更重要的是，要实现自己的船王梦，光靠租船是不行的，还必须拥有自己的庞大的海运王国。

包玉刚就是这样认真分析自身实力和客观环境的变化，选择与实力相应的经营方针，当行则行，当止则止，当变则变，既不随大溜，又不沉迷于自己的成功经验，仅用了20年时间，就登上世界船王的"宝座"。到1977年，他的环球航运集团的总载重为1347万吨，居世界十大船王之首。[①]

深度思索　企业长寿最关键的是，随时调整自己，顺应时势，顺应潮流。同一个包玉刚的同一个公司，为何在不同时期会采用完全不同的经营方针呢？答案很简单，但是许多人难以做到，即在作决策时始终坚持一切从实际出发、实事求是、量力而行的原则。包玉刚的成功经验告诉我们：企业若想成功决策，就必须认真分析外界环境的变化，客观评估自身实力的条件，及时而准确地调整企业经营的战略策略，方能长盛不衰、百年不老，否则必将被排斥在成功的大门之外。

[①] 吕国荣主编《小故事大管理：世界500强管理绝活》，中国经济出版社，2010。

（七）统筹全局，有所舍弃

李嘉诚说，"决策任何一件事情的时候，都应开阔胸襟，统筹全局，而一旦决策之后，则要义无反顾，始终贯彻一个决定"。一个错误决策，可以导致一个企业一败涂地；一个聪明的决策，则可以给企业创造奇迹。一流的管理者，之所以取得不凡的业绩，原因很简单：决策时，统筹全局，有所舍弃。为了全局，不惜舍弃局部；为了长远，不惜舍弃眼前；为了正确，不怕犯错误；为了成功，不怕冒风险。

案例一　懂得选择，学会放弃

松下公司是松下幸之助于 1918 年在日本创立的主营电子、电器设备的公司，跨国营销，成就了"日不落帝国"。在 2010 年公布的世界 500 强企业排名中，松下电器位于第 65 位。

1964 年 10 月，日本松下电器公司总裁松下幸之助分析方方面面的情况，决定停止大型电子计算机的开发生产。这以前，松下电器公司已经为此项工作投入了巨大的人力、物力、财力，并且已经试制成功了该项产品。但是，大型计算机的市场前景却不容乐观，需求量极少。鉴于这种情况，松下决定及时放弃这个项目。此议一经发布，顿时舆论哗然，来自内部、外部的不同意见此起彼伏，不绝于耳。

大家一致的意见是：花费 5 年时间，耗资 10 多亿元的项目就如此放弃，得不偿失。要放弃，日本国内 7 家生产厂家中的另外 6 家也可以放弃，又何必是松下首先放弃呢？

来自外部的舆论则更有许多的猜测，认为松下公司要么是技术跟不上，要么是因为财政赤字才放弃这个项目的，就连一些久经沙场的高级职员，对松下的拟议也持怀疑态度。当时，松下幸之助的困扰和烦恼是相当大的，但他顶住各种意见和舆论，毅然停止这个没有前途的项目，把人力、物力、财力用到其他方面。后来的事实证明，松下的这个决策是正确的。

第一章　决策是企业长盛不衰的心脏

为什么松下公司已花了5年时间，投入了10多亿资金进行的开发，眼看就要收获了，偏偏要放弃不干呢？

原来，松下发现，电脑市场的竞争日趋白热化。仅在日本就有富士通、日立等公司在做最后的冲刺，如果此时松下再加入，也许会生存下来，但也有可能全军覆没，这就等于拿整个公司下赌注。所以，面对这样的市场形势，他毅然作出退出大型计算机市场的决策，这实质是一次清醒冷静思考后的勇敢大撤退。[1]

深度思索　瑞士军事理论家菲米尼有一句名言：一次良好的撤退，应与一次伟大的胜利一样受到奖赏。这句话虽然用于战争，但用在管理决策上也同样很合适。松下在电脑投资计划上的突然撤退，就是菲米尼理论的一次很好的运用。一次良好的撤退，虽然是失败了，但同时也是一种胜利，因为他们在走向失败的路上能及时回过头来，重新调整自己，从而通过另一条途径走向胜利。正如军事学家所言，我们并非撤退，我们只是从另外一个方向进攻。

案例二　做大事不能只顾眼前

福特汽车公司，是亨利·福特于1903年在美国创立的，当时他40岁。福特公司主营汽车，在2010年公布的世界500强企业排名榜中位于第23位。

福特汽车公司生产出价廉物美的T型车后，当年即售出1000多辆，形势似乎一派大好。谁知到年底一结算，利润几乎全被成本冲销了，根本没有赚到钱。

这是什么原因呢？

---

[1] 吕国荣主编《小故事大管理：世界500强管理绝活》，中国经济出版社，2010。

原来，为了让 T 型车更加完美，公司每装配成一部汽车，亨利·福特都要求对各种机件的结构、功能作详细检查和试验，然后再绘出几种另外的图样进行研究比较。如果认为原有的机件不好，就在下一部汽车中加以改进。如此一来，几乎每辆车的零件都不完全相同，无法批量生产，成本自然偏高。为此，在公司董事会上，福特遭到以柯金斯为首的股东们的责难。他们认为，照这样做是不可能赚到钱的。

福特耐心解释说，现在是不赚钱，将来的"钱途"却妙不可言。

柯金斯说："有一个事实，你可能没有注意到，福特先生。汽车零件的型号不固定，一天一变。请问，买我们汽车的人，如果零件坏了，要换一个新的，你拿什么给人家？"

福特说："只好替顾客照原样造一个。"

柯金斯冷笑着说："你不觉得这违反常识吗？这样做，成本将高得让我们无法承受。"

福特解释，这是因为目前的汽车零件还不够理想，只有不断改进才能使之完善，那时零件就可以定型了，成本也会降下来。

在福特的坚持下，公司决策层终于达成共识，全力支持 T 型车的开发和生产。几年后，近乎完美的 T 型车终于问世，它就像一阵旋风似的，立即畅销全美国，在不到两年的时间内，售出 1 万多辆。20 年之内，它的销售总量突破 155 万辆。在汽车史上，这是一个惊人的纪录。福特公司也由此争得汽车行业的霸主地位。[①]

深度思索　既要拥有今天，也要拥有明天，这是企业长寿的秘诀。在决策上，就是要摆平当前利益和长远利益的关系。要眼前利益，还是要长远利益，历来是商人们难以选择的问题。假如二者可以兼顾，那是最理想的；当二者发生冲突时，有的人注重抓眼前利益，有的人则着眼于可持续发展，企业掌门人决策水平

[①] 胡卫红：《世界 500 强创始人的 16 个商业信条》，企业管理出版社，2004。

的高低由此而分。如果福特只顾眼前得失，所制定的决策必然会有所偏差，福特公司正是牺牲了眼前利益，在 T 型车的研发上舍得投入，才赢得了后来 T 型车销售的辉煌，成就了汽车行业的霸主地位。

（八）勇于创新，与时俱进

市场风向随着社会环境和消费者的喜好不停地变化。市场风向一变，原本正确的产品变成了错误的产品，畅销的优势变成了滞销的原因，生意兴隆的企业也变得不景气。要使企业长盛不衰，必须紧跟时代潮流，勇于创新，与时俱进。

案例一　企业与时俱进才能长盛不衰

素有"军火大王"之称的美国杜邦家族，依靠经营军火积累了巨额财富，尤其是在第一次世界大战期间，杜邦家族更是大发战争财。他们自豪地声称："我们要为全世界的军火制定价格！"然而，杜邦家族兴盛200余年而不衰不仅仅因为它是军火大王，况且，美国和世界的战争并没有延续200年。早在一战还未结束的时候，杜邦公司的总裁皮埃尔就已意识到这场有利可图的战争迟早会结束，杜邦公司该如何发展下去？已经到了必须作出新决策的时候了。最直接的出路便是转产。

皮埃尔一经决策，便立即采取行动。他指示公司成立新的发展部，开拓新的发展领域。杜邦于1915年买下了制造真漆、火棉塑料、搪瓷的阿林顿公司；1916年买下了威尔菲橡胶公司；1917年买下了制造染料、油漆、重大化学产品的哈里森公司。以后，他又盘进了另外五家化学公司，杜邦公司帝国的蓝图已具雏形。不久以后，杜邦集团组织专家队伍攻关创新，推出了用途极为广泛的新产品——尼龙。当尼龙袜子第一次在世界博览会上出现时，立刻引起了全世界的轰动。从这一年开始，尼龙制品为杜邦家族带来数不尽的财富，而也是从这一年开始，整个棉纺织业开始衰落……正是因为杜邦家族适时地从军火生产的旧壳中走出来，及时地改变决策大方向，才有了杜邦家族的200年辉煌史。①

> **深度思索** 企业长寿体现在企业发展战略上与时俱进，紧跟时代潮流，调整自己的生存支点，要敢于放弃既得的利益。面向未来，及时做出战略调整。杜邦公司能从"军火大王"转变到"化工帝国"，是一种非常明智的"金蝉脱壳"之术。杜邦与时俱进、勇于创新、及时转产的经验，值得每个已经登上行业巅峰的大企业借鉴。

案例二　产品的市场定位要紧跟时代潮流

生产"万宝路"香烟的菲利普·莫里斯公司始创于1924年，那时第一次世界大战的硝烟刚刚散尽，人们对战争的创伤还记忆犹新。这场以争夺利益为主题的战争使人们的价值观发生了紊乱。

在美国，这一阶段被称为"迷惘的时代"，人们不知道什么才是对的和错的。尤其是年轻人，一下子失去了生活的目标，除了享乐，他们不知道还有什么事情可干。他们或在爵士乐的震荡中尖声大叫，或在香烟的缭绕中故作深沉。无论男女，嘴上都爱衔着一支香烟。稍有不同的是，妇女们比较注意自己的红唇，老是怕香烟的白色过滤嘴上沾染了她们的唇膏。

"万宝路"香烟最初的市场定位是针对"迷惘时代"的女性烟民。"Marlboro"是"男人们总是忘不了女人的爱"这句话的英文缩写，它

---

① 刘雪芹：《赢在决策》，地震出版社，2005。

的广告也很女性化：像五月的天气一样温和。它的烟嘴是红色的，以免沾在上面的唇膏过于醒目。

由于把握住了时代潮流，"万宝路"上市后，销量很好。可惜好景不长，不久后，它的销售情况便日趋平淡，几乎到了破产边缘。

为什么呢？因为社会风气和市场风向都发生了变化。人心都是向上的，"迷惘时代"总会过去。许多原本颓废的女烟民，一旦为人妻母后，负起了家庭责任，就不再抽烟，也不鼓励自己的女儿抽烟！而男人们却不屑于选择这种女性化的香烟。这样一来，"万宝路"的销路日渐萎缩。

为了打开销路，菲利普·莫里斯公司决定给"万宝路"进行新的市场定位。这一次，他们以男性烟民为目标消费群，试图为"万宝路"塑造出一个"牛仔"式的男子汉形象。

菲利普·莫里斯公司挑选真正的猛男作为广告代言人——目光深沉、皮肤粗糙、袖管高卷、多毛的手臂，手指夹着一支冉冉冒烟的"万宝路"香烟，浑身散发着粗犷的豪气。这个形象对崇拜英雄的美国青年颇具吸引力。

后来，"万宝路"的广告形象进一步明晰，强调"绝不矫饰的正直的男子汉气魄"。公司还专程到美国西部最大的牧场去物色"真正的牛仔"作为广告代言人。

由于紧跟了市场潮流，菲利普·莫里斯公司重塑形象的战略成功，在消费者心目中树起了"哪儿有男子汉，哪儿就有万宝路"的概念，对那些渴望成为男子汉的人具有很大吸引力，也打动了一大批女烟民的芳心。重塑形象的头一年，它的销量增长3倍。如今，"万宝路"年销量高达3000亿支，成为世界上最著名的香烟品牌。世界上每抽掉四支烟，就有一支"万宝路"。

不仅如此，"万宝路"在人们心目中还具有某种象征意义。有人评论说："如果一个美国人打算变得欧洲化一些，他必须去买一辆奔驰或宝马；但当一个人想要美国化，他只需抽万宝路、穿牛仔裤就可以了。"①

> **深度思索** 企业长寿，体现在产品开发上要与时俱进。要紧跟市场潮流必须有一个变化的心态，随时改变现有的做法，随时准备为消费者提供全新的产品。现代社会对企业家的素质要求越来越高，只精通企业内部管理远远不够，还要对国内国际形势及社会风气的变化趋势有相当的了解，不仅要埋头拉车，也要抬头看路，否则就会在市场大潮中迷失方向。

案例三　绿色麦当劳

1937年，麦当劳兄弟在洛杉矶东部的巴沙地那开始经营简陋的汽车餐厅，并很快取得成功。1954年，雷·克罗克和麦当劳兄弟签订了一份联合经营的协议，成为麦当劳特许经营的代理商。很快，克罗克便将麦当劳演绎为一家优秀的公司，将麦当劳从国内扩展到国外，遍及全球。在2010年公布的世界500强排名中位于第378位。

20世纪80年代，随着世界环境保护运动的兴起，大名鼎鼎的麦当劳敏锐地察觉到，自己采用的"保丽龙"贝壳式包装，虽然既轻巧又方便，但难以进行再生处理。从某种意义上讲，当时，麦当劳每天都在制造大量的垃圾。

麦当劳的领导者非常精明。他知道像自己这么一个快餐业王国，如果不主动注意环保问题，一旦形成公众舆论，往往就会成为首当其冲的攻击目标。因此，发现问题后，便主动与环境防卫基金会联系，表示愿意与其共同加强环境保护。

最初，麦当劳决定先进行包装回收，即将贝壳包装回收再制成塑料粒子以作他用。其后，麦当劳改弦更张，又决定把环保重点由回收

---

① 胡卫红：《世界500强创始人的16个商业信条》，企业管理出版社，2004。

变为更换原料，以夹层纸取代塑料。

因为，夹层纸虽然无法回收，但是所占的体积小，制造过程中耗能也低得多，而且使用后还可以直接作肥料……

到了1990年，麦当劳已使自己垃圾的80%不用运到垃圾场填埋了。

功夫不负有心人。在"绿色"的潮流中，麦当劳主动改进自我，一片苦心保护环境，不仅换来了社会的好感和良好的信誉，还被人们亲切地冠以"绿色麦当劳"的荣誉称号。[①]

深度思索 企业长寿，贵在主动改变，而不是被动应对。把握趋势，在消费者指责你之前就主动改变，不仅顺应了趋势，还可以树立一个好形象。相反，在消费者指责你的时候才变化，无论你变得多么彻底，都会失去你的市场。只有超前思考，善于创新，主动改变，才能牢牢掌控市场的主动权。

古代哲人说，人不可能两次踏进同一条河流。因为世界以及我们自己每时每刻都在发生变化。在市场经济的大潮中，任何一种流行的产品以及管理模式都将被淘汰。如果企业家不能根据市场环境以及市场需求因变应变，必将陷入困境，甚至招来灭顶之灾。

（九）反应敏锐，果断拍板

优秀的企业管理者必备的基本素质之一，就是当机立断。凡是自己认定的事情就立即行动，不能瞻前顾后，犹豫不决，错失良机。犹豫不决，固然可以免去做错事的可能，但也失去了成功的机遇，只有拥有果断的性格和超凡的决策能力，才会有无与伦比的办事成效。

[①] 邱庆剑：《世界500强企业管理理念精选》，机械工业出版社，2006。

案例一　当机立断的李嘉诚

20世纪50年代中期，欧美市场兴起塑料花热，家家户户及办公大厦都以摆上几盆塑料制作的花朵、水果、草木为时髦。面对这种千载难逢的商机，李嘉诚当机立断，丢下其他生意，全力以赴投资生产塑料花，并一举建立了世界上最大的塑料花工厂——"长江塑料花厂"，李嘉诚也因此而被誉为"塑料花大王"。60年代初期，在大家仍然看好塑料花生产的时候，李嘉诚却预感到塑料花市场将由盛转衰，于是果断地退出塑料花市场，避开了随后发生的"塑料花衰退"的大危机。

接着他注意到香港地区经济起飞，地价将要跃升，于是就开始关注房地产。他迅速投资购买大量土地，并在激烈的竞争中凭借自己的果敢决断，一举击败了素有"地产皇帝"之称的英资怡和财团控制下的置地公司，创造了房地产业"小蛇吞大象"的经典案例。李嘉诚也在这场房地产大战中积聚了巨额财富。

后来，有人总结李嘉诚成功经验时，归结为：反应敏锐，果断处事；能进则进，不进则退。①

> **深度思索**　在进行投资创业积累财富的时候，关键时刻作出投资决策，并付诸行动，是非常必要的。切不可犹犹豫豫致使本来属于自己的机遇同自己失之交臂。李嘉诚在创业过程中，所显示出的果断做事的决策风格，在他财富的积累过程中，起到了决定性的作用。

案例二　沃森猛打"方向盘"

国际商业机器公司（IBM）是老托马斯·沃森1911年在美国创立的，公司主营计算机办公设备。在2010年公布的世界500强企业排名

---

① 吕国荣主编《小故事大管理：世界500强管理绝活》，中国经济出版社，2010。

第一章　决策是企业长盛不衰的心脏

中，位于第 48 位。

托马斯·沃森从其父亲老沃森手中接管国际商用机器公司，一举成为计算机领域的"霸主"。时至今日，借着托马斯·沃森当初的坚实基础和继任者的努力，公司的年销售额达到了 500 亿美元的天文数字！

早在第二次世界大战刚结束时，托马斯·沃森以其敏锐的判断力认为公司的看家产品穿孔片机的销路终会变得不景气，这种老式机械会被磁带信号输入技术所淘汰，所以必须发展电子计算机。而他第一次看到电子计算机是 1946 年在宾夕法尼亚大学。他当时就萌发了要将其引入商业领域的想法。

当时老沃森对此不反对但也不甚热心。事情的进展处于停滞状态，但托马斯没有灰心。他委托在麻省理工学院的老同学招聘工程技术人员，并开始了有关研究。20 世纪 50 年代初，情况有了变化，老沃森改变了原来的态度，从财力上支持了研制工作，使 IBM 生产出了第一台电子计算机。托马斯在担任总经理之后，面临日本生产的晶体管收音机大量涌入美国市场的严峻局面，当即决断——自 1958 年 6 月 1 日起停止生产使用电子管的机器。公司上下顿时被这个果断的想法惊呆了。[①]

深度思索　如果你看准了一样东西，就应该果断地决策，勇敢地跨出第一步。拖泥带水的后果是既会失去今天的市场，又没有跨入明天的市场。

鲁伯特·默克认为："除了快速作出决定并且快速实施决策之外，没有其他方法可以击败你的对手。滞后就是失败，快速才能生存。"在这个日趋信息化的商业时代，似乎毫无必要为默克的此番言论找到更多的证据。要做到快速制胜，就必须花更多的时间去思索未来。收集信息，把握行业走向，制定应对策略，实现超前决策。

---

① 邱庆剑：《世界 500 强企业管理理念精选》，机械工业出版社，2006。

（十）辩证思考，相对满意

决策理论大师西蒙认为人的理性是有限的，他讲了三条理由：一是知识的不完备性就横在我们面前。完全更改意味着行为主体必须完全了解并预期每项决策产生的结果，而这实际上是不可能达到的。西蒙指出，因为每个人对于自己行动所处的环境条件只有片面的、局部的了解，从而对其中蕴涵的规律和规则也只能有一个粗浅的洞察。做到明察秋毫、全知全能，不过是说说而已的神话。既然人们是在这样的基础上来推导未来的结果，那么行为主体对决策结果的了解必定是不完整的。举例来说，我们要吃一碗面条，如果你打算把涉及面条的所有知识都掌握了再去吃它，对不起，那你只能等着挨饿。因为即使一碗普通的面条，其中蕴涵的营养学、生物学、生物化学、物理学、生理学等数不清的知识，是无数学者不断探索也没有彻底弄明白的。哪怕只是其中一个小小的生化反应细节，也需要学者们在实验室里研究多次才可能了解皮毛。这样，我们只能大致了解一点吃饭的知识后，比如知道它可以给你补充卡路里，你就可以着手选择是吃面条还是吃米饭。你大可不必为不了解面粉和米粒不同的分子结构而苦恼，也不需要为你不知道二者的微量元素含量不同而羞愧。二是如果你了解了全部相关知识，则会被随之而来的预期难题所困扰。完全理性要求行为主体始终具有完整一致的价值偏好体系，只有这样，真实体验才能与预期始终保持一致。然而，从经验上就可以知道，真实体验可能比预期的合意得多，也可能正好相反。西蒙认为，这种预期和实际差异产生的原因，在于我们的大脑并非在某一时间就掌握了所有的结果，而是随着对结果偏好的转移，注意力也会从某一价值要素转向另一价值要素。因此，就算我们相当完整地描述了抉择的结果，这种预期所带来的情感波动也几乎不如真实体验所带来的情感波动效果明显。所以，要完整地预期价值是不可能的。再拿吃面条举例，假如你关于面条的知识已经足够多了，但是在吃面条的时候首先支配你的想法是它能充饥，随着进食，你的饥饿变成口感要求。即使口感、营养、卫生等价值需求全部满足了，你还有可能因为它的好吃不由自主地多吃一点，这种好吃年复一年导致你发胖，你就可能不再把补充营养当回事，而是把减少热量摄入放在首位。价值偏好的转移，使你在最初不可能对各种价值精确地排序和加权，你就只好估摸着吃吧。我们常常是按照这种"差不多"的逻辑来进行优先选择的。三是还有行为的可行性范围的限制。按照完全理性的要求，行为主体要在所有可行的备选方案中作出选择。但令人遗憾的是，每种备选方案都有各自独特的结果，而人们却不具备有关每个备选方案所导致后果的所有的认知，所以许多可能方案甚至根本无法进入行为主体的评价范围。因此，无论在任何时刻，行为主体都只能想出非常有限的几个可能方案作为备选方案。有人用找对象作了这样的比喻：假如要在茫茫人海中找到合适的对象，表面看起来有无数方案可供选择，实际上你很难找到最称心如意的，当你迫不及待地选定一个时，你总会在后来发现还有更好的；但当你蹉跎岁月一无所获时，你又会发现当初错过的那个是最合适的。因此，只有容忍选择中的可行性局限，你才能应对生活。

从有限理性出发，西蒙提出了满意性决策的概念。用满意性决策代替最优型决策。正是由于这一伟大发现，1978 年，瑞典皇家科学院授予了西蒙诺贝尔经济学奖。

案例　洛克菲勒力排众议买油田

19 世纪 80 年代，关于是否购买利马油田的问题，洛克菲勒和股东们发生了严重的分歧。利马油田是当时新发现的油田，地处俄亥俄州西北与印第安纳东部交界的地带。

那里的原油有很高的含硫量，经化学反应变成硫化氢，它发出一种鸡蛋坏掉后的难闻气味，所以被人们称为酸油。

当时，没有炼油公司愿意买这种低质量的原油，除了洛克菲勒。洛克菲勒在提出买下油田的建议时，几乎遭到了公司执行委员会所有委员的反对，包括他最信任的几个得力助手。

因为这种原油的质量太差了，价格也最低，虽然油量很大，但谁也不知道该用什么方法进行提炼。洛克菲勒却坚信一定能找到除去硫的办法。在大家互不相让的时候，洛克菲勒最后威胁股东，宣称自己将冒险进行这个计划，并不惜一切代价，谁都不能阻挡他。

委员会在洛克菲勒的强硬态度下被迫让步，最后批准石油公司以800万美元的低价，买下了利马油田。这是公司第一次购买生产原油的油田。

此后，洛克菲勒花了20万美元聘请一名犹太化学家，让他前往油田研究去硫问题，实验进行了两年，仍然没有成功。其间，许多委员对此事仍耿耿于怀，但在洛克菲勒的坚持下，这项希望渺茫的工程仍未被放弃。然而，这真是一件天大的幸事，又过了几年，犹太科学家终于成功了！

这一丰功伟绩，正充分说明了洛克菲勒具有穿透迷雾的远见卓识，也有比一般大亨更强的冒险精神。[①]

深度思索　风险是客观存在的，满意也是相对的。严格地讲，促成一件事情，成功的因素太多、太复杂了，百分之百的把握是没有的，一点风险没有的项目是罕见的，人的脑袋根本无法掌握"未知的变量"。如果等着什么都搞清楚了，再去选择最优决策就会耽误商机。只能着眼现有的知识、现有的信息和现有的环境，选择相对满意、风险较小、利润丰厚的决策方案。只要相对满意了就可以放手一搏。

（十一）厚德载物，诚信为本

不少企业面世不久，就困难重重，甚至寿终正寝。究其原因，很

[①] 吕国荣主编《小故事大管理：世界500强管理绝活》，中国经济出版社，2010。

多不是亏在能力上，而是亏在人品上。试想让一个道德沦丧、没有良心的人做决策，肯定拿不出什么好主意来。这种鬼鬼祟祟的掌门人也难以带领企业走上健康发展、长盛不衰之路。有人说"没有道德的人就没有是非标准，在干坏事的时候也理直气壮、底气十足"，这话很有道理。因此，企业决策者的道德品质修养直接关系企业的兴衰存亡。

案例　"毒奶粉"召唤企业老板灵魂救赎

2008年6月18日，兰州市解放军第一医院收治首例患"肾结石"病症的婴幼儿。短短2个月患婴扩大到14名！2名死亡！

2008年9月11日，卫生部宣布：近期，甘肃等地报告多例婴幼儿泌尿系统结石病例，调查发现患儿多有食用三鹿牌婴幼儿配方奶粉的历史，经相关部门调查，高度怀疑石家庄三鹿集团股份有限公司生产的三鹿牌婴幼儿配方奶粉受到三聚氰胺污染。

2008年9月13日，卫生部党组书记高强说："三鹿牌婴幼儿配方奶粉事故是一起重大的食品安全事故，三鹿牌婴幼儿奶粉中含有三聚氰胺，是不法分子为增大原料奶或奶粉的蛋白质含量而人为加入的。"

2008年9月17日，河北警方经过连续多日对三鹿集团婴幼儿奶粉污染事件的深入调查，依据《刑法》第144、150条和《刑事诉讼法》的有关规定，决定对三鹿集团原董事长、总经理田文华刑事拘留。河北警方依法传讯了87人，并于9月18日刑事拘留28人，逮捕18人。

2008年12月23日，石家庄市中级人民法院受理债权银行对三鹿集团股份有限公司提起的破产申请。2008年12月25日，三鹿集团破产。

2009年1月22日，原三鹿集团董事长田文华被河北省石家庄市中级人民法院一审判处无期徒刑；被告人张玉军因犯危害公共安全罪，被判处死刑；被告人张彦章因犯危害公共安全罪，被判处无期徒刑。

深度思索 震惊全国的三鹿奶粉案,给了人们很多启示。其中最重要的警示是8个字:"心眼坏了,企业垮了"。这8个字应该成为每一个企业家的座右铭。搞企业就是要多赚钱,但金钱对企业家来说并不是第一位的,第一位的是人品修养。人品好本事不行,干不成大事,但也坏不了事情;人品不好有本事,大本事干大坏事,小本事干小坏事!人品好的企业家发展上不去是暂时的,人品不好的企业家发展上去也是暂时的!正如牛根生所说的:"小胜凭智,大胜靠德。"奉劝所有企业经营者,无论如何不能放松自己的思想改造和人品修养。宁愿少挣钱也绝不干那些没有良心的事情。

2005年9月,齐齐哈尔第二制药有限公司违反相关规定,物料采购时没有到供货方实地考察,也未要求供货方提供原、辅料样品进行检验,购进一批假冒"丙二醇"的"二甘醇"。发现药品原料密度超标后,也没有进一步检测,非法出具了合格化验单。此事导致13名患者死亡。

2006年7月27日,哈尔滨医科大学附属第二医院陆续收治了7例因使用上海华源股份有限公司安徽华源生物药业有限公司生产的克林霉素磷酸酯葡萄糖注射液(又称"欣弗")出现不良反应的患者。"欣弗"事件导致11名患者死亡。2006年11月1日,安徽华源生物药业有限公司原总经理裘祖贻在公司办公室自杀身亡。

三鹿毒奶粉事件、"齐二药"因产品质量导致13名患者死亡的事件、"欣弗"导致11名患者死亡事件,以及三鹿集团高管被判刑的事件、安徽华源生物药业原总经理的自杀事件,一次又一次提醒人们:为何有些企业屡屡违反规定?为何有些企业以次充好?为何有些企业以假乱真?为何有些企业明目张胆地添加有毒原料?为何地沟油清除不了?为何又出现了染色馒头事件?究其深层原因,就是有些企业为了赚钱不惜牺牲百姓的生命，不惜毁掉我们的子孙。这也告诉我们一个真理，眼红了心就黑了；心黑了企业就垮了！血淋淋的教训，呼吁想过幸福生活的企业家、呼吁每位政府官员、呼吁全社会的百姓都来关注企业家的道德修养、拯救企业家的灵魂、尽快提高企业家的道德素质，让我们的企业在阳光下茁壮成长、长盛不衰、勇攀世界企业发展的巅峰。

（十二）思路清晰，程序科学

在企业中，无论是高层领导，还是中层领导，每天都在参与、制定和执行关系着企业生死存亡的各类决策。市场上关于如何决策的书籍很多，现实中也有许多鲜活的例子，都让我们深切感受到了决策就是一锤定音，或者嘹亮动听，或者震耳欲聋，或者山崩地裂。如何才能敲好这一锤，让决策发出我们所希望的美妙声音呢？如何才能既提高决策效率又保证决策质量呢？归纳世界500强企业的成功经验，起码要把握好以下九个关键环节：

1. 确定决策方向

企业的缔造者和掌门人，要根据自己的人生目标、战略眼光、企业愿景、经营理念，对企业的发展作出一个宏观战略决策，而后再依据这个方向性决策，根据不同发展阶段，根据企业所遇到的具体问题制定一些战术性决策。战略决策是全局性的宏观大决策，战术决策是解决具体问题的微观小决策，大决策管着小决策。比如美国迪斯尼公司的创始人、人类童话王国的总工程师华特·迪斯尼，把"制造快乐"作为企业的核心理念和战略目标，作出了制作"米老鼠"动画片、创建迪斯尼乐园等一系列能给人类带来更多快乐的具体决策。以往的决策理论家们都把收集情报、弄清环境、发现问题等作为决策程序的第一步，这些确实有一定道理。笔者认为那样决策虽然是必要的，但却是被动的。作为企业长盛不衰的最关键的决策应该是根据企业家的人生观、世界观、成就欲和奋斗目标而制定的方向性决策。方向性决策是主动决策，是管具体决策的，应该摆到整个决策程序的首要位置。即便是一些具体决策，也应该把确定决策目标放在整个决策程序的首位。因为决策目标是决策的出发点和归宿点，没有了目标，决策就没有了方向；目标不明确，决策就必然会出现偏差。决策目标既是制定决策方案的依据，又是评价决策执行效果的标准，只有明确了决策目标，才能避免决策失误。例如，在作出新产品销售的决策时，你必须先想清楚要达到什么样的目标。你是希望这项新产品提升公司的利润额，还是提高市场占有率？是想打响品牌的知名度，还是创立良好的企业形象？你不可能同时达到所有目标，很多情况下鱼和熊掌不可兼得，决策者必须设定优先顺序，有所取舍。

2. 判断决策性质

决策前还必须弄清决策的理由是什么，根据是什么，问题是什么，为什么决策。决策的一般理由大致分为三个方面：一是针对突发事件的决策，研究解决的具体措施，作出应急性的决策；二是应对棘手问题的决策，找出规律性的解决办法，作出规范性的决策；三是面对掌门人创业目标的决策，制定宏伟规划，作出方向性的决策。在很多情况下，决策不力，通常是因为没有真正弄清决策的性质，从而对问题的定义不准确，把决策的着力点聚集到了错误的或者不重要的问题上去。所以说，准确判断决策的性质，是决策成功的前提。否则，极有可能导致决策方向错误，不仅难以彻底解决问题，还有可能产生新的矛盾。如何判断问题的性质呢？以下五点必须搞清楚：问题是何时发生的？问题是如何发生的？问题发生的原因是什么？问题是偶尔发生还是经常出现？问题已经造成哪些影响？理清这些问题需要花费时间，在决策的过程中，有可能因为新资料的发现而有了不一样的看法，因此定义问题的性质及决策的性质是一个持续的过程，经过不断调整自己的认识，一次比一次更完整、更准确。

3. 弄清决策环境

决策不是无源之水、无本之木的空中楼阁。每一个决策都是在一定的环境下产生的,并且新出台的决策也只有适应企业的内外环境,才能达到决策的目标。正确地分析环境是科学决策的前提条件,也是决策制定的基础和依据。聪明的决策者,在决策之前必须对当时的政治形势、政策规定、政府态度、经济格局、职工愿望有一个透彻的了解,弄清楚国家提倡什么、反对什么,政策鼓励什么、抑制什么,市场需要什么、淘汰什么,职工盼望什么、厌恶什么,从而使决策达到五个符合:符合科学发展观的总体要求;符合中央和地方政府的发展思路;符合企业的实际能力;符合员工的根本利益;符合市场经济的运行规律。作为一个企业家,在决策时如果对政治环境、经济环境充耳不闻,单凭热情去拼命硬干,等待他的只能是创业失败、企业破产。

4. 收集决策信息

信息是决策成功的密使。在正式决策之前,必须广泛收集信息,找出制定决策的依据。决策者在大量的信息中发现和判定需要解决问题的重点、难点、性质及重要程度,确定决策方向。在收集信息的时候,必须先弄清楚自己有哪些信息是知道的,有哪些信息是不清楚的,有哪些信息是需要竭尽全力去寻找的。信息也不是越多越好,有时候过多的信息只会给你带来困扰。因此,必须依据信息对决策的价值作用,去确定收集信息的方向和重点。对那些在决策中起关键性作用的信息,必须全力以赴地寻找,否则将会给企业造成重大损失。

5. 寻求决策方案

在弄清问题的根由和掌握大量信息之后,就要抓紧拟定解决问题的方案。这个阶段主要是综合考虑企业内外环境中可控和不可控的因素,提出多种能实现目标的备选方案。在寻求可行性方案时,要充分发扬民主、集思广益、群策群力,运用头脑风暴法、德尔菲法等尽可能多地拟定各种方案。提出的可行方案应尽可能详尽,方案的数量越多、质量越好,选择的余地就越大。这是整个决策的中心环节。

6. 筛选决策方案

运用大量的科学原理、信息比较、充分依据和严密论证,对各种备选方案进行可行性分析，筛选出满意方案，这是决策的关键环节。要进行选择，首先要了解每个方案的优势和劣势，还要对方案可能产生的后果进行评估，最后要对方案满意度进行分析。所谓满意度，就是指某一方案是否满足了决策所需要的各种要求，如果不满意，则淘汰掉；如果令人满意，但付出的代价大于收益，就果断地放弃掉；如果虽需付出代价，但收益大于付出，则可付诸实施。筛选阶段总的要求是权衡利弊、综合考虑，"两利相权取其重，两害相权取其轻"。美国科学家本杰明·富兰克林曾创造了一个不错的决策方法，即成本效益分析法。把每项方案的优缺点列出来，优点的部分给予0到+10的评分，缺点的部分给予0到-10分的评分，最后将所有优缺点分数相加，这样就可以得出每个方案的总分，确定哪一个是最佳方案。这就是著名的"本杰明·富兰克林决策法"。

7. 完善决策方案

对选中的方案要在实施中进行评价和矫正。一个方案的制订和选择往往需要较长时间，由于企业内部条件和外部环境的不断变化，管理者要不断修正、完善方案。对与既定目标发生部分偏离的，要采取有效措施，以保证既定目标的顺利实现；对客观情况发生了重大变化，原先的目标确实无法实现的，则要重新调整决策目标；对由于开始信息不全，备选方案存有错误和遗漏的，要迅速进行矫正和修补。

8. 实施决策方案

在实施阶段，必须拟定一套详细的行动计划，包括以下几个方面的主要内容：哪些人应该知道这项决策？哪些人负责具体行动？哪些人应该搞好配合或提供保障？哪些人有能力完成任务？要把责任明确到每一个具体人，并制定相应的衡量标准、考核办法、监控措施和奖惩机制。

9. 检验决策成效

现在多数人都把精力集聚到了决策的信息收集、方案拟订和组织实施上，很少有人再回过头审视先前决策的成效如何，更无人坐下来静心总结一下该项决策成功的经验有哪些，存在的不足是什么，汲取的教训在哪里。要打造百年不老企业，必须提高企业家队伍的决策能力；要提高企业的决策水平，必须把检验决策成效、总结经验教训作为整个决策过程的重要环节。只有不断总结经验、及时汲取教训，才能不停地把我国企业家队伍的决策水平从一个阶段推向另一个更高的阶段。

第三节　决策方法

方向确定了，目标明确了，要顺利过河、到达希望的彼岸，必须解决桥和船的问题。要提高决策速度、提升决策质量、实现成功决策，也必须解决决策方法问题。

怎样从一个默默无闻的平民百姓成为一名举世闻名的企业家？如何闯出一番自己的事业而被世代传颂？相信这是每个不甘于现状的人苦苦思索的问题。随着竞争压力的不断加强和经济结构的持续变化，想要从芸芸众生中脱颖而出，就变得难上加难。其实，很多人与成功无缘，缺的不是上进心，也不是因为执行不力，而是没有正确的方法。人的能力和人的大脑本来无多大差别，为何在人生的旅途中会出现贫富的巨大差别？除了客观原因之外，思维模式和运作方法不同是一个重要原因。任何想实现高效决策的企业家，都务必要潜心研究、准确把握决策的方法。

（一）面向未来决策

世界管理大师彼得·德鲁克说："管理者必须始终预测未来——摆脱对经济周期的依赖——找出波动的范围——找出经济的基石——趋势分析——未来的管理者才是企业真正的保障。"决策是指导人们下一步行动的导航灯，必须有前瞻性和预见性。没有远虑，必有近忧。今天的管理者必须系统地为明天的管理者做好准备，明天的管理者才能调整今天的决策以适应明天的环境。

案例　比尔·盖茨将眼光放在远处

闻名世界的微软公司创立于1974年，当时还只是一家小电脑软件公司，由比尔·盖茨同他的朋友保罗·艾伦共同创办。电脑如此普及，我们不得不感谢一个神奇的数字王国——比尔·盖茨所领导的微软公司！据统计，全世界大约80%的台式电脑使用的都是微软的视窗软件系列。在如今的电脑软件市场，微软处于绝对的垄断地位。在2010年公布的世界500强企业排名中，微软公司位于第115位。

比尔·盖茨在微软占据绝对的领导地位。比尔·盖茨20岁开始创立并领导微软，当时的他，还只是哈佛大学的一个学生。

1975年，由于预见到电脑行业的广阔前景，比尔·盖茨从哈佛毅然退学，结束了自己的学生生活，开始将全部精力投入和同伴艾伦合创的这家小电脑软件公司——微软中。在继续完成哈佛大学的学业和立刻投身电脑软件开发的选择中，比尔·盖茨果断选择了后者。这足以看出他对事业的执著和对自己眼光的信心。

微软的成功与比尔·盖茨的经营策略有着非常大的关系。在当初创立微软时，比尔·盖茨就和同伴一起商谈拟定了自己独特的经营策略，经过多年的积累，形成了微软的经营哲学。直到今天，微软仍在沿用这种独特的经营策略：

（1）将眼光放在远处；

（2）定好目标；

（3）将集体的力量与个人的拼搏相结合；

（4）对自己的产品和顾客要保持一颗热爱之心；

（5）重视顾客的信息反馈。

在比尔·盖茨的经营哲学当中，把"将眼光放在远处"摆在了首位，足以看出面向未来决策的地位。

在微软刚刚起步的时候，盖茨就已经看出，信息技术行业将发生一次大的变革。这次变革将会完全改变电脑的意义,在经济领域内是一次不可多得的创业机会。盖茨独具慧眼,预见到与IBM的合作对世界经济将会产生深远的影响。他认为,有了操作系统就可以建立起通用的平台,而这必将改变个人电脑的历史走向。在与IBM合作开发电脑技术的时候,比尔·盖茨看到了IBM所看不到的东西,那就是未来电脑市场的关键不在硬件上,而是在软件的开发上。于是,在合约中比尔·盖茨提出:IBM负担MS-DOS大部分的研究开发费用,而微软可以将开发出来的系统授权给第三者使用。结果在以后个人电脑产业迅速增长的时候,每家每户都在使用微软的MS-DOS,所有的丰厚利润几乎都让比尔·盖茨的微软公司赚去了。比尔·盖茨抓住机会获得了成功,而IBM在这次合作中丢掉了巨大的市场。由于比尔·盖茨自己就是搞技术的,所以他深知研究的重要性。他曾经说过,微软之所以能够一而再、再而三获得成功,很重要的一个原因便是微软在研发上投入了相当多的经费。这当然是微软的一大优势,因为其他公司很难有如此多的资金来刻意模仿。在新产品开发上,比尔·盖茨总是比别人多看好几步,当别的电脑公司正对自己的产品洋洋得意时,微软的软件实验室里已在研发未来五年所要推出的新产品了。领先他人一步,这往往是商战取胜的非常关键的一个步骤。[1]

深度思索 面向未来决策,就是要顺应时代潮流,把握事物的方向,做出正确的判断,采取有效的行动。把企业的发展与历史趋势结合起来。从比尔·盖茨的经营哲学到他每个关键时刻的决策成功,都揭示了一个真理:眼光是金,行动是银。比尔·盖茨称自己是一个专职的梦想家,职责就是为微软的未来规划蓝图。比尔·盖茨最大的天分就是能从科技的发展历程中找到规律,分析确定其未来动向。而我们的许多企业家将自己的大部分

---

[1] 谭地洲、郑小飞:《世界10大创业赢家》,西南财政大学出版社,2004。

精力都耗费在日常事务的处理上,不停地接电话,不断地答复具体问题,整天累得要死,很少用心思来思索企业的未来发展方向。长此以往,留给企业的只能是失败和悲哀。

(二) 面向市场决策

松下电器创始人松下幸之助说:"有了市场才有存在的意义,所以焦点要集中到市场上去。"美国苹果电脑公司掌门人史蒂夫·乔布斯说:"我们没有什么战略决策,只知道苹果的未来在市场。"世界上基业常青的公司有一条共同的经验:企业能否存在、能否发展壮大,市场是关键的阵地。所以有专家称:"市场是企业的主战场。"企业不但要面向市场决策,还要面向成熟的市场决策。

案例一　福特忽视市场变化受惩罚

美国福特汽车公司创始人亨利·福特是一个善于把握机会的人。他创造了"流水线作业"制度,采用大批量生产方式,实施低成本售价战略,推出了畅销近20年、耐用、可靠、便宜的T型车。福特公司也因T型车而登上汽车工业霸主的宝座。

T型车最大的优点是质优价廉。在此之前,汽车的使用是有季节性的,因为那时美国各地仍有不少黄土路,一到雨季汽车就根本无法行驶。一年之中,只有几个月时间可以使用汽车。而福特的T型车结构坚固,带有可折叠的敞篷,几乎可以在任何不良路面上行走,可以在任何天气条件下使用。而且,该车型的价格还特别便宜,仅售500多美元。

20世纪20年代,随着整个经济的发展,美国人的收入增加了,汽车市场也开始变化了。汽车已不再是单纯的交通工具,而逐渐成为车主个性、身份、地位的象征。T型车由于色彩全是单一的黑色,样式又古板，已经很难适应市场需求了，销路也渐受阻滞。

其他汽车公司适时推出色彩鲜艳、款式多样的新型汽车，满足了消费者的不同需求，市场开始扩大。这中间包括在福特公司鼎盛时期建立起来的通用汽车公司。通用公司抓住福特T型车的弱点，在营销战略上首创了市场细分战略，推出雪佛兰、凯迪拉克等多种适合不同收入水平的车型，给福特公司造成很大的冲击。

眼看着市场被别人占去，福特公司内有很多人建议福特生产多花色汽车，然而，福特却抱着以往的成功经验，坚持生产单一的黑色T型车。

这一回，福特吃了经验的亏。1926年，通用汽车公司的雪佛兰销量仅次于T型车，1927年，通用公司取代福特公司而成为美国汽车的霸主。[①]

深度思索 消费者一方面接受着商家的产品服务，另一方面也推动着商家的产品和服务创新。没有一成不变的市场，如果商家固守自己所谓的"经验"，不跟随市场的变化而变化，那么，早晚会被市场抛弃。

案例二 康柏面向成熟的市场决策

康柏公司于1982年由得克萨斯仪器公司的管理人员卡尼翁、哈里斯和毛托三人筹资创建。自1982年创建以来，发展迅速，业绩骄人。仅4年时间康柏公司就被《财富》杂志评为美国工商界500强之一，成为全美工商界历史上用最短的时间进入500强的公司。1998年康柏公司销售额为311亿美元，居《财富》杂志1999年公布的世界500强企业的第87名。

---

① 邱庆剑：《世界500强企业管理理念精选》，机械工业出版社，2006。

公司发展初期,需要不断开发新产品,但如果稍一疏忽,就会铸成大错。康柏公司一度认为生产膝上机的技术已渐成熟,主张上此产品。但公司市场调研部门认为膝上机技术成熟也不等于市场成熟,产品没有成熟的市场,则风险极大。公司决策层经过研究,放弃了生产膝上机的设想,决定生产体积略大一些的便携机。这期间一批仓促生产膝上机的公司,大多亏损,有的甚至破产。而康柏公司生产的便携机却大获成功,1983年共销售出5.3万台,康柏便携机同时也被选定为美国便携机统一标准。[①]

> **深度思索** 企业一旦失去了市场,就像鱼儿离开了水一样,很快就会死亡!但是虽然有了水,而水的数量和质量不适合鱼儿,鱼儿也难以健康成长!要让企业百年不老、基业常青,在决策时既要考虑自己的技术成熟程度,又要考虑市场的成熟程度,如果只看到少量的市场需求就盲目上马、批量生产,就很可能给企业带来灾难性的损失!

(三) 面向客户决策

世界500强之一的百事可乐总裁恩里克说:"只要你一心一意想着顾客,掌握来自他们的各种信息,了解他们的需求,向他们提供所需要的产品和服务,那么,其他的一切便会自然而来。"商人的最大误区是执著于自己的价值判断,向市场推出自己钟情的商品。但是,顾客只购买自己喜欢的商品,商人不了解顾客喜欢什么和不喜欢什么,这样做生意就像撞大运。如果商人的价值判断正好跟顾客一致的话,方能侥幸获利。否则,他们只能提供一些看起来很不错却卖不出去的商品。成功的商人紧紧追踪顾客的喜好,在推出产品之前,首先搞清

[①] 钱风元主编《大编队:全球500强沉浮录》,经济日报出版社,1999。

这种产品的受欢迎程度。这正是他们把生意做大的一个重要原因。

案例一　雀巢永远让母亲欢心

雀巢公司的创始人是亨利·赖斯特，他出生于瑞士日内瓦湖畔一个名叫维希的小镇。19世纪60年代中期，他用牛奶、麦粉及糖试验出新产品"雀巢奶粉"，并着手创办雀巢公司。经过130多年的发展，他的"靠母亲们做宣传的经营要诀，使雀巢公司雄居世界食品业界之首"。在2010年公布的世界500强企业排名中，雀巢公司位于第44位。

19世纪60年代中期，赖斯特发明了将奶粉加上果糖、营养剂的牛乳食品，这在当时是极好的婴幼儿食品。由于不习惯喝味道不正的牛奶，很多缺少母乳的婴幼儿营养不良，令父母操心不已。而赖斯特的牛乳食品受婴幼儿喜爱，经常饮用的婴幼儿生长健康，令母亲们拍手叫好，常向众人炫耀。这一情势，促使赖斯特于1867年创办雀巢公司。正如赖斯特所说："母亲们都好像为了她们自己一样，用喇叭吹奏似的拼命替我做宣传"，雀巢奶粉很快扬名国外。赖斯特充分利用这一点，因而经营业务发展很快，1870年的销售量就达近万箱。创业成功后，赖斯特将制造权、商标权全部交给了他一手创办的雀巢公司，便退休养老。后继者们继续遵循他的"靠母亲们做宣传"的竞争要诀，使"雀巢"不断发展壮大。

20世纪末，雀巢公司已成为世界食品业的领头人，在74个国家拥有489个工厂，销售额达500亿美元。对于拥有庞大机构的雀巢公司来说，要想在日益激烈的竞争中立于不败之地，公司的领导人知道该怎么做，那就是：永远让母亲欢心，让母亲来宣传。[①]

---

① 钱风元主编《大编队：全球500强沉浮录》，经济日报出版社，1999。

深度思索 决策不能靠主观想象，而要有客观依据。这种客观的依据就是顾客的需求，社会的需要。只有满足社会需要的东西，才会得到顾客认同，雀巢的故事说明，决策要抓住顾客的心，就要真正满足顾客的需要。

案例二 顾客是思科的首席执行官

思科公司总部设在美国加州硅谷圣荷塞，1984年12月由斯坦福大学几个计算机专业的学生创办，1990年上市，是全球领先且生产规模最大的互联网硬件和相应软件提供商，全球雇员3.4万人。现任总裁兼首席执行官是约翰·钱伯斯。思科公司生产了全球80%以上的网络主干设备——路由器。从1995年到2003年，思科公司的股票价格上涨了800%，公司市值达到1000亿美元，比微软的增长速度还快。思科公司2003年营业收入188.78亿美元，净收益35.78亿美元。位列2010年《财富》杂志世界500强企业第200位。

"顾客是首席执行官"的观点由思科CEO钱伯斯首创。钱伯斯不断地给员工灌输这种"顾客是首席执行官"的信念。在钱伯斯看来，"顾客是上帝"容易给营销人员造成一种错觉，好像顾客是高不可攀的，于是在很多情况下这些营销人员处于一种被动的地位，不知道从何下手来对付这些令人敬畏的"神"。而他所提倡的"顾客是首席执行官"，意义就在于打破顾客这种尴尬的地位。

因为首席执行官是一个企业的最高决策者，是每一家公司的核心灵魂，因此每个员工能够真真切切感受到这个存在的领导。他不像那个谁也听不到、谁也看不到的"上帝"，他是一个活生生的、有血有肉，并且存在于每个员工身旁的人，这个人就在他们的周围，每天都可能在电梯中遇到并亲切地互相打招呼。另外，由于员工在公司中的一切活动都会受到首席执行官的领导，薪水、红利、升迁或去留都由

第一章 决策是企业长盛不衰的心脏

他说了算,那员工就必须去面对他,接受他的领导。而如果也以如此恭谦的态度对待顾客,最终决定员工去留的其实就是这些"首席执行官"了。

思科的一切规定都是建立在"顾客至上"的总原则上的。钱伯斯用"思科成功的关键在于客户第一,如果你能听顾客说什么的话,你就会做出成绩来"这样的话,解释"思科成功的秘诀"。思科对顾客的重视体现为:顾客想不到的地方,思科会想到;顾客能够想到的地方,思科比顾客想得更为周全。"顾客至上"在思科说到做到,而且做得那么完美、那么诚心实意、那么真真切切。

"顾客是首席执行官"是钱伯斯提出的,而他确实也是这样身体力行的。钱伯斯每年都用大量时间会见顾客,倾听顾客的意见。他深知,只有顾客才能知道市场到底需要什么样的产品,所以从顾客那里,钱伯斯获得了丰富的第一手材料,为他及时作出决策提供了良好的基础。在钱伯斯的带动下,思科的业务人员真正做到了以顾客之忧而忧,仔细而耐心地了解顾客的需求。同时,为了增进对顾客的了解,思科公司每年都在世界各地举办大量的技术报告会和技术研讨会,使得每当有一项新的网络技术初露头角时,顾客都能从思科的介绍中获得最新的信息。

"顾客是首席执行官"的思想也深入钱伯斯以外各级管理者的头脑中。在思科,从副总裁到产品部经理,整个公司的奖金都以客户的反馈意见为依据。这样把顾客的满意度切实地与全体员工的切身利益联系起来,真正地使顾客变成了思科的CEO。[1]

深度思索 顾客是企业的首席执行官,顾客是企业的最高决策人,顾客决定着企业的生死存亡和员工的升降去留。因此,企业要倡导顾客至上的理念,认真对待顾客提出的问题,站在顾客

---

[1] 高志坚编著《世界500强管理奇招》,机械工业出版社,2005。

的角度去解决问题，加强与顾客的沟通，主动为顾客排忧解难，使顾客与企业形成一个互惠互利、互相依存的双赢局面。盼望那些追逐企业百年不老的企业家牢牢记住：为顾客着想得越多，企业成长的空间越大。

（四）面向大众决策

美国福特汽车公司创始人亨利·福特说："我们想要有大的发展，必须要开发大众市场。"亨利·福特是一个"把美国带到汽车轮子上的人"，他生产出了擦皮鞋的人都买得起的汽车。他有五大胜经，第一条就是"成功的机会在于了解公众的需求。下一步要做的就是制造出最优质的产品并以最低的价格卖给他们"。

案例一　起家于大众

大众汽车公司正式创建于1937年，其创建人是原戴姆勒－奔驰汽车制造厂的设计师费迪南德·波尔舍。自担任设计师的那天起，他就梦想打破汽车贵族化的倾向，使汽车走入平民大众。据1999年《财富》杂志对世界500强最新排序表明，1998年大众汽车以763亿美元销售额列第17位，比1997年前进了5位。雇员28万人的大众公司发展势头仍然强劲，在2010年公布的世界500强企业排名中，位于第16位。

大众公司从诞生之日起，就把服务平民大众作为建厂的宗旨。大众生产的汽车总是随着人们收入的变化而变化，"用户的愿望高于一切"的服务理念深入大众全体员工中。据说，在与中国合资建厂中，大众公司从来不说"不"，而总是想着如何才能"成"。

大众公司的销售、维修服务非常到家，大众车跑到哪里，销售点、维修点就建到哪里。大众公司在世界各地共有1.3万个服务站，聘用员工16万多人，随叫随到，非常方便。据中国对有车一族的调查，大众的服务水平是最受称赞的。

大众对车型的设计总是体现以人为本的原则，尽可能缩减不必要的豪华装饰，增加实用技术。如大众生产的第三代"高尔夫"牌轿车，外表看起来很娇小，但内部空间却很宽敞，很适合欧洲人的家庭。1996年生产的"帕萨特"牌轿车，美观实用，当年即被评为欧洲最受欢迎的车型，畅销欧美，上海大众汽车公司已于1999年引进生产。

大众公司为压缩成本，减轻车重，十分注重新型材料的开发，比如塑料、陶瓷、纤维加强材料的使用，一直居于德国领先地位。其研制的耐热瓷涡轮空气压缩转轴，比钢制品轻60%，而且坚固耐磨，使汽车加速大为提高，还节省了成本。最近15年，大众汽车中生铁、钢和重金属的含量从80%降至70%。著名的高档轿车奥迪V8所用的增压涡轮发动机，许多部件就是高强度合金铝制成的。新型材料的使用，使成本不断下降，性能大为提高，因而受到用户的欢迎。

在价格上，大众车的平民化是始终如一的。与奔驰车相比，同样性能的车中，大众轿车的价格最有竞争力。

大众公司还经常注意用户信息反馈，每年在欧洲进行一次用户调查，平均每年要收到50多万条意见。根据这些意见，大众公司不断对轿车进行改进。大众公司有时还根据用户的需要，生产设计特种车型。

1984年10月10日，大众汽车股份公司与中国汽车工业公司、上海汽车公司、中国银行上海信托公司在北京正式签约，合资兴建上海大众汽车有限公司，合营期25年，中德双方各出投资50%，生产桑塔纳牌轿车及轿车发动机。随后又与中国第一汽车工业公司签约，合资生产奥迪、捷达、高尔夫牌轿车。如今在中国道路上跑的轿车中，与大众合资生产的轿车占了70%，令日本、美国的汽车厂家羡慕不已。这不能不说明大众汽车拓展海外市场策略的成功。[①]

---

① 钱风元主编《大编队：全球500强沉浮录》，经济日报出版社，1999。

深度思索　在许多中国人心中，德国的奔驰车、宝马车是一流的，但他们很少知道，大众汽车公司曾多年雄居德国汽车霸主之位。由此可见，面向大众决策的效益多么令人向往。德国大众留给后人最宝贵的遗产，就是它的造"百姓车"的理念：汽车不应该属于少数富人，而应该让每个人都买得起。"更多、更好、更便宜"是它的经营理念，也正是由于这种理念，德国大众才在欧洲汽车市场上多年雄居销量第一的宝座。

案例二　走大众化道路

1922年，皮尔·卡丹出生于意大利威尼斯市附近的一个小村庄，他的父母都是酿酒的工人。皮尔·卡丹刚刚小学毕业，其父就因病去世，家里十分贫困，因此他不得不靠打工糊口。

1936年，14岁的皮尔·卡丹在一家裁缝店里找了一份工作，在那里他对服装产生了浓厚的兴趣并学会了缝制服装的手艺。

1945年，23岁的皮尔·卡丹怀着对时装之都巴黎的向往和梦想，骑着一辆旧自行车来到了巴黎。他先后在"帕坎"、"希亚帕勒里"和"迪奥"这三家巴黎最出名的时装店当了5年的学徒，为以后的创业打下了坚实的基础。

今天，皮尔·卡丹的"P"字时装已成为世界上现代时装的著名品牌，以"高尚、优雅、大方"著称，皮尔·卡丹也因此二次荣获法国时装最高设计奖——金顶针奖。

经过半个多世纪的不懈努力，1992年，皮尔·卡丹正式荣获法兰西艺术学院院士头衔，这是法国学术界的最高荣誉，卡丹是第一位获得这一头衔的时装设计师。皮尔·卡丹从一个小裁缝成为了亿万富翁，创造出一个举世瞩目的"卡丹帝国"。

1950年，卡丹倾其所有，在巴黎创办了一家服装公司，当时，战

第一章 决策是企业长盛不衰的心脏

后的法国，经济迅速复苏，社会购买力迅速增长。卡丹认为："只有走大众化的道路才能生意兴隆。"他将着眼点集中在普通消费者身上，提出"成衣大众化"的口号。他要让更多的女士买得起他设计的漂亮时装。

在此之前，巴黎时装界历来以富有而高雅的淑女为服务对象。卡丹提出"成衣大众化"，不啻是向整个巴黎时装界提出挑战，引来了一片斥责和谩骂声。他们联合起来，想把卡丹逐出巴黎时装界。

面对世俗的偏见、同行的嫉妒，卡丹没有屈服，继续走他的"成衣大众化"道路。1953年，卡丹举办了他的第一次个人时装展览。他设计的千姿百态、色彩鲜丽的女性时装大受欢迎，很快被抢购一空。整个巴黎时装界为之震动，卡丹的名字也频频出现在报纸的显眼位置。到此，时装界的前辈们不得不承认了他"走大众化道路"这一叛逆行为的合理性。

后来，卡丹又在男装和童装领域掀起"大众化"革命，都大获成功，由此奠定了他"世界时装之王"的地位。[1]

深度思索 在商场中，能不能赚大钱，利润率并不是最主要的因素，市场空间与市场占有率才是最主要的因素。一般来说，产品的适销对象越广，它的市场空间越大；如果市场占有率很高的话，即使薄利多销也能赚大钱。"走大众化道路"，是做大市场空间的主要方法。松下幸之助曾提出"自来水经营哲学"，其宗旨是：使商品像自来水一样便宜，人人买得起。这实际上也体现了"大众化"的思路。绝大多数商品都是从"贵族化"到"大众化"过渡，只有极少数人买得起的商品，尽管利润率会很高，但市场前景也有限；"大众化"才是大商人施展才艺的真正舞台。

---

[1] 胡卫红：《世界500强创始人的16个商业信条》，企业管理出版社，2004。

（五）面向高科技决策

日本索尼公司创始人、董事长兼总裁盛田昭夫说："市场是创造出来的，而不是调查出来的""我们不经营那些别人已经大力发展的产品，而要为我们生产的新产品开辟市场"。有前途的企业家一定要主动面向高科技决策，研发新技术，创造新产品，开辟新市场，引领新消费。从一定意义上说，引领消费比适应消费营销更主动、市场更广阔。

案例　英特尔不断创新产品、引领世界消费

英特尔公司成立于1968年，其创建人是美国仙童半导体公司的元老罗伯特·诺伊斯、高登·穆尔和后期进入公司的安德鲁·格罗夫。英特尔公司是美国最大的半导体制造企业，在全球半导体生产企业中，也雄居首位。英特尔公司自1968年创立以来，发展极为迅速，尤其是20世纪80年代后期至今，平均每年销售额及赢利额递增40%以上。2010年英特尔公司的营业收入为351.27亿美元，居《财富》杂志世界500强排序的第209位。英特尔公司在存储器方面面向高科技决策，不断创造新产品，不停引领社会消费。

第一次成功是压低成本，降低价格。公司成立初期，他们就决定以生产大规模集成化半导体存储器作为第一步，寻求更大的发展。当时的半导体存储器的价格为普通磁芯存储器的10倍左右，价格法则必然会影响该产品的销售。但由于半导体存储器速度快、效率高且性能可靠，所以具有很多优势。对自己开发的产品优势，他们深信不疑，并认为通过公司的不懈努力，一定会使半导体存储器的价格降下来，最终用这种性能优越的产品取代老式的磁芯产品，数月后，公司向市场投放了高速随机存储器3101。该产品的价格也逐渐降至普通磁芯存储器的2倍左右，达到了消费者能够接受的程度。

第二次成功是研制成功了电子工业史上第一个半导体芯片1103。

随着公司的发展，又一个轰动世界电子领域的产品——1103于1970年问世。1103全称为1K动态随机存储器，它是电子工业史上第一个能够存储充足信息的半导体芯片，这一产品的生产，彻底宣布了磁芯存储器时代的结束。时至今日，动态随机存储器是任意一台计算机都不可缺少的组成部分，它们都是英特尔这种产品的衍生后代。

第三次成功是研制成功了世界上第一块微处理芯片4004。英特尔公司开发生产的很多产品，对电子计算机工业都作出了贡献，但具有里程碑意义的，当推英特尔公司于1971年研制成功的世界第一块微处理芯片4004。英特尔进入了一个新的发展时期，英特尔工程师霍夫因此而获得"微处理器之父"的美誉。

第四次成功是研制成功了世界上第一块通用微处理8080芯片。随着英特尔公司对微处理芯片研发工作的不断深入，1972年，又推出第二代微处理芯片8008。这种8位芯片不是4004功能的简单增加，它不仅具有运算功能，而且具有字符的处理能力。但8008只不过是一个过渡性产品。真正具有划时代意义的通用型8080芯片于1974年研制成功了，8080是世界第一块通用微处理芯片，由此英特尔公司推出的以此种芯片为核心部件的8位计算机，售价仅为360美元，而当时其他同等性能的8位计算机价格却高达数千美元，两者价差之大，不可以想象。由此，英特尔公司成为该类芯片市场的领导者，而8080型微处理器也成了该工业部门的标准产品。这一结果，结束了计算机工业界中央处理器群雄争霸的混乱局面。

第五次成功是研制成功了16位芯片的新一代产品8086，使自己的行业领先地位得到了巩固。没过多久，众多的电子工业企业很快从8080型微处理器的仿冒角色，改变为该产品的竞争对手，并引发了8位机芯片大战。面对如此局面，英特尔公司以不断创新为武器，在快速推出改进型的8位芯片8085的同时，加快研制16位芯片8086以及32位芯片432。经过公司的努力，8086于1978年研制成功，8086的推出，使英特尔公司与其他竞争对手之间拉开了一定距离，领先地位得以稳固。

鉴于计算机市场竞争日趋激烈的环境，英特尔公司决策层认为：公司的一种新产品尚未完全占据市场，尚未完全发挥出潜力之前，公司就必须迅速研制出更新的或性能更超前的新产品来，公司要及时自己淘汰自己，只有这样才有可能生存。进入 20 世纪 90 年代，英特尔公司在研制计算机微处理芯片方面速度加快，继 586 芯片推出后，又研制出奔腾中央处理器系列，目前已发展到奔腾中央处理器Ⅲ型各品类。英特尔公司历来重视新产品的研制工作，90 年代后愈加重视，并以重金投入作为保证，仅奔腾系列中央处理器的研究开发费用就先后投资 50 亿美元之巨。①

> **深度思索** 英特尔公司自 1968 年创建至今，发展速度迅猛且起点高，获得了辉煌的业绩，近年强势企业排序，位居前列。究其原因，除了时代背景、行业优势等因素外，坚持科技创新是其最根本的因素。英特尔公司的发展历程再一次向世人昭示，科技创新是现代企业的生命，只有注重面向高科技决策，才能永立潮头，领跑消费，百年不老，经久不衰。

（六）面向政治环境决策

日本索尼公司总裁大贺则尾说："我将竭尽全力提高索尼公司的声誉……作为公司的总裁，在作出任何一项决策前，一定要尽量掌握世界政治、经济情况，并把这些情况加以分析、消化，了解市场的动向。"政治环境对任何一个企业家来说都是回避不了的客观存在，对企业的生死存亡起着举足轻重的作用。是无视政治环境，或是适应政治环境，还是参与政治斗争，将关系着决策的成败。

---

① 钱风元主编《大编队：全球 500 强沉浮录》，经济日报出版社，1999。

案例一　王永庆被拘禁了 29 天

"塑胶大王"王永庆在台湾是家喻户晓的人物。由王永庆一手创立的台塑企业集团是台湾实业界的巨头和典范，为台湾经济的腾飞作出了卓越贡献。王永庆是台湾首富，公认的台湾第一经营管理高手，享有"台湾经营之神"的美誉。

1946 年，王永庆在嘉义开了一家当时规模最大的碾米厂。他是靠开米店和碾米厂起家的，对这一行有感情，只因受日战影响，他不得不停掉生意。日战结束后，他准备重整旗鼓，大展宏图。

没想到，过了不久，国民党为了加强在台湾的军事统治，对粮食等重要物资实行管制，严禁越区买卖。王永庆平日抱着商人不问政治的观念，对时局甚少留心。他天真地认为，只要自己不违反禁令，粮食管制条例再严厉，也跟自己没关系。然而，事实很快告诉他，他将"管制"二字的含义理解得太简单了。一次，他从本市某乡购了一车粮食，货刚到家，忽然来了两位警察，说是有人举报他越区贩粮，不由分说，将他带到警察局。拘禁了 29 天后，检察部门才通知他，举报有误，将他无罪开释。

平白无故遭此一劫，王永庆认为有必要好好研究一下粮食管制条例。他发现，原来条例之严，完全超乎想象，处处列着死刑和无期徒刑的规定。他这才感觉到，从事此行的风险实在太大了！

王永庆想，照常理来说，只要不犯法，法律就不会找到自己头上。但这个国民政府好像不是一个很讲道理的政府，难免有违反情理的事情发生。这次无故被拘禁了 29 天，下次呢？万一判了死刑，找谁说理去？做生意是为了求财，不是为了求灾，何必拿性命赌博？再者说，勉强干下去，即使侥幸不会惹祸，做事也是畏首畏尾、缩手缩脚，难成大器。什么生意都是做，何必干这种容易招惹是非前途又有限的生意呢？于是，他当机立断，将新开的碾米厂关闭了。①

深度思索　政治环境、政策变化、政府规定，尤其是新法律法规的出台，企业家都需要密切关注，来不得半点马虎，稍不留神就要倒霉。

案例二　生意离不开政治

洛克菲勒家族是美国最富的家族，约翰·洛克菲勒是这个财富家族的创始人，他也是人类有史以来第一位亿万富翁，美国石油大王。他开创的石油王国在美国占据垄断地位达85年之久。约翰·洛克菲勒创建的埃克森美孚石油公司，在2010年世界500强企业中，排名第3位。

洛克菲勒家族在发展过程中，与政治联系紧密。其中，约翰·大卫·洛克菲勒表现出宽阔的国际视野，善于从大局经营家族生意，提早布局。

比如，他在冷战时期造访前苏联，跟赫鲁晓夫和戈尔巴乔夫都有过直接而锋利的面对面交流；他也是第一批在中美关系开始解冻后的1973年造访中国的资本家，还是一个在改革开放之初就跟中国密切接触，并成功开展商务活动的国际金融家。这一切，都为家族生意在世界各地的健康发展打下了坚实的根基、创造了宽松的环境。

当然，约翰·大卫·洛克菲勒没有忘记对子孙的教导。他写了一本传记——《回忆录》，把家族史囊括其中，好给子孙辈借鉴。不论是在他的书中，还是在生活里，大卫总是念念不忘地强调说，一个拥有巨大社会财富的人应该善于适应政治环境，具有强烈的社会责任感。②

---

① 胡卫红：《世界500强创始人的16个商业信条》，企业管理出版社，2004。
② 张俊杰：《400个百年老店的长赢基因：全球400个长青企业百年老店经久不衰的成功秘诀》，中共党史出版社，2010。

第一章 决策是企业长盛不衰的心脏

深度思索 每一个高瞻远瞩的企业家都要学会从政治格局上思考、谋划企业的发展。先人一步，及早布局，才能拓展宽广的发展空间。

案例三 激怒普京的俄罗斯前首富

霍多尔科夫斯基曾任梅纳捷普国际金融集团董事长、尤科斯石油公司董事长。其个人资产一度曾超过80亿美元，在美国《福布斯》杂志富豪排行榜上全球排名第26名。2002年，霍多尔科夫斯基被美国《福布斯》杂志评选为全球十大最有影响力的富豪。2003年8月，他持有36.3%股份的尤科斯石油公司和俄罗斯第五大石油公司西伯利亚石油公司合并。合并后的尤科斯—西伯利亚石油公司成为俄罗斯第一大、世界第四大石油公司。

"我将在2007年退出商界，并有可能参加2008年的总统大选。"俄罗斯前首富霍多尔科夫斯基在担任俄罗斯尤科斯石油公司总裁期间，一边收购和控制一些俄罗斯重要新闻媒体，一边广泛收买杜马和政界人士，并向反对普京的"亚博卢"集团右翼联盟等反对党提供资金，资助他们参加选举。

现在，我们从这位俄罗斯前首富的命运中，分析一下商人试图干涉或影响政治的后果。

2003年4月，霍多尔科夫斯基和俄罗斯杜马里的两大反对党领导人达成协议，要在2003年12月7日议会选举前往这些反对党的账户中打进数千万美元。

"我的人身安全受到威胁，或许会被当局逮捕。"霍多尔科夫斯基在2003年7月20日接受莫斯科一家电视台采访时说。

这时克里姆林宫已经意识到，只有打垮霍多尔科夫斯基的经济基础，才能彻底避免这种事情的再度发生。

此时的霍多尔科夫斯基并没有就此有所收敛。2003年9月,霍多尔科夫斯基又亲自挑选了专门批评普京的传媒人出任反政府立场报纸《莫斯科新闻》的主编,霍多尔科夫斯基的所作所为已经彻底激怒了克里姆林宫。

"我们是联邦安全局,把配枪全部放到地上,否则我们立即开火!"2003年10月25日凌晨,霍多尔科夫斯基的专机刚在新西伯利亚机场降落,身穿黑制服的俄罗斯内务部安全部队特工突然逮捕了霍多尔科夫斯基,随后把他押送回莫斯科。

2003年10月25日,莫斯科巴斯曼区法院根据俄罗斯总检察院的申请,决定对霍多尔科夫斯基进行2个月的拘禁,拘禁将一直持续到2003年12月30日。

2003年10月25日傍晚,俄罗斯总检察院对霍多尔科夫斯基提起刑事诉讼,指控他犯有诈骗、逃税、伪造公文、利用欺骗手段给别人造成财产损失、侵占财产和拒不执行法院判决等罪行。

2005年5月31日,莫斯科法院作出判决,判处霍多尔科夫斯基9年监禁。2006年8月1日,莫斯科法院宣布尤科斯公司破产。①

深度思索 企业家要关心政治环境,但不要参与政治争斗。涉猎政治旋涡是每一个企业家的大忌。政治是一个阶级、组织为夺取或巩固政权而从事的与此相关的一切活动;经济是一个社会赖以生存和发展的物质基础;企业家是在一定的政治环境中为经济发展而不懈奋斗的一个成员。企业家的价值属性是:在法律允许的范围内获得最大的商业价值。企业家与经济的关系是:尽其所能,为经济繁荣、人类幸福多作贡献。企业家与政治的关系是:了解政治、关心政治、适应政治、守法经营、爱国敬业、千方百计与政治环境和谐相处。

---

① 唐朝:《企业管理中的18个致命错误》,中国经济出版社,2010。

（七）寻找高人决策

纵观百年企业的发展史，可以找到很多个关键人物，他们在特定时期发挥了特殊作用，延续了企业的百年基业。这些关键人物，有的是企业的创始人，但更多的是后来被聘入企业的职业经理人。

可以说，创始人的个性，决定了企业的特质。但是，百年企业持续发展，不能仅仅依靠创始人这个英雄人物，还需要一代又一代优秀决策者的持续努力。

哈佛商学院教授大卫·丹尼尔认为，长寿公司成功的一个重要原因，是这些企业都顺利完成了一代又一代的企业领导交替。在商业世界里，正是这些高级决策者作为"基本的和支配性力量"，不断为百年老店添砖加瓦。

美国苹果电脑公司的掌门人史蒂夫·乔布斯说："公司的决策者离不开三要素：技术需求的跟踪者、老谋深算的指挥官、产品革新的快枪手。"凡是长寿公司都把决策者的选择摆在企业发展的首要位置。

案例　通用汽车三易舵手

通用汽车公司成立于1908年9月1日，时值汽车公司风起云涌之际，所以并未引起人们的重视。但是经过百余年艰苦卓绝的努力，通用汽车已成为一个拥有130多家工厂、60多家海外公司、80万名员工的跨国集团。在2010年世界500强企业排名中位于第38位。

英雄也有落难时。通用公司在20世纪90年代初期，由于美国汽车市场陷入空前不景气、领导班子"政变"、"人事大地震"以及公司庞大、机构复杂等种种原因，1990～1992年连续3年经营亏损，累计达260亿美元之巨，1991年顾客已不再青睐通用汽车，当年出现高达70亿美元的亏损，在美国汽车市场所占的比重也从46%降为34%。仅以1993年上半年美国汽车市场行情观之，最畅销的前10种汽车中福特汽车就占了半壁江山，通用公司只有雪佛兰C-K小吨位货车和雪佛兰骑士名列前茅。

为重振昔日雄风，通用汽车先后三易舵手。1992年10月约翰·史密斯荣登坛主。这位搞财务出身的、被称为"力挽狂澜的企业奇才"组成了一个新的管理班子，对公司进行了一系列大刀阔斧的整顿与改革。这些改革包括：①解雇了近3.7万名工人；②投入巨资进行技术改造，使每辆轿车的装配时间缩短了12%；③把其总部的工作人员从1.3万人削减为1300人；④要求所有零件供应商，包括自己的子公司，都必须通过投标竞争来获得零件供应合同，仅此一项，便使得总公司减少近40亿美元的采购费用。这些措施终于使通用公司恢复了元气，一举扭亏为盈。1993年实现赢利26亿美元。美国汽车产量也在10年中首次超过日本，夺回了"第一"的宝座。

经过新总裁史密斯两年的励精图治及体制革命，通用汽车公司1994年的净利润创下49亿美元的新纪录，1995年共生产了830万辆轿车和卡车，产品畅销世界各地，全年销售额高达1688亿美元，纯利润又达创纪录的69亿美元，又一次在《财富》杂志的世界500强排行榜上坐上头把交椅。①

> **深度思索** 决策者的能力直接关系到企业的命运。通用汽车为了选择一个高手出任总裁，连续3次更换人选，终于选择了约翰·史密斯，引领企业走出困境，重振雄风。然而，在现实生活中，许多企业只重视处理日常经营业务、只关注利润的上升下滑，而忽视了对一代又一代掌门人的培养选择。

到底由谁充当企业经营的决策者，现代公司制度的企业在创新和变革中大致经过了三个阶段：

第一阶段大致在19世纪50年代到20世纪20年代前后。这个时

---

① 钱风元主编《大编队：全球500强沉浮录》，经济日报出版社，1999。

期的特点是所有权和经营权"粘连",大股东担任董事长,或操纵董事长和董事会,直接执掌决策大权。

第二个阶段大致在20世纪20年代到80年代末,特点是所有权和经营权的彻底分离。首先是垄断性大财团被迫解体,家族大股东纷纷撤出,以及普通股东大大增加造成股权分散,然后成功的经营首长(董事长和总经理)借机巩固自己的势力,在董事会内培植亲信。结果是经营首长独揽决策大权。

第三个阶段特点是权力的二次分离。一是在企业所有权上变大股东所有为大股东和职工共同所有,大股东投入资本与职工投入知识与技能化劳动具有同等的要素投入者的地位,职工不是股东的雇佣者而是合伙人。二是在企业的控制权上把控制权分离为决策权(或叫制衡权、监督权)和管理权。决策权实现对管理权有效的监督和制衡,从而解决现代企业制度始终没有能很好解决的对管理权的监督制衡以及监督与效率的统一问题。三是公司董事会的成员发生了重大变化,外聘董事多数在2/3以上,有的达到90%,投资者代表在董事会中的席位很少,一个10～19人的董事会中投资者代表只占1～2席。多数董事会成员都是以专家、学者的身份进入董事会的,整个决策系统形成了以知识和能力为主的机制。这种权力知识化转变是现代企业制度发展的必然趋势。

而在我们中国,多数企业决策的机制还处在整个世界现代企业制度决策演变的第一阶段,即不管投资人的能力如何,决策权牢牢掌握在大股东手中,这大概是中国企业在与世界企业竞争中不占优势的重要原因。每一个想使自己的企业长盛不衰的企业家都应该寻找董事会社会化、知识化的路径,让更多的高手参加企业的决策。

第二章
执行是企业长盛不衰的关键

把信送给加西亚的故事可谓流传甚广。故事的梗概是这样的：当西班牙和美国的战争即将爆发之时，最重要的就是和古巴的起义军首领加西亚将军取得联系。当时，加西亚将军隐蔽在一个无人知晓的偏僻山林中，无法收到任何邮件和电报。而美国总统需要尽快与他进行联系，情势紧急！这时，有人报告总统："有一个名叫罗文的人能帮您把信送给加西亚。"加西亚隐藏在古巴广阔的山脉中，没人确切知道他在哪里。而接受任务的罗文既没有问加西亚在哪里，也没有问如何将信送给加西亚，便义无反顾地踏上了生死未卜的征程，历经千难万险和生死的考验，终于把信送到了加西亚的手中。这个送信的传奇故事之所以在全世界广为流传，主要在于它倡导了一种伟大的精神：忠诚、敬业、勤奋，成为人们忠于职守、履行承诺、敬业、忠诚、主动的象征，成为完美执行力的象征。

所谓执行力，通俗地讲就是把想法变成行动，把行动变成结果的能力。它源于企业管理理念，是由霍尼韦尔国际公司前任总裁兼CEO拉里·博西迪对企业经营管理与经济效益情况进行深入研究、对比后得出的核心结论，近年来在企业界得到了广泛推崇。比尔·盖茨曾坦言：微软在未来10年内，所面临的挑战就是执行力。IBM总裁郭士纳也认为：一个成功的公司管理者应该具备三个基本特征，即明确的业务核心、卓越的执行力及优秀的领导能力。企业作为一个组织，一个完整的肌体，只要有好的管理模式、管理制度和好的带头人，充分调动全体员工的积极性，就能够打造出一流的执行力，这也是实现企业长盛不衰的关键所在。

第一节 执行力决定着企业的兴衰成败

为什么星巴克能在满街的咖啡店中异军突起？为什么沃尔玛能够成为全球零售业霸主，并且还在2004年、2008年、2010年的世界500强企业中排名第一？无数成功企业的经历告诉我们，那些在激烈竞争中最终能够胜出的企业无疑都具有超强的执行力。可以说，绝大多数人都有伟大的理想，然而却只有很少的人能够将它变为现实；绝大多数企业都具有可行的企业目标，却不能把它如愿变成具体的结果，甚至结果与目标南辕北辙。为什么一个好的思路、好的决策、好的规划会被束之高阁，变成毫无意义的空想和空谈？为什么健全的规章制度和明确的岗位职责不但无法让企业与组织管理有序，反而形同虚设？很简单，它们的背后都隐含着一个被忽视的重要现实，那就是——缺乏高效执行力。执行力是决定企业成败的最重要因素，是构成企业核心竞争力的最重要一环！三分决策，七分执行。没有执行力就没有竞争力。重大决策执行有力，就能快人一步，抢占先机，否则就会错失良机，丧失先发优势。只有执行力才是真正直接对结果产生作用的力量，老板的执行力将决定公司组织的执行力，个人的执行力则是个人成败的关键！只有靠执行力，成功的企业才能更加欣欣向荣，失败的企业才能重现光明；只有靠执行力，战略才能隆隆推进，崭新的未来才会扑面而来。

（一）执行力就是落实力

华裔建筑师贝聿铭在北京香山宾馆的建筑设计中，对宾馆里里外外每条水流的流向、大小、弯曲程度都有精确的规划，对每块石头的重量、体积的选择以及什么样的石头叠放在何处等都有周详的安排，对宾馆中不同类型鲜花的数量、摆放位置，如何随季节、天气变化调整等都有明确的说明，可谓匠心独具。但是，工人们在建筑施工的时候对这些"细节"毫不在乎，根本没有意识到正是这些"细节"方能体现出建筑大师的独到之处，随意改变水流的线路和大小，搬运石头时不分轻重，在不经意中"调整"了石头的重量甚至形状，石头的摆放位置也是随随便便。看到自己的精心设计被无端演化成这个样子，贝聿铭痛心疾首，在这座宾馆建成后一直没有去看过，认为这是他一生中最大的败笔。这个故事告诉我们，执行力就是落实力，就是不折不扣地执行到位。

中国国内很多企业的经验表明，濒临破产的企业在换了领导班子之后，经营风格并没有从根本上改变，也没有进行所谓大刀阔斧的改革，公司规划还是原来的规划，制度还是原来的制度，新来的总经理只是把原来的制度严格地执行了下去，结果企业就焕发了生机，逐步走出了经营的低谷。原因是什么？回答是：执行力。这就是执行力的威力，它能使同样条件下的企业呈现出两种截然不同的状态。

东北有家大型国有企业因为经营不善导致破产，后来被日本一家财团收购。厂里的人都在翘首盼望日本人能带来先进的管理方法。出乎意料的是，日本只派了几个人来，除了财务、管理、技术等要害部门的高级管理人员换成了日本人外，其他的根本没动。制度没变，人没变，机器设备没变，日方就一个要求：把先前制定的制度坚定不移地执行下去。结果怎么样？不到一年，企业就扭亏为盈了。日本人的绝招是什么？执行力，无条件的执行力。

2003年丰田在美国的销售量是400万辆，美国的三大汽车公司通用汽车、福特、戴姆勒－克莱斯勒的市场占有率第一次降到了60%以下，而且丰田的销量第一次超过了克莱斯勒。美国总统把三家美国公司的老板叫去以寻求对策，他们感到没有比到日本公司的现场考察再有效的方法了。于是，他们就到丰田公司去考察。日本丰田公司就敞

第二章　执行是企业长盛不衰的关键

开大门让他们参观，可以随便观看，随便拍摄，和员工交谈也可以。汽车不是日本人发明的，汽车的流水线也不是日本人设计的，是美国的福特发明的，汽车的机器也不是日本人想出来的，你们都有，而且是你们先搞出来的，也不知道你们来看什么。后来才发现真正的问题在于执行力，日本丰田用五年的时间做到零库存和及时上线，所有的供应商在一起培训，做到一种标准一种表格，这是美国人做不到的地方。这三家汽车公司终于明白了，提前几天回到了美国，因为没有什么好看的，真正问题就是执行力。

任何一项工作、任务的完成，都是抓落实的结果。没有落实，再完善的制度也是一纸空文，再理想的目标也不会实现，再正确的政策也不会发挥其应有的作用。对于一个企业而言，企业的战略和目标固然重要，但关键问题是要落实、落实、再落实，只有强而有力的执行才能实现企业自身发展的整体目标，只有执行力才能体现企业战略和目标的价值，而缺乏执行力的企业，优势很难发挥，很难在激烈的市场竞争环境中脱颖而出。美国通用电气在其财务年报里骄傲地宣称，公司一旦确定一个策略，便可以在两个月内执行到位，这就是公司不断发展壮大的根本原因。企业要想长久发展，有制度约束是十分重要的，但除了完善的制度作保证，还要有端正的态度来对待。在如今竞争激烈的社会中，一个企业要想在本行业中长期占据统治地位是十分困难的。企业对客户的承诺就成为客户衡量企业的标准。企业承诺的就要落实到位，这表现出的就是诚信。几乎所有的企业都在喊诚信、讲落实，但真正为大家所认同的却寥若晨星。其原因就在于没有真正做到落实，因而这样的企业也就无法保持常青。相反，把承诺当做企业生存的命脉，踏踏实实把承诺落到实处，这样的企业才会得到社会的认可，也就不必担心基业会不稳固。

案例　抓落实缔造了腾讯QQ神话

如今腾讯QQ已家喻户晓，很多人认为腾讯的诞生和发展是中国互联网的一个传奇。但谁又真正地探究过"传奇"光环背后的力量呢？到底是什么缔造了腾讯QQ的神话？

回想腾讯诞生之初，他们度过了很多不为人知的艰苦日子。当时为了让企业能够生存下去，腾讯策划了一系列完美的计划：做网页、做系统集成、做程序设计……凡是客户所需要的，什么业务都做，目的就是企业能够生存，让更多的用户知道腾讯、使用腾讯。可是，就是因为这样，企业内部的技术人员开始对这种工作业务感到厌倦，抱怨声渐渐在内部人员之间传开，进而使得整个企业变得不踏实起来，每次预期完成的任务大部分都不能按时完成，因而客户对于他们的能力也开始产生怀疑，甚至有一部分客户拒绝或中断与他们合作。此时的腾讯已经临近崩溃，下一步该如何走成了他们首先必须解决的问题。

腾讯总裁马化腾经过仔细研究分析，终于找出原因：企业在忙碌的同时忽略了最关键的环节——落实。落实不到位，任务就不能按时完成；落实不到位，客户就会对企业失去信心；落实不到位，员工就不可能有一个良好的工作环境；落实不到位，就会直接影响企业的生存。试想一下，倘若一个企业连生存都成问题，又何谈其发展呢？马化腾为了让腾讯再现活力，紧急召开了企业领导层会议，经过一番讨论，决定在企业内部开展"以生产为辅、以学习为主"的研讨、实战活动。学习什么？学的是落实文化。在马化腾看来，技术不强没关系，没有足够多的劳动力也没关系，只要企业所有的员工都具备落实的观念，并真正做到落实，企业存活的概率就会大大增加，有了生存力，才会有发展；有了生存力，才能有力量与对手打拼。

经过三个月的学习，员工的精神面貌焕然一新。于是马化腾逐渐给员工增加任务，但所有员工没有丝毫抱怨，大家的劲儿往一处使，思想往一处聚。在每一次计划方案的落实中，他们不但能够从中获得很多宝贵经验，而且方案也在落实中得到进一步完善。在落实中，他们开始明确发展方向，对自己的产品定位逐渐清晰；在落实中，他们孕育出更强大的生存力。于是他们开始专心研发自己的产品——腾讯

QQ，并把它放到互联网上，供用户免费使用。在腾讯一步步落实的基础上，奇迹发生了：QQ在不到一年的时间里发展了500万用户！7年后，腾讯QQ的注册账户突破4亿，这是多么惊人的数字，接近中国总人口的1/3！[①]

深度思索 落实是决策的归宿，落实出效益，落实出生产力，落实就是发展。正如美国前总统林肯所说："再完美的思想、滴水不漏的计划，如果不落实，就不会产生生产力，也唯有落实，才能创造企业的生存力。"哈佛大学一项研究结果表明：一个能生存50年以上的企业，其核心生存"秘诀"，并不是人们通常所认为的产品，而是企业内部的落实。

（二）执行力就是领导力

世界组织行为学大师、领导力大师保罗·赫塞博士曾经说过：成功企业的经验和研究结论表明，"执行力"问题就是"领导力"问题！赫塞博士的话可谓一语惊人，它直接揭示了执行力的本质——领导力！据有关机构调查，全球500强企业中有近1/3的企业管理者有军人背景。因此有一种说法，在美国，最大、最优秀的"商学院"，不是哈佛，不是斯坦福，而是西点军校。第二次世界大战以来，西点军校培养出来的董事长有1000多名，副董事长有2000多名，总裁有5000多名。与哈佛等全球知名商学院相比，西点军校没有开设财务管理、市场营销等工商管理必修课，却为何在商界风头盖过哈佛，成为全美培养世界500强高管最多的学校？这恰恰主要是得益于西点军校在培养领导者方面与众不同的教育理念和训练法则。他们认为领导力不是法定权力，而是一个过程，在这个过程中，领导者的行为、追求、

---

① 刘军伟：《关键在落实上》，中国时代经济出版社，2007。

价值、能力、品位、风格必须与追随者的价值、追求、渴望合拍。同时，领导者和追随者的行为还必须符合环境、时间、地点、文化等情境，做到与时俱进。具体来说，领导力不是由职位高低决定的，而是除去职位这些外化的"标签"后，领导者个人所具备的让人甘于追随的能力。按照西点军校的标准，这样的领导者需要有较高的情商，能够换位思维，与下属顺畅沟通；领导者在下属心目中具有较高名望和威信，下属自觉、自愿、主动追随，也愿意为领导者主动改变自己的态度、价值和行为。美国前总统杜鲁门也曾说过："领导力要求你要为组织成员指出前进方向，并引导他们走向这一方向。"这一番话强调了领导力必须具备方向指示性、统率力以及执行力。

提高企业的执行力是每个企业领导者最重要的职责。曾任 IBM 大中华区董事长兼首席执行总裁达 10 年之久的周伟焜，就是一位成功的执行型企业领导，当被问及"长久稳居高位"的秘诀是什么的时候，"执行！"周伟焜毫不犹豫地回答。他认为：企业成败，三分在战略，七分在执行。对个人来说，执行力是领导力的一部分，对公司来说，执行力是企业成败的关键。很多企业在成立初期都有一个宏伟的战略目标，其产品都经过了可行性论证，企业有一个良好的发展前景。他们的初衷是好的，但一些企业的目标却不能变成自己希望的结果，甚至很快破产倒闭。原因在哪里呢？这些企业都有着自己明确的规章制度，一应俱全，但这些规章制度却没有发挥出它们应有的作用，在执行的过程中大打折扣，有的甚至南辕北辙，使规章制度成了表面文章。如此一来，公司的一些决策也因执行不到位而付诸东流，公司好的战略和规划则成了毫无意义的空想。

无论是从领导者的职责，还是从个人发展需求来看，领导者都被要求具有较强的执行力。执行力不仅仅是说干就干，还指一个部门围绕战略目标，在一定的体系下，快速、高效地将决策转化为结果的能力和手段，它更侧重的是整个体系的能力。在整个企业中，领导者起着十分重要的作用，他就像一个火车头，有意识地对企业进行引导，从而使"执行"成为一个企业的核心元素。美国ABB公司董事长巴尼维克曾说过:"一位经理人的成功,5%在战略,95%在执行。"具有出色的执行力,是成为合格领导人的重要通行证。

案例 "铁腕"领导挽狂澜于既倒
——菲亚特重新崛起的启示

1899年,乔瓦尼·阿涅利与人联手创办了一家汽车公司。1906年,阿涅利将公司定名为意大利都灵汽车制造厂,后来改制为股份公司,并改名为FIAT(中文音译为菲亚特),这既是公司名称的缩写,又是产品的商标名称。2010年,菲亚特在世界500强企业中排名第85位。

1949年,阿涅利的孙子贾尼·阿涅利被指定为菲亚特公司的副董事长,1966年,被正式推举为菲亚特公司的董事长。在阿涅利的领导下,菲亚特公司发展迅速,旗下的菲亚特汽车公司成为意大利最大的汽车制造企业,也是世界最大的汽车公司之一。

20世纪70年代前期,国际汽车市场疲软。在意大利本国工资升高、物价上涨等情况的冲击下,再加上公司内部出现了管理问题,菲亚特汽车公司经历了历史上最不堪回首的日子,公司连年亏损,在世界汽车市场上的排名接连下跌。此时,菲亚特集团的决策层中有不少人力主甩掉汽车公司这个沉重的大包袱。消息传出后,菲亚特汽车公司上下一片恐慌,不知哪一天公司就会被卖掉或是解散。

1979年,阿涅利任命47岁的维托雷·吉德拉出任菲亚特汽车公司总经理。吉德拉上任伊始,就深入到基层,通过与员工的沟通交流,找出了公司的症结所在。他对症下药,使出"三板斧"。"第一板斧",关闭了国内的几家汽车分厂,淘汰冗员,员工总数一下子减少了1/3,由15万人降至10万人。这次机构改革的另一个重点是对菲亚特汽车公司的海外分支机构进行调整。这些海外机构数量众多,但绝大部分效率低下,所需费用却很庞大,经常是入不敷出,成为公司的沉重包袱。吉德拉毫不犹豫地撤掉了一些海外机构。他停止在北美销售汽车，还砍掉了设在南非的分厂和设在南美的大多数经营机构。

吉德拉的"精简高效"在推行时遇到了强大的阻力。菲亚特汽车公司的员工人数在意大利首屈一指，被称为"解决就业的典范"，这次裁减人员的数量如此巨大，自然引起各方的议论。但吉德拉丝毫不为之所动，坚定地执行计划。

吉德拉的"第二板斧"是对生产线的改造。吉德拉通过对工厂的实地调查，认为公司技术落后、生产效率低下是造成公司陷入困境的重要原因之一。吉德拉采用大量新工艺、新技术，利用计算机和机器人来设计和制造汽车。这些措施，使汽车的部件设计和性能得到充分改进，使其更为科学和合理化，劳动效率也随之提高。新工艺、新技术的采用带来的另一个结果是公司的汽车品种和型号大大增加，更新换代的速度大大加快，增强了菲亚特汽车的市场竞争能力。

吉德拉的"第三板斧"是对汽车销售代理制进行改革。过去菲亚特汽车的经销商不需垫付任何资金，而且在销售出汽车后，也不及时将货款返回菲亚特，而是挪作他用。这使得菲亚特的资金周转速度缓慢，加重了公司的负担。吉德拉对此作出了一项新的规定：凡经销菲亚特汽车的经销商，必须在出售汽车前就支付汽车货款，否则不予供货。此举引起了汽车经销商的强烈反对，但吉德拉始终坚持己见。结果有1/3的菲亚特汽车经销商被淘汰出局，其余的都接受了这一新规定，这大大提高了菲亚特汽车公司的资金回笼速度，减轻了公司的财政困难。

在吉德拉的领导下，菲亚特汽车公司通过一系列改革，重新焕发了活力。面对一个病入膏肓、举步维艰的大企业，改革的阻力是可想而知的，领导者如果没有强大的执行力，没有不达目标誓不罢休的决心和勇气，是难以回天的，但吉德拉做到了。[①]

---

① 都明明：《领导者要有大智慧》，中国商业出版社，2005。

深度思索 一只狼领导的一群羊能够打败一只羊领导的一群狼,关键就在于狼性与羊性的区别。对领导者而言,执行力是多种素质的结合与表现,它体现为一种总览全局、深谋远虑的业务洞察力,一种不拘一格的突破性思维方式,一种"设定目标、坚定不移"的态度,一种雷厉风行、快速行动的管理风格,更体现为一种勇挑重担、敢于承担风险的工作作风。

(三) 执行力就是竞争力

平安股份有限公司董事长马明哲先生在谈起对执行力的体会时说:核心竞争力就是所谓的执行力,没有执行力就没有核心竞争力。关于核心竞争力,我们可以提两个问题。第一,什么是核心竞争力?第二,你的核心竞争力靠什么来保障?答案都是执行力。

执行力既是一个企业战略得以落实的关键,赖以生存和发展的基石,同时也是战胜竞争对手的关键。因为在当今日趋激烈的市场竞争环境中,每个有着良好发展前景的企业都有自己的竞争对手,他们虎视眈眈地注视着企业的一举一动,公司的战略目标被他们拿去模仿了,公司的规划和计划也被他们照搬了,甚至在同类产品领域实行低价策略,无形中造成了利润的降低……而唯一不能改变的是企业的执行力,产品可以被模仿,但产品的质量不能被模仿,企业具体的管理操作不会被模仿。所以,企业要想在市场上占有高的市场率,不能依靠巨额的宣传,唯有依靠企业自身独特的执行力,它是不能被模仿的,也是强大的竞争优势。如果企业哪一天被竞争对手超过,首先要考虑的就是执行力是不是出了问题。所以,战略决策的执行力度对企业的经营至关重要,好的执行力能使企业的目标不折不扣地得以实现,也是战胜竞争对手的致命武器。

核心竞争力不是固定资产,不是网络规模,更不是什么市场占有率。拥有这些有形的、物质的资源固然很重要，它能使你在很短时间里打败你的竞争对手，保持领先地位。那么，核心竞争力是靠什么形成的呢？答案也很多。但肯定不是靠打价格战，不是靠给对手使绊儿。探寻著名跨国企业的核心竞争力的形成之路，它们无不是企业长期以来遵守商业规则、探索商业规律、恪守商业道德，通过不懈努力、不断完善的结果。对企业核心竞争力的思考是企业战略思考的重要组成部分。所谓的战略思考无非要回答一个基本的问题，即如果你设想失去目前支撑比较竞争优势的"核武器"之后，你能够找到并拥有下一个"武器"来继续获得竞争优势，那么你的企业就是有战略的，否则就只有战术而无战略。

通用电气是如何让分布在全球100多个国家的几十种业务、30多万员工按照统一的战略去获得高速增长的？问题的关键在于：第一，它构造了一个严密而有效的实施系统，保证总部制定的任何战略举措都可以转化为实际行动。第二，它有一个开放的制度化平台，来自通用电气和各个行业业务集团的高层领导、中层领导和员工，都会在这样一个制度化平台上针对业务实施情况对比差距，交流和分享成功的经验。通用电气曾自豪地在年报中说，因为通用电气拥有一个制度化的高效业务管理系统，通用电气可以做到所有的重大战略举措一经提出，在较短时间内就能完全进入操作状态，并且总是可以在第一个循环（即第一年）就能在财务上获得很好的效果。支撑通用电气长盛不衰、高效运转的业务管理系统是执行力，也是通用电气的核心竞争力。这说明了一个道理：企业的核心竞争力不是某一项技术或技能，更不是资产或规模，而是企业内部的集体学习能力，更是根植于组织行为之中、落实在每个员工具体行为上的，其他公司即使知道也无法模仿与复制的由系统流程构成的执行力。

日本经营之神松下幸之助曾谈到关于产品质量的执行力："对于产品质量来说，不是100分就是0分，没有任何商量！战略确定了，就看执行力，没有执行力就没有企业的核心竞争力。而核心竞争力是

第二章 执行是企业长盛不衰的关键

动态的,不是一劳永逸、一成不变的,虽然今天你有了,而明天就可能演变成被淘汰的能力,甚至成为阻碍企业发展的核心障碍。"现在已有越来越多的企业意识到,唯有执行力才是保障企业一切经营活动正常发展的强大核心武器。

中国的企业在开会时,会场往往是领导的"一言堂",场上鸦雀无声,下级人员不敢公然提出自己的改进意见,领导者的宣讲并不一定代表亲自参与实践操作员工的心声,领导即使错了,员工也不敢提出反对意见,生怕日后领导会给自己"穿小鞋",看似聚精会神、一丝不苟,但没有提出问题的实质解决方法。出了问题,领导只是按自己的想象在会上宣讲而已,会议后,各部门和员工仍旧各行其是,问题依旧。在这方面,国外一些成功的企业恰恰相反。他们会在会议上讨论不休,甚至争得面红耳赤。但在会议结束后,各部门以及各员工间迅速达成共识,并形成公司的决议,马上就予以落实执行。由此可知,这些企业的不同就在于执行力的问题,即执行差异的问题。执行力是企业竞争制胜的关键。执行中起最重要作用的是人,没有人就谈不上什么执行。特别是要看企业领军人物对企业整体执行能力的把握,还要看企业员工整体的素质和水平,企业如果没有好的素质和职业水平也不行,还有就是员工的执行心态问题和企业的组织结构设置等问题。如果公司上下能在企业文化中形成共同的价值观,员工就会无条件地服从企业的各项安排,人员配置得当,才会保证企业的目标和任务得到圆满执行,使各个方面的细节做到位。否则,哪一个环节出现问题,都会影响到企业全局目标的实现。对一个现代企业来说,执行力就是决胜力。没有执行力,何谈竞争力?

案例 索尼彩电是如何打开美国市场的

索尼彩电享誉全球,但在 20 世纪 70 年代中期,它在美国还是一个名不见经传、无人问津的"杂牌货"。如今,索尼彩电已摆在美国各大电器商店的柜台上,成为畅销品。那么,索尼彩电是如何畅销美国的呢？可以说，是采用了随机应变的营销执行方法使然。

20世纪70年代中期，卯木肇担任索尼公司国外部部长，面对索尼彩电在美国无人问津、蒙尘垢面的难堪局面，他苦苦思索。经过研究，他选定将芝加哥市最大的电器销售商马希利尔公司作为主攻对象。他第一次求见该公司经理被拒绝，第二次、第三次求见也没有见着，第四次求见虽然见到了，但该公司经理劈头盖脸地说："我们不卖索尼的产品，你们的产品降价拍卖，像一只瘪了气的皮球，踢来踢去无人要。"卯木肇没有泄气，他当即表示不再搞削价销售，并在报刊上重新登广告，改变产品形象。这是第一次应变。

当他带着刊登有新广告的报纸再次去求见公司经理时，经理以"索尼售后服务太差"为由拒绝销售。卯木肇二话没说，回去后立即组建索尼彩电特约维修部，并重新刊登广告，公布维修部的地址和电话。这是第二次应变。

当他第三次与马希利尔公司经理见面时，该经理又以"索尼知名度不够，不受消费者欢迎"为由而继续拒绝销售。卯木肇仍然没有灰心，他决定再作第三次应变——假造索尼的知名度，他召集了30多名工作人员，规定每人每天拨5次电话，向马希利尔公司询购索尼彩电。接连不断的求购电话，搞得马希利尔公司的职员晕头转向，误将索尼彩电列入"待订货目录"。

再一次见面时，马希利尔公司经理大为恼火，经过卯木肇诚恳的劝说才消了气，但他又找了一条理由，说索尼的产品利润少，比其他彩电的折扣少2%。经过卯木肇的耐心解释和劝说，他勉强同意先拿两台试一试。卯木肇立刻选派两名能干的推销员送两台彩电去马希利尔公司，并告诉他们，这两台彩电是百万美元订货的开始，要他们送到后留下来与马希利尔公司的店员并肩推销。当天下午4点钟，两位推销员回来报告，两台彩电已经销出，马希利尔公司又订了两台。这样，索尼彩电终于挤进了芝加哥马希利尔商店，当时正值12月初，是美国家电市场销售旺季，经过一个圣诞节，一个月内竟卖出700余台。

马希利尔公司从中获利后,经理亲自登门拜访卯木肇,决定以索尼产品作为公司下一年度主销产品,双方联合在芝加哥各大媒体刊登巨幅广告,提高商品知名度。有了马希利尔公司开路,芝加哥100多家商店跟在后面,纷纷要求经销索尼彩电。不到3年,索尼彩电在芝加哥的市场占有率就达到了3%。随后,索尼彩电顺利地进入美国其他城市,打开了整个美国的市场。

深度思索 只为成功想办法,不为失败找借口。任何一个企业,劣势与优势都是并存的,今天的劣势或许就是明天的优势。只要改变心路,就能改变思路,就能够把劣势转化为优势,把优势发挥到极致。

第二节 执行不力的表现及其原因

为什么科学论证过的项目不能有如意的结果?为什么有激励约束措施员工却没有真正的工作动力?为什么完善的管理制度不能变成生产效率?……这些"为什么"是目前很多企业老板共同的疑惑,那就是我们为什么总是执行不力。

其实,执行不力,是中国企业长久以来的痛处。曾几何时,秦池、爱多、飞龙、三株、太阳神……这些响当当的名字做到了家喻户晓,但它们又像划过天际的流星,只留下了瞬间的光彩,之后便归于沉寂。数十家曾经叱咤风云的企业留给了中国企业界恒久的痛,它们的失利似乎有着某种内在的联系,就像吴晓波先生在《大败局》中探讨的,有着共同的"失败基因"。那么,这种失败基因究竟是什么呢,竟成了中国民营企业生存、发展的一道坎?从表面上看原因是多方面的,或在管理环节出现偏差,或在融资阶段失去优势,或缺乏长远的战略部署,但更深层次的根源却是相同的,那就是——执行不力!许多中国企业是在模仿国外管理方法、引进国外生产技术、融合国外经营理念的基础上摸爬滚打、摸着石头过河中成长起来的。在这个急速生长的过程中，总有一些东西尚未消化完全，又由于国内长久沉积下来的文化顽疾一时难以从头脑中根除，便留下了很多后遗症。这时，中国企业普遍出现了这样的状况：技术是世界领先的，但操作规范却不能在小小的车间执行下去，生产出来的产品瑕疵不断，次品不减；管理理念是经过世界卓越企业成功验证的，但在施行中总会遇到这样那样的困难，企业的管理者都在头痛，为何那么先进的管理理念在自己的企业中执行起来就会大打折扣。那时的企业领导者也许还不清楚"执行"在企业发展中的地位，即便他们领悟到了这一点，还没来得及想办法提升企业的执行力，企业便轰然倒塌了，全然没有给他们"再来一次"的机会。

在飞龙总裁姜伟的《总裁的二十大失误》和吴炳新的《三株的十五大失误》中，我们都能够看到这样的字眼：没有做到位、失控、力度不够。这说明在这两个企业中，存在大量不执行或执行不力的现象。无论是内部管理关系没有处理好，还是分配制度不合理，抑或是纪律不严明、财务管理出现严重失控，这些都是组织和组织成员在工作中没有将工作执行到位的表现。正是这一次次的不执行，一点点的不到位，最后造成了迅速发展的企业还在跑道上奔跑，其身体内部就已经分崩离析。

海尔总裁张瑞敏先生在比较中日两个民族的认真精神时曾说：如果让一个日本人每天擦六次桌子，日本人会不折不扣地执行，每天都会坚持擦六次；可是如果让一个中国人去做，那么他在第一天可能擦六次，第二天可能擦六次，但到了第三天，可能就会擦五次、四次、三次，到后来，就不了了之。有鉴于此，他表示：把每一件简单的事做好就是不简单；把每一件平凡的事做好就是不平凡。与日本人的认真、精细比较起来，中国人确实有大而化之、马马虎虎的毛病，以致社会上"差不多"先生比比皆是，好像、几乎、似乎、将近、大约、

· 100 ·

大体、大致、大概等等，成了"差不多"先生的常用词。就在这些词汇一再使用的同时，生产线上的次品出来了，矿山上的事故频频发生了，社会上违章犯纪不讲原则的事情也是屡禁不止。

与"差不多""大概"的观念相应的，是人们都想做大事，而不愿意或者不屑于做小事。但事实上，正如汪中求先生在《细节决定成败》一书所说的："芸芸众生能做大事的实在太少，多数人的多数情况总还只能做一些具体的事、琐碎的事、单调的事，也许过于平淡，也许鸡毛蒜皮，但这就是工作，是生活，是成就大事的不可缺少的基础。"

随着经济的发展，专业化程度越来越高，社会分工越来越细，也要求人们做事认真、精细，否则会影响整个社会体系的正常运转。例如，一台拖拉机，有五六千个零部件，要几十个工厂进行生产协作；一辆小汽车，有上万个零件，需上百家企业生产协作；一架波音747飞机，共有450万个零部件，涉及的企业单位更多。而美国的"阿波罗"飞船，则要两万多个协作单位生产完成。在这由成百上千乃至上万、数百万的零部件所组成的机器中，每一个部件都容不得哪怕是1%的差错。否则的话，生产出来的产品不单是残次品、废品的问题，甚至会危害人的生命。所以，要想保证一个由无数个零件所组成的机器的正常运转，就必须通过制定和贯彻执行各类技术标准和管理标准，从技术和组织管理上把各方面的细节有机地联系协调起来，形成一个统一的系统，才能保证其生产和工作有条不紊地进行。在这一过程中，每一个庞大的系统都是由无数个细节结合起来的统一体，忽视任何一个细节，都会带来意想不到的灾难。美国质量管理专家菲利普·克劳斯比曾说："一个由数以百万计的个人行动所构成的公司经不起其中1%或2%的行动偏离正轨。"

关于中国民营企业平均寿命较短的现象，有一项针对200多家"正常活着"的企业调查，结果发现：5%的人看不出来是在工作，而是在制造矛盾，无事必生非——破坏性地做；10%的人正在等待着什么——不想做；20%的人正在为增加库存而工作——"蛮做""盲做"

"胡做"；10%的人由于没有对公司作出贡献——在做负效劳动；40%的人正在按照低效的标准或方法工作——想做而不会做；只有15%的人属于正常范围，但绩效仍然不高——做不好，做事不到位。

总结一些企业中存在的执行不力的现象，主要有以下几种表现：

一是执行"变味"。执行一项制度，本来是对企业负责的表现，但是有时却被二传手演绎成争权夺利的交易，使它全变了味。例如副总与外商签订了一项购买大型设备的意向书，总经理要求调研部进行进一步的市场调研，核实供货方的资信，随时掌握该设备的市场行情，这本来是对公司负责。但是调研部部长却认为这是对副总的不信任，是总经理与副总的争权夺利，他要么从中平衡，要么从中渔利，失去了调研的客观性。

二是缓冲虚置。推出一项管理举措本来是想加大管理力度，纠正某种不良现象。二传手执行时却顾虑重重，设法减缓处罚力度，落实下去时便成了蜻蜓点水。例如新制度规定连续迟到三次扣除半个月的工资，考勤人员考勤登记时却把连续三次迟到的事实变成了"累计"迟到三次，月底兑现罚款时又把第三次迟到改为请假，免除了对迟到者更严厉的处罚。

三是消极抵消。企业推出一项管理举措本来是想增强职工的责任心，提高经济效益，可是二传手发现落实这项举措不能给自己带来更多的好处时，就消极应付，结果形成了新的问题，抵消了增效措施的作用。例如企业将销售人员的奖金与销售件数挂钩改为与利润挂钩，于是销售部负责人对利润低的产品就不安排人员销售，结果造成这部分产品大量积压。

四是断章取义。二传手在执行一项管理举措时采取实用主义的态度，把各项举措对立起来，把同一规定的内容肢解开来，断章取义，与有关方面讨价还价。例如企业有关部门要求门卫人员注意搞好大门的环境卫生和绿化维护工作，直接管理门卫的保卫部门负责人却给予拒绝，理由是厂里规定门卫人员要坚守岗位，做好外来人员登记，怎么能擅离职守去打扫卫生？

五是借机徇私。企业推出了有效控制资源、维护企业权益的举措，二传手在执行时却趁机将有关资源占为己有，将企业的控制变为个人的"垄断"。比如公司要求经营人员加强与客户的联络，收集有关客户的信息。于是经营部负责人就借机笼络个人与客户的感情，以自己掌控客户信息的便利为代价，要求客户解决自己子女出国留学、安排工作等问题。

六是恶意延伸。一项管理举措的推出往往具有针对性，有时如果条件变化，就应迅速给予调整。可是二传手在这种情况下却借机继续行事以套取个人好处。例如国际市场锑金属供不应求，企业派员投资开发锑矿。但是因为国家政策调整，锑金属原矿价格猛跌。企业派出去的代表得知这一情况后不及时报告，反而加紧按企业原定的计划和授权大举投资。

那么，执行不力的原因到底在哪里呢？《赢在执行》的作者余世维列举了执行不力的八个原因，非常有道理：

一是管理者没有常抓不懈。大的方面是对政策的执行不能始终如一地坚持，虎头蛇尾；小的方面是有布置没检查，检查工作时前紧后松，工作中宽以待己，严于律人，自己没有做好表率，等等。古人云：己身不正，虽令不行，就是这个意思。中国还有句俗话说"上梁不正下梁歪"，所以企业要想强化执行力，必须在每个方案出台时引起管理者的高度重视，凡是牵扯到管理者的方面一定要率先示范，作出表率才行。

二是管理制度不严谨，朝令夕改。制度对经济发展和组织效率提升的意义不言而喻。诺思在《西方世界的兴起》中宣扬的最主要的观点，就是西方经济的发展最主要得益于制度的变迁。他这里讲的"制度"，不仅包括国体、政体在内的"大制度"，也包括了商业机制、企业制度、信用制度在内的"小制度"；不仅包括了各种由长期习惯而形成的明文规则等正式制度，也包括了社会风俗、文化等隐性的非正式制度。

三是制度本身不合理。制度本身不合理，缺少针对性和可行性，或者过于烦琐不利于执行。经常遇到一些企业企图通过各种报表的填写来约束员工的行为，或通过各种考核制度企图达到改善企业执行力的目的，但往往是事与愿违。企业每制定一个制度就是给执行者头上戴了一个紧箍，也进一步增加了执行者内心的逆反心理。最后导致员工敷衍了事，使企业的规定流于形式。说不定连有些本来很好的规定也受到了牵连。所以企业在设计相关的制度和规定时一定要本着这样一个原则，就是所有的制度和规定都是为了帮助员工更好地工作，是提供方便而不是为了约束，是为了规范其行为而不是一种负担。制定的制度一定要实用、有针对性。比如我们公司要建立正规的咨询业务的工作流程，我们在家里想就能想出一套方案来，如果通过请教其他正规的咨询公司的人员，可能会作出比我们自己设想的要更合理的工作流程。再通俗一点，要想练好健美，必须请教专业的健美教练才行。文学大师郭沫若有句话：吃狗肉是为了长人肉，而不是为了长狗肉，拿到制度建设中来也很有讽刺意味。经常看到有些企业把西方的所谓先进管理制度全盘照搬，生搬硬套，结果导致了水土不服。什么是最好的？适合自己的才是最好的。针对性和可行性是制定制度时必须要考虑的两个原则。

四是执行过程过于烦琐或囿于条款。有研究显示，处理一个文件只需要7分钟，但耽搁在中间环节的时间却能多达4天。有时一件事需要各个部门进行审批，导致具体执行人员失去耐心而影响了执行的最终效果。不要妄想顾客会理解我们内部程序的烦琐，他们只关心从打电话投诉到具体执行完是多长时间。缩短非必要部门的中间审批环节，提高作业效率，进行科学的流程再造是制度得以有效贯彻执行的必要前提。例如，曾是IT产业创新精神代表的施乐公司，发明了许多包括鼠标、图形用户界面、激光打印机等最具革命性的技术。但这些现在已经成为了历史，走向衰败的施乐公司不是因为缺乏创新或是战略决策，而是因为其庞大的官僚体制使得公司内部业务流程繁杂，不能迅速地提供资源使其先进的技术快速转化为现实生产力，从而极大地阻碍了创意的产生和战略执行，最终导致了产品开发始终落后于对手，从而在创新上输给了竞争对手。

五是缺少将工作分解和汇总的好方法。如果工作分解得不清晰，或是配置方面出现了问题，那么当一项战略需要执行的时候，就无法得到各层级的相应策略和措施的回应，执行力难免会出问题。IBM信用公司曾经要平均花费7天的时间，通过一系列的部门和程序为客户提供一项简单的融资服务：现场销售人员——总部办公室人员——信用部——经营部——核价部——办事组——快递到销售人员。在等待的7天中，销售代表和顾客谁也不知道流程传递到了哪一个"码头"，即便电话咨询也不得其解。而正是在整个流程中没有清晰的决策点或决策人，没有将整个任务分解到每个部门和每个人身上，要以部门之间的牵制来保证部门之间的审核，致使各个部门远离有效的信息，各行其是，审核效率低下，严重拖延了服务的时间。

六是没有人监督，也没有监督的方法。监督就是追踪考核，确保目标达到、计划落实。虽然谈到监督会令人产生不舒服的感觉，然而企业的经营有其十分现实的一面，有些事情不及时加以监督，就会给企业造成直接或间接的损失。但是，监督和控制若是操之过急或是力度不足，同样会产生反作用：监督过严使下属口服心不服，监督不力则可能连工作纪律也难以维持。

七是培训中的浪费。调查表明：全世界的企业每年用在员工培训上的费用大约为500亿英镑；而另一项调查也表明：中国企业的培训费用很大一部分是在浪费！培训的目的是为企业带来收益，提高企业的执行力，但问题是怎样进行培训管理才能使企业的培训资源不至于打了"水漂"，才能真正落实到执行力的提高上。作为企业的管理者或老板，当他们看到企业的资源被这样浪费掉时，可能第一个反应就是削减培训开支，这样就造成了一个恶性循环：培训费用支出减少，员工的技能得不到提高，市场竞争能力下降，企业的经济效益下滑，培训费用的支出进一步减少……

八是缺乏形成凝聚力的企业文化。公司的企业文化没有形成凝聚力，或者说公司的企业文化没能有效地取得大家的认同。前面七点讲的都是关于通过外部的刺激来改变执行者的行为，达到公司的目的。而企业文化却是力图通过影响执行者的意识进而改变他的心态，最终让执行者自觉改变行为的一种做法，是一种更为有效的做法。

案例一 十分钟的"疏忽" 三亿欧元的损失

2008年9月15日上午10时，拥有158年历史的美国第四大投资银行——雷曼兄弟公司，向法院申请破产保护，消息瞬间通过电视、广播和网络传遍地球的各个角落。令人匪夷所思的是，10时10分，德国国家发展银行居然按照外汇掉期协议的交易，通过计算机自动付款系统向雷曼兄弟公司即将冻结的银行账户转入3亿欧元。毫无疑问，这笔钱将是肉包子打狗——有去无回。

转账风波曝光后，德国社会各界大为震惊。财政部长佩尔·施泰因布吕克发誓，一定要查个水落石出，并严厉惩罚相关责任人。一家法律事务所受财政部的委托，进驻银行进行全面调查。

几天后，他们向国会和财政部递交了一份调查报告。调查报告并不复杂深奥，只是一一记载了被询问人员在这10分钟内忙了些什么。这里，让我们看看他们忙了些什么。

首席执行官乌尔里奇·施罗德：我知道今天要按照协议预先的约定转账，至于是否撤销这笔巨额交易，应该让董事会开会讨论决定。

董事长保卢斯：我们还没有得到风险评估报告，无法及时作出正确的决策。

董事会秘书史里芬：我打电话给国际业务部催要风险评估报告，可是那里总是占线。我想，还是隔一会再打吧。

国际业务部经理克鲁克：星期五晚上准备带全家人去听音乐会，

我得提前打电话预定门票。

国际业务部副经理伊梅尔曼：忙于其他事情，没有时间去关心雷曼兄弟公司的消息。

负责处理与雷曼兄弟公司业务的高级经理希特霍芬：我让文员上网浏览新闻，一旦有雷曼兄弟公司的消息就立即报告，现在我要去休息室喝杯咖啡。

文员施特鲁克：10时3分，我在网上看到雷曼兄弟公司向法院申请破产保护的新闻，马上跑到希特霍芬的办公室。当时，他不在办公室，我就写了张便条放在办公桌上，他回来后会看到的。

结算部经理德尔布吕克：今天是协议规定的交易日子，我没有接到停止交易的指令，那就按照原计划转账吧。

结算部自动付款系统操作员曼斯坦因：德尔布吕克让我执行转账操作，我什么也没问就做了。

信贷部经理莫德尔：我在走廊里碰到施特鲁克，他告诉我雷曼兄弟破产的消息。但是，我相信希特霍芬和其他职员的专业素养，一定不会犯低级错误，因此也没有必要提醒他们。

公关部经理贝克：雷曼兄弟公司破产是板上钉钉的事。我本想跟乌尔里奇·施罗德谈谈这件事，但上午要会见几个克罗地亚客人，觉得等下午再找他也不迟，反正不差这几个小时。

德国经济评论家哈恩说，在这家银行，上到董事长，下到操作员，没有一个人是愚蠢的，可悲的是，几乎在同一时间，每个人都开了点小差，加在一起，就创造出了"德国最愚蠢的银行"。

深度思索 成功需要不懈的努力，失败可能只是一个细小的疏忽。当因"责任心"问题酿成恶果的时候，人们才会真正地感到责任心的重要。其实，责任心就体现在我们日常工作的点点滴滴之中，把每一件简单的事做好就是不简单，把每一件平凡的事做好就是不平凡。

案例二　施乐公司因执行不力而失败

1997年，施乐公司聘请当时IBM总裁郭士纳麾下的重要人物理查德·C. 托曼担任CEO。托曼是一位很有思想的人，在美国是一位颇受尊重的战略家。施乐公司聘请托曼的主要目的是希望他能够为公司带来变革，使施乐走出困境。在担任CEO期间，他发起了一系列重要的成本削减计划，其中包括解聘一批员工，减少红利支出和商务旅行的费用等。他还为实施新的战略打下了良好的基础。

两年后，托曼被提拔为施乐的CEO。他为公司制定了新的发展目标——将软件、硬件和服务结合起来，帮助客户整合纸面文件和电子信息流，并着手与微软和康柏这样的公司建立合作伙伴关系，以建立新的系统。

对于非常需要新战略的施乐公司来说，他的这一系列举措带来了巨大的影响。在1999年的年度会议上，托曼亲口告诉股东们，"公司已经做好充分准备，一个新的成功时代就要来临"。同时他还预测，来年的收益将达到5~10个百分点。投资者们对此也抱有了很大信心，施乐的股价也因此一路上升。

在公司转型开始之初，托曼提出了两个至关重要的方案，其中一个是要将公司的90多家管理中心——其主要业务是账目处理和客户服务——合并为4家。另一个就是要组建一支3万人的销售大军，由原来的以地区为单位进行销售转变为以行业为单位。两个提议都非常重要，而且非常必要。合并方案将大大削减成本，并提高效率，而销售队伍的重组将为施乐公司转向为客户提供解决方案铺平道路。但战略毕竟不是现实，托曼制定的战略和目标远远超出了施乐自身的实际能力。

到了第2年的时候，施乐公司陷入了巨大的困境。在实施合并方案的过程中，由于人员调动较大，出现了订单遗失，甚至服务电话也无人应答的情况。而销售代表们也被迫花很多时间去适应新的工作方式，就好像进入一个新的组织一样。由于客户对象发生了变化，他们不得不建立一套新的客户关系，这同时也不可避免地疏远了与以前的许多忠诚客户的关系。

由此，整个公司的士气开始下落，运营过程中的现金流开始变为负值，投资者们也开始对施乐公司的财务状况失去信心。股票价格由64美元跌落到7美元。为了满足现金需要，公司被迫出售了一些子公司，到2000年5月的时候，托曼被叫到主席保罗·阿莱尔的办公室，责令辞职。

问题到底出在哪里呢？出在执行！施乐公司的俱乐部文化不大轻易地接受一个外来者，正如托曼指出的那样，他根本没有权力指挥自己的管理队伍。当一家企业处于重大转折期的时候，一些关键的岗位必须用对人，企业的核心流程也必须足够强大，因为只有这样才能保证那些抵制变革的力量得到消弭，计划也才能得到真正的落实。在施乐公司的这场变革中，两个条件都没有具备。

深度思索 战略可以复制，差别在于执行。重大决策执行有力，就能快人一步，抢占先机。否则，不管决策多好、思路多清，如果不执行到位，一切都会成为纸上谈兵。

第三节 高效执行我们也能做到

2011年2月11日，印度的一家报纸《印度时报》刊发了这样一篇文章：中国的执行力让印度羡慕，指出中国在执行力方面令世界各国望尘莫及，让印度羡慕不已，这对急于追赶中国的印度来说似乎多了一个难以企及的目标。印度最大的业务流程外包公司Genpact首席执行官帕拉蒙·哈辛在题为"印度—中国：通往成功的两条道路"的会议上说，中国细心执行决策的速度是所有其他国家所不能及的。

"要是你问中国大连市市长关于住房、基础设施、交通或宽带等问题，如果他说3个月解决问题，肯定在规定时间内解决。""中国人的执行力、时间观念、长期规划和协作能力让人惊叹。由于拥有供应链支持，产品装运可以在48小时内完成。印度尽管拥有一批最先进的技术、企业家和基础设施，但我们步履蹒跚。"Genpact公司在中国的业务不小，雇员超过4000人，预计未来几年这个数字还会翻番。黑石集团高管梁锦松表示，中国之所以拥有独一无二的地位，是因为该国政府有长期规划以及具体的执行力。"中国能够更快地实现设定的很多内部目标。例如，中国曾经设定目标，2020年成为全球最大的轿车市场，实际上2010年该目标就已实现。"相反，印度通常只能完成其五年计划目标要求的25%~30%，而第十个五年计划是个例外，完成了目标的50%。在哈辛看来，中国的魅力在于，它的各部委相互协作，没有内讧，也没有把为难的事推给别人。很多中国精英从美国学成回来，为政府或者企业效力。诸多跨国企业看到谈判桌上受到良好教育的中国人，不止一次地表现出惊讶。中国正在扩充人才储备，建立了很多堪比哈佛大学的高校。未来3年到5年，所有这些高校将构成对印度的一个巨大挑战。

透过这篇文章可以看出，虽然我们由于受传统文化观念等因素的影响，在执行力方面还存在这样那样的问题与不足，但也不可否认，改革开放30多年来，我们在提高执行力方面确实有了较大的转变。特别是一些企业通过提高执行力进一步壮大了企业的总体实力，有的企业还进入了世界500强的行列，并且涌现出了一批优秀的企业家代表。他们关于执行力的一些独到认识与见解，能够让我们坚定这样一种信念：高效执行，中国人也能做到。

执行力就是激发每个人的活力。海尔集团党委书记、董事局主席、首席执行官张瑞敏曾经说过这样的话："下军尽己之能，中军尽人之力，上军尽人之智"。也就是说最普通的领导者只是靠自己的能力，中等的领导者是发挥大家的能力，最上等、最高明的领导者是激发每个人的智慧。一个企业，不论大小，在决策的时候必须注意两个方面：一个是有效性，另一个是效率。有效性是指这个企业做得对不对，效率是快不快的问题。要先确定有效性，然后再考虑提高效率。一个企业领导应该具备三种素质，一个是激情，另外一个要谦虚，第三是要执著。这像是开一辆车，激情和执著就是油门，谦虚就是刹车。

1984年12月，青岛电冰箱总厂（海尔的前身），因经营不善亏损147万元，面临倒闭的境地。主管部门在一年内派去三任领导，都无成效。此时，上级让张瑞敏接手。而迎接张瑞敏的是堆积如山的管理问题，要求调走且已上交请调报告的员工不在少数。工厂上午8点上班，9点员工就开始走人，到了10点，人几乎走光了；厂区的烂泥路，下雨时甚至要用绳子绑在鞋上，不然鞋就会陷入烂泥中。车间里木头窗框都被员工砸下来烤火取暖了；玻璃窗破了没钱装，就挂一块塑料布；偷拿工厂东西的现象很多。张瑞敏决定从管理入手，提出"从严治厂"。他废掉了原来的制度，制定了13条管理规定。这13条规定包括"不准迟到早退""不准在工作时间喝酒""车间内不准吸烟，违者一个烟头罚五元"……还有一条让大家印象非常深刻的就是"不准哄抢工厂物资"。

这13条规定颁布后有一些效果，但随意拿公物的现象还是很普遍。张瑞敏就问干部怎样防止，回答是锁起来，可是门能锁，窗户却不能锁。他就让干部将这13条贴在车间大门上，并公布了违规后的处理办法，把门窗全都大开着，布置人在周围观察有没有人再去拿东西。没料到第二天上午10点，就有一个人大摇大摆走进车间扛走了一箱东西。张瑞敏让干部在中午12点就贴出布告开除了这个人。在那个时候，公职一下没有了，对本人意味着什么？所以员工一下子认为来了一位动真格的厂长。

海尔领导者通过严格管理，使这13条规定得到了严格的执行，在海尔内部树立了"有规必行"的观念，使规章制度不再是"可有可无"的摆设。在树立了"必须遵守规章制度"的观念以后，海尔的领导者又逐渐推出、细化各种新的规章制度，做到了"有规可依"。通过这些措施，海尔的企业管理渐渐由无序转向有序，海尔逐步成为一个有执行力的组织，开始了自己的辉煌之路。

联想集团总裁柳传志认为，执行力就是任用会执行的人。一个企业有无执行力，关键看有没有选对人。从某种意义上说，选对人意味着企业领导者成功了一大半。因此，面对执行力的流失，柳传志先生找到了一名"得力大将"，这就是联想的总经理杨元庆。从1997年起，杨元庆便多次力图在联想文化中加入"杨式"变奏曲。1997年，他将"严格文化"引入联想，并确立了"认真、严格、主动、高效"八字管理方针，还毫不客气地提出了著名的"八大问题"，细数联想执行力下降的症状；2000年，他又针对联想内部缺乏沟通和协作的情形，将亲情成分引入联想文化，试图以此建立一种相互信任和协作的文化。2001年4月，几乎是在从联想教父柳传志手里接过联想帅印并公布2001~2003年计划的同时，杨元庆把任正非那篇著名文章《华为的冬天》发给了全体联想员工，并在一次会上问与会者："如果有一天，公司没有完成任务怎么办？"几个月后，联想自1993年以来第一次没有完成季度任务。半年后，他开始大张旗鼓地向联想的"大企业病"和"体内病毒"开火。2004年2月18日19点30分，在位于北京上地的联想大厦会议室里，联想集团2003财年第三季度业绩发布会上，联想的新老领导齐齐上阵。发布会现场，柳传志代表联想董事会承认，由于对实现长期业务目标的强烈追求，更由于经验方面的原因，上一个三年计划目标定得过高了……面对于术来，杨元庆称，为保证公司把主要精力放在核心业务竞争力的提升和重点发展业务竞争力的建立上，要先学会二元化，再学多元化，并为此在营销及人事安排上作了调整……杨元庆有今天的作为，可以说是柳传志提拔了他，而他贯彻了柳传志的主张。所以从柳传志的观点来看，执行力就是选择会执行的人，在一个适当的岗位上任用他。

管理学大师彼得·德鲁克曾经对如何选对人有如下总结，他认为，一是不要冒险给新来的干部安排新的重要工作；二是要仔细推敲任命，尤其要把握好任命的核心和性质；三是要着眼于一定数目的候选人并扬长避短；四是要与几个曾和候选人一起工作过的人讨论每一位候选人；五是要确保被任命者了解职位；六是要及时纠错。如果一个职位接连使两个人栽了跟头，领导者不要再乞求"伯乐"发现新的"千里马"，而应该取消这一职位。除非有所改变，否则它还会像击败前两个人那样，击败第三个上任者。

中国平安总裁马明哲认为，"一流的战略、二流的执行"不如"二流的战略、一流的执行"。他领导着近50万名员工，3800多个分支机构及部门，服务超过5100万名个人和200万家公司客户。他也曾遭遇过各自为政的风波，遭遇过有令不行、有禁不止的敷衍，遭遇过管理变革的阵痛，但是最终依然有条不紊地带领平安创造出近万亿元总资产，近1000亿元净资产，并入选《财富》世界500强中国内地非国有企业第一名。这就是平安的执行力！他们是怎样办到的呢？马明哲认为，对现代企业而言，拥有良好的战略、市场规模、核心技术、资本、品牌和人才相对较容易，而要有强大的执行力则非常困难。即使是一流的战略，如果不能得到彻底执行，也有可能背道而驰；而只要将战略执行到底，就能彻底胜出。他认为：

第一，要把握好执行与战略的关系。一家企业的成功不只在于战略，更重要的是执行力。良好的执行力是企业战略得到实施的必要条件，执行不到位，再完美的战略也是空中楼阁，再恢弘的愿景也是镜花水月。一流的执行能力是中外优秀企业的特质，没有一个执行不到位的企业最终能够获得成功。因此，执行应该是每一位管理者与员工的天职，每一个人都应从战略的高度和公司存亡的角度看待执行问题，将执行进行到底。

第二，要明确执行力的保证要素。一是执行的标准，二是执行的纪律，三是执行的能力。这三者是执行的必要因素，任何一方面做不好、做不到位，都不能保证不折不扣地贯彻施行公司的计划、方案和战略。标准是执行的基础,要向客户提供一致的、规范的、标准化的作业流程和服务流程;纪律是执行的核心,没有纪律的军队打不了胜仗;能力是执行的关键,一个团队的执行能力如何,要看团队的组织理解力、组织行动力、组织掌控力、组织推动力和组织持续力。

第三,解决执行不力的问题,要从标准、纪律、能力上入手。在标准上,不仅要强调高度一致,而且要有详细的行动方案和周密的计划。服务标准、人员标准、营运标准都应该统一。做出去就要在客户心中形成统一印象:一个形象、一个微笑、一个方式、一个思维、一个声音、一个品牌。在纪律上,严格遵守规章制度,并通过严格的考核措施来保证。在能力上,我们强调团队的执行能力,强调锲而不舍的持续力。

综合这些杰出企业家的观点,特别是总结那些基业常青的企业在执行力方面的经验做法,从我国当前企业情况看,提高企业执行力要把握好以下几点:

一是明晰的职责分工。管理的首要工作就是科学分工。只有每个员工都明确自己的岗位职责,才不会产生推诿等不良现象。如果把公司比作一个庞大的机器,那么每个员工就是一个个的零件,只有他们爱岗敬业,公司的机器才能得以良性运转。公司是发展的,管理者应该根据实际动态情况对人员数量和分工及时作出相应调整。如果队伍中有人滥竽充数,给企业带来的不仅仅是损失,而且会导致其他人员的心理不平衡,最终导致公司工作效率整体下降。

二是加强企业的绩效管理。有的经理人认为执行人员的执行力不强,主要在于他们的技能有所欠缺,或者不愿吃苦,因此总是寄希望于通过培训来改变执行人的想法。殊不知这种做法既不能治标,也不能治本。事实上,企业的老总们忽略了执行的真正动力来源——绩效考核,这套体系若没有建立起来,执行力不会自动产生。绩效考核向来是营销团队建设乃至整个企业建设中的一大难点。绩效管理是战略管理的一个非常重要的有机组成部分,是具有战略性的高度管理制度体系。

三是激励员工。激励是通过一定手段使团队成员的需要和愿望得到满足，以调动他们的积极性，使其主动而自发地把自己的潜能发挥出来。因此要创新激励机制，吸引优秀人才，激发人才的能量，充分发挥人才的积极性和创造性，使其为企业创造出更大的价值。奖励员工的方式包括公司明文规定的物质奖励，公司事先设定好目标，当员工的表现达到标准时，公司便给予员工奖金或礼物等物质上的奖励；老板给予弹性的物质奖励，根据员工的工作表现，给予员工额外的物质奖励；给予员工正面的回馈，通过不同的方式让员工了解他们的工作表现优异。

四是建立良好的管理选择渠道。一个企业，如果真的要用人所长，就不要担心员工对岗位挑三拣四。只要他们能干好，尽管让他们去争。争的人越多，相信也干得越好。那些没有本事抢到自认为合适的岗位，又干不好的剩余员工，不妨让他待岗或下岗，或者干脆考虑外聘。

案例　执行力并不与人员多少成正比
——克莱斯勒通过裁员保持整体执行力

1978年克莱斯勒公司因货不对路，造成汽车大量积压。银行觉察到克莱斯勒公司的财务危机，已没有足额的储备偿付商业票据。股东对公司破产的担忧则酝酿着大规模廉价抛售股票。资金、股东、积压，任何一项的突然爆发都会引发公司破产的灭顶之灾，克莱斯勒公司的经营已岌岌可危。

这时，艾柯卡上台，决定挽救这艘没落之舟。艾柯卡大刀阔斧进行裁员，首先解雇了8万多名员工，又果断地解聘了35名副总裁中的33名，并且大幅度减薪，最高管理层各级人员减薪10%，最后导致几千名员工离职，其中蓝领、白领都有，他自己的年薪由36万美元降为象征性的1美元。

另外，艾柯卡提出这样一种理论：如果没有克莱斯勒，也就是公司倒闭，公司的工人就必然失业，要知道整个公司的工人、经销商、材料供应商加起来有60万人，一旦失业整个国家的失业率将上升5%，每年国家就将为这些失业工人多付保险和福利开支27亿美元。他吸收了工会领导弗雷泽成为董事会成员，允许他参加任何会议。每当关闭一个工厂，弗雷泽总是提出建议把随之而来的混乱降低到最低程度。他知道如何与工人谈判，如何处理好一些善后问题，使得公司的损失降到最低。

艾柯卡把克莱斯勒从死亡的坟墓中拯救出来。1983年净赚9亿美元，1984年赚了24亿美元。公司的市场占有率越来越高，公司的市场形象也越来越好，1983年该公司向社会发行2600万股公众股，仅仅几个小时就被抢购一空。他自己也赢得了"第一位企业界的英雄"的美誉。1984年12月《艾柯卡》一书在美国问世，该书出版后，发行量高达260万册，成为美国历史上最畅销的非小说类书籍。艾柯卡成为美国人心目中的民族英雄，甚至有人恳请他参加美国总统竞选。

但很戏剧化的是，到了1989年，公司再度出现亏损，进而陷入困境，艾柯卡从福特公司带到克莱斯勒公司的几员干将也相继离去，员工对公司管理产生不满，纷纷"跳槽"到其他企业。克莱斯勒费了好大的周折，花了当时的天价，才使艾柯卡这位尊神退位。

深度思索 裁员会损伤员工的感情，影响现有员工对企业的忠诚。所以，裁员时要把握住执行的原则，在损失最小的前提下，实现裁员工作的顺利进行，实现企业整体的高效执行。

五是高绩效的团队。没有完美的人，只有完美的团队。唯有建立健全的团队，企业才能立于不败之地。建立健全的团队必须做到：一要开放沟通，进行平等的双向式的交流；最终达成一致的观点和行动。二要鼓励尝试创新，提高个体内在创新动机，建立一种提倡创新的企业文化氛围。三要多关心下属的成长，用人不疑，疑人不用。

第二章 执行是企业长盛不衰的关键

案例　团队精神是高效执行的基础

台湾华硕电脑股份有限公司成立于1978年4月，多年来华硕致力于主机板的研发设计，业务涵盖笔记本电脑、显示卡、光碟机、DVD等电脑资讯相关产品。1999年华硕总产值超过490亿新台币，主机板月产量突破100万片，产品屡次获得多项媒体大奖。公司主要股东有施崇棠、谢伟琦等。

"追求世界第一的品质、速度、服务，跻身世界级的高科技领导群，无止境地坚守正直、勤俭、崇本、务实的正道，培育、珍惜、关怀员工，让华硕人尽情地发挥最高潜力。"这些就是华硕人的生活圭臬，华硕也正是凭借着这些成为业界领先的厂家的。华硕人倡导"共好"的团队精神，所谓的"共好"包括三个故事的经验。即松鼠的原则：做有价值的工作，松鼠在树林里面每天很努力寻找食物，并且储存食物，这就是每个人基本的工作精神；海狸的方式：掌握达成目标的工程，海狸很讲究团队合作，利用团队的默契来搭建水坝，它们之间相互信任，而且非常默契；野雁的天赋：互相鼓舞，大雁从北方到南方飞好几千公里，因为体力不支任何大雁都可能掉队，在飞行过程中它们要相互鼓励。华硕人认为像松鼠、海狸、大雁的团队是最有战斗力的团队。正是通过这些启示，在不断的努力中摸索实践，最终才走向成功的。

华硕实施人性化的薪资制度。许佑嘉说："我们针对不同员工有不同的薪资标准，这是业界的常态。今天我不敢说华硕的工资是业界最高的，但是我想至少应该是中上等。但是我们透过一个起薪，每一年都会有两次以上，基本上是三次的绩效奖金，绩效奖金是通过你的业绩来考核的。也就是说我们透过这整个薪资制度的公平化，来保障表现好的、努力的人跟这些表现不好的人有一个比较合理的落差，我想这应该是一个比较人性化的薪资制度。"

> **深度思索** 团结出执行力,团结出战斗力。当人们感觉到自己真正置身于一个彼此相互尊敬、相互信任、志同道合、宛如一个大家庭似的团体之中,生产率自然会提高,团队的执行能力也会有大幅度的提升。

六是员工的职业化。执行是依靠人去实施的,所以要保证有效的执行力必须要有职业化的人。职业化的人包括公司各个层面的人员。首先要有职业化的管理者。管理别人的同时也是管理自己,如果连自己都无法管理的管理者首先就不成其为管理者。企业执行力的实现,是每一个员工的责任和义务,作为管理者首先应做到的是自己要去执行。其次要有职业化的员工。企业执行力的实现,就是员工职业能力的实现。要提升企业员工的职业化水平,一方面在招聘过程中要挑选具备较强执行技能的员工,另一方面在企业内部进行持续的职业化训练,再一方面就是调动他们的积极性,建立具有竞争力的薪酬体系和激励机制、良好的职业发展通道以及以人为本的企业文化氛围。

七是执行文化的支撑。很多企业中都有纸上谈兵者,他们对任务的执行不是打折扣,就是找理由说做不到,或者随便交差了事。这就必须有一种约束力来改变这种状况,可以在公司范围内建立竞争及淘汰机制,也可以通过绩效的考核,做得好的就奖励,做得不好的就惩罚,从而保障执行的效果。拥有好的执行力文化的企业,员工一定会用心去做事,讲究速度、质量、细节和纪律。企业应该建立一种执行文化,让领导者们身体力行,带领员工积极参与,"执行"才能不仅仅是高层的"口头禅",而变成企业的成长力。

案例 罗佛公司倡导学习型文化,实现高效执行

罗佛公司是英国最大的汽车制造企业,到20世纪80年代末期,该公司在其他汽车公司的竞争下陷入困境。当时每年亏损超过1亿美

元，内部管理混乱，产品质量日趋下降，劳资关系恶化，员工士气低落，前景一片暗淡。面对挑战，公司的新班子认为，作为一家中小型汽车公司，若不能改变这种局面，就难逃被逐出市场的厄运，而要改变困局，就必须将罗佛改造成一个全新的学习型组织。

为了推进公司的变革，罗佛公司首先从结构设置上着手。1990年5月，罗佛建立了一个专门负责学习管理的机构——学习事业部。学习事业部的主要职责是促进全公司范围内的学习，力求使学习成为公司内每个人和每个单位乃至全公司工作不可分割的一部分，并为学习提供必要的支持与帮助。学习事业部的具体工作是在员工中倡导旨在强化个人和集体整合的学习，并为学习提供辅导及技术和物质上的支持；同时通过设定标杆，引导、支持员工和团队向公司内外的先进学习，并在不同部门之间达成知识、技术、数据的共享；此外，还负责公司内外的沟通和交流，包括引导供应商、分销商和顾客一起学习，谋求共同成长。经过一段时间的实践以及学习事业部的努力，学习逐渐在罗佛公司的员工、团队、部门乃至全公司中扎下根来。

罗佛公司能够在创建学习型组织中取得成功的一个重要原因是，将组织学习与公司目标、拟采用的管理手段联系起来。学习型组织的许多理念和实践看起来比较空洞。在建立了组织学习的新观念之后，还有必要把更明确的目标与组织学习联系起来，并依靠学习来完成这些目标，以达到提高公司绩效的目的。例如，罗佛公司建立了以下一些具体目标：通过更好地学习，节约成本200万美元；员工态度每两年好转10%；使500名管理者成为合格的教练；通过平等竞争，使2000名员工有信心走上他们认为适合自己的岗位。罗佛公司还将建立学习型组织与拟推行的全面质量管理活动结合起来，诱导员工通过学习解决企业当时所面临的最大困境——产品质量问题。

罗佛公司的组织学习是从董事会开始的。董事们不仅兼任学习事业部主任委员会成员，而且还积极参与学习事业部的工作，公司高层管理者更是身体力行。

罗佛公司创建学习型组织的经验表明，在此过程中公司的领导者通过角色重新定位和率先垂范，对组织学习表达出来的旗帜鲜明的支持和信心也起到了重要作用。

> **深度思索** 这个世界唯一不变的是变化，学习的速度小于变化的速度就等于死亡。一个企业未来唯一持久的优势，是比你的竞争对手学习得更快。

第三章
责任是企业长盛不衰的命脉

决策需要执行,执行需要责任。如果说目标是明亮的灯塔,那么责任就是充满动力的航船。只有锁定责任,才能到达目标指向的彼岸。

在世界500强企业中,"责任"是最为关键的理念和价值观之一,也是每个管理者及员工共同遵循的第一行为准则。如果把企业比做人,那么责任就是遍布人体的经络。人体的生机活力靠健全畅通的经络来保持,企业的生存和成长则靠健全有效的责任体系来保障。没有一套切合实际、健全有效的责任体系,企业将是一盘散沙,其生存、发展乃至眼前目标和长远目标的实现都是不可能的。

比尔·盖茨说:"人可以不伟大,但不可以没有责任心。"他把责任心视为企业管理者和员工必须具备的最基本的品格之一。

松下幸之助说:"身为企业家要看清什么对公司是至关重要的,确定主次,负起重大责任。做不到这一点,不能算是真正的企业家。"他把负起重大责任作为真正企业家的内涵而身体力行。

戴尔公司创始人、董事长兼CEO迈克·戴尔说:"在具体责任上,我让每一个人都有事情可做,都有自己的责任。但是,不管他做的是什么,都要为自己寻找恰当的接班人,这是他们必须做的工作。因为每个人的分工都比较细,万一有人被调离职位了,就要很快有一个人来添补他这个职位。"他不仅把责任锁定到每一个员工身上,而且十分注重责任人的连续性。

管理学宗师彼得·德鲁克说:"每一个企业都有责任坚定不移地树立一个共同的目标与统一的价值观,如果没有这种责任,企业将会成为一盘散沙,也就谈不上存在企业。"

事实上,世界500强企业成长发展的历史,也是企业不断构造责任体系、健全运行机制的历史。他们的伟大之处不仅在于能够持续不断地提供优越的产品和服务,更在于创造了继续保持生长活力的伟大组织(即公司),而有效的责任体系则是"伟大组织"的关键之一。它是组织的经络,是企业的命脉。IBM的"个人业务承诺计划",为其成为世界最大的信息工业跨国公司奠定了坚实的基础;通用电气公司的"六西格玛"质量管理法,使企业长期持续发展,并被企业管理界誉为"全新的管理模式"风靡全球;丰田的"精益制造",使丰田创造了世界汽车制造业的辉煌;家乐福集团"职责分明、有效放权"的责任制,使其成为欧洲第一、世界排名第二的零售企业;麦当劳公司的"标准化"管理,使遍布全球的三万多家连锁店长盛不衰;诺思通用一本小小的员工手册把责任渗透到每个员工身上,在企业内部形成强大的竞争压力,由此造就了美国百年不衰的零售巨子。

不用举太多的例子。透视世界500强企业的发展历史,我们可以深刻地感受到,责任是企业的命脉,成功的企业是对"责任"的成功经营。

许多企业仅仅把"责任"视为员工应当承担的义务或应当做好的工作,要求员工强化责任意识、积极完成生产任务,但这是远远不够的。世界500强企业不仅把"责任"视为员工应当做好的工作,而且视为以企业为主导、以员工为主体、以生产(经营)为中心、以有效管理为载体的企业行为。它把企业的主导地位与员工的主体地位有机结合起来,大大丰富了责任的内涵。在他们看来,"责任"不仅是员工的,更是企业的,企业应该很好地主导它、运作它和经营它。责任包括四个方面的内容:一是责任主体,即企业内部承担生产经营任务的员工、团队和管理者。它是企业最基本又最具活力的因素。离开了责任主体，一切活动都无法进行。二是责任目标，即责任主体承担的工作任务在数量、质量和时量上的具体化。它是企业的战略目标和年度计划在责任主体上的具体体现和量化，是责任的中心环节，一切责任活动都围绕责任目标来进行。三是责任管理，即企业为落实责任、获取效益而进行的管理活动。它是企业责任的关键，没有责任管理，就没有责任实效。四是社会责任，即企业在创造利润、对股东承担法律责任的同时，还应该对员工、消费者、社区和环保等方面承担起相应的责任。它是企业生存的根基，是企业责任固有的内涵。世界500强企业正是围绕这些基本方面，打造和经营适合自己生存发展的责任体系，由此保持着强大的生命力。

第一节　责任主体

一个和尚挑水喝，两个和尚抬水喝，三个和尚无水喝。这个几乎家喻户晓的形象比喻，说明了一个深刻的道理：必须锁定责任主体。

责任主体是指承担工作任务的团队或个人。锁定责任主体必须做到三点：一是必须赋予一定的工作任务；二是必须同时赋予相应的权力；三是还要把完成任务情况与其切身利益挂钩。也就是说，必须"责、权、利"皆具，缺一不可。责任主体一旦确定，就要对承担的工作任务负起相应的责任，任务完成得好，就获得相应的报酬或奖励；完成得不好，或违背了企业约定的要求，就必须付出相应的代价。

锁定责任主体，是企业责任体系中最基本的首要环节。责任主体不明确，势必造成责任不清、赏罚不明，挫伤员工积极性，无法实现企业的计划目标。现在，许多企业都很重视落实责任，但往往陷于"一个责任，多个主体"的误区，好像一项工作的责任人越多，力量就越大，其实恰恰相反，负责的人多了，就等于放任责任。一个聪明的企业家，必定是很好地把握了"一件事情只能由一人负责"的原则。一个团队只能由一个人负责，这个人就是该团队的责任主体；其他人员根据职责分工承担该团队某项工作任务,就是该项工作的责任主体。一个人可以是多项工作的责任人,但一项工作不能有多个责任主体。即使一项工作需要由多人来完成,责任主体也只能有一个。成功的企业家善于在复杂的生产经营中准确地锁定责任主体,富有成效地开展生产经营。而有些企业则往往主体不明、责任不清,由此造成企业衰落乃至死亡。

案例一 郭士纳的"个人业务承诺计划"

国际商业机器公司即IBM,是全球最大的信息技术和业务解决方案公司,拥有近40万名员工、1000亿美元的资产,是世界上经营最好、管理最成功的公司之一。

但是,这个百年老店也并非一帆风顺。在20世纪80年代后期,由于产品不适应市场需求,公司逐渐出现衰退。从1990年到1993年,公司连续3年亏损累计达168亿美元,创下美国企业史上第二高亏损纪录,IBM股票一路狂跌,最后每股跌至40美元,企业摇摇欲坠。

在这生死关头,郭士纳担任了IBM总裁。

经过三个月的调查研究,郭士纳认为,IBM的衰退表面上是产品不适应市场,但实质上是由于公司内部长期形成的封闭傲慢的工作作风、人浮于事的臃肿机构、过时的工作程序和各生产部门之间的权力之争造成的。为此,郭士纳采取了大胆的革新措施:一是调整企业经营战略,使IBM成为一家专为客户解决问题的公司;二是大量裁员,改变了创始人沃森立下的"宁可与员工共存亡,也不轻易解雇人员"的规矩,仅销售队伍就由1990年的15万人精简到1994年的7万人;三是打破大锅饭,实行"个人业务承诺计划"。郭士纳对公司内部人浮于事、职责不清的现象深恶痛绝。他认为,树立一个可测量的目标,并让员工为这一目标承担责任,是激励员工的最好办法,也是促成战略获得成功的关键因素。正是这项"个人业务承诺计划",成为郭士纳拯救IBM的关键一招。

第三章 责任是企业长盛不衰的命脉

"个人业务承诺计划"有三个核心要素：一是必胜的信心和态度。即必须抓住任何一个可以成功的机会，以坚强的意志竭力完成自己承诺的任务；二是坚定而有效的行动，即不仅要有计划、目标、承诺，更重要的是执行、去做、做好；三是协调一致的团队精神。个人计划不单单是个人的事情，每个员工必须清楚理解公司和自己所属部门的业绩目标，既要埋头苦干又要学会合作，发挥团队精神；不同单位和部门在同一业绩目标下要相互沟通，共同合作，实行矩阵式管理。

制订"个人业务承诺计划"是一个互动的过程：①所有员工都围绕"力争取胜、快速执行、团队精神"的价值观设定各自的计划。②年初，每个员工在理解公司业绩目标和具体任务的基础上，在部门经理的指导下制订自己的业绩计划，经过员工与直属主管和经理不断的沟通，最后与公司签订一年期的业绩合同，直属经理也在上司指导下，经过反复沟通订出自己的业务计划。这样，公司或部门的领导非常清楚员工一年的工作任务和重点，每个员工对自己一年的工作也非常明白。③年终，直属经理根据员工完成任务的情况和表现打分，直属经理的上司也根据他的任务完成情况考核打分。由此明确各层次的责任，形成了上下左右全覆盖的责任体系。

郭士纳的"个人业务承诺计划"获得了很大成功。郭士纳上任一年后企业开始扭亏并持续好转，到1996年收入达750亿美元，纯利润54亿美元，股票由三年前的每股40元上升到175美元。一个摇摇欲坠的百年企业又焕发了新的生机。

实行"个人业务承诺计划"，实际上就是锁定责任主体。员工的承诺计划就是目标责任书，也是"军令状"。其中蕴涵的一些原则是值得我们借鉴的：一是双向性。在锁定责任主体、制订责任目标计划时，要与员工进行明确的双向沟通，不存在单向的指令性情况。二是透明性。满足员工的"知情权"，以公正、公开、透明的方式进行沟通交流，让员工知道自己应该做什么、怎样做以及如何做得更好。三是简约性。复杂的东西简单做，最简单的往往也是最本质的。IBM在承诺计划中的指标比较简单，一般最关注销售收入、存货周转、产品质量、客户满意度和利润等几项关键性指标。而具体到不同的部门和岗位也就有三五个指标。四是全面性。企业内部上下左右，横到边、纵到底，人人都有承诺计划，个个都是责任主体。[1]

> **深度思索** 员工是企业的细胞，责任是员工活力的源泉。没有责任，细胞是死的；有了责任，细胞就是活的；责任越明晰，员工活力就越强，企业就越有生命力。郭士纳的高明之处，就在于抓住了激活"细胞"的根本——锁定责任主体，赋予每个员工以明确具体的责任，从而使半死不活的企业重新焕发了生机。

就企业内部来讲，锁定责任主体是至关重要的。责任主体不明确，责任的执行、监督、考核就没有明确的对象，因而就无法建立起有效的责任体系，企业就很难持续发展。

案例二　美国数字设备公司（DEC）兴衰的故事

1957年8月，凭着银行的7万美元贷款，奥尔森和他的合伙人安德森在美国马萨诸塞州的艾萨贝特山谷梅纳德小镇创建了DEC公司。

经过一年的辛勤经营，公司卖出了74000美元的储存器测试逻辑软件，并一度垄断了市场。这时奥尔森抓住人们希望通过键盘和监视器进行对话的趋势，开始研制小型计算机。经过一年的开发，DEC向市场推出了一台体积较小、能够实现人机对话的计算机POP-1，成功地把DEC公司带进了计算机行业。到1962年，公司的销售额达到了650万美元，净利润80.7万美元。但是，奥尔森并不满足，又相继研制出了两个新产品POP-2和POP-3，不料都失败了。接着企业生产开始下滑，利润大幅下降。面对DEC的危机，奥尔森找到了问题的原

---

[1] 宋红超：《世界500强绩效考核准则》，中国经济出版社，2007。

因，就是松散的管理方式。随着公司的迅速发展，越来越需要一个固定而规范的管理结构，但是，DEC 公司却没有。

一天晚上，奥尔森躺在床上苦苦思索。突然，他的头脑中灵感闪过，诞生了一个彻底改变 DEC 并使之走向成功的奇招：一个经理负责一条生产线，全面负责生产、销售和市场；他的职责就是赢利和赚钱，不论是盈是亏，一切由他负责。这种组织结构，随着生产的发展发生了质变，实现了划时代的飞跃，也使 DEC 实现了一场变革。到 1966 年，这种矩阵式管理机制已经完善，DEC 开始蓬勃发展，财务收益猛增。

当计算机朝着复杂而昂贵的方向发展时，奥尔森却带着他的公司逆流而行。1965 年秋季，DEC 公司推出了小巧玲珑的 POP-8 型计算机，价格便宜，许多计算机经营者被它吸引住了，希望把它纳入自己的系统，按照自己的要求添置硬件、编写软件，作为自己的产品整体出售。奥尔森又抓住这一机遇，支持这种改装，销售原始设备（OEMS），使公司原始设备的销售额占了销售总额的 50%，公司财源滚滚而来。POP-8 型计算机的生产规模迅速扩大，抢占了 IBM 的计算机市场。到 1967 年 DEC 建立 10 周年时，公司已拥有 3900 万美元的销售额。奥尔森继续开发新型产品，1970 年 1 月推出了 POP-11 型计算机，成为新一代小型计算机的楷模。不久又有两种更先进的计算机投入市场。到 1972 年，DEC 公司彻底控制了小型计算机市场，从而引起了爆炸性的销售和激增的产品增长率。从 1972 年到 1975 年，DEC 的销售额从 1.46 亿美元上升到 5.33 亿美元，并于 1974 年 3 月跻身《幸福》杂志选出的美国前 500 家大公司行列，位列第 475 位。

这时的 DEC，影响开始遍及工业界的各个角落乃至全球。在美国本土，在欧洲，在远东，DEC 到处建立自己的办事处和子公司。奥尔森立志要在 IBM 的地盘上建立新的世界。但是，这时的 IBM 已经看出小型计算机的巨大潜力，也感到了 DEC 的威胁，于是推出了小型机系列 SENESI，向 DEC 垄断的市场发起攻击。IBM 的出击骤然间导致了高技术战争的爆发。

在这种情势下，DEC不得不进行改组。曾在1966年，公司从职能结构改为生产线结构，使大批业务骨干离开了公司。这次改组又回到职能结构——"一个公司，一种战略，一条信息"，结果损失惨重，4年间失去了16位副总经理和无数初级的工程师和经理人员。他们都是计算机领域的佼佼者，他们将自己的技能带到其他公司，无疑是对DEC的双重打击。改组之后，新的行政系统并没能立即运转起来，造成生产能力严重下降。到1983年10月，DEC的股指下降了21个百分点，并继续滑落，大多数用户都将DEC公司从购货名单上划去了，分析家和媒体不约而同地指责DEC公司和奥尔森。

四面楚歌的局面没有使奥尔森气馁，他毅然决定重新回到VAX战略上。1984年10月，奥尔森宣布了VAX战略的第一个成果VAX8600的诞生，之后公司的收入和利润开始猛增，并在1985年跃至《幸福》杂志500强的第65位，而此时的IBM公司还停滞不前。1987年9月，DEC公司另辟蹊径扩大销售，邀请了5000名顾客、记者和雇员参观新建的DEC展馆，公开宣称VAX将会带来20亿美元订单，不久将生产出10万台VAX机。DEC摇身一变，又成了IBM的竞争对手。

但是，此后虽然经过10多年苦斗，DEC最终还是没能赶上IBM。1998年1月26日，DEC这家历史悠久、规模庞大的计算机公司，因为财务危机而被康柏收购。半年后，DEC公司正式在纽约证交所摘牌。根据1989年DEC公司的报告，当时公司大约有13万名雇员，市值超过140亿美元，是美国仅次于IBM的最大的计算机制造公司，并且还拥有非常优秀的研究开发部门和规模庞大的生产工厂。我们不禁要问：为什么如此庞大的公司会在这个时候倒下？

许多专家、学者对此进行分析研究，试图找出DEC成功与衰落的原因，可谓见仁见智。其中，左章健在其《世界500强成功策略》一书的《案例：美国数字设备公司的领导关系与职责》一文中分析得相当精辟。他写道："DEC公司创业初期，实行的是行政型的高关系低职责的领导范式。""但是，由于'承担责任'这一理念，是建立在高关系低职责的领导范式的基础之上的,从而不断地被扭曲。在DEC公司,'承担责任'这一企业理念更多的是意味着没有人给你进行工作指导,甚至没有人给你具体的工作任务。的确,在DEC公司,无论是中层干部,还是新来职员,都存在着职务工作内容不明确的情况。"其实,DEC公司在创业初期,靠的是创始人奥尔森和一批成熟职员,站在科技前沿进行的成功的产品开发。这时的奥尔森对公司实行的是经理层上的"个人负责制",即三个创始人各负其责,责任主体是明确的。这种松散的管理方式适应了公司初期靠产品开发开拓市场的需要,因而获得了很大成功。随着公司的发展壮大和竞争压力加大,奥尔森也感到经理层面上的个人负责制已不适应公司发展的需要,于是创造性地实行了矩阵式组织结构,把责任往下延伸到各子公司及中层级人员身上,使公司又获得巨大发展。但是,奥尔森没有在此基础上继续从上到下编织一张健全有效的"工作职责网络",在公司底层造成责任主体缺位,结果尽管不断研发出新的产品,公司有着巨大而良好的发展潜力,但最终还是没有把公司巩固下去、发展起来。尽管奥尔森试图通过公司改组来挽救企业,但终不得法,最后败在IBM手下。假设奥尔森能够层层锁定责任主体、建立起健全有效的责任体系,说不定DEC就在今天的世界500强行列。

可惜,历史没有假设。[①]

深度思索 责任主体一旦缺位,生产经营就会倒退。不论企业发展处在哪个阶段,锁定责任主体都是事关企业生存、发展的决定性因素。企业家应该十分注重责任主体的"锁定"和"跟进",及时编织全覆盖的"责任网络",做到企业发展到哪里,责任主体就锁定到哪里。

---

① 左章健:《世界500强成功策略》,南方日报出版社,2005。

第二节 责任目标

确定了"一个和尚挑水",就能保证有水喝吗?也不一定。只明确"一个和尚"挑水,不明确这个"和尚"在一定时间内要挑"多少水"、挑"什么样的水",或者挑"一担水"要用"多少时间",那么"和尚"就没有工作的目标和方向,就缺乏相应的责任感和紧迫感,就没有压力和动力。所以,锁定责任主体,还必须锁定责任目标。

当代管理大师肯·布兰查德在他的著作《一分钟经验》中指出:"在相当多的企业里,员工其实并不知道经理或企业对自己的期望,所以在工作时常常出现'职业偏好病',即做了过多经理或企业没有期望他们做的事,而经理或企业期望他们有成绩的领域里却没有建树。造成这样的情况,完全是由于经理没有为员工做好目标设定,或没有把目标设定清楚地传递给员工。"这说明,企业不仅要让员工明白"干什么",还必须让员工明白"干多少""怎么干",这样才能保证企业的绩效。

责任目标是责任主体应当完成的工作任务在数量、质量和时量"三维度"上的统一要求。锁定责任目标,就是把员工或团队的工作任务在数量、质量和时量上作出具体而明确的规定,三者缺一不可。

锁定责任目标是企业建立责任体系的中心环节。责任目标设定不明确,直接影响员工的行为和企业的绩效。综观世界500强企业,几乎无不把责任目标运用得淋漓尽致。他们善于把责任目标锁定在每个员工、每个部门、每个管理者身上乃至生产和工作的每个环节之中,使员工的责任在生产和工作中得到充分发挥。

(一)能量化的责任一定要量化

责任目标必须量化。只有量化,责任才能明晰、具体,才能可操作、可衡量。企业必须把自己的年度目标要求层层分解,量化到每个下属单位和每个员工身上，使各个责任主体对自己所承担的任务明白无误。早在19世纪20年代，科学管理理论创始人、美国著名工程师和管理学家费雷德里克·泰勒就提出了量化管理的五条原则：工时定额化、分工合理化、程序标准化、酬金差额化、管理职能化。后来，量化管理发展成为管理宝典，在各行各业广泛应用，在国际上被视为"最为前沿的一整套企业管理的终极管理模式"。

责任目标的量化是量化管理的核心，是责任在数量方面的具体规定和体现。责任目标量化的方式方法多种多样，但共性的东西不外乎以下几个方面：一是量化要与公司的总体目标相一致，是总体目标的分解和体现；二是量化要与员工的岗位职责相吻合，是员工工作职责的具体体现；三是量化的过程是企业和员工双向沟通的过程，不是命令式的任务分配；四是量化的最高境界是把责任融入工作（生产）的程序、环节和各种载体之中，使员工在工作和生产过程中实现自己承担的责任；五是量化要与责任者的薪酬、奖励、晋升等切身利益挂钩。

下面，我们看一看日本丰田公司是如何量化责任目标的。

案例　日本丰田的"精益生产"
——责任目标量化在人机生产中的完美结合

日本丰田汽车公司，堪称世界上表现优异的汽车制造商。1933年创立，1947年产量超过10万辆，1957年进入美国，后来几乎占美国汽车生产、销售市场的一半。该公司曾创下71年无亏损的纪录。2008年受国际金融危机冲击的影响首次出现亏损，2009年营业收入2043.53亿美元，亏损43.49亿美元，但在世界500强企业排名中仍居第10位。丰田之所以能够由一个微不足道的织布厂，经过不断发展壮大，成长为世界十大汽车工业公司之一，在很大程度上取决于它的精益生产方式。

20世纪后半期，丰田汽车公司已经发展到相当规模，而此时世界汽车工业也进入了市场需求多样化的新阶段，对汽车质量的要求越来越高。只有建立起一种有效的生产方式，组织多品种、小批量生产，才能避免生产过剩所带来的设备、人员、库存、资金等一系列资源浪费，保持企业竞争力。丰田敏锐地抓住这一机遇，从丰田相佐开始，经过丰田喜一郎及大野耐等人的共同努力，综合了单件生产和批量生产的特点与优点，创造了一种多品种、小批量混合生产条件下高质量、低消耗的生产方式，即精益生产方式。

丰田的精益生产是一项复杂而科学的生产系统和管理系统。但从企业责任制的角度看，也是在工业生产的机械化、自动化乃至智能化的条件下，企业员工责任量化的有效而完美的形式。它把生产设备的机械化、自动化和员工的责任量化有机结合起来，创造了"人（员工）机（机器）责（责任）"完美结合的生产流程，实现了精益生产。它的基本思想是："只在需要的时候，按需要的量，生产所需的产品。"这就把员工生产的时间量和产品量做了十分明确的界定和要求。为此，丰田按照准时化原则和主动性原则为员工设定了一套系统的生产流程。

在准时化方面，丰田要求员工做到"三及时"。即"将需要的零件，在需要的时刻，按需要的数量供给每一个工序，保证要什么及时给什么，需要时及时送到，要多少及时给多少"。为此，丰田采取了"后拉动"式生产流程，以生产工序的最后一条组装线为起点，生产计划下达给最后的组装线，指示它什么时间生产多少什么样类型的车型，后一工序再向前一工序领取正好需要的那一部分工件，前一工序只生产被领取的那部分工件，并要求达到"三个及时"。这种准时化原则通过机械化生产程序为员工的责任在时间上做了量的规定。

在主动性方面，丰田赋予机器以人的判断力，使机器出现故障时就能立即发现，同时又赋予员工充分发挥主观能动性的责任和权利。主要体现在六个方面：

一是实行"一个流"。即零部件一个一个地经过各种机床设备进行加工，作业人员随着制品走，从作业区的第一个工序到最后一个工序都是同一个作业人员，工序间几乎没有搬运距离，也没有在制品，不良品一旦发生，就可以立即发现，员工有权立即停线处理。

二是实行安灯制。在生产机器里设置可探测异常情况并自动停机的装置灯，员工可以按下按钮或拉动绳索，使整条组装线停止作业。

三是实行工作标准化。适应生产管理的需要，丰田在产品质量、品种规格、零部件通用等方面设立技术标准，由员工操作执行。

四是实行目视管理。在工作场所，设置看板、各类目视化制度、文件、视觉信号系统等，让员工一眼即可看出应该做什么，是否有异于标准情况的发生，以确保作业与流程的快速正确执行。

五是实行全向沟通。在线员工和所有相关人员共同讨论问题及可能的解决方法，收集他们的意见，并对解决途径取得一致共识。

六是实行"5W"。即5个为什么，让员工系统地、深入地挖掘问题的根本原因，找出正确的解决办法。例如：工厂出现了地板上有漏油的问题，如何解决？①问：为什么地板上有漏出的油？答：因为机器漏油。②问：为什么机器漏油？答：因为机器的衬垫磨损。③问：为什么机器衬垫磨损？答：因为购买的机器衬垫质地不佳。④问：为什么购买的衬垫质地不佳？答：因为这些衬垫比较便宜。⑤问：为什么买这些便宜的衬垫？答：因为企业以节省短期成本作为对采购部的绩效评估标准。为此，针对这些原因，采取相应的解决办法：①清除地板上的漏油；②修理漏油的机器，更换机器衬垫；③更换质地好的衬垫；④改变采购政策；⑤改变企业对采购部的绩效评价与报酬的奖励制度。于是，漏油问题逐层次从根本上得以解决。

通过以上措施，丰田把员工的主动性发挥得淋漓尽致。

深度思索 责任要有目标，目标要有量化，量化要有载体，找准了目标量化的载体就抓住了责任落实的关键。丰田的"精益生产"方式，实质上是责任目标量化的一种有效载体，它造就了丰田持续强大的竞争力，也成为世界各国企业效仿的典范，并由此造就了许许多多的世界500强。

（二）要数量，更要质量

产品和服务的质量，既来源于企业的理念、技术、管理等方面，更来源于企业责任对质量的规定和执行。几乎世界上所有的管理大师都说："产品质量是企业的生命。"并涌现出众多关于"质量管理"的制度和学说，对推动企业发展起到了重要作用。

但是，我们通过对世界500强企业的研究也发现，产品质量是企业的生命，责任质量更是产品质量的生命。企业在产品质量上对员工没有严格规定和要求，要生产出高质量的产品是不可能的。现在，有许多企业十分重视产品的质量，但往往忽视了质量要求在员工责任目标上的明确规定，在锁定员工任务数量的同时，忽视了对质量的要求，因而产品质量问题层出不穷，即使世界顶级的汽车制造商丰田，也难免出现汽车召回事件。因此，量化责任目标必须量化责任质量，锁定责任目标必须锁定责任质量，企业必须把质量要求融入员工的责任体系并抓好落实。这方面通用电气公司、摩托罗拉公司的"六西格玛"质量管理法和麦当劳的"标准化质量监督体系"就是典型代表。

案例　杰克·韦尔奇的"六西格玛"质量管理法

杰克·韦尔奇，被誉为"世界第一CEO"。他在近20年的任期内，把通用电气公司带进了辉煌。1981年，韦尔奇初掌通用时，公司的销售额仅为250亿美元，赢利15亿美元，市场价值在全美上市公司中仅排名第十，而到了1999年，通用电气实现销售额即达1110亿美元（世界第五），赢利107亿美元（全球第一）。当时，通用旗下仅有照明、发动机和电力3个事业部在市场上保持领先地位，而如今已有

12个事业部在其各自的市场上数一数二，如果单独排名，通用电气有9个事业部能入选世界500强。在韦尔奇执掌通用电气的19年中，公司一路顺风，并因此连续3年在美国《财富》杂志"全美最推崇公司"评选中名列榜首。

我们从众多资料中看到，韦尔奇之所以创造了如此辉煌的奇迹，是因为他在公司内部推行了"六西格玛"质量管理法、全球化和电子商务，实行了"无边界"管理模式，建立起综合的用人机制，成为企业管理的典范。那么，韦尔奇是如何实施"六西格玛"质量管理的呢？"六西格玛"与责任的质量要求又有什么内在联系呢？

我们知道，质量管理是企业生存和发展的基础。在统计学上，"西格玛"（σ）用来表示标准偏差。几个西格玛是表示品质的统计尺度，任何一个工艺程序或服务过程的质量水平，都可用几个西格玛来表示。在工业领域，操作的正确率通常在97%左右，也就是三个西格玛和四个西格玛之间的水平。如果处在这个水平上，其缺陷率就是每周手术失误5000次，每小时遗失邮件20000份，每年开错药方成千上万份。而达到六西格玛的水平，则意味着生产或服务的过程和结果中99.99966%是无缺陷的，也就是说，做100万件事情出现的差错将少于3.4次。可见，实施"六西格玛"质量管理，将大大提高产品质量和企业效益。

"六西格玛"管理法是一项科学的质量管理体系，有一套系统的管理理念、管理方法和推进体系。如果简要概括，可以归纳为八个字："理念、数据、流程、团队"。

（1）理念。就是以顾客为中心的管理理念。"六西格玛"以顾客为中心，关注顾客的需求。它的出发点就是研究客户最需要和最关心的是什么。假如顾客买一辆摩托车要考虑30个要素，就需要去分析这30个要素中哪一个最重要，通过计算，找到最佳组合。因此，"六西格玛"根据顾客的要求来确定管理项目，并将重点放在顾客最关心、对企业影响最大的方面，以此提高顾客的满意度和降低成本，提高企业的业绩。这种以顾客为中心的理念，也是对员工责任的根本要求，员工的工作质量必须以顾客的需求为中心，离开了顾客需求，责任无方向，质量等于零。

（2）数据。"六西格玛"管理方法是一种高度重视数据，依据数字、数据进行决策和管理的方法。它以数字说明一切，所有的生产表现、执行能力等，都量化为具体的数据，成果一目了然。决策者及经理人可以从各种统计表中找出问题在哪里，真实掌握产品不合格和顾客不满意情况，而改善的成果，如成本节约、利润增加等也都以统计资料与财务数据为依据。这就使质量管理成为一种可测量、数字化的科学，也对员工的质量责任做了最大限度的量化，不仅便于不断改进，而且便于落实和考核。

（3）流程。即采用定义、评估、分析、改进、控制（DMAIC）构成的改进流程。①定义（Define）。定义阶段主要是明确问题、目标和流程，需要回答以下问题：应该关注哪些问题和机会？应该达到什么结果？正在调查的是什么流程？它主要服务和影响哪些顾客？②评估（Measure）。主要是分析问题的焦点是什么，借助关键数据缩小问题的范围，找到导致问题产生的关键原因，明确问题的核心所在。③分析（Analyze）。通过采用逻辑分析法、观察法、访谈法等方法，对已评估出来的导致问题产生的原因进一步分析，确认它们之间是否存在因果关系。④改进（Improve）。拟定几个可供选择的改进方案，通过讨论并多方征求意见，从中挑选出最理想的方案付诸实施。⑤控制（Control）。根据改进方案中预先确定的控制标准，在改进过程中及时解决出现的各种问题，使改进过程不至于偏离预先确定的轨迹、发生较大失误。这种流程式的管理方式，把质量要求与其他要求一起锁定在员工的具体责任上，通过改进流程，不断强化责任，实现产品和服务质量的"近零缺陷"。

（4）团队。即有一个实施管理的团队。"六西格玛"管理方法是以项目为单元，通过一个个项目的实施来实现的。通常是在管理委员

第三章 责任是企业长盛不衰的命脉

会的领导下,以"黑带"为负责人,牵头组织项目团队。一是管理委员会,作为实施"六西格玛"管理的最高领导机构,主要由公司领导层成员担任。其主要职责是:设定"六西格玛"管理初始阶段的各种职位;确定具体的改进项目及改进次序,分配资源;定期评估各项目的进展情况,并予以指导;帮助各项目小组排忧解难。二是执行负责人,由一位副总裁以上的高层领导担任。其职责是:为项目设定目标、方向和范围;协调项目所需资源;处理各项目小组之间的纠纷,加强项目小组之间的沟通。三是"黑带"(Black belt),来源于军事术语,指那些具有精湛技艺和高超本领的人。黑带是"六西格玛"管理的中坚力量,由企业内部选拔出来,全职实施"六西格玛"管理,担任项目小组负责人,领导项目小组实施流程变革,同时负责培训"绿带"。四是"黑带大师",是"六西格玛"专家的最高级别,一般是统计方面的专家,负责在"六西格玛"管理中提供技术指导。五是"绿带"(Green belt),工作是兼职的,经过培训后,负责一些难度较小的项目小组,或成为其他项目小组的成员。这种项目化、工程化的管理团队,层次清晰,责任明确,保证了"六西格玛"管理的实施。

韦尔奇充分认识到"六西格玛"管理法的科学性和其中蕴藏的巨大潜能。早在1995年4月,韦尔奇在员工调查中就发现,质量问题已经成为许多员工担忧的问题。而经过他的朋友拉里·波西迪对"六西格玛"的鼓动与宣传,韦尔奇迷上了"六西格玛"。他安排了两个关键人物进行成本效益分析,一个是公司创意负责人加里·赖纳,另一个是资深财务分析家鲍勃·尼尔森。结果证明,如果目前通用电气的运作为"三西格玛"、"四西格玛",那么该质量水平上升到"六西格玛"时所节省的开支为70亿~100亿美元,等于销售收入的10%~15%。所以,韦尔奇下决心全力推进"六西格玛"管理。他的第一个动作就是任命加里·赖纳为"六西格玛"的终身负责人,接着就请来了在亚利桑那州斯科兹代尔管理"六西格玛"学院的前摩托罗拉经理米克尔·哈里(Mikel Harry),参加通用电气年度公司高管会议,170

名高管聆听了哈里的计划。这时的韦尔奇进一步意识到:"'六西格玛'是关于质量控制和统计数字的,但又远不止这些。最终它通过提供对付难题的方法,能够驱使领导层把工作做得更好。'六西格玛'的核心是将公司从里往外翻个个儿,让公司将着重点向外放到客户身上。"1996年1月,韦尔奇在博卡推出了"六西格玛"计划,他对高管们说:"摩托罗拉用10年间所办到的,我们必须在5年实现——不是通过走捷径,而是通过学习他人。"他在博卡会议的结束语中,将"六西格玛"称为前所未有的雄心勃勃的工作。他说:"质量问题可以真正地使通用电气从最了不起的公司之一这个地位上升到全球商界绝对了不起的公司。"

正如韦尔奇所言,经过努力,通用电气的"六西格玛"项目由1996年的3000个上升到6000个,实现了3.2亿美元的生产率收入和利润,比他们原先设定的1.5亿美元的目标翻了一番。到1998年,通用电气通过"六西格玛"节省了7.5亿美元,经营利润从1996年的14.8%上升到2000年的18.9%。通用电气在韦尔奇手里创造了前所未有的辉煌。[1]

> **深度思索** 质量是企业的生命,更是责任的生命。在责任目标中,质量是一个决定性的维度。质量长寿则责任长寿,责任长寿则企业常青。

(三) 没有时限的责任等于没有责任

时量、数量和质量,是责任目标缺一不可的三个维度。只锁定责任主体要完成任务的数量和质量,不锁定完成的时间量,责任目标就

---

[1] 〔美〕杰克·韦尔奇、约翰·拜恩:《杰克·韦尔奇自传》,曹彦博译,中信出版社,2011;叶光森、刘红强:《世界顶级CEO的商道智慧》,华夏出版社,2009。

不完整，就会使工作任务久拖不决。这样的责任既无压力，也无动力。大凡成功、有效的责任体系，尽管形式不同，要求的侧重点不同，但都会对责任主体所担负的责任在时量、数量和质量上作出明确的要求。三个维度如缺其一，责任就会形同虚设。世界500强企业，不管是工业、金融、高新技术企业，还是商业、流通、酒店等服务业，他们都把责任目标的三维要素有机结合起来，融入生产、工作、服务等各项规定和流程之中，最大限度地发挥员工责任的作用，以增强企业的竞争力。

案例　希尔顿用时间催生高效率的服务

希尔顿（1887～1979）是美国旅馆业巨头，人称"旅店帝王"。1919年他创立第一家"希尔顿酒店"，到目前已发展成为世界知名的跨国酒店管理公司，在全球拥有2800多家酒店，10万多名员工，客房超过48万间，遍布76个国家，资产超过十多亿美元。希尔顿曾经说过，酒店服务具备高度的时间性，时间的长短反映了效率的高低。按照国际通行的做法，希尔顿酒店进行了自我完善，制订了具体的服务标准，明确规定了员工责任目标的时限，从而保证了各项服务的高效率。

1. 餐厅服务标准

——客人入座等候点菜的时间：当客人进入餐厅就座之后，服务员最迟要在2分钟之内前来接待客人，为客人拿出菜单点好菜。

——点菜到桌的时间：当客人点完菜以后，客人点的菜要及时服务到桌。早餐为10分钟，午餐和晚餐15分钟左右。

——清桌要求的时间：客人就餐完毕离开餐桌后，服务员必须在4分钟内完成清桌，并把餐桌重新摆好。

——送餐服务的时间：客人在客房内用电话点餐时，要准确无误地送到客人的房间内，早餐为25分钟，午餐为30分钟，晚餐为35分钟。

2. 大堂酒廊的服务标准

——客人在酒廊等候服务的时间：客人在酒廊入座之后，服务员要在 30 秒钟之内前来服务。

——客人酒水服务到桌的时间：营业低谷时，客人的酒水应在 3 分钟之内到桌，营业高峰时，5 分钟之内服务到桌。

——酒廊餐台清桌的时间：客人离开酒廊餐台后，应该在 2 分钟之内完成清桌工作。

3. 前厅服务标准

——客人等候接待的时间：客人一旦步入前厅服务台，不管是办理迁入登记下榻还是有事需要问询，在 60 秒钟之内接待人员必须问候前来的客人以示欢迎，否则视为失礼行为。

——客人办理迁入登记的时间：接待人员不仅要热情办理，而且要严格按照最长 2 分钟的规定办完客人的下榻手续。

——电话服务的时间：客人打进酒店来的电话，要在铃响 3 次之内接通应答，总台必须 24 小时有人值守。

4. 客房服务的标准

——客房服务每人每天要以国际酒店业的标准负责整理 16～18 间客房。

——客房服务员整理 1 间客房的时间约为 25～30 分钟，并且达到整洁、方便、安全等各项标准要求。

——客人临时需要的浴巾、加床等额外服务，要在客人呼叫之后 10 分钟之内准确送达客人房间。

5. 工程维修服务标准

——客房维修：客人提出维修客房要求，工程维修人员必须在 5 分钟之内到达客人需要维修的地点。

——公共场所维修项目：餐厅、会议厅等各项公共场所的维修项目，工程维修人员在接到维修电话或维修通知单后 15 分钟之内必须赶到维修地点。

——会议设施布置：会议的一切布置如整体布局、音响、灯光等，工程人员必须在会议开始前1小时全部安排好。

6. 劳动强度及服务效果方面的规定

——每个餐厅的每个服务员每天要负责完成40~50位客人的点菜、送餐服务工作。

——引座人员每小时要负责引领20~50位客人入席就餐。

——调酒师每小时要为5~6位客人调制好他们的酒品。

——餐厅厨师每小时要完成6~12位客人的菜点烹饪制作，全天要完成40~60位客人的菜点烹饪制作。[①]

深度思索 时间就是金钱，效率就是生命。按时完成目标任务，是员工履行责任必须做到的。如果没有明确的时间要求，任何形式的责任都将毫无意义。希尔顿的高效优质服务，是用有效的时间打造出来的。而我们有一些企业却做不到这一点，只能是低效率、低竞争力。

第三节 责任管理

美国哈佛大学行为科学家威廉·詹姆斯在对职工激励的研究中发现：按时计酬的职工一般仅能发挥20%~30%的能力；如果受到充分激励，职工的能力可能发挥到80%~90%，其中50%~60%的差距乃激励作用所致。这说明，没有责任不行，但责任也不是万能的，责任需要管理。因为，责任具有双重特性，既有增强员工的压力和动力、促使员工完成任务的一面，又有制约员工主动性和协作性的一面。因此，企业必须充分认识和确立自己的主导地位，既赋予员工责任，又

---

① 叶光森、刘红强：《世界顶级CEO的商道智慧》，华夏出版社，2009。

加强责任管理，为员工履行责任、完成任务提供良好的环境条件。这是世界500强企业在发展成长中积累的宝贵经验。

现在，有些企业的责任管理意识还比较淡薄，认为只要签了责任书、有了责任状，员工就必须完成任务。事实上，有了责任目标，员工未必就能一心一意完成任务。有的企业只强调员工责任，不履行企业的义务，不为员工履行责任提供良好的环境和条件；有的企业不尊重员工、不关心员工，一味采取强制的办法；有的企业为了攫取最大利润，把员工的工资待遇压得很低，甚至无故拖欠工资，等等。由此造成责任在执行上打了折扣，在落实上达不到预期。这不是员工的问题，而是企业的问题。

要知道，有不关心员工的企业，就有不关心企业的员工；企业不善待员工，员工也不会善待企业。相反，如果既严格要求员工履行责任，又认真履行企业应有的义务，关心善待员工，那么，员工不仅能够尽心尽力，而且还会激发出巨大的创造性和凝聚力。这就要求企业充分发挥主导作用，加强责任管理。

德鲁克在他的《社会影响和社会问题》一文中谈到这样一个事例：

"在第一次世界大战之前不久的那些岁月里，美国劳工均处于极不稳定的状态，工人的生活日益困苦，而且失业率也很高，在许多情况下，技术工人每小时的工资可能低到15美分。正是在这种背景下，福特汽车公司于1913年末宣布它保证一天付给每个员工5美元，是当时标准工资的2～3倍。詹姆斯·卡曾斯（James Couiens）当时担任该公司的总经理，他迫使那些不愿意的合伙人接受自己的这一决定。亨利·福特完全知道他的公司的工资总额在一夜之间几乎成了原来的3倍，但他最终还是确信这样做是有好处的。由于当时工人的生活很艰苦，只有采取这样重大而明显的行动才能取得成果。卡曾斯还希望福特汽车公司的工资率虽然增加到原来的 3 倍,但其实际的工人成本却会下降,而发展状况不久就证明了他的正确性。在此以前,福特汽车公司员工的离职率很高,以至于在 1912 年为了保证公司有 1 万名工人,必须雇用 6 万名工人。在实行新的工资率以后,离职率几乎趋于零。它所节约下来的雇工费是如此之大,以至于在以后的几年时间里,虽然所有材料成本都在急剧上升,但是福特汽车公司还是能够以较低的成本制造 T 型汽车,并以低价销售,从中获得较多的利润。正是由于急剧提高工资带来了工人成本的节约,福特汽车公司才在汽车市场上占据了主导地位。福特汽车公司的这一行动,还改变了美国的工业社会格局,使美国工人基本上步入了中产阶级。"[1]

仅仅为员工提高了工资,就产生了如此巨大的威力!而这种威力并不单纯是员工的责任所能及的。

综观世界 500 强企业,都是在明确员工责任主体和责任目标的基础上,建立起责任管理机制,最大限度地发挥责任体系的作用,增强了员工对工作的责任感和对企业的忠诚度,激发了员工做好工作的积极性和主动性。惠普、IBM、摩托罗拉、通用电气等,都是这方面的典范。他们在责任管理中贯彻了"硬责任、软管理、以人为本"的理念,围绕"选人、培训、沟通、奖惩、关怀"等方面建立机制,实行有效管理。

(一) 建立选人机制,选准责任主体

责任管理的核心是选准责任人。责任落实得好坏,根本上取决于作为责任主体的人。世界 500 强企业都十分重视对员工的选聘和对管理者的选拔,都有一套适合自己的选人用人机制和办法。微软公司注

---

[1] 〔美〕彼得·德鲁克:《德鲁克管理思想精要》,机械工业出版社,2007。

重人选的创造性,有严格的"十条要求";丰田公司以"努力、诚实、谦虚"为原则,招聘有责任心的人作为企业员工,并有"六个阶段"的全面招聘体系;麦当劳公司把"忠诚、踏实"作为选人标准,选用那些"只需要脚踏实地从零做起的普通人";通用电气公司则选用那些"拥有能量、善于激励、勇于竞争的人",等等。他们的选人用人机制为企业选好责任主体、实现责任目标奠定了良好基础。

案例一 不选用"天才"的麦当劳

麦当劳是世界上最大的快餐集团,从1955年雷·克洛克在美国伊利诺伊州普兰开设第一家麦当劳餐厅至今,在全球121个国家和地区已拥有3万多家店,41.8万名员工。2010年营业收入227.4亿美元、利润45.5亿美元,在世界500强中列第378位。

麦当劳在选人方面有独特的"三不原则",即不用"靓女"、不用"熟人"、不搞"暗箱"操作。选人的标准是忠诚、踏实,选用那些脚踏实地从零做起的普通人,而不要"天才"。因为标准化是麦当劳的生命线,每一个进入麦当劳的员工都要长年累月、毫不厌烦地从事炸薯条、做汉堡等标准化工作,而那些只想大展宏图又看不起这些小事的人是用不住的,因而麦当劳需要的是适合企业标准化生产的人。在具体选人时,麦当劳不注重学历的高低,而十分看重实际动手能力和操作能力,学历仅仅是参考,绝不会以"名牌院校毕业"为标准。只有那些具有热情的工作态度、全面的工作能力,而且能够与团队成员较好地协作和沟通的人,才能够有机会进入麦当劳。所以,在人员的年龄构成上,麦当劳很像一个大家庭,最大的员工60多岁,最小的不足20岁,大多数人的年龄在20~40岁之间。正是麦当劳这种成功的选人理念和方法,保证了公司的不断发展和壮大。[①]

[①] 宋红超:《世界500强绩效考核准则》,中国经济出版社,2007。

深度思索 企业不同,选人的秘诀也不同,但是有一点是相同的,那就是:选择最适合企业生产经营需要的人。适合自己的,就是最好的。

案例二 通用汽车公司由兴而衰的CEO

美国东部时间2009年6月1日,通用汽车公司向美国纽约南区二法院递交了破产保护申请。至此,101岁的通用汽车在经历了百年风雨之后,走上了破产保护之路。

是什么原因导致了百年通用的落寞?诸多人士众说纷纭。美国宾夕法尼亚大学沃顿商学院制造业专家约翰·麦克杜菲则认为,通用汽车所有的失败中——掌控小型车的失败、削减成本的失败、对全美汽车工人联合会强硬的失败、提高燃油效率的失败——最大的失败可能在于学习的失败。

然而,综观通用兴衰历程,我们也不难发现,通用汽车的衰落与其"掌门人"的选择不无关系。

通用汽车从第一任CEO威廉·杜兰特,到2009年的新任CEO弗雷兹·韩德胜,共更换了16任CEO。其中,从杜兰特1908年创立通用汽车公司到皮埃尔·杜邦和阿尔弗雷德·斯隆,再到查尔斯·威尔逊和哈洛·科蒂斯,这几任总裁用了50年的时间,创造了通用汽车公司的辉煌。到哈洛·科蒂斯当政期间的1953年,通用汽车公司成为世界上最大的企业、美国最大的雇主,为美国创造了3%的GDP,而当时美国的GDP占世界经济的三分之一左右。1955年《财富》杂志首次公布美国500强公司排名时,通用汽车公司就以98亿美元的销售额和8.06亿美元的净收益双双名列第一。但是,1958年弗雷德·唐纳就任公司CEO以后,通用汽车公司便开始逐渐由兴盛转向衰退。

唐纳上任后,面对激烈的市场竞争,提出了"造汽车很重要,但赚钱更重要"的"赚钱"思想，采取"低成本竞争"战略，一度增加了财政收入，维持了通用暂时的一段繁荣。但是，唐纳的几项变革却给通用的后续发展埋下了致命的隐患。

一是在产品战略上，推行"同一化"，弱化了产品竞争力。在斯隆执掌通用时，筛选了五大品牌，每个品牌都有一个明确的定位，指向特定的消费者，因而取得了很大成功，后来被学者们奉为"品牌管理"。但是，唐纳为了实现赚钱的目的，不惜放弃斯隆的这一产品战略而实现产品同一化，公司不同级别的车型开始越来越雷同，甚至到了低、中、高三个档次很难区分的地步。虽然这样一时给通用赚了些钱，但却损害了斯隆苦心经营的品牌差异性，从根本上偏离了"生产消费者真正需要的汽车"这一正确方向。

二是在管理方式上，奉行中央集权制，滋生了官僚体制。唐纳上任后彻底放弃了斯隆的管理方法，开始削弱事业部的权力，奉行中央集权制。各部门原来实施的"分散经营、统一协调"的事业部制方式被打破，分公司的分散独立经营权也被剥夺，高层管理者不再协调督促下属分公司，也不再保持和强调每种品牌的独特性。公司管理层观念落后、反应迟钝、战略失当，以至于到了能源紧缺时代还坚持生产大排量的汽车。这种官僚体制扭曲了通用对市场的反应机制，使通用汽车走上了一条不归路。

三是在用人上，出现个人偏好，加重了公司内耗。唐纳是财务专家出身，重用和提拔了一批财务人员，掌握了公司的实权。这些注重数字和成本控制的财务人员与追求汽车技术性能的工程人员经常发生冲突，一些质量问题得不到及时解决，公司内耗严重。而此时美国国内开始重视汽车的安全性问题，"反对汽车工业缺乏车辆安全保障运动"的矛头指向通用，使通用汽车的信誉备受质疑。

唐纳在通用执政9年，在他下台之后的20世纪70年代，其后果开始显现，通用汽车由盛转衰。尤其是在70年代石油事件发生后，通用汽车受到沉重打击，销售量下降了35%以上。此后几任CEO都试图

第三章 责任是企业长盛不衰的命脉

力挽狂澜，拯救通用，但都没完成彻底改造通用的使命。特别是1981年罗杰·史密斯成为通用汽车的总裁，他曾大张旗鼓地进行企业改造，改革内部体制，改变产品同一化策略，实施土星汽车计划，但终因通用积重难返，未能奏效。此时的通用，官僚和腐败现象相当严重，管理者高高在上，很少关心市场上发生了什么，总部大楼的每个出口都有警卫并有专门通道供管理人员方便出入，在14层楼上专门设置了行政人员的餐厅，还每三个月赠给董事们一辆新车。当时的董事罗斯·佩罗特说："如果其他公司的雇员看见一条蛇，他会杀死它。但在通用，首先你要设立一个关于蛇的委员会，然后请来一个对蛇有研究的顾问。第三件事情便是为这个话题讨论一年。"就为了这句话，罗杰·史密斯让佩罗特离职。1990年通用出现了19.8亿美元的巨额亏损，第二年亏损又达到44.5亿美元，通用在美国市场的占有率下降到34%。罗杰·史密斯的糟糕表现，使《华尔街日报》称其为"80年代的管理庸才"。

从此以后，几位总裁尽管使出浑身解数，也未能挽回通用衰败的局面，只能是"无可奈何花落去"。①

深度思索 选对了责任人，事业就成功了一半；而选错了责任人，就会带来灾难性的后果。选错一般性的责任人，可能造成的损失是局部的，但选错了"掌门人"，其后果将是根本性和全局性的。如果通用选择的是杰克·韦尔奇式的总裁，而不是弗雷德·唐纳或罗杰·史密斯，那么，通用汽车就有可能不是现在的结局。

（二）建立培训机制，提升责任主体

责任管理的基础是培训提高责任人。员工的素质、能力对履行责

---

① 全琳琛：《通用汽车百年兴衰》，人民邮电出版社，2009。

任至关重要，企业不能只使用员工而不培训员工。世界500强企业都十分重视对员工的培训，不惜花费巨大费用。他们认为，对员工既要授之以责，更要授之以能，无能则难以履责。美国戴尔公司创始人、董事会主席兼CEO迈克·戴尔说："培训也是我对员工的一种很好的管理方法。我们有专门的培训机构，并拥有一个很大的培训体系，能给予员工尽善尽美的培训。"日本松下电器公司创始人、总裁松下幸之助说："一个天才的企业家总是不失时机地把对员工的培训和训练摆上重要的议事日程。"美国培训与发展协会2010年的行业报告显示，2009年，美国企业在员工学习与发展方面的开支达到1259亿美元。在一定程度上，许多公司都把培训作为一种投资，作为提高员工和留住员工的一种手段，甚至不惜重金建立自己的培训基地和学校，专门培训员工。但是，我们有些企业在这方面有很大差距。他们不去培训自己的员工，要么怕花钱、怕浪费时间、怕影响生产，要么培训缺乏针对性、走过场、效果差，因而员工的素质得不到迅速提高，技能不适应工作需要，即使有责任也履行不好。因此，既要选好员工，还得不断培训和提高员工，这样才能使员工更好地履行自己的责任。韦尔奇在推行他的"六西格玛"管理时，就大规模培训员工和管理人员，第一年就培训了3万人，花费了两亿美元。正是这种培训，使员工迅速掌握了"六西格玛"管理的要求，为成功实施"六西格玛"管理奠定了坚实基础。

案例 "培训是爱立信的传统"

爱立信公司从1876年在瑞典斯德哥尔摩成立到现在，已有136年的历史。从早期生产电话机发展到今天，其业务已遍布全球140个国家和地区，成为世界最大的移动系统供应商。2010年营业收入269.9亿美元，利润4.8亿美元，员工7.84万人，在世界500强中列第301位。爱立信之所以能够持续发展，与他们在责任管理中高度重视员工培训、提高员工素质有密切关系，用他们的话说，就是"培训是爱立信的传统"。这在爱立信中国公司得到了很好体现。

——浓厚的学习氛围。在中国爱立信公司,许多场合都设有供员工闲暇时翻阅的内部刊物,喝咖啡时点击的内部网 FLASH,午餐时浏览的五分钟小小录像,等等。这些都是爱立信的培训手段。

——成立专门学院。1997 年在北京专门成立了爱立信中国学院,与国内 10 余所大学和多家国外学院合作,开办了工商管理、市场营销等 20 多个专业,形成了技术和工商管理一体的综合培训体系。目前,每天都有近百名爱立信中国员工在学院接受各种培训。

——多种培训形式。为从内部提升基层职员,公司在业绩评估中,选出最具潜力的员工,进行综合测试,确定个人发展方向,然后除了接受培训外,还将与多个上司共事,实现职业拓展。为了保证这一定制培训系统的有效性,培训对象要与公司签订合同作为保障。

——舍得投入。据透露,爱立信中国公司各部门培训费用占年度预算的 3% 左右,这在跨国公司中是比较高的。[①]

> **深度思索** 高素质的员工队伍是企业长寿的基础。海尔认为,没有培训过的员工是负债,唯有培训过的员工才是资产。培训员工,既能提高技能,又能强化责任,还能培养忠诚,可谓一举多得。但是,培训一定要有针对性,讲求有用性和实效性。无用无效的培训不如不培训。

(三) 建立沟通机制,协调责任主体

责任管理的关键是沟通协调责任人。因为责任强化了员工的主体意识和责任意识,为企业实现目标注入了动力;但责任又容易弱化员工的整体意识和协作意识,各责任主体之间需要企业进行有效的沟通

---

① 胡八一:《这样激励最有效》,北京大学出版社,2011。

协调，以形成整体合力，实现企业目标。一项调查表明，现代企业的领导者70%的时间用在沟通协调上，而企业中70%的问题又是由于沟通协调缺乏或不力引起的。沟通协调不到的地方，往往是责任空白的地方。因此，在责任管理中，沟通协调至关重要。世界500强企业都深刻明了沟通协调在企业管理中的重要性，甚至把它作为企业管理的真谛加以奉行。杰克·韦尔奇说"管理就是沟通、沟通、再沟通"。松下幸之助说"企业管理过去是沟通，现在是沟通，将来还是沟通"。他们都有自己的一套沟通协调机制，在这种有效机制下，员工们得以更好地提出意见，更有效地吸收信息，更好地协调行动，更好地提高效率。IBM把制定"个人业务承诺计划"作为一个双向沟通的过程，员工可以和他的直属经理坐下来共同商讨个人计划如何做得切合实际并与整个部门的计划相融合，然后经过修改确定下来。英特尔的成功在很大程度上得益于公司内部的双向沟通体系。丰田更是把全方位、立体式沟通运用得淋漓尽致。可以说，有效的沟通协调是责任落实成功的一半。

案例　沃尔玛公司与员工的沟通方式

沃尔玛创始人山姆·沃尔顿认为，如果把沃尔玛的管理制度浓缩为一点，那就是沟通。对一家大公司而言，沟通的重要性怎么讲也不过分。在山姆·沃尔顿看来，最主要的莫过于公司与员工的沟通。因此，沃尔玛采取了一些有效的沟通措施。

（1）透明授权。沃尔玛希望所有员工共同掌握公司的业务信息，因为让员工最大限度地做好工作的唯一途径就是让员工了解公司业务进展的状况。为此，沃尔玛采取"运转透明化，授予员工参与权"的办法。公司的一切运营指标从一开始就不向员工保密，在各个商店里，定期公布该店的利润、进货、销售和减价情况，其面对的人员包括经理及其助理、每个商店的小时工和兼职员工。这样，部分信息虽可能泄露到公司外，但沃尔玛认为利大于弊，并没有给公司造成任何危害。

这种信息分享的做法成为当今企业界最流行的趋势之一。

（2）信息技术。为了尽快把所有细节情况在公司内散播开来，山姆·沃尔顿不惜投资数亿美元，采用最先进的计算机和卫星技术，使沃尔玛的经理们能够及时清晰地了解大多数时间内的经营状况，并将自己商店的信息，如每天的损益报表、最新销售数据等，通过卫星以极快的速度传递出去，大大提高了信息分享的效率。

（3）倾听倾诉。山姆·沃尔顿曾说："管理过程中的一些问题常常令人感到精疲力竭和沮丧，商店的员工会感到疲惫，需要找到一个人愿意听听他们的倾诉，并能帮助他们解决问题。"为此，沃尔玛规定，上至山姆·沃尔顿、各级主管，下到采购人员，都必须每周用3~4天巡视商店，公司有12架飞机提供服务。管理人员必须亲临商店，了解和处理店中的事务，周四飞回总部时，至少带回一些有用的情报和构想；周五交流讨论，拿出解决问题的对策；周六晨会后就可执行。

（4）公司运作。沃尔玛的沟通不仅在公司与员工之间进行，而且还贯穿于公司的运作之中。沃尔玛的规模太大，不可能让每家商店的每个部门主管，花大量时间与供应商讨价还价和选择商品。于是山姆·沃尔顿就挑选一个部门，然后从每个地区挑选一名部门主管，把他们集中到供应商所在地，告诉采购员该买什么不该买什么，然后再与供货商会面，说明商品的优缺点，同时所有人一起制定出下一步的采购计划，部门主管带着样品回到自己的所在地区执行。这种办法十分有效，提高了公司的工作效率。

深度思索　沟通是管理的真谛。责任管理的关键就是通过有效沟通，消除责任盲点，促使主体联动、协调配合，实现个体目标与总体目标的双赢。

（四）建立奖惩机制，激发责任主体

责任管理的难点是奖惩激励责任人。有效的奖惩最能激发和促使责任人履行职责、完成任务；而无效的奖惩则最能挫伤责任人的积极性。因为奖惩与员工的切身利益有着密切的关系。有责任不奖惩，干多干少一个样，都会导致责任落空。但是，奖惩必须公平、合理，必须很好地把员工的个人利益和真实需求与企业的目标和需求结合起来，把员工的工作实绩与企业的现实绩效结合起来，通过有效的考核评估，实施正确的奖惩。世界500强企业都把员工的责任目标完成情况与员工的薪酬、福利、各种奖励乃至晋升挂钩，采取不同形式的奖惩机制，最大限度地调动员工的积极性，促进目标责任的落实。家乐福的全方位绩效考核、摩托罗拉的绩效评估、通用电气的360度考核法、花旗银行的开放式考核奖惩等，都是责任管理的奖惩典范，对责任的落实发挥了巨大作用。

案例　韦尔奇的"分类区别式"奖惩

杰克·韦尔奇在执掌通用电气的20年间，把一个弥漫着官僚主义气息的公司，打造成一个充满朝气、富有生机的企业巨头，由此多次被评为"世界最佳CEO"。

就是这样一位世界知名的传奇式人物，在1961年担任通用电气公司工程师时，曾经因为平均主义的薪酬待遇而辞职，幸亏他的直接上司一再挽留才没有离开。20年后的1981年，韦尔奇成为通用电气公司的CEO。也许因为那段"辞职"的经历，韦尔奇下决心打破平均式的奖惩政策，实行"分类区别式"的奖惩。

首先，区分类别。即将员工按照2∶7∶1的比例区分出来。每年，韦尔奇都要求每个下属公司为他们所有的高层管理人员分类排序，每个公司的领导必须区分出：在他们的公司中哪些人是最好的20%（A类），哪些是中间的70%（B类），哪些是最差的10%（C类）。C类

员工是属于那些不能胜任自己工作的人。

其次，按类奖惩。每个员工所得奖励的基本依据就是自己所处的类别。A 类员工得到的奖励是 B 类员工的 2 到 3 倍，B 类员工根据确认的贡献提高工资，C 类员工什么奖励都没有，通常情况下还得走人。对此，韦尔奇说："失去 A 类员工是一项罪过。一定要热爱他们，亲吻他们，不要失去他们。"每次分类评比之后，公司都会给 A 类员工大量的股票期权；每次失去 A 类员工之后，公司都要开会检讨，并追究有关管理人员的责任。这些做法很有效，每年公司失去的 A 类员工不到 1%。

再次，强力实施。分类区别 10% 的 C 类员工是最困难的。新上任的经理第一年确定最差员工还没有什么太大的麻烦，但是到了第二年就困难多了，第三年明显差的员工都走人了，很多经理不愿意把任何人划到 C 类，经常连一个差的都确定不出来。于是，有的经理就把当年要退休的或者要离开公司的人放进 C 类，有的甚至把已经离职的人列在最差的名单里。对此，韦尔奇自有办法。一是逼着经理们作出决定，如果经理们不能对员工进行区分，他们就会被划进 C 类。二是更换新的经理，新的经理对原来的团队没有什么感情依恋，对确定最差员工没有什么困难。三是对没有区分 10% 最差员工的经理的分红或股票期权分配方案推荐意见一律退回，直到他们真正进行了区分。

对此，有人认为这是一种残酷或者野蛮的行径，但韦尔奇却予以否认。他认为，让一个人待在一个他不能成长和进步的环境里，才是真正的野蛮行径或假慈悲。明明看着一个人不行，你又不说，直到最后实在不行了，你才告诉人家："你走吧，这个地方不适合你。"而此时他的选择机会已经很有限了，这才是真正的残酷。上学的时候学生们有成绩之分，工作的时候员工们有绩效区别，二者并没有本质上的不同。而通用电气的发展也证明，韦尔奇是对的。[1]

---

[1] 叶光森、刘红强：《世界顶级 CEO 的商道智慧》，华夏出版社，2009。

深度思索 奖惩贵在公平合理。正确有效的奖惩必须是公平合理的。一是奖惩要与员工的绩效挂钩,并与员工的个性化需求相适应,既不能过低,也不能过高,过低起不到应有的激励作用;过高容易提高被激励者的期望值,导致激励作用下降。二是奖惩要有差异性,不能一刀切。没有差异的奖惩等于没有奖惩。三是奖惩要有特别性,对勇于创新但有失误或失败的,也应敢于奖励,否则会使员工安于现状、不敢进取,公司就无生机活力。

(五)建立关怀机制,凝聚责任主体

责任管理的最高境界是关怀责任人。要使责任主体一心一意地履行责任、竭尽全力地做好工作、无怨无悔地为企业工作,那就关心他、关注他、关爱他吧。有的企业人本观念淡薄,关心利润多、关爱员工少,苛求员工多、激励员工少,形不成强大的凝聚力和向心力。世界500强企业在自己的曲折成长过程中,逐步发展并确立了以人为本的管理理念,是企业的进步,更是时代的进步。他们对员工、团队有着十分严格的责任要求,同时又辅以人性化的管理,把尊重员工、理解员工、关心员工的理念贯穿到经营管理的各个方面,从而极大地增强了企业的凝聚力。

案例 惠普的"人本管理"

惠普是全球最大的高科技公司。1939年创立,经过近70年的发展,如今已成为一家在全球拥有32.1万员工、分支机构遍及170多个国家和地区的信息产业巨头。2010年,营业收入1145.52亿美元,利润76.6亿美元,在世界500强企业中排名第26位。

2003年,《财富》杂志评出了美国历史上十位最杰出的CEO,惠普创始人大卫·帕卡德入选。他是众多企业中最早提倡"以人为本"

管理理念的人。他说:"一家公司有比为股东挣钱更崇高的责任。我们应该对员工负责,应该承认他们的尊严。"这种理念主要还是基于帕卡德对人特别是责任人的深刻认识,他说:"相信任何人都愿意努力地工作。只要赋予他们适宜的环境,他们一定能做到。"

正是基于这种认识,惠普创造了它的"目标管理法",并且在此基础上,贯彻尊重人、理解人、关心人的理念,创造了人本管理的典范,从而使惠普走上了长盛不衰的道路。

首先,惠普全面推行"目标管理法"。一是设定目标。目标是根据岗位职责和公司整体目标,由主管经理和当事者一起讨论确定的。二是责任人自己动手制订工作计划,最重要的内容是对终极目标进行阶段性分析,并提出达成各阶段目标的策略和方法。主管者只是责任人制订工作计划的指导者和讨论对象,而不会越俎代庖。三是定期进行"进展总结",由主管经理、责任人和业务团队一起,分析现状与目标的差距,找到弥补差距、完成任务的具体措施。四是在任务截止期,进行总体性的绩效评估,没有完成的要检讨原因;完成效果超出预期,或是达到了当时看上去难以完成的目标的,要分析成功的原因,并与团队分享。

其次,实行人性化管理,为员工创造适宜的工作环境。1960年惠普新的总部大楼建成,大楼里有天井和庭院,员工们可以在那里骑马、打排球和羽毛球。惠普还为员工提供自助餐厅,员工不论级别高低均在这里用餐,只要花费不到3美元就能享受一顿丰盛的午餐。同时,惠普每天免费为员工提供两次咖啡和油炸圆饼,员工可以去大型的咖啡厅免费享用咖啡,下午不定期地会有啤酒狂欢。在惠普,欢欣鼓舞的事情屡见不鲜,只要四处走动一下,总能看到一群人在庆祝某人生日或在做其他事情。20世纪50年代,惠普在乡间购买了一块土地,把其中的一部分建成可供2000多人举行野餐的娱乐区,员工及家属还可以在这里露宿。在公司的烧烤聚会上,大卫·帕卡德和许多管理层的人员都尽量参加,以增进与员工的交流。在休假之外,惠普还为员工提供其他很多福利。例如，1942年，他们在全公司范围内建立了意外灾害健康保险，在美国所有公司中开了先河；1948年，惠普决定为工作五年以上的员工购买养老保险；另外，惠普还是最早实行员工股票购买计划和现金利润分享的公司。惠普的工资是比较高的，但不是最高的，因为高工资就需要员工高付出，员工压力很大，许多高薪企业的员工干一年就透支三四年的精力。惠普不要求员工把全部身心都投入工作中，不希望员工因为工作而失去个人生活。1967年，惠普在德国的波布林根率先实行弹性工作制，允许员工在保证完成规定工时和工作量的情况下，自由掌握上下班时间。帕卡德认为，容忍个人的不同需要是以人为本的"惠普之道"，借以表示对员工尊重和信任的要素之一。除弹性工作制之外，惠普还允许辞职的员工再次回到企业。它实行的是同甘共苦的用人政策，即："我们为你提供一个永久的工作，只要你表现良好，我们就雇用你。"早在20世纪40年代，惠普就决定，"不能用人时就雇用，不用人时就辞退"。1950年，有人出价1000万美元要收购惠普，遭到了大卫·帕卡德的断然拒绝，他认为这会使惠普的员工落入一群以金钱和私利为先的陌生人手里。1970年，由于美国经济下滑，公司订货量低于生产能力，员工面临被解雇的困境。惠普顶住压力，没裁掉一个员工，而是全体员工一律减薪10%，减少工作时数10%，保证了全员就业。同时，惠普实行和保持对员工不断进行培训教育的计划，每年都会花2亿美元为员工制定和提供培训课程，并允许员工脱产参加外面的与业务有关的课程，以提高员工适应环境和为公司作贡献的能力，这也是履行"不解雇一名员工"承诺的重要保证措施。当然，惠普对员工的考核也是奖罚分明，一旦公司发现表现不好的员工，就会发出业绩警告，经过一番教导以后，如果仍没改善，公司会毫不犹豫地开除这些员工。

惠普这种人性化的管理，很容易把一个企业凝聚起来，这样的一家好公司，往往使员工愿意一辈子为它做事，而且是尽心尽力地

第三章 责任是企业长盛不衰的命脉

做事。①

深度思索 人心换人心，四两换半斤。责任管理的核心是"人心工程"。尊重、理解、关心员工，是企业长寿的一大法宝。惠普的责任管理，贯穿了人本管理的精髓，融合了责任管理的诸多方法，其理念、做法都是一流的。尽管不同的国家、不同的文化，有着不同的管理要求和管理办法，我们不能照抄照搬，但以人为本的管理理念和经验做法，是值得我们学习和借鉴的。

第四节 社会责任

一个企业家，特别是立志于把企业做大做强做久的企业家，应当清醒地认识到：社会责任是企业责任的固有内涵。它是企业生存的根基，是企业的第一责任。企业在研究责任的时候，不能不研究自己的社会责任；在落实员工责任的时候，不能不落实自己应有的社会责任。现代管理之父彼得·德鲁克说："只有当社会认为某个企业能有所贡献，而且是必要、有价值的企业时，这个企业才能生存。"一个不履行社会责任的企业，必定是一个短命的企业。

企业的社会责任（Corporate Social Responsibility，简称CSR）是指企业在创造利润、对股东承担法律责任的同时，还要承担起对员工、消费者、社区和环境的责任。企业的社会责任要求企业必须超越把利润作为唯一目标的传统理念，强调在生产过程中对人的价值的关注，强调对消费者、对环境、对社会的贡献。企业的社会责任也是企业生存和发展的内在动力。

企业的社会责任经历了一个产生和发展的历史过程。大体经过了

---

① 叶光森、刘红强：《世界顶级CEO的商道智慧》，华夏出版社，2009；宋红超：《世界500强绩效考核准则》，中国经济出版社，2007。

三个阶段：20世纪50年代至70年代，赢利至上阶段；20世纪80年代至90年代，关注环境阶段；20世纪90年代至今，社会责任兴起阶段。企业社会责任已成为世界性企业界的共识。

世界500强企业之所以能够历经曲折走向发达，其核心因素在于，他们将承担社会责任视为天然的使命，坚守对社会负责的核心理念，为企业发展奠定牢不可破的道德基石。他们有较强的社会责任感，有来自社会、回报社会的意识；他们把诚信视为企业的生命，把道德视为企业生存和发展的脊梁；他们把对社会负责作为企业文化和企业价值观的重要组成部分，指导和把握企业的发展方向。丰田公司奉行的"客户第一，销售第二，生产第三"的理念，推动了丰田汽车事业的发展。韩国大宇财团创始人金宇中在1980年将他的全部私产160亿韩元的股份和40亿韩元的不动产捐献给社会，并说"我已不再是大宇的老板而只是一个专门经营者"。香港长江实业集团董事局主席兼总经理李嘉诚说："信誉、诚实也是生命，有时比自己的生命还重要。"他为社会做了大量的善事，为企业发展赢得了良好的信誉，打下了坚实的基础。

但是，目前在我国，有些企业不讲社会责任的现象还大量存在。产品品质低劣甚至造假、拖欠员工工资、忽视生产安全、坑害顾客、财务欺诈、逃避税收、浪费资源、污染环境等，危害了社会，也影响了企业的发展，给社会发展与和谐稳定带来巨大隐患。这不能不引起我们高度重视，并下大力加以纠正。

从企业相关关系人的角度看，企业的社会责任主要包括以下10个方面：

（1）对消费者和顾客，必须保证自己生产的产品、提供的服务安全可靠，产品的质量、性能、价格货真价实，不能生产不合格产品，更不能掺假造假，坑害消费者。

（2）对员工，必须保证有相当的收入，提供良好的工作环境，保持员工工作的稳定性，并为员工的发展、晋升提供机会，不能无视员工的合法权益，任意压低和拖欠工资，忽视生产安全，漠视员工的身心健康。

（3）对政府，必须遵守法律法规，依法经营，照章纳税，支持政府的政策，不能违法生产经营，逃税漏税，向公职人员行贿以捞取不正当利益等。

（4）对债权人，必须遵守合同条款，保持诚信，不能恶意撕毁合同，搞财务欺诈。

（5）对竞争者，要公平竞争，不能不择手段，搞恶意竞争。

（6）对行业协会，要积极支持，参与活动，不能漠不关心，不接受行业管理。

（7）对股东，要保证他们的收益不断上升，不能隐瞒收益情况，损害股东利益。

（8）对所在社区，要积极参与社区建设，在环境保护、社区发展、和谐稳定方面作出贡献，不能只为企业生产而污染社区环境，损害群众利益。

（9）对社会公共事业，要热心参与，力所能及地支持当地医疗、卫生、教育、文化建设。

（10）对特殊社会群体，要积极提供平等的就业机会，积极开展向残疾人、儿童、妇女组织作贡献活动，扶贫济困，发展慈善事业。

当然，企业应承担的社会责任是多方面的，有些是法律性和约束性的，必须做好；有些是道义性和倡导性的，要力所能及地去做。但是，不管是哪方面的，企业都必须认真对待，切实承担起应有的社会责任。

（一）社会责任是企业的灵魂和旗帜

企业是社会的细胞。企业来自社会、取决于社会，又服务于社会。对社会负责是企业生存发展的根本。它像人的灵魂，主宰着人的思想和行为；它像一个群体的旗帜，指引着群体的行动方向。世界500强企业大都坚持着对社会负责的核心理念,在风云变幻的商海世界里始终保持了正确的航向,使企业巨轮迎风破浪、一往直前。

案例　从强生公司《我们的信念》看企业如何履行社会责任

美国强生公司是当今世界上规模最大、产品最多元化的医疗保健品公司。它生产的护理产品、处方药品、诊断和专用产品,一百多年来以其卓越的品质赢得了全球消费者的钟爱和信赖。2010年,营业收入达618.97亿美元,利润122.66亿美元,在世界500强排名中列第108位。是什么原因使强生长寿百年而不衰呢?从《我们的信念》一文可窥一斑。

1886年罗伯特·约翰逊创立强生公司时,就以"减轻病痛"为理念,到1908年把这一理念发展成一种哲学,把服务顾客和关心员工放在股东报酬之前。1943年,小罗伯特·约翰逊又把服务社区纳入公司理念,形成了《我们的信念》一文,作为公司的根本理念直到现在始终不变。

我们的信念

我们认为,我们的首要责任是对医生、护士、医院、母亲和所有使用我们产品的人负责。

我们的产品必须始终维持最高的品质。

我们必须不断致力于降低这些产品的成本。

我们的订单必须迅速而精确地完成。

我们的经销商必须赚取公平的利润。

我们的第二个责任是对和我们一起工作的同人——对在我们的工厂和办公室里工作的男士女士负责。

他们在工作上必须有安全感。

第三章 责任是企业长盛不衰的命脉

工资必须公平而适当，管理层公正，工时合理，工作状况整洁有序。

员工应该有一个有组织的建议和申诉制度。

监督人员和部门主管必须合格，心态必须平衡。

够格的人必须有晋升的机会，在考核一个人时必须以个人的尊严和品德状况为依据。

我们的第三个责任是对我们的管理层负责。

我们的经理人必须有才能、受过教育、有经验和有能力。

必须是具备常识、能为他人着想的人。

我们的第四个责任是对我们所在的社区负责。

我们必须做一个好公民——支持正义和慈善事业，而且依法纳税。

我们有幸使用的房产必须维持良好的状态。

我们必须提倡改善市政，提倡卫生、教育和清廉的政府，并且让社区熟悉我们的活动。

我们的第五个即最后一个责任，是对股东负责。

企业必须赚取相当利润。

必须保障储备金，必须进行研究，开发有冒险精神的项目，支付犯错误的代价。

必须为逆境预做准备，支付税款，购买新机器，构建新厂房，推出新产品，制定新的销售计划。

我们必须实践新的构想。

我们尽到这一切责任后，股东们应该得到公平的报偿。

我们决心在慈悲的上帝的协助下，尽我们最大的力量完成这些义务。[1]

---

[1]〔美〕詹姆斯·柯林斯、杰里·波勒斯：《基业长青》，真如译，中信出版社，2006。

> **深度思索** 社会责任是企业的生存之本。当企业因经营行为不当引发危机时,社会责任就是唯一救命的"稻草"。只有那些勇于承担社会责任的企业,才能虽遇惊涛骇浪,也能逢凶化吉,立于不败之地。

这就是强生公司的理念,他们一贯坚守奉行的责任和义务。他们列举的"五大责任"涵盖了消费者、员工、管理层、社区和股东等方面,并准确无误地表明了责任的次序,鲜明地提出他们的首要责任是"对消费者即医生、护士、医院、母亲和所有使用他们产品的人负责"。不仅如此,他们还对每项责任提出了明确要求。《我们的信念》就像一面旗帜,指引着强生公司度过一个个风险危机。

1982年9月,美国媒体对芝加哥地区有人服用强生公司生产的泰诺药片中毒事件进行了曝光。刚开始被曝光的是只有3人死亡,但是这一消息迅速传遍美国,传说死亡人数多达几百人。强生公司陷入空前危机。在这危难关头,强生公司义无反顾地履行他们的社会责任,按照"在遇到危机时,公司应首先考虑公众和消费者利益"的最高危机处理方案,立即组织危机应对小组,对所有药片进行检验,在近千万片药剂中发现受污染的不超过75片,且只源于一批药,最终死亡的人数也只有7人。但是,强生公司还是不惜花巨资在最短时间内收回了所有的泰诺药片,并化数百万美元进行赔偿。这一做法得到了社会公众的认可和原谅,最终挽救了公司的信誉,使公司迅速度过危机得以继续发展。尽管在此后强生公司也不断出现药片质量问题事件,但强生公司始终抱着他们的信念,勇敢面对危机,勇于承担责任,不断挽回信誉,赢得社会认可。

(二) 漠视社会责任必然付出惨重代价

著名管理学宗师彼得·德鲁克说,管理者的首要责任是冷静而实际地确定和预测企业的经营行为有些什么社会影响，如果处理不当，即使是一些小影响也可能成为企业的危机和丑闻，社会迟早会认为这种影响是对社会正直的一种侵犯，会向没有负责地为消除这种影响或找出解决办法而努力的企业索取高昂的代价。

由于经济理性的强大驱动力，许多企业自觉不自觉地追求着利润最大化，以至于漠视企业应当承担的社会责任，出现一些负面的社会影响，又认识不到这些影响的严重性，甚至千方百计隐瞒真相、推脱责任，最后不得不付出惨重代价。一些风光一时的企业之所以倒闭死亡，社会责任的缺失就是其中的重要原因之一。

案例　南京冠生园漠视社会责任的代价

冠生园是中国的老字号，一向以质量上乘、诚信经营而享誉大众。但就是生产这一老字号产品的企业——南京冠生园，却在一次"陈馅事件"中破产倒闭。

2001年9月3日，中央电视台报道了南京冠生园"陈年月饼"事件。9月18日，南京冠生园在媒体上发表声明，称该报道蓄意歪曲事实，公司绝对没有使用发霉或退回馅料生产月饼，指责记者的报道别有用心，其意图是破坏冠生园的名誉。同时还表示对毁损公司名誉的部门和个人，公司将依法保留诉讼的权利。

在接受记者采访时，南京冠生园老总声称，陈年月饼是普遍现象，是全行业公开的秘密，并且指名道姓地提起这些厂家的名称。这种说法激起了月饼生产企业的强烈不满，一些厂家和经销商表示要起诉南京冠生园。而全国名为冠生园的企业有很多家，南京冠生园的这些话也殃及了与其同名的企业，招致了这些厂家的仇视，他们纷纷采取各种手段与其划清界限。

南京冠生园老总在接受采访时一再无视消费者的态度，不但没有作出任何解释和道歉，反而开脱责任，并自欺欺人地表示"生产日期对老百姓来说只是看看而已"。如此言论，既诋毁了冠生园这个知名品牌的标准，又愚弄了广大消费者。

由此，南京冠生园陈年月饼事件在全行业掀起了轩然大波，不仅消费者人心惶惶，而且当年行业的销售量大幅下降，南京冠生园更是从此一蹶不振，直至最后宣告破产。

> **深度思索** 社会责任关系企业的生死存亡。企业不仅要追求利润，还应承担起社会责任。一个缺乏社会责任感的企业，一定是一个不健康的企业，是一个品质低下的企业，是一个短命的企业。南京冠生园的教训告诉我们，对违背社会责任的事，一是坚决不能做，二是一旦发生就要认真对待、迅速处置、消除影响。如果漠然处之，社会负面影响越大，企业死得越快。

（三）履行社会责任要处理好"双重责任"之间的关系

企业一方面要对自己的生产经营负责，保证"赚钱"；另一方面又要对自己赖以生存的社会负责，在保证"赚钱"的同时不危害社会，并力所能及地回报社会。这是任何一个长寿企业都必须认真对待和处理好的问题。企业如果不"赚钱"，就无力承担应有的社会责任；而如果单纯为了"赚钱"不择手段，甚至危害社会，那么企业也不会持久。现在，有的企业为了攫取最大利润，不惜牺牲员工的利益，不惜破坏社会环境，不惜违反社会公德和国家法律法规，甚至"为富不仁"。而这样的企业虽然可能得到一时的眼前利益，但最终是做不大、做不强、做不久的。

在世界500强企业中，许多企业都非常认真地处理这两者的关系。通用电气公司总裁杰克·韦尔奇上任后，为了淘汰弱势业务，大刀阔斧裁减员工，在5年时间里，大约四分之一的员工离开了公司，总数达11.8万人。但是，韦尔奇也并不是"一裁了之"，而是善待那些必须辞退的员工。例如，公司将被解雇的员工的人寿保险和医疗保险延长一年，并在工厂关闭之前为工人们安排其他工作，还有一部分老员工在年老后可以领取公司的养老金。

麦当劳在2010年出售了一批总价值1500万美元的史瑞克主题玻璃杯，因涂漆被检验出含有毒金属需要召回，对此，麦当劳没有抱怨，也没有推卸责任或试图掩饰，而是积极承担责任，迅速采取行动解决，赢得了消费者的谅解，维护了公司的声誉。更有一些500强企业，在自身发展壮大的同时，不忘回报社会。2011年《福布斯》杂志公布了"全球慈善家"排行榜，微软公司原总裁比尔·盖茨以280亿美元巨款再次蝉联世界首善。比尔·盖茨与"股神"巴菲特甚至在2010年提出"裸捐"行动，呼吁美国所有亿万富翁捐出大部分身家。他们的理念就是企业既要"赚钱"，又要"奉献"。不仅如此，"赚钱"不能危害社会，这是前提；用危害社会赚来的钱做善事，也不光彩。中国海洋大学法学院李兆强在《企业社会责任的内涵》一文中指出："若一个企业将对社会公益的巨额捐款或光彩的慈善活动建立在能源的不良消耗、或恶劣的环境污染、或血汗工厂的代价之上，那么这个企业的社会责任的承担依然是令人质疑的。"

案例　李嘉诚的经商之道和他的"第三个儿子"

李嘉诚是香港长江实业集团有限公司董事局主席兼总经理。从1950年创业至今，集团公司已经发展成为集地产、酒店、电信、能源、港口等多种产业于一身的跨国公司，其分公司遍及全球55个国家和地区，旗下的和记黄埔2010年在世界500强中排名第302位，李嘉诚被誉为亚洲首富。

就是这样一位亚洲首富，在他的经商生涯中却恪守着这样一条原则：义在财先。

李嘉诚说："绝不同意为了成功而不择手段，刻薄成家，理无久享。"又说："我对自己有一个约束，并非所有赚钱的生意都做。有些生意，给多少钱让我赚，我都不赚。有些生意，已经知道对人是有害的，就算社会容许做，我都不做。"他告诫员工，不要占任何人的便宜，绝不要赚"滥钱、黑心钱"。不仅不能赚"黑心钱"，还要大家利润均沾。李嘉诚说："商人不应该自私地只顾自己赢利，而不顾对手的死活。如果一单生意只有自己赚，而对方一点不赚，这样的生意绝对不能做。"例如，对收购方，无论成与不成，李嘉诚都能使对方心悦诚服。如果收购成功，他不会进行一锅端式的人事改组和拆骨式的资产调整，而是尽可能地挽留被收购企业的高层管理人员，照顾小股东的利益，因此被收购的公司不会处于动荡不安的状态。如果收购不成，他也不会以自己所持股权要挟，逼迫对方开出高价赎购，生意不成仁义在。又如，对股东，李嘉诚出任10余家公司的董事长或董事，但他把所有董事的年薪全部归入长江实业公司的账上，归大家所有。他自己全年只拿5000港元，还不及长江实业公司一个清洁工20世纪80年代的年收入，并且一直如此。李嘉诚的大商人风范赢得了公司股东的一致好评，因此，他想办的大事很容易被股东大会通过。再如，对公司员工，多少年来，李嘉诚旗下的公司人员流动率一直都低于1%，这在香港大企业中仅此一家。不管是企业高管人员还是一般员工，绝大多数对公司都有认同感和归属感。20世纪70年代，生产塑胶花根本无钱可赚，但李嘉诚为了让老员工维持生计，依然坚持生产。香港多年来产生的"打工皇帝"，不少是出自李氏集团的高管人员。李嘉诚说："虽然老板受到的压力较大，但是做老板所赚的钱已经多过员工很多，所以我事事总不忘提醒自己，要多为员工考虑，让他们得到应得的利益。"这就是李嘉诚的经商之道。

年轻的时候，李嘉诚也曾经是一个金钱主义的追求者。1956年，28岁的李嘉诚已经跻身百万富豪之列。他的西装出自裁缝名家之手，手戴高级腕表，开着名车，甚至拥有游艇。但搬进新家的那天晚上，他却彻夜难眠了。为什么现在富足的生活没有让他产生深深的幸福感？他想："我这么有钱，身体很好，为什么感觉不到快乐？我不喝酒、不赌博、不泡舞厅，我赚钱再多，也不过如此。"他发现，金钱

第三章 责任是企业长盛不衰的命脉

给人带来的快乐满足感在超过日常生活所需后并不能持续。直到第二天晚上，他终于找到了答案："人不是有钱就什么事都能做到，但很多事，没有钱一点也做不到。将来有机会，能对社会、对其他贫穷的人有所贡献，这是我来到世上可以做到的。"所以，从20世纪80年代，拥有雄厚财力的李嘉诚开始践行自己28岁时的心愿，成立慈善基金。他积极投资教育、医疗和残疾人事业，做了大量的善事，到2007年11月底，基金会捐款已逾港币85亿元。2008年四川大地震后的第二天，李嘉诚向灾区捐助3000万元人民币，第二轮又捐助1.2亿元人民币。

2003年春天，75岁的李嘉诚曾经为了基金会的未来彻夜难眠。年事已高的他希望基金会能永远办下去，但需要一大笔资金做基础。他想："几十年的努力工作，一分一毫都得之不易，都是清白的钱，却要把这么多的钱送给你不认识的人。这样做值不值得？"在李嘉诚内心的天平上，一端是他的骨肉至亲，他不想让下一代经历他曾经经历过的苦难；另一端是他认为很重要的善事。他非常矛盾，苦苦思索。最后他终于大彻大悟："我现在有两个儿子，如果，我不是有两个儿子，而是有三个儿子，我是不是也要给第三个儿子一份财产？"只要将基金会视为第三个儿子，财产分三分之一给基金会，就理所当然了。后来李嘉诚说："这个思想上的突破，让我开心了好多天！那种安慰、快乐的感觉，实在是笔墨难以形容的。"2006年8月，李嘉诚宣布把他私人持有的约28.35亿股长江生命科技股份悉数捐给基金会，这些股权总值约24亿港元，并承诺将来"直到有一天，基金资产一定不会少于我财产的三分之一"。他说："财富到了某个数字，衣食住行都无虞，握在手里的用途就不大了。如果你不能做到慷慨割舍、有爱心的话，是没有太大意义的，顶多就是遵照华人的传统观念，一代交给一代，如此而已。但如果能将建设社会的责任，看得与延续后代一样重要，选择捐助财产有如分配给儿女一样，那我们今日一念之悟，将为明天带来更多的新希望。"这就是李嘉诚"第三个儿子"的由来。①

深度思索 君子爱财，取之有道，用之也要有道。此"道"便是企业的社会责任。李嘉诚用"义在财先"作为经商之道，抓住了爱财、取财、用财的根本。他用"第三个儿子"作为承担社会责任的载体，使经商之道实现了真正意义上的回归。与现实生活中的一些不良企业相比，谁能说李嘉诚的企业不是君子企业呢？而这样的君子企业能不长寿吗？

（四）履行社会责任一要坚决，二要真做

企业的社会责任是多方面的，既有法律法规规定的法律责任，又有社会道德要求的道德责任，还有社会倡导的慈善责任。而不同的企业和企业所处的不同阶段，又有各自不同的情况。因此，企业首先必须增强社会责任意识，做到"规定动作"必须做好，"自选动作"尽心尽力。世界500强企业都有较强的社会责任意识，它们在企业发展的不同阶段，都认真履行着自己的社会责任。这方面做得好的事例比比皆是，在此仅举一例。

案例　英特尔的企业社会责任3.0

美国英特尔公司，是全球最大的半导体芯片制造商，成立于1968年，具有40多年产品创新和市场领导的历史。1971年英特尔推出的全球第一个微处理器所带来的计算机和互联网革命，改变了整个世界。2010年在世界500强企业中名列第209位。

英特尔履行企业社会责任是认真而有效的，主要表现在三个领域、四大战略、3.0时代。

---

① 叶光森、刘红强：《世界顶级CEO的商道智慧》，华夏出版社，2009年。

三个领域

一是在教育领域,1999年在全球启动了"未来教育项目",2000年7月,该项目在中国正式启动,到2010年底,项目累计培训中小学教师超过170万名,17%的中国中小学教师都参加过英特尔的培训。此外,公司还开展了各层次的激励青少年创新的项目,比如,从2001年开始,英特尔领衔赞助中国的全国青少年科技创新大赛,每年从中选拔20~30名优秀学生参加美国举行的英特尔国际科学工程大奖赛;2004年公司与中国科学技术学会合作,开展"英特尔求知计划"培训,专门为贫困社区8~25岁的青少年举办社区活动中心的课外活动;2010年英特尔公司第一次在美国以外的国家——中国,设立"英特尔科技教育创新学校奖",旨在发掘并表彰在科技教育方面取得卓越成就并有出色实践的学校。英特尔在教育上持续10年的投入,为它在中国赢得了良好的声誉,连续8年被教育部授予中国教育杰出贡献奖。二是在社区方面,英特尔推行以员工技能为核心的志愿者服务。2010年,56%的英特尔中国公司员工参与志愿服务,服务时间近4.6万个小时。三是在环保方面,公司从来都是以最高的标准要求自己,强调对环保责任的量化,并将此与员工的绩效挂钩,对没有达到环保目标的员工,会在奖金上体现,大大促进了员工的环保意识。

四大战略

英特尔(全球)2011年有四大战略,其中之一是"关心员工、关爱地球、激励下一代"。在中国则有三大战略,分别是技术领先、与产业链结合、推动中国的IT产业发展,做有责任的企业公民。公司在中国还设立了"首席责任官"岗位,并在每个运营物理地点都有履行企业社会责任的核心团队,将企业社会责任提到战略的高度,并调整公司的组织结构,以保证这样的战略得到落实。

3.0时代

英特尔企业社会责任已经从"1.0时代"进入"3.0时代"。所谓"1.0时代"就是做公益、做慈善;"2.0时代"就是将企业社会责任与公司的业务相结合;"3.0 时代"则是倡导社会创新或企业责任的社会化。英特尔社会创新的核心理念就是搭建平台、资源贡献。它认为,仅靠政府、孤立的公益组织或者企业,是不可能解决人类和社会所面临的问题的,这需要一个平台来发挥这三个方面的合力。它希望政府、企业、社会组织共同合作,致力于使用创新技术推动教育创新、公益创新、社区创新、中小企业创新等,最终实现社会进步与和谐发展。[①]

> **深度思索** 一个对社会负责任的公司,必然是一个成功并受人尊敬的公司。英特尔公司履行社会责任的理念、实践和境界已经达到了相当的高度,正是这种高度,赢得了社会和消费者的赞誉,使公司能够沿着长盛不衰的轨道长足发展。

---

① 周展宏:《英特尔:企业社会责任 3.0》,财富中文网 http://www.fortunechina.com/coverstory/c/2011-03/11/content_50995.htm,访问日期:2011 年 3 月 11 日。

第四章
考核是企业长盛不衰的加油器

在观察分析世界500强企业考核奖惩之前，先看一则关于"一碗牛肉面"的故事：

我跟朋友在路边一个不起眼的小店里吃饭，由于客人不多，我们就和小老板聊了起来。谈及今日的生意，小老板感慨颇多。他曾经辉煌过，于兰州拉面最红的时候在闹市口开了家拉面馆，日进斗金，但后来却不做了。朋友心存疑虑，问老板为什么。

老板说："现在的人贼着呢！我当时雇了个会做拉面的师傅，但在工资上老是谈不拢。"

老板咽了口唾沫，又说："开始的时候，为了调动他的积极性，我们按销售量分成，一碗面给他5毛钱的提成，经过一段时间，他发现客人越多他的收入也越多，于是他就在每碗面里放超量的牛肉来吸引回头客。一碗面才四块，本来就靠个薄利多销，他每碗多放几片牛肉，我还赚哪门子啊！"

"后来，看看这样不行，钱全被他赚去了！就换了种分配方式，给他每月发固定工资，工资给高点也无所谓，这样不至于多加牛肉了吧？因为客多客少和他的收入没有关系。"

"但你猜怎么了？"老板有点激动了，说："他在每碗里都少放了许多牛肉，把客人都赶走了！"

"这是为什么?"我们问。

"牛肉的分量少,顾客就不满意,回头客就少了,生意肯定就淡,他(大师傅)才不管你赚不赚钱呢,他拿固定工资,巴不得天天没客人才好呢!"

结果,一个很好的项目因为管理不善而黯然退出市场,尽管被管理者只有一个。[①]

这个故事说明了什么呢?

它说明,在企业与员工的关系上,企业和员工最关注的都是"回报",而企业期望和关注的回报是利润,员工期望和关注的回报是薪酬、福利和其他奖励。二者关注的"回报"是不一样的,但又必须是统一的,否则谁也挣不着钱。企业的业绩利润是企业的生命源泉,而企业的业绩利润又是员工创造的,但从根本上说,员工更多的是对自己的报酬负责,而不是对企业的业绩利润负责。只有让员工既为自己挣钱负责,又为企业挣钱负责,企业才能生存和发展。故事中的老板没有处理好这方面的关系,因而一个好端端的项目就垮掉了。

如何解决这个问题,实现企业与员工的共赢?在绩效层面上就是考核和奖惩。企业为了获得更多的回报,就要付给员工报酬,并采取其他激励措施,让员工拼命地工作,以求得更好的业绩;员工为了获得更多的报酬,就得按照企业的要求完成或超额完成工作任务;为了使企业和员工双方都能得到更多的"回报",就必须建立起企业对员工工作成效进行考核奖惩的管理体系,把员工对自己的报酬负责转化为对企业的业绩负责,不断地为员工和企业加油鼓劲,保持企业的持续发展。

可以说,考核奖惩是实现企业和员工"共赢"的有效手段,是企业成长发展的加油器和推动力。考核准了,员工的劲就足、气就顺;

---

① 彭剑锋主编《宝洁——日化帝国百年传奇》,机械工业出版社,2010。

奖惩兑现了，就振奋了员工的创业激情。一个充满员工创业激情的企业，无疑将会不断发展、基业常青。考核奖惩是企业管理的永恒主题，企业只要生存和发展下去，就必须正确面对和处理好这个主题。

综观世界500强企业，它们的考核奖惩随着企业的不断发展而发展。目前，绩效管理风靡全球，已成为世界500强企业普遍采用的管理办法。尽管有资料统计表明，世界500强企业的绩效考核真正取得成效的比例仅为30%~40%，但是这些考核奖惩与其他管理措施一起形成的合力和张力，一直在推动着企业的发展。它们的有些做法尽管不能复制，但是其中蕴涵的一些奥秘却能给我们以深刻的启示。

第一节　做好一把"尺子"

做好一把"尺子"，就是设定绩效目标。它是考核奖惩的起点，也是考核奖惩的首要内容。企业通过制定绩效目标，把企业对员工的要求和员工所要达到的期望以绩效契约的形式达成共识，作为考核时衡量员工业绩的评判标准和尺度。只有把"尺子"做好、做准，企业和员工达成共识，才能锁定考核对象，为考核奖惩奠定基础。

世界500强企业在设定绩效目标时，特别注意以下三个环节：

1. 目标要适中

设定员工的绩效目标，一要符合企业的整体目标要求；二要从员工的岗位职责出发；三要体现"摘桃子"精神，跳一跳够得着。目标高了或低了，都起不到压力和激励的作用。在目标的内容上，起码包含三个方面：一是绩，即业绩、结果，是对员工的工作成绩的要求，是关键的业绩指标对每个员工的量化。二是效，即态度、行为，是对员工工作态度、工作表现和品行等方面的要求。三是能，即员工技能和知识的学习、培训等发展目标。在世界500强企业中，员工的发展是重要的考核指标，因为企业的生产、经营和发展靠的是人，只有通过发展人，才能发展公司。因此，考核目标的确定不是单一的业绩指标,也不是包罗万象的面面俱到,而是突出关键指标,做到绩、效、能兼顾适中。

2. 双方要沟通

做"尺子"的过程,不是企业单方制作的过程,而是企业和员工双方沟通协商的过程。世界500强企业都把沟通作为企业管理的天然法则运用于绩效考核,收到了事半功倍的效果。但是,现在一些企业往往忽视了沟通在企业管理中的重要作用,在制定年度考核目标时,把员工的任务简单地作为企业计划下达给员工,这种"命令"式的做法,很难使企业与员工达成共识,压抑了员工完成绩效目标的主动性和积极性,使绩效考核的作用大打折扣。所以,设定绩效目标,一定要与员工进行充分沟通协商,增进双方对绩效目标的理解和共识,建立起有效的工作关系,为绩效目标的完成奠定良好的基础。

3. 契约要签订

绩效目标一旦由企业和员工共同商定,就要以契约的形式确定下来,以增强目标的严肃性和约束性。要层层签订绩效目标责任状,纵到底,横到边,全覆盖,不留死角,形成覆盖企业上下左右的绩效目标网络。

案例 朗讯公司是如何设定绩效目标的

朗讯科技公司总部位于美国新泽西州茉莉山。作为世界领先的通信方案提供商,朗讯公司主要致力于为全球最大的通信服务提供商设计和提供网络。其中,贝尔实验室是朗讯麾下全球著名的研发机构,自1925年以来,已获得28000多项专利、6项诺贝尔物理奖。目前,朗讯科技(中国)有限公司在北京、上海、香港等地设立8个地区办事处、8家合资企业和6个独资公司,生产几乎所有它在中国销售的电信网络设备,拥有3500多名员工。

朗讯公司的业绩评估系统是一个3×3的矩阵闭环反馈系统。员工绩效的最后评定,就像一个矩阵形的"跳竹竿"游戏,如果跳得好,就不会被夹住脚出局,而且会升迁、涨工资。员工每年都要跳矩阵一次,但是,这个业绩评估的起点就是设定绩效目标。每年年初,员工都要和经理一起制定一年的绩效目标,经理要和更高层的经理制定自己的绩效目标。包括四个方面的步骤:

(1) 制定业务目标。一个员工要描述未来一年里的职责是什么、具体要做什么、达到什么样的结果,如果是一名主管,还要制定对下属的帮助目标。员工在制定自己的业务目标时,必须知道谁是企业内部和外部的客户,客户对自己的期望是什么,同时还应该知道下属对自己的期望是什么。员工可以通过客户、团队成员和主管的意见,让自己的业务目标尽可能和朗讯公司的战略目标紧密结合。员工要在业务目标中明确定义自己的关键目标。一个主管还要制定指导员工和发展员工的计划,建立和强化团队的责任感。

(2) 制定行为目标。每个员工通过制定 GROWS 行为目标来强化对朗讯文化的把握和具体执行。GROWS 是朗讯公司在招聘和考核员工时的一项重要的考察标准,包括五个方面:G(Global growth mindset)代表全球增长观念;R(Results focused)代表注重结果;O(Obsessed with customers and about competitors)代表关注客户和竞争对手;W(Workplace that's open, supportive and diverse)代表开放和多元化的工作场所;S(Speed)代表速度。这种企业文化引导员工的道德行为,员工的行为必须符合这个要求,明确自己应该做什么。

(3) 制定发展目标。从员工的职责,描述和定义员工自己必需的技能和知识,评估自己当前具备的技能和知识,参考以前的业绩评估结果,通过多种途径的反馈和主管对员工的参考意见,帮助员工全面正确地评估自己的能力现状。然后,员工可以明确自己在哪些方面需要培训,征得主管同意后确定下来。

(4) 签字生效。在主管的协助下,将这三大目标制定完毕,员工和主管双方在目标表上签字,员工和主管各保留一份,在将来的一年中,员工随时可以以此为参照,履行自己的计划。

> **深度思索** 制定绩效考核目标必须把握三大要素：一是企业与员工充分沟通，消除隔阂，达成共识；二是绩效目标的业绩、行为、发展三维兼备；三是员工的绩效目标与企业战略的目标相衔接。

第二节 扬起督导"鞭子"

绩效目标确定之后，关键就是执行和落实。企业不仅要重结果，更要重过程。要把督导落实贯穿于绩效目标实施的全过程，以过程的落实保证结果的实现。世界500强企业都有适合自己特点的督导办法，概括起来，其共性的东西有以下几点：

1. 调度

对员工的工作绩效情况进行调度，发现问题及时解决，总结成绩及时鼓励。这种方法年复一年、日复一日，看似枯燥无味，容易流于形式，其实作用巨大，关键是持续、做实。调度的方式方法根据企业生产经营的特点，可以采取不同的形式。一是采取书面报告的形式，由员工通过文字或图表向上一级主管报告工作进展情况，如日报、周报、月报、季报、半年报、年报等。二是采取会议的方式，满足团队交流的需要，参加会议的人员能够掌握相互间的工作进展情况，同时上级主管传达企业的相关指导性意见，有利于大面积解决一些共性问题。三是采取面对面的方式，由上级主管和员工面对面地交流，进行比较深入的探讨，可以讨论不宜公开的观点，使员工有一种被尊重的感觉，有利于形成主管与员工之间的融洽关系，也有利于把调度的重点放在员工的具体工作任务和绩效目标上。以上几种方式综合运用，才能达到督促落实的目的。

2. 检查

人们只会做你检查的，而不会做你希望的。实地检查是促进落实的最有力的措施。世界500强企业中奉行的"走动式管理"，实际上就是实地检查的有效方式。主管人员走出办公室，在员工工作期间不定时地到员工岗位现场走动，与员工进行交流，纠正员工工作中出现的差错，解决员工提出的问题。

3. 指导

企业最可怕的是主管对员工撒手不管。企业主管必须树立起指导员工的理念，担当起培养指导员工的责任，定期或不定期地对员工进行辅导和指导。要及时提出对员工行为的看法，在肯定鼓励的基础上提出改进的意见；及时提出量化员工工作的一些指标和员工能够实现的工作效率，并且与员工协商一致，保证员工身体力行地落实；及时给员工提出一些反馈信息，帮助员工克服困难，圆满完成工作任务。

4. 鼓励

鼓励是最有效的督促。鼓励贵在及时，过时的鼓励等于没有鼓励。对绩效目标完成得快、表现好的员工，一旦发现，就要及时鼓励。可以是表扬奖励，可以是积分奖励，也可以是物质奖励等，以有效的鼓励措施调动员工的积极性，促进绩效目标的落实。

这些督导办法看起来平平常常、没有什么特别之处，但是，世界500强企业却做得有声有色、持续长久、富有成效。把平常的事情做得不平常，正是他们成功的奥秘所在。

案例 沃尔玛落实绩效目标的秘招

沃尔玛公司（Wal-Mart Stores, Lnc）是美国的一家世界性连锁店企业，以营业额计算，它是全球最大的零售业公司。1962年由美国零售业的传奇人物山姆·沃尔顿在阿肯色州成立。经过四十多年的发展，目前沃尔玛在全球15个国家和地区开设了8000多家商场，下设53个品牌，员工达到210多万人，每周光临沃尔玛的顾客达2亿人次。1991年，沃尔玛年销售额突破400亿美元，成为全球大型零售企业之一。2010年沃尔玛实现营业收入4082.14亿美元，利润143.35亿美元，在世界500强企业中名列第一。

沃尔玛之所以由一个小镇店铺发展为世界500强第一，除了山姆·沃尔顿卓越的领导才能、非凡的经营理念和宏伟的发展目标以外，还在于他落实绩效目标所采取的独特有效的办法。

(1) 用工经济学，为落实绩效目标提供有效的监督手段。为了解决员工在执行绩效目标过程中出现的问题，沃尔玛特意聘请波士顿咨询公司开发了一套监控策略，叫做"用工经济学"。它把人均销售量、平均每家店铺的员工工作时间以及员工周转率等，与每个店铺及地区的财务业绩和各公司职能连接在一起，进行检测评估，作出相关判断，采取相关措施。例如，为了弥补投资回报率的局限，用工经济学计算了员工的人均增加值（VAP），以此衡量平均生产率。从人均增加值（VAP）中减去人均成本（ACP），再将这两者间的差额乘以员工人数（P），其剩余所得，就叫经济增加值（EVA）或现金增加值（CVA）。EVA或CVA的增长意味着更高的股东价值，因此，员工的生产率或人均增加值直接与EVA和CVA挂钩，成为公司的核心财务指标，以此来检测员工绩效目标的落实情况。不仅如此，用工经济学还能使零售商在不同地区、不同形式和不同职能部门的情况下，对现有运行模式的有效性进行持续监控。利用VAP对相互比较的店铺进行计算，经理们可以分辨出生产率的高低，并找出增加值的潜力。用工经济学还适用于公司运营过程中所有阶层。例如，在分店这一级上，公司可以分解用工经济学中的指标，挑出那些影响价值的因素，如员工流动率或病假率，然后对此进行敏感度分析，找出哪些指标的变动将最有可能影响EVA或CVA，由此找出与股东价值生产有最直接关系的那部分指标，加以改进。这样用工经济学在生产率和关键财务比率之间建立了分析性的连接，如果经理们运用这些分析将自己的各分店与竞争地位、地理位置及购买行为都相似的店铺进行比较，即可清楚地看到当

第四章 考核是企业长盛不衰的加油器

前人均生产率，以及每个分店、部门及产品小组的改进潜力。这样，用工经济学就为员工及股东提供了一套监控和管理其运营情况的严格的量化系统，以帮助经理们监督和改进绩效目标的执行。

(2) 善待员工，为落实绩效目标激发有力的内动力。公司善待员工，员工就会善待顾客，顾客就会不断地光顾商店；顾客多了，销售额就上升，利润自然就上升，这是零售行业利润的真正源泉。沃尔玛深谙其道。为了激励员工不断取得最佳工作业绩，沃尔玛设计出许多不同的计划和方法，其中最核心的是感激之情。沃尔玛相信所有人都喜欢受到别人的赞扬，希望得到别人的肯定。因此，公司应找出值得表扬的事、寻找出色的东西，让员工们知道自己对公司有多么重要。为此，公司专门创办了一份员工杂志——《沃尔玛世界》，作为对员工大加赞扬的平台。杂志上亲切地叙述着利润分成的不断增长，以及即将退休的员工得到的高额分红，还有工作中涌现出的值得大加赞扬的人和事。沃尔玛十分重视对员工的精神鼓励，总部和各个商店的橱窗中，都悬挂着先进员工的照片，各个商店都安排一些退休的老员工身穿沃尔玛工作服，佩戴沃尔玛标志，站在店门口迎接顾客，有时还吸引一些好奇的顾客与他们合影留念。公司还对特别优秀的管理人员授予"山姆·沃尔顿企业家称号"。为了不断激励员工，沃尔玛还从制度层面激发员工的工作热情。例如，针对员工本身的特点和工作业绩，采取多种计酬方式，有固定薪资制、单一奖金制、薪资加奖金制、钟点计薪制、论件计酬制，等等；同时，还实行不同的奖金制度和保险、休闲、补助、进修等福利制度。这些善待员工的激励措施，大大促进了绩效目标的落实。

(3) 充分授权，为落实绩效目标增添强大的主动性。在沃尔玛，员工们有高度的自治权和管理权，任何一位哪怕是身份最低微的商店员工，如果发现其他任何地方卖的某样东西比沃尔玛更便宜，他就有权把沃尔玛的同类商品降价。这种授权意识在沃尔玛商店以外的地方同样突出。乔治·特雷西是本顿维勒配送中心的人事负责人，对所有推高成本的行为他都要处罚，对所有降低成本的举措他也都会奖励。负责后勤的老总迈克·杜克样，用他手下的6000名卡车司机来监督检查各个商店的库存问题，结果带来了司机对公司的忠诚，沃尔玛的司机年流动率仅为5%，而同行业平均是125%。

（4）例会制度，为落实绩效目标增强有效的凝聚力。沃尔玛把每周的例会放在星期六早晨。主要探讨和辩论经营思想、管理战略和检查解决经营中出现的问题。在会议上可以提出建议、表扬先进、发现问题并讨论解决办法。这样，发现的问题在周末就可以马上解决，而不必等到下星期。沃尔顿说，星期六例会是沃尔玛文化的核心。它的基本目的是交流信息、减轻每个人的思想负担、团结队伍。公司经常在星期六例会后，举行联谊活动，喊口号、鼓劲、联欢，使员工身心得到愉悦，增强做好工作的凝聚力。

（5）公仆领导，为落实绩效目标注入持久的积极性。沃尔玛还有一个全新的管理理念，就是管理者都被称为"公仆"。上层主管对每个员工进行服务、指导、帮助和鼓励，并为员工的成功创造机会，是"公仆"领导的日常事务。因此，经理主管不是坐在办公室发号施令，而是走出办公室和员工直接交流、沟通，并及时处理相关问题，实行"走动式管理"。他们的办公室虽然有门，但总是开着，有的商店办公室甚至没有门，以便让每个员工随时进来解决问题。沃尔玛认为，员工是与顾客直接接触的人，员工的精神状态、服务态度至关重要，领导的工作就是指导、支持、关心、服务员工。员工心情舒畅，有了自豪感，就会更好地服务顾客，完成任务就有持久的积极性。

深度思索 绩效目标贵在落实，而落实必须靠监督、靠指导、靠服务、靠激励。沃尔玛融多种措施于一体，把200多万名员工组织起来，共同实现公司的目标，达到世界第一的顶峰，实在是了不起的奇迹。

第三节 一把尺子"量"到底

考核认定绩效，是考核奖惩的中心环节。它是将员工的绩效目标完成情况与绩效目标要求加以对照、比较、评估，最后得出结果、作出认定的过程，事关员工的切身利益，事关考核奖惩的效果。考核认定搞好了，就为奖惩兑现提供了可靠正确的依据，对员工的奖惩才能起到巨大的激励促进作用；考核认定搞不好，不仅会使奖惩兑现发生偏差，还会给整个企业管理工作带来巨大的负面影响。

世界500强企业无不在考核认定员工的绩效上动脑筋、做文章，采取许多行之有效的办法。如目标管理考核法、360度考核法、关键指标考核法、平衡计分卡考核法，等等。其目的就是把员工的工作业绩、行为表现、个人发展等情况考实、考准，以便"按绩付酬"，不断激发员工的工作热情，保持员工持久不断的工作动力，为企业创造更好的业绩。他们考核认定员工绩效所把握的核心之一，就是"一把尺子量到底"。其基本原则是：

1. 一把尺子"量"

保持考评尺度、标准的一致性。对同一工作岗位、工作内容的考核标准是一致的，不能出现"过严""过宽"或随意改变的现象，保持考评前后标准的一致性和公平性。具体来说，就是把年初制定的绩效目标作为一把尺子，衡量员工年度内执行落实的情况，不能随意变更。

2. 按规矩办

考核认定必须按程序办事，做到程序化、制度化。考核办法必须与绩效目标同时确定，公之于众，并在考核过程中加以奉行，不能朝令夕改，随意改变。

3. 公开开放

把公开、开放贯穿于考核认定绩效的全过程，在确定绩效目标时向员工公开，在考核认定时要上、中、下全方位通报，以接受监督，保证公正公平。

4. 客观公正

依事实为依据，依绩效目标为尺子，客观公正地进行评价，避免因主观臆断和个人感情因素的影响，导致考核认定失真。

5. 真实可靠

真实性和可靠性是考核认定绩效结果的灵魂。要保证考核结果能够真实反映员工的工作业绩、工作表现和个人发展的实际情况，确保考核结果准确无误。

案例　摩托罗拉的绩效评估

摩托罗拉是世界上最大的通信、电子跨国公司之一。2010年公司有员工6.4万名，营业收入220.63亿美元，在世界500强企业中排名第391位。

摩托罗拉的绩效目标由业务目标和行为目标两部分构成，一般在年度的第一季度由主管和员工经过不断的沟通达成一致，然后实施。在目标计划的实施过程中，公司会及时跟上检查，业务主管和员工就个人（团队）的目标进展情况、实际行为与行为目标情况、需要的支持和资源情况等开展对话，以防止问题出现并及时解决问题，跟踪检查的情况要形成必要的文字记录，必要时由主管和员工双方签字认可。在此基础上，展开评估：

一是及时收集、观察和记录事实。主管要在平时注意收集与绩效有关的信息，记录员工好的和不好的行为，为年终考核做准备。收集信息应该全面，好的和不好的都要记录，而且要形成文件，必要的要经过主管和员工签字认可。这些工作一般在第二、三季度完成。

二是进行全年的绩效评估。每年进入第四季度，摩托罗拉就进入绩效管理的收尾阶段，公司一般会集中一个时间，召开绩效评估会议，把所有的主管集中在一起，进行全年的绩效评估。主要包括四个方面：

①由员工自我评估，做好准备工作；②根据业绩和表现的事实而不是印象，对员工的绩效达成共识；③根据评估结果，评出绩效的级别；④在对员工的评估中，找到解决问题的机会。最终形成书面的讨论结果，并以面谈的方式将结果告知员工。

三是进行绩效诊断和提高。评估结束，并不意味着绩效管理就到此为止，接下来还有员工非常重要的诊断过程。这个过程用来诊断绩效管理系统的有效性，改进和提高员工绩效。主要包括四个方面：①找出并确定绩效缺陷及原因；②通过指导解决问题；③绩效不只是员工的责任，有些问题要在领导层找原因；④应该不断进行。此外，摩托罗拉的绩效考核表里没有分数，而是运用等级的方法，实行强制分布，这样既能分出员工绩效的差别，又尽可能地避免在几分之一上无休止的争论。如果员工对评估有不公之感，可以拒绝在评估结果上签字。每个员工的评估表都有自己和主管的签字，所以他的上级会知道其中的问题，并会参与进来，了解情况，解决问题，帮助员工不断提高。①

深度思索 绩效评估要一把尺子"量"到底，又不是简单地冷冰冰地"量"。"量"的过程是对员工的尊重、沟通、讨论、分析、帮助、提高等"双向"性的互动过程。绩效考核最忌讳的东西，就是把员工推向企业的对立面，简单性和单向性地操作推进，其结果往往达不到预期目的。

第四节 让考核结果"说话"

把考核结果与奖惩挂钩，是考核奖惩的重点，也是难点。因为，

---

① 宋红超：《世界500强绩效考核准则》，中国经济出版社，2007。

奖惩关系到员工的切身利益，奖惩对了，就能调动员工的积极性；奖惩错了，就会挫伤员工的积极性。让考核结果说话，就是以绩效定奖惩，有什么样的结果，兑现什么样的奖惩。

世界500强企业无不把考核结果与奖惩挂钩，让考核结果说话，正确地兑现奖惩。他们把握的原则是：①考核结果准确。必须保证考核结果的准确性，否则奖惩就是错的。一般采取员工自查，自我总结，自我认定，然后主管与员工沟通达成共识；然后公示，主管部门审查，领导层集体研究确定，最大限度地保证考核结果准确无误。②奖励准确。奖要奖出干劲。对能干的、绩效好的坚决奖励，员工就有持久的干劲；对懒的、绩效差的奖励错了，就会挫伤员工的积极性。③惩罚准确。罚要罚出正气。要解决好对能干的求全责备、对不能干的委曲求全不敢管的问题，做到奖罚分明。④建立科学的激励机制，包括薪金、福利、股权、晋升、培训、荣誉等，形成一个多层面、深层次、全方位、持久性的激励制度。

案例一　微软敢于奖励，让员工戴上"金手铐"

微软公司目前是全球最大的电脑软件提供商，现有员工9.1万人，2010年营业收入1456.9亿美元，在世界500强企业中排名第115位。

微软有着辉煌的发展历史，这与它有效的考核奖惩体系是密不可分的。在微软，考核的目标取向是形成内部竞争，保持员工的积极心态，促使员工不断进步、超越自己、超越他人。为此，微软在员工中实行个人绩效目标计划，在每个财政年度开始，经理就和员工一起总结上年度的工作得失，指出需要改进的地方，然后订出新一年度的目标。所订计划必须是目标明确具体，任务可衡量，完成任务有明确时限，计划有现实性又不能过于简单，要有挑战性。半年后，经理与员工沟通，把年初确定的计划目标与员工的实际工作情况作对照，作出年中评价。到年底时，经理再与员工共同衡量，最后确定出员工的工作表现等级，具体分为最佳、较好、及格、不及格四个档次，以此来决定员工的年度奖金和配股数量。

微软的薪酬结构主要包括基本工资，奖金，年度分红，员工股票购买计划，401（K）福利补偿，健康、医疗、人寿、工残保险等其他福利内容，而年度奖金和配股，是微软兑现考核奖惩政策中的最为有力的激励措施。一个员工工作18个月经考核后，就可以获得认购权中25%的股票，此后每6个月可以获得其中12.5%的股票，10年内的任何时间都可以兑现全部认购权。每2年还配发新的认购权。员工还可以用不超过10%的工资以8.5折的优惠价格购买公司股票。自1982年公司在纳斯达克上市之后，微软就实行了以股票期权为主的长期激励方式。在纳斯达克牛气冲天的20世纪90年代，期权已经让近千名微软员工成为百万富翁或千万富翁。这就是给员工戴上的"金手铐"。

2003年微软宣布取消已经实行了17年的股票期权制度，代之以实行限制性股票奖励为主的长期激励方式，所奖励的股票的所有权将在5年后转交到员工手中。之所以如此改变，主要是微软的市值从6000多亿美元缩水至3000多亿美元，许多最近几年加入微软的员工所持股权的执行价格高于微软目前的股价，期权也就变成了空头支票，激励作用随之丧失。微软是知识型公司，员工的创造性和敬业度是公司赖以持续发展的动力所在，期权式激励制度已无法达到激励作用，于是微软果断地进行了变革。

2006年，微软拿出370万股总市值为9.51亿美元的限制性股票，作为业绩分红派发给约900名公司高管。这是微软公司自2003年决定启用限制性股票作为员工奖励方式之后，首次以新的方式分红。根据微软董事会规定，这些股票是对工作表现突出的员工的嘉奖。微软公司企事业部总裁瑞克斯获得875334股、价值750万美元的限制性股票，是这次的最高分红；平台和服务事业部的副总裁约翰逊获得703259股、价值600万美元的分红，名列第二；首席法律顾问布莱德·史密斯获得价值230万美元的分红。而董事长比尔·盖茨和CEO斯蒂夫·鲍尔默却没有获得限制性股票的分红。微软已派发出约3700

万限制性股票,占派发总数的三分之一,余下的三分之二的股票将在未来两年内分两次派发。公司补偿委员会董事卡什说,公司通过"可衡量的标准"来评估工作业绩以得出分红比例,所采用的标准符合行业做法。这种报酬制度,对员工有长久的刺激力和吸引力,在微软工作5年以上的员工,很少有离开的。比尔·盖茨是世界首富,并不在于他的工资,而在于他拥有公司25%的股票。当微软公司的股票价格持续上涨时,比尔·盖茨的财富就水涨船高。同样,持有股票的员工也就有许多人成了百万富翁,1994年达到了3000多人。①

深度思索 考核奖惩的核心是绩酬挂钩、重在激励。让考核结果说话,就是以绩效定奖惩,依据考核结果敢奖敢罚。微软的高明之处是用限制性股票分红的形式兑现奖惩,对员工有着长久的刺激力和吸引力。

案例二 思科说了算、定了干,"让员工变成富翁"

被誉为互联网帝国的思科公司,是1984年成立的一家年轻公司。在不到30年的时间里,思科公司迅速成长壮大,年销售额从1990年的6500万美元飙升到2010年的361.17亿美元,位居十大最富有的美国科技公司之首,在世界500强中排名第200位。

思科公司有一个著名的口号,叫"让员工成为百万富翁"。它是这样说的,也是这样做的。正是这一非凡承诺的兑现,成就了思科互联网帝国的伟业。思科兑现奖惩的措施主要是:

客户=薪酬。在思科,员工的奖金是和他所获得的顾客满意度直接挂钩的。每年公司都会聘请外部的咨询机构对公司的客户满意度作出调查,同时根据公司内部所作的满意度调查,对员工获得的客户满

---

① 宋红超:《世界500强绩效考核准则》,中国经济出版社,2007。

意度作出评定并打分。如果员工的客户满意度很高，那么他就能获得非常丰厚的一笔奖金；如果员工没有拿到客户满意度的平均值，那么公司会毫不犹豫地从他的年终奖金中扣掉很大一部分。在这个体系的支撑下，思科的客户服务意识很强，融入每个员工的日常工作中。

短期＋长期。思科依据考核结果兑现奖惩，一是现金激励计划，二是股票期权激励计划。现金激励计划是一种年度激励方案，其主要绩效指标体现在公司销售收入、赢利能力及个人业绩贡献方面。而奖金的分配权则掌握在一线经理手里，因为一线经理更了解员工的工作情况和实际绩效水平，同时由高级经理负责监控，保证薪酬的内部公正性和准确性。在决定激励总额和发放的时间周期时，以员工的职位作为杠杆，职位越高，激励的总额就越大，发放的时间周期也就越长，而对刚入职的员工而言，激励的数量往往比较少，但是发放得比较频繁，往往两三个月就发放一次。股票期权激励计划是思科激励员工的另一种重要方式，思科也是全世界第一个采取全员持股计划的公司，尽管在当时没有被业内理解，但是这个全员持股计划，使思科的员工能够以更强的责任心和工作热情投入工作中，为思科的辉煌作出了不可磨灭的贡献。即使现在，思科仍然以每年流通股票总数4.75%的股票期权激励员工。

多给＋巧奖。思科依据考核结果兑现薪酬。薪资由固定薪资、奖金和股票三部分构成。薪资的固定部分比奖金多，股票是最具诱惑力的一部分，按国际标准一年给员工兑现一次。思科的整体薪资水平就像思科的成长速度一样处于业界领导地位。其薪水的发放原则是中间值偏上，奖金是上上，股票价值是上上上，加起来在业界的水平就是上上。思科的个人收入和业绩紧密挂钩，随时对员工进行评估，每周、每月、每季度都评。销售人员除了业绩评估外，还要做客户满意度调查评估，每周做一次。同时，根据员工进入公司的不同时间，进行分散评估，一般在4月、8月和10月，看员工进来的时间靠近哪个月，就在那个月接受业绩评估，这样可以及时对员工进行评估反馈。同时还有一个好处，就是如果所有员工的评估工作都一起做，人力资源部的工作量就很大，分开做可以在工作量和财务上分散压力。思科还有一个激励员工的特色服务系统，就是24小时紧急医疗帮助，在全世界所有国家的员工都能共享这种服务。这个系统可以给员工提供一个全球全天候的安全保障，员工可以获得一家全球医疗服务机构的24小时紧急服务。无论员工出差在什么地方，都能获得全面支持，由此极大地调动了员工积极性。①

> **深度思索**　"让员工成为百万富翁"，只有立志长盛不衰的企业，才有这种非凡的承诺和行动；只有扎扎实实的考核措施，才能实现这种非凡的承诺。思科的努力就说明了这一切。

第五节　拆除"篱笆墙"

企业与员工之间缺乏有效的沟通，使员工对考核奖惩缺乏应有的理解和认同，甚至产生应付乃至敌对情绪，就像一堵无形的"篱笆墙"。因此，沟通协调对考核奖惩是至关重要的。在制定绩效目标时，如果缺乏沟通协调，就会造成员工对绩效目标感到不合理；在考核评估时，如果缺乏沟通协调，就会造成员工对考核程序感到不公正；在决定绩效结果时，如果缺乏沟通协调，就会造成员工对绩效考核的结果感到不公平；在兑现奖惩时，如果缺乏有效沟通，就会造成员工对整个考核失去信心。这就需要在整个考核奖惩过程中，进行全方位、全过程的沟通协调，以达到思想统一、达成共识，实现企业和员工绩效的改善与提高。但是，有许多企业在考核时，往往忽视了沟通协调，造成员工对考核奖惩意见纷纷，达不到"总结过去、拓展未来、鼓舞

---

① 彭剑锋主编《互联网帝国——思科》，机械工业出版社，2010。

士气、促进发展"的目的。世界500强企业的绩效考核之所以都有明显成效，关键还是他们沟通协调搞得好，善于拆除方方面面的"篱笆墙"。概括他们的秘诀就是"五沟通"：

一是事前的沟通。主要是在实施考核之前，对员工进行培训，让员工了解考核的基本知识，清楚地知道考核对自己的提高会有很大的帮助，以此解决员工对考核的抵触情绪。同时，让员工掌握沟通的方法，提高沟通的技能，为沟通协调奠定良好基础。

二是制定目标中的沟通。制定公司目标时，高层管理者之间要沟通；制定部门目标时，中、高层管理者之间要沟通；制定员工岗位目标时，中层主管与员工要进行沟通。通过沟通，使各个层次明确自己的目标要求是什么，怎样做才正确，实现目标后有什么样的报酬，等等，以此统一思想，明确方向。

三是监督实施中的沟通。目标确定之后，接着就要对现实目标所要采取的措施进行沟通，使各个层次狠抓落实，纠正失误，达到完成任务的目的。

四是考核评估中的沟通。主管督导的人员要适时对各个层次的工作进行督导，检查他们的工作方法是否正确，进度是否按计划完成，如果发现问题就要及时纠正，发现好的就要及时表扬激励。

五是评估结果的沟通。在绩效评估结果出来之后，要将员工的绩效目标完成情况、评估所得结果、没有完成的原因以及下一步改进计划进行沟通。沟通时，企业主管要认真听取员工的意见和想法，根据实际情况对考核结果进行适当修改。对没有完成目标的，要共同找出原因，看是客观原因还是主观原因、是企业内部管理的原因还是外部环境变化的原因、是员工能力问题还是经验不足的问题，等等，最后定出解决办法；对于完成或超额完成目标的，也要总结经验，在公司或团队中分享，让集体共同提高进步。

可以说，绩效沟通的五个环节环环相扣、相互穿插，贯穿于目标完成的全过程，对上一环节情况的沟通同时也是对下一环节计划的安排，是一种循序渐进、缺一不可的闭环沟通方式。它是考核奖惩取得成功的关键因素之一。沟通做好了，就拆除了企业与员工之间的"篱笆墙"，员工关系、部门关系就会更加融洽，效率就会更高，考核就会顺利进行。

案例　IBM 的"绩效双向沟通"

IBM 是世界著名的信息技术和业务解决方案公司，至今已有一百多年的历史。百年寿企，也锻造了它的管理宝典——沟通管理和沟通文化。其中，绩效双向沟通就是它的秘招之一。

所谓"绩效双向沟通"，就是企业在绩效管理中从绩效目标计划的制订（如"个人业务承诺计划"），到目标计划的执行、评估、结果确定以及奖惩，每个环节都贯穿着企业与员工之间持续不断的沟通。所以，在 IBM，不仅绩效管理中不存在单向指令和无处申诉的情况，而且还有一些制度化的通道使员工能顺畅地提出自己的看法和意见。

一是面谈。公司经常安排基层员工与公司高层经理直接面谈，做面对面的交流。面谈的高层经理通常比员工的直接经理的职位高，而且保密。面谈的内容由员工自由选择，包括个人意见、自己关心的问题等等。面谈后，由高层经理将员工的意见和反映的问题交相关责任部门处理。这种直接面对面的密谈，能够真实地了解情况，便于有针对性地解决问题。

二是调查。公司定期对员工进行调查，了解员工对公司管理层、企业文化、组织效率、工资福利等方面的意见和建议，以便帮助公司改进管理流程，改善工作、学习环境。

三是"直通车"。公司设立员工反映问题的"直通车"，任何一名员工可以不经过其直属经理向高层领导乃至 CEO 反映自己关注的问题。直接反映问题的员工不会暴露自己的身份，只有人力资源部门的员工关系协调员才知道。公司还设"直话直说箱"，员工可以将自己的意见以文字形式投到箱内。员工关系协调员每周收集箱中的信息，隐去员工的姓名，交相关部门经理处理，并于10个工作日内取回处理结果，向意见人反馈。如果10个工作日内未能解决，协调员会向员工作出说明。

四是申述。员工可以就未能解决的、与公司或工作有关的问题向申述受理人提出申述，公司称其为"门户开放政策"。申述的内容既可以是关系公司利益的，也可以是关系员工自身利益的。必要时受理人会亲自或指定专人进行全面调查，并尽可能在30日内处理完毕。如果对处理意见不满意，可以向受理人再申述，直到问题得到处理。这一渠道为每位员工敞开了直接向公司高层领导抒发己见、提出申述的大门。①

深度思索 沟通是理解的桥梁，理解是考核的基础。如果企业与员工缺乏沟通，"篱笆墙"就会造成相互的不信任，而失去信任感的企业将是管理成本最高的企业。因此，绩效考核贵在沟通。

第六节 抓住"灵魂"来考核

企业道德是现代企业生存和发展的脊梁。目前，在西方社会责任运动和中国传统理论的影响下，企业界越来越认识到需要承担社会道德责任。作为道德体系中的一个范畴，企业道德是调整企业与员工、员工与员工、企业与社会等关系的行为规范。企业要顺利发展，就必须处理协调好这些关系、遵守这些规范。而要确保企业的道德规范得到落实，就必须在考核员工工作业绩的同时，加强对员工道德品行的考核。失去了道德品行的考核，员工和企业都会失去自己的灵魂。

---

① 盘和林主编《哈佛绩效管理决策分析及经典案例》，人民出版社，2006。

美国专家 Brumbranch 说："品行是一个人真实的表现——是他为了实现工作目标在态度上和行为上有形的表现。品行可以和业绩分开评价。"还说"品行这个东西你可以去修正它、调整它、磨炼它，但是你却不可能从根本上去改变它。人们最容易受到激励的东西是品行，而最难以考核评价的也是品行，所以人接受教育、培训首先应该是品行，然后是知识、技能。业绩考核告诉你'做什么'，而品行考核则告诉你'用什么态度（品行）去做事'。"

可以说，品行是道德的表现形式，是可以而且能够衡量、评价和考核的。考核员工的品行，也就是考核员工的道德，履行企业的道德责任。一个不重视员工道德的企业，是一个没有前途的企业。

世界500强企业都十分注重对员工（包括经理、一线员工）的品行考核。他们把品行考核作为绩效考核的重要组成部分，甚至作为决定员工去留的根本标准。他们在员工品行考核方面的基本原则是：

（1）品行考核必须与企业的核心价值观相联系，是企业价值观在员工行为上的具体体现。企业有什么样的价值观，对员工的品行就有什么样的要求。

（2）必须有具体的可衡量的考核目标和要求。员工的品行是员工在实现工作目标过程中，在态度和行为上的有形表现，必须把考核的目标设计成可衡量的具体标准和要求，便于员工遵循和考核。

（3）必须有明确的奖惩标准。把品行考核的结果与薪酬奖惩挂钩，好的给予奖励、一般的帮助提高，差的给予相应的处罚。

（4）必须立足于改进提高。品行考核的着眼点是规范员工的道德品行，激励员工更好地完成工作任务，因此，必须把道德品行的培养、践行贯穿考核的各个环节和全部过程，以此打造高素质的员工队伍。

在美国，对企业中层经理人的基本品行要求有12个方面：

（1）机警：包括智力、理解力。

（2）敏锐：包括判断力，对事物准则和相互关系的正确把握。

（3）主动：包括建设性的思维，根据职责作出行动的能力和智慧。

（4）魄力：包括完成任务时拥有并发挥出来的精神力量。

（5）尽职：包括在明确的宗旨、目标和纪律指导下的控制、影响等领导力。

（6）勇敢：包括无畏地自觉执行任务和命令。

（7）亲和：包括在完成共同任务时与别人协调工作的能力和意识。

（8）忠诚：包括对事业、组织和上级自始至终的坚贞。

（9）毅力：包括有不顾挫折和打击，对目标和工作的决心。

（10）智慧：包括在困难和意外情况下的合乎逻辑思维本能的反应力。

（11）勤奋：包括有充沛的精力履行自己的职责和工作。

（12）耐力：包括有能够连续工作的耐受能力和吃苦精神。

日本企业对中层管理者的10项基本职业品行考核内容是：责任、积极、进取、诚实、使命、依赖、忍耐、热情、公平、勇气。

在不同国家、不同文化背景下，不同的企业对员工道德品行的标准要求不尽相同，同一企业的不同岗位也有不同要求。但是，一些基本核心的东西是相通的，而且是至关重要的，如忠诚、责任、积极、勤奋、廉洁、智慧等。关键是企业根据自己的核心价值观的需要和社会道德的要求，细化成具体标准，作为绩效考核的内容加以落实和考核，以此保证和促进目标任务的完成。

案例　通用电气公司的道德品行考核

通用电气公司不仅在落实责任制上成功实施了"六西格玛"质量管理法，而且在绩效考核上也有自己的独到之处，其中使用360度考核法考核员工的品行，也被人们誉为管理学上的经典。

杰克·韦尔奇一向对公司的官僚主义深恶痛绝。1981年他接任总裁后实行了"全员决策制"，提高决策效率；同时加强绩效考核，强力推行360度考核法，以此调动员工积极性，提高企业效率。

360度考核法的基本原理是：员工的工作和表现是多方面的，工作业绩也是多维度的，不同个体对同一员工的工作情况的印象是不一样的，因此，在考核员工的业绩时，由上级主管、同事、下属和顾客等各个因素进行360度全方位考核，能够更加全面、准确地评价员工的业绩，同时把考核结果告知员工，使员工更加清楚地了解自己的优点和缺点，在以后的工作中不断改进。因此，360度考核法更能体现多层次、多维度的特点，以便综合不同评价者的意见，得出相对全面、公正的评价，更能激发员工做好工作和提升自己的积极性。

通用电气公司对员工的综合考核主要是工作业绩的硬性考核和价值观及工作表现的软性考核，两者的有机结合，构成了公司绩效考核的主要内容。其做法是：

（1）明确评估指标。明确规定，员工的综合考核结果在二维表中的不同区域的不同处理标准：①当员工的综合考核结果在第四区域即工作业绩和价值观表现都不好时，走人。②综合考核结果在第三区域即工作业绩一般、但价值观表现考核良好时，公司会保护员工，给员工第二次机会，包括换岗、培训等，根据考核结果制定一个提高完善的计划，在三个月后再根据提高计划考核一次，在这三个月内员工必须完善自己、达到目标计划的要求。如果三个月后的考核结果还不合格，员工必须走人。③如果员工的综合考核结果在第二区域即业绩好但价值观考核一般时，员工不再受到公司的保护，公司会请他走人。④如果员工的综合考核结果是在第一区域，即又"红"又"专"，"红"是员工的价值观行为表现，"专"是员工的工作业绩，又"红"又"专"即价值观考核和业绩考核都优秀，就是公司的优秀员工，将会有晋升、加薪、奖励等发展的机会。

（2）明确考核时间。通用电气公司规定，全年考核与年终考核结合，考核贯穿在工作的全年，对员工的表现给予及时的反馈，在员工表现好时及时给予表扬肯定，表现不好时及时与其沟通。

（3）做好年终考评。通用电气对员工年终目标考核时，主要通过四张表格来进行。前三张是自我鉴定，其中第一张是个人学历记录；第二张是个人工作记录（包括在以前的公司的工作情况）。第三张是对照年初设立的目标计划自评完成情况，根据一年中的表现和取得的成绩，对照公司的价值观、技能要求等，确定自己哪方面是强项，哪些方面不足，哪些方面需要通过什么方式来提高，需要得到公司的哪些帮助，在未来的一年或更远的将来有哪些展望等。第四张表格是经理评价，经理在员工个人自评的基础上，参考前三张员工的自评，填写对员工的鉴定，经理必须与员工沟通，取得一致意见，如果双方意见不一致，必须有足够的理由或事实说服对方，如果双方达不成一致意见，将由上一级经理来处理。

通用电气在具体应用360度考核法时，十分注重让员工在公司的价值观框架下实现自身提高。员工在需要了解自身绩效具体情况时可以主动提出来做一个360度考核。具体步骤是：①选择与自己有联系的上级、同级、下级、客户组成四个小组，每组至少选择6个人；②四个组的人员结合公司价值观的标准来判断被考核员工的行为是否合理；③同时，公司聘请有关顾问公司来做分析、出报告，交给被考核人；④考核结果反馈之后，如果被考核人对某一组的评价有意见，可以找这个组的人员进行沟通，最后达成共识，来促进员工个人和公司的共同发展。

通用电气的360度绩效考核有许多优点：反馈的过程可以提高员工对自身管理的自主性；可以更为全面地考核员工，帮助员工发展；可以从多个角度反映企业内部的情况；所获得的信息十分可靠；可以增强企业内部的团队协作，全面推进对顾客的服务；更为重要的是，能够增强员工的自我发展意识，促进员工自我提高。[1]

---

[1] 宋红超：《世界500强绩效考核准则》，中国经济出版社，2007。

深度思索 让道德品行决定员工的从业生命，是绩效考核的精髓。业绩和品行都不好的，走人；业绩较好而品行不好的，也走人；业绩一般但品行好的，留用提高；业绩和品行都优秀的，重用晋升。这应该是企业考核所遵循的基本法则。

第五章
人才是企业长盛不衰的第一资本

　　胡锦涛总书记在庆祝中国共产党成立 90 周年大会上的讲话中指出："人才是第一资源，是国家发展的战略资源。全党同志和全社会都要坚持尊重劳动、尊重知识、尊重人才、尊重创造的重大方针，牢固树立人人皆可成才的观念，敢为事业用人才，让各类人才都拥有广阔的创业平台、发展空间，使每个人都成为对祖国、对人民、对民族的有用之才，特别是要抓紧培养造就青年英才，形成人才辈出、人尽其才、才尽其用的生动局面。"这一重要论断告诉我们，国家兴盛，人才为本。对企业来说同样如此，企业的竞争，归根结底是人才的竞争。人才是企业的生命所在，谁拥有了优秀的人才，谁就拿到了成功之路的通行证。美国微软公司董事长比尔·盖茨曾经说过，如果可以让我带走微软的研究团队，我可以重新创造另外一个微软。随着经济全球化的发展，人才已成为企业竞争取胜的决定因素，企业间的竞争归根到底是人才的竞争，哪个企业吸收并聚集了优秀人才，就获得了竞争的主动权，就会在激烈的科技和经济竞争中立于不败之地。大凡成功的企业都有一个共同点，那就是千方百计积聚有天赋的各领域的顶尖人才。

　　福特公司就是通过任用优秀人才最后迈向成功的典范。对汽车业一窍不通的福特二世是从父辈手中接过公司的全部行政权力的，摆在福特二世面前的是千疮百孔、松散不堪、濒于破产、每月亏损近千万美元的公司。当时，公司管理非常混乱，任人唯亲、管理人员松懈怠工、不负责任的情况随处可见。公司高层上百名高级管理人员，竟然连一个拥有大学学历的人都没有。公司的厂房陈旧、机器破损，没有人搞技术革新；财务部门像杂货店一样，账本一大堆，连个预决算方案也没有……福特二世一上任就意识到，要全面地来一次变革，关键是要找到一个得力的助手。他想到了时任通用汽车公司副经理的布里奇，认为他是个适合的人选。福特二世亲自登门拜访布里奇，恳切请求他出通用之山而入福特之门，帮助他力挽狂澜，收拾残局。但是由于布里奇当时还在兼任通用汽车公司下属的一个航空公司的总经理，因此没有答应。福特二世大有不达目的不罢休之势，采取各种方法来吸引布里奇加盟，最后终于"引得才子归"，布里奇松口了，答应先试试看。接着，福特二世又招聘了一批退休军官，因为他们都是很好的管理人才。这些人后来都成了美国汽车业甚至是政界的名流，如后来担任美国国防部长的罗伯特·麦克纳马拉以及担任世界银行行长的查尔斯·桑顿。在布里奇到福特公司走马上任之后，他还把通用汽车公司的高级管理人员罗伯特·克鲁索等人带到了福特公司。在这些人才的帮助下，福特公司进行了一系列的变革，实行严格的科学管理，终于扭亏为盈，一跃而成为世界第一大汽车公司。

　　事实上，不仅是福特公司善于用各种方法把最优秀的人才吸引到团队中，凡成功的企业都在吸引人才方面"八仙过海，各显神通"。微软就是一家将人才放在公司工作首位的成功企业。为了聘请班耶系统公司的技术部主任詹姆斯·奥钦，盖茨花费了一年的时间，奥钦才来到了微软公司。而列恩夫妇曾在华盛顿的军队中工作，都是极有才华的人才，由于他们不适应微软公司一周80小时的工作制，以"想有一套价格适中的大房子，以及不愿中断空手道训练"为理由拒绝了微软公司的聘请。对此，微软公司为他们开设了"特别通行证"——答应他们实行弹性工作制，并在离办公室半英里的地方为他们物色了一套合适的房子，甚至为他们找好了空手道训练馆。最终，列恩夫妇效力于微软公司，对微软的技术革新发挥了重要作用。

目前，很多中国企业制定了雄心勃勃的业务发展目标，但是实现这些目标所需的人才严重匮乏。例如，在《麦肯锡季刊》对中国企业的调查中，44%的高管表示，人才短缺是他们实现其全球抱负的最大障碍。此外，在上海美国商会（Am Cham Shanghai）对上海的美资企业的调查中，37%的受访企业表示，招聘人才是最大的运营问题，这些企业的数量超过了将监管问题、缺乏透明度、官僚作风或侵犯知识产权列为最大问题的企业数量。20世纪90年代，TCL彩电通过兼并香港陆氏彩电、内蒙古彩虹电视机厂、无锡虹美电视机厂等，后来居上，脱颖而出，跻身国内四大彩电企业之列，之后又通过并购汤姆逊彩电业务，一跃成为全球彩电最大的生产企业。然而，汤姆逊的整合难度远非国内项目可比。TCL彩电在完成这次国际化并购之后，显得有点"消化不良"，连续两年报亏。一位曾在某日本知名电子企业工作十多年的资深人士指出，国际化人才不足才是TCL的硬伤。TCL集团总裁兼董事长李东生认识到，收购之后如何整合资源、发挥协同效应，是实现TCL扭亏的关键所在。但是，整合首先是文化、人员的整合。而对于欧美员工，中国的管理团队与他们不仅仅有文化上的巨大差异，比如欧美员工是不会无薪超时加班的，而且在体制上也有诸多需要融合的地方，比如中国派去欧洲的管理层工资可能比欧美一般的员工的工资还低。TCL的高管层大部分都是在中国国内市场"打江山"出身的，对国际市场了解并不深入，要一下子管理欧美团队，难度之大可想而知。TCL欧洲业务中心管理层的演变，反映了TCL缺乏国际化人才之痛。

未来几年中国经济的持续强劲增长，将进一步加大对优秀人才的需求。发达经济体则由于较长期的人口变化趋势（如较低的出生率和战后"婴儿潮"一代的退休），也面临日益严重的人才短缺问题。因此，这些国家一流的跨国公司也越来越多地加入搜寻人才的全球竞争中，使人才问题更加突出。

综观当今世界，人才的竞争必将愈演愈烈。中国企业要做大做强、走向世界，第一要务就是要未雨绸缪，认真实施好人才战略。只有这样，才能在激烈的市场竞争中立于不败之地。

第一节 慧眼识珠发现人才

韩愈在《马说》中表达过这样的观点：千里马经常有，但世人不识，只是让它默默老死，却总是长叹世上没有千里马。其实世上怎么会没有千里马呢？只是世人大多没有慧眼罢了。作为企业的管理者，应该努力去做一个识"千里马"的伯乐，如果不独具慧眼，人才虽然在眼前，也会错过。识才须看本质，要察言观行，尤其是观行，这是识别人才本质的根本方法。要善于识别不同类型的人才。

人才就是符合企业要求，能给企业发展带来巨大好处的人。人才是特定的不同的企业决定了不同的人才需求，在一个地方是庸才到了另一个环境就可能是人才，关键是看，企业要弄明白什么是自己最需要的人。

（一）树立正确的人才理念

首先我们要弄明白一个概念：什么样的人可以被称为"人才"。人才学研究者的观点是：为社会发展和人类进步作出较大贡献的就是人才。在他们眼中，人才的最大特征就是"德才兼备"。不过，这个概念很模糊。如果以这样的标准去问任何一个人"你是人才吗"，恐怕很多人会感到茫然。那么什么样的人能称得上是人才呢？实际上，每个企业领导者都有自己的人才观，在你的眼里不是人才的人在别人眼里也许就是人才，并且还能为其所用带来巨大的经济效益；在别人眼里是蠢才的人也可能在你手里"化腐朽为神奇"，焕发出极大的创造力，为你攻城拔寨立下汗马功劳。所以，人才不在于是否有、是否多，而在于我们是否能够及时发现并为己所用。

综合世界一些知名企业在人才上的理念和标准，优秀人才一般都具备以下优秀品质。

1. 高尚的道德品质

道德品质是一个优秀员工为人处世的根本，也是企业对优秀人才的基本要求。企业在选人的时候一定要着重考察一个人的道德品质，企业可以在一定时期内"缺人"，但是企业在任何时期内都不能"缺德"。如果一个人的人品存在先天不足，那么企业在选择时就应该慎而又慎，千万不能为了眼前的利益而把企业的长远发展作为陪葬品。也就是说，捡了芝麻，丢了西瓜，是不划算的。

2. 严谨的敬业态度

对企业用人需求的调查结果表明，工作态度及敬业精神是企业甄选人才时应优先考虑的条件，企业最欢迎的是对企业忠诚和工作积极主动的员工。敬业就是尊敬、尊崇自己的职业。如果一个人以一种尊敬、虔诚的心灵对待职业，甚至对职业有一种敬畏的态度，他就已经具有敬业精神。只有将自己的职业视为自己的生命信仰，才是真正掌握了敬业的本质。一般说来，工作成效的高低往往取决于对工作的负责态度，以及勇于承担责任的精神。在工作中遇到挫折而不屈不挠、坚持到底的员工，其成效必然较高，也必然受到上级领导和同事们的倚重和信赖。

3. 扎实的专业能力

现代社会分工细致，各行各业所需的专业知识越来越专、越精。因此，专业知识及工作能力已成为企业招聘人才时必须重点考虑的问题。

4. 快速的反应能力

对问题分析缜密，判断正确而且能够迅速作出反应的人，在处理问题时比较容易成功。尤其是现代企业的经营管理面临诸多变化，几乎每天都处在危机管理之中，只有抢先发现机遇，确切掌握时效，妥善应对各种局面，才能立于不败之地。

5. 巨大的学习潜力

知识经济的年代，信息瞬息万变，随着企业的不断发展，各种知识不断更新，新的知识技术的增长远远超过了年龄的增长，因此员工必须把学习当成一件像吃饭喝水一样须臾不能离开的东西，而且不断学习新知识，才能不落于他人的后面。会不会学习已经成为判断员工在职场中有没有竞争力的重要指标。不重视学习或不会学习的人，只会因为其知识的老化逐渐地被淘汰。

6. 灵活的沟通能力

美国一所大学在研究诸多成功管理案例时发现，在一个人的智慧中，专门技术经验只占成功因素的15%，而85%取决于有效的人际沟通。有效的人际沟通是释放和缓解压力、增强自信心、营造良好的人际关系、提高团队凝聚力的一条重要途径。随着社会日趋开放和多元化，沟通能力已成为现代人生活必备的能力。

7. 善于合作的集体精神

在当今的社会里，一个人即使再优秀，如果仅凭自己的力量，也很难取得事业的成功。凡是能够顺利完成工作的人，必定要具备集体主义精神。

8. 能够适应环境

个性极端或太过理想化的人，较难与他人和谐相处或是做事不够踏实，这都会影响同事的工作情绪和士气。

以上这些优秀的品质，有人独具专长，有人兼而有之。从整体来看，这些品质无论具备多少，都是成为优秀人才不可或缺的必备品质。那些在一个行业或领域拥有以上综合品质的人，都是属于一定范围内的优秀人才。

案例一　松下电器的"你不诚实我不要你"

"你不诚实，我不要你！"这是松下在招聘过程中一贯坚持的用人忠告。松下招聘的独到之处除了强调员工的忠诚度之外，还特别重视应聘者的个人素质和适应能力。松下信奉企业的主体是人，而人又是企业中最宝贵的财富。所以每年都会投入大量的人力物力进行人才的筛选和录用。事实上，松下一直都在积极吸收各种各样具有专业技能、善于进取、能很快把自己融入企业文化之中、理解企业经营理念的优秀人才。应聘者不仅要具有良好的基本素质，除了教育程度、人品之外，对企业的认识和理解、个人性格是否适合企业具体岗位的发展也是人力资源部门比较看重的因素。在松下（中国）全部员工中，营业岗位人员占较大比例，营业岗位又分为销售和营业管理等不同的工作性质。作为各种不同岗位的需求，适合的专业基础知识是必不可少的，但更重要的是个人发展潜能和融入企业文化的适应能力。松下特别重视与应聘者用很轻松的谈话方式来了解个人最真实的一面，让应聘者消除紧张或其他不良因素的影响，使人与人之间在平等的聊天气氛中接触个人最真实的人性和各方面的实际能力与素质。因为有些人面试效果很好但不一定入职后工作就优秀，相反，可能由于某些原因企业会错过一些本来很出色的人才。这也是松下在用人理念方面独具特色的企业文化魅力之一。

深度思索 人无诚信不立，家无诚信不和，企无诚信不丰，国无诚信则亡。诚信是高尚的人格力量，是宝贵的无形资产。只有诚实守信，才能忠于职守、忠诚企业，才能做到诚实为企。

案例二　天才奇才帮助三星"三级跳"

被誉为全球第一职业经理人的杰克·韦尔奇在参观完三星设在韩国的人力开发院之后感慨：三星已经走在了人才培养的前面。有记者借第三届中韩青年绿色使者交流营活动移师北京之机，针对三星的人才战略，采访了三星集团中国总部社长兼三星电子大中华区总裁李相铉。

有两件事最令三星集团得意：2003年三星在中国内地的销售额已经达到近94亿美元，三星中国每年的增长率几乎达到了100%；三星电子在2004年美国《财富》杂志"世界最受尊敬企业"电子行业的排名榜上跃居第四。

李相铉告诉记者，"虽然很多人想了解关于三星中国的业绩'三级跳'之谜，但我们更愿意与中国的公众分享包括人才战略在内的三星中国成功的经验。"

吸纳天才是首要任务

李相铉告诉记者，三星的"人才经营"新战略是：注重吸纳"天才"；善用"个性"人才；敢用奇才、怪才。

掌握"天才"或"天才级"人才是人才战略的首位。三星目前已拥有不少具有世界一流技术水平的"准天才"级人才和一大批企业首脑、技术专家和专业经营者，正是这些人才支撑起了三星的大厦。三星物产株式会社人事经理金素英说："申请人越来越热切地希望加入三星。"当然，她只能挑选申请者中最优秀的人员，因此她不得不拒绝很多有天赋的应聘者，这的确是一件困难的事情。

"个性"人才担当大任

另外，善用"个性"人才。所谓个性人才就是整体看起来不算十分优秀，但在特定方面兴趣浓厚、才能超人，能够在所在领域独树一帜的人。这样的人通常不合群，在组织内部协调共事方面存在缺陷，令许多企业经营者不喜欢、不爱用。但三星认为，"个性"人才对事业极为执著，有望成为特定领域的专家。一旦扬长避短，便可担当大任。

不同部门大胆任用怪才

此外，敢用奇才、怪才。按照李相铉的表述，三星一直坚持在不同部门大胆任用多种类型的人才，甚至曾经做过电脑黑客的程序高手也因为技术出众而被聘请进公司从事开发工作。1999年，正当风险投资悄然兴起时，当时所属三星电子软件俱乐部聘请的"软件大玩家们"的薪金达到了2亿元。这些软件方面的专家并不像人们想象的那样来自名牌大学，其实他们绝大部分都没有接受过正规的大学教育。他们靠在龙山电子一条街搞组装电脑、编程等副业打"野战"居然渐渐打出了名气，有些甚至成为"黑客"或编程高手。

"中国有个词我非常欣赏，叫做'有容乃大'，三星便是一家包容性非常强的公司。"对中国文化了解颇深的李相铉如是说。

事实上，三星公司中，很多高层管理人员在学校中的专业和最初进入的领域，与他们现在的职位并不一样。但是，却在公司中得到了新的位置和更好的发挥。

三星电子（北美）市场营销策略高级副总裁彼得·维法德年轻时是一个音乐厅的钢琴师，他目前仍然喜欢弹奏钢琴，不过他在三星的职位不再是一个独奏者，相反，他领导着一批天才员工，在三星电子（北美）进行广泛的市场拓展策略。

深度思索 很多公司在挑选人才时往往以最"优秀"作为目标，这似乎是企业界普遍遵循的一个准则，"寻找最优秀的人才"成了很多企业的招聘口号。其实，最好的不一定适合自己，适合自己的才是最好的。要时刻牢记，找更合适的人比找更优秀的人更重要。

（二）挖掘自己身边的人才

一位艺术家曾经说过，生活中不是缺少美，而是缺少发现。在人才问题上也是如此。有的人一谈到人才问题，就摇头叹气：要找个像样的人才，难啊！其实人才往往就在你身边，关键是领导者有没有爱才之心、识才之智、容才之量、用才之艺，能不能用发展的眼光识人用人。台塑董事长王永庆在台湾是一个家喻户晓的传奇式人物，他从白手创业到主持台湾规模最大的台塑企业集团，从贫无立锥之地到台湾首富，是经过一番奋斗的。他认为人才往往就在你的身边，因此求才应首先从企业内部去寻找。他说："寻找人才是非常困难的，最主要的是，自己企业内部的管理工作先要做好；管理上了轨道，大家懂得做事，高层经理人才有了知人之明，有了伯乐，人才自然就被发掘出来了。自己企业内部先行健全起来，是一条最好的选拔人才之道。"

如今大多数企业家虽然求才若渴，可是由于企业内部基本的管理工作没做好，有很多人才而不自知，却在那里大叹求才之难。由于管理未上轨道，根本不知道需要什么样的人才，而盲目到处寻找人才。松下电器公司旗下的中尾纪念研究所，是为了纪念公司副董事长中尾哲二郎先生设立的。中尾哲二郎先生如果不是被颇具慧眼的松下幸之助发现并重用，很可能终其一生也只能是一个普普通通的工人。中尾先生于日本大正时代进入松下电器公司，当时日本正值关东大地震后的复苏时期。起初，中尾先生在一家工厂干活，该厂厂长龟田先生一直没有重用他。有一天，松下幸之助到工厂参观，看到一名矮个子工人正勤奋地工作，操作机器相当熟练。"你什么时候开始在这里做事的？"松下先生问道。"差不多有十个月了。"矮个子工人回答。松下幸之助看到这个年轻人热忱而勤勉，心里十分感动。不久，当他再次与龟田先生见面时提出："你手下有一名相当不错的工人，我看到他操作机器的动作相当熟练，是个难得的人才。"龟田先生却不屑地说："他这个人，话最多，连我说的话，他都不放在心上，有时甚至和我争吵，这种人只怕没有真才实学。"松下幸之助莞尔而笑："这样吧，既然你不太欣赏他，不如让我带走，我想你也会很乐意的。"这名工人就是中尾哲二郎。后来，他被松下幸之助委以重任。要不是松下幸之助发现并把他带走，他也许将一直被埋没。

当然，要挖掘出自己身边的人才，关键是要建立科学的企业后备人才管理和培养体系。企业后备人才管理和培养体系是一套人才梯队建设的管理体系，也是企业对有发展潜力的员工实施长期培养和使用的人才管理机制。在500强企业里，有78%以上的公司引入了后备人才管理体系。通用电气的核心竞争力，就是人才开发和培养体系，被誉为世界级企业人才的"黄埔军校"，人才开发和培养体系解决了企业可持续发展的问题，也为其他的企业提供了不少优秀的管理人才。有个数据统计，世界500强中，有200家企业的CEO出自通用电气。凭这一点，通用电气一定会在市场竞争中、在经济全球化的过程中立于不败之地。

案例　西门子是如何挖掘内部管理人才的

西门子公司是一家拥有40万名员工，以电子、电器为主产品的高科技跨国公司，迄今为止已走过了150多年的发展历程，2010年在世界500强企业排名中名列第40位。西门子公司为什么能够成功地走出了一条长盛不衰之路，而且在强手如林、竞争激烈的今天仍然保持着一股强劲的发展势头呢？其中最重要的一条经验就是注重人力资源开发，多渠道发现优秀人才，不埋没企业内部具有管理才能的人选。

人事部门地位高、有权威

各层级的人事主管都是领导班子的成员，人事总裁马力先生就是西门子公司董事会的董事。这样做，对于把人力资源治理与开发纳入企业经营总战略和总决策之中是非常有利的。有人曾经调查过欧洲1000家大型企业，结果表明，50%以上企业的人事主管都是由董事兼任的，西门子公司的做法就是例证。欧洲出现这一特点不是偶然的，这与发展所处的时代背景有着直接的关系。有人曾对欧洲企业近几十年来的用人情况做过这样的分析：1945~1955年10年间，由于二战导致商品极度匮乏，企业大多注重从生产人员中选拔高层主管；1955~1965年10年间，由于市场饱和、产品滞销，企业大多注重从销售人员中选拔高层主管；1965~1975年10年间，由于合资经营、跨国经营的出现，财务问题日趋复杂起来，企业大多注重从财务人员中选拔高层主管；1975年以来，由于市场竞争加剧，人才问题越来越成为各种竞争之要害，因此选拔高层主管的注意力开始转向人力资源治理开发上来。

实施"爱发谈话"制度

"爱发谈话"是西门子公司实行的一项人事制度，主题是"发展、促进、赞许"，德文缩写是 EFA。在西门子公司 40 万员工中，有 26000 名是高级治理者，实行年薪制，其余一律按工资税章表领取工资。"爱发谈话"的对象是实行年薪制的各领域高级治理人员，每年谈话一次。"爱发谈话"由职员、上司、主持人三方参加。职员，即 26000 名高级治理者；上司，即谈话对象的直接主管；主持人，通常是人事顾问。这种"爱发谈话"是以谈心方式进行的，上司是主角，在谈话中处于主动地位，但是他不是以上司身份出现，而是教练角色，从心理上与职员构成伙伴关系，设身处地帮助职员分析优势、劣势，帮助职员更好地实现个人的设想。职员在谈话中的任务是：客观分析自己的现状，找出自己的强项和弱项，提出培训进修的意愿，根据自己的爱好、潜力以及目前所处的位置设计调整生涯规划，达到关心自我、拓展职能、确立目标之目的。主持人的任务是：协调谈话各方、咨询有关问题、提供市场信息。为了保证谈话效果，在谈话前三方都要做好必要的预备，尤其是上司的预备必须充分。其中包括：了解谈话对象当年完成任务情况、能力状况、有何要求等。这些情况可以事先通过问卷调查获取，包括：企业能为职员发展提供什么样的可能性；对职员的能力、优劣势、目前状况、所在位置的评价意见。为了提高谈话能力，公司还组织了 80 名专家对 800 名谈话者进行专项培训，然后再由 800 名经过培训的谈话者去实施对 26000 人的"爱发谈话"，谈话结果三方签字后归入人事档案，作为确定年薪、岗位变动、职务升迁、培训进修的重要依据。在"爱发谈话"基础上实施的高级管理人员培训的针对性极强，缺什么补什么，参加培训者不是强迫而是自愿参加。

大力开发国际化经营人才

西门子公司的业务几乎覆盖了整个世界。经济一体化和经营国际化程度之高都是其他企业不可企及的。西门子公司的战略是：把西门子公司的发展融入所在国的经济发展之中。为此，公司作出规定，选拔领导干部必须具有1至3年的国外工作经验，而且把外语以及对所在国家文化状况的了解作为重要条件。

人才资源开发投资力度大

西门子公司的治理者认为：创新是公司的命脉，技术是造福人类的力量，领先的技术是立于不败之地的保障。因此，他们始终把人才开发、推动科技进步作为公司发展的首选之策。从世界上第一台指针式发报机的诞生到现代高科技太阳能芯片的生产，在100多年的科技发展竞争中，西门子公司在同领域始终是一路领先。该公司现有员工中大学以上学历者已超过50%。目前每年还要接收3000名新大学生，仅用于这批学生的继续教育费，公司每年就要拨3亿马克。另外，公司每年还要投入70亿美元和45000名人员专门用于研究与发展，以迎接本领域的挑战。

着力于团队精神培养

这是西门子公司的人才开发的一个最大特点。西门子公司的治理者认为，企业的未来在很大程度上取决于人才资源的开发，企业主应当通过与员工的真诚合作来增加公司的价值，要爱护自己的员工，在创造一个人就业机会的同时创造一个人的发展机会，努力培养员工对本企业的归属意识，把个人的发展同企业命运紧密地联系在一起。在西门子公司，企业主与员工的伙伴关系体现得非常充分。当外界问及西门子公司的员工在哪儿工作时，回答近乎异口同声：在西门子公司！这回答听起来似乎很平常，但就在这平常之中却展现出西门子公司员工热爱企业、视厂为家的主人翁责任感。这就是西门子文化所培养出来的西门子人。是西门子文化给企业不断注入了活力，才使企业发展始终充满生机和活力。

深度思索 不管是外来和尚还是自家和尚，会念经的就是好和尚。一些企业在感叹人才不足、四处寻求人才时，要树立"人才就在身边"的思想观念，不忘关注身边的人，培育身边的人才，让人人能够发挥所长，履行职责。

（三）引进自己没有的人才

综观世界发展的历史，也是一部人才争夺的历史。人才在竞争中进步，社会在竞争中发展。人才争夺，古而有之，但它演变成为世界大战，则是近半个世纪特别是进入知识经济时代的事情。当前，人才争夺是很多跨国公司赢得竞争优势的一个重要手段，已经有越来越多的企业认识到人才争夺对其生存和发展的重要性，并将人才争夺作为企业人才管理工作不可缺少的一个重要环节。中国民族工业的先驱范旭东，在他发起创办"永利"化学工业公司时，发现留学英国的王季同非常熟悉制碱业，就千方百计地争取他加入公司，破例免除他应缴的发起人股金而将其列为发起人之一，并委以管理技术的重任。他还派人到美国去物色留美高级技术员，经过努力，他们中的许多人欣然接受了范旭东的邀请，回国到"永利"任职。正是依靠这些骨干力量，"永利"的事业才不断发展壮大。

美国著名企业管理家艾柯卡在克莱斯勒汽车公司的成功，很大程度上应该归功于他从老东家福特汽车公司挖来的人才。艾柯卡在担任福特汽车公司领导时，实行大胆的经营管理改革，在全公司上下推行新型汽车发展战略，使福特汽车公司获得很大发展。后来，因受亨利·福特的妒忌和排挤，他被美国第三大汽车公司克莱斯勒公司聘任为公司的董事长和业务领导。他到任后立即组织招募"福特人"，不仅招聘了已经从福特公司退休的三名领导，而且挖走了在岗的300多名高中级管理人员和工程技术人员。他花了整整四个月的时间，在迈阿密和拉斯维加斯进行多次交谈，终于将福特汽车公司的主要骨干杰拉德·格林沃尔德拉进克莱斯勒公司出任财务主审官，以拯救公司的财务混乱局面。在杰拉德·格林沃尔德的帮助下，克莱斯勒汽车公司又挖来了福特汽车公司财务部的业务员罗伯特·米勒，安排他与400家谨慎的银行打交道。克莱斯勒汽车公司还挖走了福特汽车公司两个能干的销售经理杰西·派克和杰克·吉尔斯，以及在福特汽车公司担任了20多年广告员的巴隆·贝茨和福特汽车公司副总裁里查德·多奇，而且通过多奇又带过来一大批年轻的生产管理人员充实克莱斯勒公司各生产制造部门。当然，在克莱斯勒汽车公司成功的背后，福特汽车公司因人才的大量流失，业绩年年下降，竞争实力大大削弱。

讲到人才争夺与引进，人们自然首先想到的是人才招聘会。其实，人才招聘会并不一定是获取专业要求较强的技术人员和中高级管理人员的最佳渠道。比如我们经常会遇到这样的情况，在人才招聘会上，自己的展台前面被应聘的人群围得水泄不通，最终以几大袋简历满载而归。但回到公司后发现，简历虽然很多，但是真正符合要求的却不那么多。一般来说，人才市场上的争夺渠道有人才招聘会、媒体广告、网上招聘等。它们可以单独使用，也可以结合在一起使用。探索跨国公司开掘人才资源宝藏的成功秘诀，主要有七大人才资源争夺最新理念与奇招。

1. "无边界"理念——创建独有企业精神争夺人才

美国通用电气公司企业家韦尔奇洞察秋毫，首创"无边界"理念，以独创的企业精神争夺全球化人才，开展全球化经营。韦尔奇倡导"走动式"管理，减少组织层次，克服官僚主义和等级制危害；主张人才流动化发展，给予每个人充分的发挥空间；提倡永续学习，强调知识的价值与学习的价值等。"无边界"理念的实践，使通用电气公司建起了独有的企业精神，让人们的思想与创造性随时都能无边界地发挥，给人才创造出全新的企业环境。由此，通用电气公司集中了全球最优秀的企业家人才、科技创新人才和最优秀的企业员工。

2. "非平衡"理念——创新组织与制度争夺人才

传统的人才管理理念认为，寻求"平衡"是企业组织与制度的基本任务。然而，研究跨国公司的争夺人才实践，可以发现他们在不断打破平衡，以"非平衡"理念指导企业组织与制度创新，建立企业人才任用、奖励和股权激励机制，以更加有效地争夺人才。应对全球化不断变化的主流趋势，杜邦公司率先发起组织管理创新，大刀阔斧地实施公司组织机构大改组，将原有庞大的5个公司业务部门外加石油天然气生产部门，划分成20个规模较小、能够灵活运作于市场、具有实质性战略意义的业务部门，并在中国等重点市场设立经营与技术开发中心，为人才独立发挥作用提供了新舞台。

3. "生物圈"理念——塑造本土化优势争夺人才

近年来，跨国公司提出并实施优化"生物圈"理念，塑造本土化优势，形成强大的人才竞争力。随着我国开放度的提高，全球500强跨国企业中有400多家在中国进行了投资。跨国公司在华推行本土化战略，大力营造"生物圈"优势，如投资项目集中化，技术开发就地化，人才使用当地化等。比如微软公司在中国聘用了500多名各类人才，IBM中国研究中心的70多名研究人员大都是中国培养的硕士生人才，摩托罗拉公司在中国的研究人员中有近1000人来自中国的著名高校。

4. "共成功"理念——运用现代方式与手段争夺人才

与传统理念不同，"共成功"理念重要的一条，是转变传统的企业与雇员之间的不平等关系，让员工与企业为共同的目标而奋斗。美国思科公司是1984年由两个人创办并快速发展起来的科技型企业。目前，思科在全球的员工已发展到3.4万人，年营业额130多亿美元。其中，设在中国的思科系统网络技术公司的员工超过550人，吸收了众多的中国高科技人才。思科企业成功的秘诀，主要体现在倡导企业员工"共同成功"理念，善于运用现代方式和手段争夺人才。思科公司中国人力资源总监关迟说："思科追寻人才资源开发创新，每个员工的成功就是公司的成功。"

5. "能本"理念——放宽视野争夺人才

以色列著名企业家凯奇说:"一次高学历教育并不能决定人的一生,而是需要不断地提高人的知识和能力。即便是企业中未受过学历教育的员工,同样应给予公平的竞争机会。""能本"理念核心是重视人的基本素质,重视人的能力的不断提高,不断实现以人的能力为本的管理升华。索尼公司提出杜绝在学历上的任何歧视行为,在公司现有的3500多名科技人才中,相当一部分不是"科班"出身。日本西武公司的2/3中高层管理人才,都是从低微的小职员逐步提升起来的,没有可炫耀的学历背景。为提升"能本",跨国公司大力倡导无论有无学历都可成为人才的思想,为员工再教育与能力提升提供条件与方便。福特、摩托罗拉等企业每年用于人才培训的支出就高达10亿美元以上,以重塑人才与知识。这些做法,更加适应了人才争夺的时代新要求。

6. "情感"理念——建立关系管理体系争夺人才

对于欧美企业而言,重法律、轻情感是习惯的价值观。然而,近年来,跨国公司纷纷重塑"情感"理念,建立和发展人才关系管理体系,挖掘和运用流出人才,取得了人才资源的长远效益。贝恩(Bain&co)国际顾问公司全球执行董事汤姆·蒂尔尼说:"我们的目标是吸引最优秀的人才,而这些人才也是最难留住的。任何试图最终困住人才的想法都是愚蠢的,应该在他们离职之后继续保持联系,把他们变成拥护者、客户或者商业伙伴。"近年来,三星、英特尔等跨国公司都增设了知识主管部门,建立起人才关系管理特殊档案,详尽收集记载流出各类人才的去向、发展方向、联系方式等一系列信息,保持与流出人才随时沟通。不少企业每年还定期开展与流出人才的联谊活动,广泛征求流出人才对企业发展的建议、意见和要求。"情感"理念使许多"流失"人才失而复得,仍为原企业提供帮助。

7. "远效"理念——着眼社会与未来争夺人才

微软全面完成了将其在亚洲的研究院移到中国的目标,并在列中国前50位的高校分别建立了人才通道,向这些高校赠送价值3000多万元的软件,向加入人才俱乐部的高校师生提供技术培训等,使他们能够抢先一步使用微软最新开发的产品,了解全球整个IT行业的前沿动态。微软中国研究院院长张亚勤说,以上行动是微软全球化人才竞争战略的一部分,目的就是利用中国高校抢先一拍争夺未来IT人才。

案例　宁愿支付世界级薪酬也要把你引来

苹果公司是美国计算机行业的后起之秀,在2010年世界500强企业排名中列第197位。公司的创始人史蒂夫·乔布斯及前总经理麦克·马库拉都是非常擅长计算机技术的专家,而且对人才的重要性也有非常深刻的认识。尤其是史蒂夫·乔布斯,几乎达到了求才若渴的地步。但是公司的组织销售能力还比较差,因为他的公司缺少一位能干的销售管理人才。因而公司产品销量一直徘徊不前,屈居于同行的下游,严重影响了整个企业的发展。

针对公司的这一弱点,求才若渴的史蒂夫·乔布斯决定以重金聘请一位能干的总经理,专门负责管理销售业务。于是,他在报纸上登了一则广告,以200万美元的重金求一位销售人才。大有"只要你来,我们愿意支付世界级薪酬"的气魄。几天后,许多有才能的人都前来报名应聘,公司根据各种条件,进行严格的口试和面试之后,终于得到了他们想要的人,他就是约翰·斯考利,一位非常能干、朝气蓬勃的年轻人。

斯考利原是美国百事可乐公司的总经理,精通销售学,有一套独特的销售方法和经验,往往能出奇制胜,抓住顾客心理,从而赢得顾客,使百事可乐公司取得了不小的成就。而且,他还善于管理,能把企业中的各种关系处理得非常恰当,使企业联合成一个强大的集体,为战胜对手和取得成功提供了强大的合力。正因为如此,他才使得百事可乐公司取得了迅速发展,从而一度缩小了与可口可乐公司之间的差距。

斯考利的确是一位了不起的人才。史蒂夫·乔布斯慧眼识珠,在对他进行严格的考试之后,终于任命他为公司的总经理。然而,许多人对出如此高的价钱去雇佣一名经理而感到不可理解,有人提出疑问:"花200万美元聘请一个人值得吗?""能请到这位难得的人才算是公司的最大幸运,即使是千金相求,也是非常值得的。"苹果计算机公司的领导毫不犹豫地说。

斯考利在上任之前,除同苹果公司的领导人进行了仔细的商谈外,还用3个月的时间分别同该公司的每位经理进行交谈,全面了解情况,掌握第一手资料,谋划企业发展的大思路。果然他一上任就不负众望,提出了公司的发展战略计划,并宣布将使苹果公司成为与美国商用机器公司相媲美的大企业。

接着他采取了一系列相应对策,使这个公司在较短时间内迅速发展,销量大增,员工们的精神也为之大振,情绪高昂。英国的《经济专家》杂志认为,苹果公司聘请高级管理人员任新经理,标志着该公司进入了成年时期。

深度思索 俗话说"千军易得,一将难求"。对于难得的帅才,必须施展各种手段,打破某些用人限制,即使花费万金也是值得的。

第二节 各尽其能用好人才

我们都知道这么一段故事:刘邦在得了天下后,与大臣们探讨自己与项羽争天下得胜的原因时说:"夫运筹帷幄之中,决胜千里之外,吾不如子房;赈国家,抚百姓,给馈饷,不绝粮道,吾不如萧何;连百万之兵,战必胜,攻必取,吾不如韩信。此三子,皆人杰也,吾能用之,此吾所以取天下也。项羽有一范增而不能用,此其所以为吾擒也。"从刘邦的话中可以看出,刘邦承认张良、萧何、韩信都比自己强,自己的唯一长处是能够使用他们。这段话明确无误地告诉我们,管理者应该是用人专家,正如美国著名经营专家马考尔所说:"管理之本在于用人。"人才只有靠重用才能体现其价值,只有靠使用及在使用中的培养锻炼才能使其价值得到转换和增值。人才的流失多是因为得不到合理的使用或者是重用,正如刘项争霸时萧何对刘邦所说:"能用信,信则留,不能用信,终走耳。"不经过使用不可能对人才作出正确的评价,只有在具体的工作中有用人的胆识和魄力,发现和使用人才,让人才担重任、挑大梁,放手去做,才能拥有稳定的人才队伍,实现企业兴盛和可持续发展。关于用好人才的法则有很多,其中以下几点是特别应当做到的。

(一) 让合适的人做合适的事

企业的人才有时就像企业生产产品所需要的材料一样,需要十分合适,如果所选的人才不合适,就无法满足企业的需要。让合适的人做合适的事,才能突出有效执行的能力,否则就很难达到目的。我们知道,人的能力是有界限的,某人在某方面表现很好并不表明他也胜任另一工作。比如:一个工程师在开发新产品上卓有成就,但他并不适合当一名推销员。反之,一名成功的推销员在产品促销上可能很有一套,但他对于如何开发新产品却一窍不通。同样道理,正如我们不能依靠排球运动员去操办一场超级排球大赛,不需要医学家去当药品销售商一样,我们不能因某人在某个行业的名气、地位,就认为他能做好另一专业的工作。这个道理对任何行业使用人才都是适用的。

美国汽车大王帕尔柏刚开辟自己的汽车代理业务时,曾为自己的公司聘请了一位大汽车制造公司的新管理人来负责汽车的统销业务。对汽车来说,这位新管理人的知识可以去当一名大学教授。但遗憾的是,这位新管理人对汽车的销售、销售人员的管理、如何控制不必要的销售费用以及如何制定营销策略方面的知识一窍不通。由于他来自生产厂家，习惯于汽车生产管理，但对如何与厂方据理力争，抓到畅销车的货源缺乏主意，最终使帕尔柏希望落空。此后，他另聘一位善经营销售的人，此人不但十分了解汽车销售行情，而且有自己独特的见解，更注意费用的核算，最终为帕尔柏赢得了成功。

将合适的人请上车，不合适的人请下车，是美国通用电气公司的一个用人理念。通用公司总裁杰克·韦尔奇曾这样说过："我们能做的一切，就是把宝压在我们选择的人身上。所以，我的全部工作便是选择适当的人。"在通用电气公司，主管 NBC 的罗伯特·莱特、副董事长兼 CEO 丹尼斯·达梅尔曼、主管公司资本的格雷·温茨、经营医药的约翰·屈尼等人，都是在他们各自的位置上工作十多年的优秀人才。因为韦尔奇能让合适的人做合适的事，所以他能让他们在各自的位置上做得越来越好。

（二）用人要扬长避短

大凡是人，有长处，也有短处。如何扬"人才"之所长，避"人才"之所短，这就是领导者的用人之道。有这样一个笑话：说的是画家们选了一个临摹的模特儿，由于被临摹的模特儿是个少只眼、瘸条腿的人，许多画家对此束手无策，其中有一个聪明的画家却以其为临摹对象，画了一位跪姿端枪打靶的人，令在场的人拍案叫绝。这虽然是一则笑话，但其中给人们的启发是：如何在看似没有一点长处的人的身上，扬其所长，避其所短，这才是一个领导者把人才用好、用活的高明之处。若不能"人尽其才"，是对人才的一种最大的浪费，也是造成人才流失的根本原因之所在。研究表明，一个人才如果在与其才能不对口的岗位上工作，其才能将有 20%～30% 被无形吞没。而用人的精义正在于舍短用长，一旦舍长用短，即使是"重用"，也是用非所长，这是一种无形的浪费，是比物质财富还要严重得多的浪费。

怎样做到扬长避短呢？首先，管理者应善于发挥下属的长处，这方面的有效办法就是在日常生活实践中注意观察，可以利用工作的方便，观察每个人的专长，在观察中管理者可以分析这个人究竟有什么长处，最适宜做什么工作，经过一段细心观察，就可以发现他的长处。在发现下属的长处以后，管理者就应该创造条件用其所长，并经常地给予帮助和鼓励，帮助他们发挥长处。其次，管理者还应善于"避短"，就是不用人的短处，对下属的缺点和短处，只要不影响工作，就不需苛求，对于一些影响工作的缺点和短处，则应不"护短"，要帮助员工克服缺点，更好地发挥长处。

（三）用人不疑，疑人不用

人们在用人实践中摸索出一条准则：对真诚所用的人，要给予充分的信任。信任，是人的一种精神需求，是对人才的极大褒奖和安慰。它可以给人以信心，给人以力量，使人无所顾忌地发挥自己的才能。宋代文学家、思想家欧阳修曾指出："用人之术，任之必专，信之必笃，然后能尽其才，而后可成其事。"这说明用人不能三心二意，而要一心一意地信任之。如果用人多疑，则"上不信下，下不信上，上下离心，以至于败"。企业在用人方面有许多做法，但要使人才充分发挥自己的聪明才智，信任是最为重要的。有位大企业的老总在谈到用人时说："信任是我用人的第一标准。"这句话很有见地。用人不疑，疑人不用。既然你选择了他，便不应怀疑，不应处处不放心。既然你怀疑他，你便不要用他好了。用而怀疑，实际上是最失策的。松下幸之助对此颇有见解。他认为，起用某个人，只有充分信任他的时候，他才会一心一意为企业卖命。而索尼公司的创始人盛田昭夫更绝，为了表示自己对人才的信任，他将所录用的人的人事档案烧掉，只看行动，不问过去如何。

用人不疑，是一条重要的用人原则。要真正做到确实很难，但并非无章可循。第一，要对所用的成员以诚相见。对于人才一旦委以重任，就要推心置腹、肝胆相照。第二，要给受挫者成功的机会。领导者对于失败者的正确态度应该是：先弄清失败的原因，再看其受挫后的态度，是心灰意冷还是重整旗鼓，是怨天尤人还是引咎自责，是满不在乎还是羞愧难当，再根据其反应对症下药。第三，领导者不为俗议所左右。领导者与属下都生活在尘世中间，世俗之众对人皆免不了七嘴八舌、说长道短。为领导者所任用的人自然是被议论的对象。领导者要真正做到无所猜忌，就必须对世俗偏见、流言飞语、嫉妒心理保持高度警惕，不受其影响和左右。第四，用人要有广阔的胸怀。管理者必须气度恢弘，才能做到信人不贰、始终不渝，才能用好那些超过自己的人。否则，手下人就会聪明不可用尽，才能不可使尽，见好即收，略显而止，甚至急流勇退。这样，只能浪费人才的效能，影响事业的发展。

综合分析，人们工作是出于不同的原因，有人为了金钱，有人为了社会地位，有人为了得到别人的欣赏，也有人是为了在工作中获得满足感和自我发展。但是无论是怎样的人都希望得到领导的赏识和信任。作为管理者，不但一定要明晰这些人的需求以及不断变化，确保员工尽可能最有效地工作，激励、鼓舞和指导员工取得好绩效，更应该给予他们充分的信任。

（四）用人要大胆放权

大胆起用精通某一行业或岗位的人，授予其完成任务所需的充分的权力，使其具有相对独立做主的自由，是实现公司长远发展并取得成功业绩的必然要求。

本田第三任社长久米在"城市"车开发中充分显现了对部属的授权原则。"城市"开发小组的成员大多是20多岁的年轻人，负责人也只有30多岁。有些董事担心地说："都交给这帮年轻人，没问题吧？""会不会弄出稀奇古怪的车来呢？"但久米对此根本不予理会。年轻的技术人员则平静地对董事们说："开这车的不是你们，而是我们这一代人。"久米不去听那些思想僵化的董事在说些什么。他说："这些年轻人如果说可以那么做，那就让他们去做好了。"就这样，这些年轻技术员开发出的新车"城市",车型高挑,打破了汽车必须呈流线型的"常规"。那些故步自封的董事又会说:"这车型太丑了,这样的汽车能卖得出去吗?"但年轻人坚信:如今的年轻技术员就是想要这样的车。果然,"城市"一上市,很快就在年轻人中风靡一时。本田就是这样根据每个人的长处充分授权、大胆使用,培养他们强烈的工作使命感,从而造就了本田公司辉煌的业绩。

(五) 用人要打破常规

在一般情况下,一个部门的最高管理者应由本部门内的人员一步一步提升上来,除了工作经验,还要求具备一定的资历。但是在一个官僚主义横行的企业中,如果仍然遵循这样的传统,根本就找不到适用的人才,公司必须打破常规,跳过正常的选用程序,将真正有才华的人提拔到重要的岗位上。

20世纪80年代杰克·韦尔奇开始对通用电气进行大刀阔斧的改革时,一些高级管理人员因为无法适应他的做法而相继离开了公司。然而韦尔奇丝毫不受影响,照样进行他的改革事业。韦尔奇知道,只有当公司在所有关键职位上都拥有合适的人才的时候,改革进程才能快起来。这方面最好的例子就是1984年3月任命丹尼斯·戴默曼担任首席财政官(CFO)。他当时只有38岁,是公司历史上最年轻的CFO,在那个时候,如果有人向1000个员工提问谁会接替汤姆·索尔森的CFO职务,让他们列出5个人选,肯定没有一个人会提到丹尼斯的名字,因为丹尼斯当时在公司财务系统中的地位还远不够高。

在韦尔奇担任事业部总裁的时候,丹尼斯曾经在他手下工作过两年。在那段时间里,他显示了令人难以置信的机敏、勇气和多才多艺。他可以今天深入考虑家电业务的最具体的细节,明天就去分析通用电气资产公司的最复杂的交易。在与C会谈工作的时候,他能立刻了解到A和B之间的差别。更重要的是,与其他几位候选人不同,他身上没有官僚主义的作风。财务部门对丹尼斯的接任自然感到非常意外,而丹尼斯本人对这一任命的惊讶并不亚于他们。

对丹尼斯的任命公开之后，在公司里掀起了一场轩然大波，财务系统也引起了不小的震动，这正是韦尔奇期望达到的效果。对丹尼斯的任命在公司里导致了一场危机，一场改革所需要的危机。一段时间过后，丹尼斯极大地改变了财务系统的面貌，他担任CFO后，一直不知疲倦地与官僚作风做着斗争。

案例　郭台铭是如何用人的

"我不懂模具，但是我会用人、会用专家，我们公司的机械博士超过几十位！"这是鸿海集团董事长郭台铭的自谦之词。尽管鸿海是以模具起家，但郭台铭很清楚，善用人才，才奠定了鸿海30年来持续成长的基础。10年前营业额才突破100亿新台币，鸿海集团2006年已接近1兆新台币的营业额，成长整整100倍，从计算机、通信、消费性电子等3C产业，到继续布局汽车、通路、数字内容等6C产业领域，鸿海集团内一位副总不只掌管百亿新台币事业，而且已经能够掌管千亿的事业，也成就了鸿海在台湾电子业史上的霸业。

敢用——鸿海把人才变将才

以2006年鸿海集团旗下最大的一块事业版图"富士康"控股公司为例，总经理戴丰树拥有东京帝国大学博士学位，并且在丰田汽车工作8年，当时有人就怀疑做车子的能把手机做得好吗？但郭台铭认为，"车子的零件有2000多种，但手机只有200多种，你说做得起来吗？"果然戴丰树一开始就参与手机的全球布局，5年间鸿海创造出营业收入大约是2000亿新台币的超级大蛋糕，也是鸿海2006年成长最快速的部门。从0分到90分很容易，而从90到100分很难，这是一般外界的看法，但是善用人才却让鸿海可以从90分继续成长到200分、400分、800分，让外界不敢怀疑郭台铭达到"两兆营收"的目标。"相较于其他IT界领导人培养的是人才，郭台铭培养的是将才！"前戴尔亚太采购总经理方国健在台湾IT界20多年，一语道破今天鸿海对于人才的重视和使用。郭台铭常记挂的一句话就是"千军易得，一将难求"，每次有人问起鸿海最大的挑战，郭台铭一定毫不犹豫地回答："人才，人才的选拔和培育，是一个企业永恒的难题。"也难怪在投资人才方面，郭台铭一向舍得花钱。以最早推动的"凤凰计划"为例，鸿海为了引进光通讯专家，公开在媒体上刊登年薪1000万的广告，外界看到了郭台铭寻找人才的大手笔，也看到了郭台铭做事的决心。

敢给——经理级年收入300万

郭台铭是个敢给的老板。鸿海集团的薪水加上员工配股之后，经理级的主管一年约有近300万元收入，副总经理级以上的年收入更逼近千万元。也难怪业界称郭台铭是台湾电子业"最敢给"的老板。郭台铭强调，"我没有个人物质享受的兴趣，但是为了提升企业的竞争力，在投资设备和人才方面，从不吝于花钱。"只要是世界上最先进的设备、最顶尖的人才，不管开价如何，鸿海都会想办法购买。像鸿海并购了奇美通讯之后，为了要留住前奇美通讯总经理池育阳等具有研发及行销专才的人才，史无前例地以发行富士康国际控股（FIH）"折价增资股"的方式，礼遇奇美通讯的经营团队。简单地说，就是郭台铭让员工用折价现金增资，成为另一种技术入股的模式，员工拿出现金入股，让员工与公司荣辱与共，成为惜才、留才的另一种方式。从这个角度来看鸿海每年的尾牙活动，主要就是宣示"老板敢给"的决心，像2005年一个尾牙晚会上就送出包含股票及现金共4000多个奖项，总市值近4亿元。其中最大奖"总裁奖"为360张鸿海股票，高于前一年头奖的300张，以当时鸿海收盘价142.5元计算，市值高达新台币5100万元，创下国内企业尾牙最大单一奖项纪录。

郭台铭承认鸿海没有品牌，但人才、速度、成本、品质是鸿海品牌四大竞争利器，其中人才排第一位。不过更重要的是老板敢给，更敢要求员工。鸿海连续11年每年30%的增长，并非凭空而来。"报告董事长，我出到欧洲的货出了问题，我要亲自去解决。"一名主管向郭台铭紧急通报，而郭台铭一方面点头赞许主管到第一线解决问题的决心，也同时明白地告诉他："机票钱你要自己出。"这也说明了郭台铭赏罚分明的一面。"我发奖金的时候，就是我裁人的时候！"这是郭台铭留下的另一句用人的名言，"总不能公司开始赔钱的时候才开始裁员吧！"郭台铭强调。

会用——让人才掏心掏肺效忠

鸿海集团共取得超过11000件专利权，是鸿海可以稳做全球最大计算机连接器供货商的关键，也说明了鸿海霸业背后人才之扎实。为了实践全球化的布局和野心，不惜重金买人，但却不迷信专家，是郭台铭用人最特别之处。"走出实验室就没有高科技，只有执行的纪律"，郭台铭强调，一个能够适应创新与变革环境的人才，也必须具备"负责任、肯学习、勤动手、不怕错、守纪律、重团结"六大条件。

敢花——花钱是为了公司进步

郭台铭从不吝啬把钱花在投资人才和添购先进设备上。他认为唯有长期投资和发展人才，才是台湾全球化布局成功的关键。"所以，外界说花钱是我的一种享受，还不如说花钱是我的一种追求，这就是我的哲学。"也是因为有执行力，所以鸿海敢长期规划。在人才的培育方面，鸿海把眼光放远，在台北市、美国、中国大陆都有所谓的"世干班"（世界干部训练班），为了将员工培养成国际化的人才，让他们去海外受训，为此花费上千万美元。除此之外，方国健认为郭台铭除了能提供傲视业界的工作奖励外，让员工适才适任，也是许多人才不畏其"霸气"而投靠的关键。像曾在鸿海任职20年、替鸿海打过无数场专利官司的鸿海法务长周延鹏就回忆，他会选择进入当时经常惹上官司的鸿海工作，就是因为应征时，郭台铭对他说："你只要把IP（智财权）跟投资搞好，以后路就广了。"周延鹏说："当时我就知道，只要熬过来，我就会不一样了。"不过，像外国公司也很敢给，也赏罚分明，但可能连西方管理学家都搞不懂，为什么有一群优秀的人才愿意卖命，赚了钱之后还不停歇，让鸿海帝国可以愈来愈大？关键在于"以身作则"的力量。除了"赏罚分明"是郭台铭刻意树立分辨是非对错的企业价值观之外，"以身作则"也是郭台铭带领员工重要的方法之一。郭台铭强调"以身作则必躬亲，不是事事要管，而是身先士卒、一马当先"。他更要求员工不分层级，一起投入研究创新、挑战困难，这一点和西方管理学强调的"分工授权"不太相同。一位拜访过鸿海的人士就分享了他和鸿海干部吃饭时的经验。有一次他到郭台铭常去的餐厅吃饭，郭台铭说去一下办公室，却让大家从七点多等到九点。这段时间，没有人敢点菜动筷子。而公务缠身来迟的郭台铭，一看大家都没点菜，除了赶紧叫菜，他也会带头夹菜吃，因为他知道自己一动，饥肠辘辘的大家才会开始吃，而郭台铭看大家开始动筷子，就放下筷子不吃了，和大家边吃边谈他的计划。但郭台铭也时时注意什么菜吃完了，叫厨房赶快再上菜，等大家都吃饱了，就会看到郭台铭把每盘剩下的菜，倒在碗里拌一拌，就这样咕噜咕噜吃下去，这名人士对媒体提出他的观察，"郭台铭帮干部张罗饭菜，但自己却吃剩的，干部看在眼里，人心就是这样被买走的。"更让人惊讶的是，在酒足饭饱之际，大家想着今天终于可以好好休息了，忽然间郭台铭的声音传进大家的耳里："十点半要开会的去准备一下。"一名在鸿海工作长达20年以上的干部就指出，看了老板赚钱之后没有放进自己的口袋，几乎全都投入机器设备，"这样的老板很值得跟"，这名干部说。

能用——不怕干部比自己强

鸿海公司唯才是用，也不会强调谁是博士、谁是名校，在鸿海征才网站上就指出，只要投递履历，就有机会加入鸿海，"鸿海并非外传的非名校不用"。更进一步分析，郭台铭不像广达集团董事长林百里、华硕集团董事长施崇棠等都是电机系工程师出身、名校毕业。资深的业界人士指出，这样反而更能吸纳各方人才，不会因为工程师过于自信的个性而有所局限。但这并不是说郭台铭没有自信，反而是面对逆境、困难，练就了郭台铭不达目标绝不放弃的一身霸气。

敢冲——突破难关就能获得大报酬

郭台铭在打造鸿海帝国的过程中，遭遇过许多巨大的困难，但他认为在应付这些难关时，若能有所突破，就能让自己得到最大的报酬，拥有愈来愈多的实力。他深信，越好的人才就要有越多的磨炼，因为唯有如此才会让人才愈来愈有自信。郭台铭在2006年期盼包含富士康国际控股在内的8个事业体，未来3年各自至少收购6家公司，除了版图的扩张，主要就是着眼于全球人才的收编。这也意味未来3年，鸿海集团至少还会有48家公司加入，外界认为，这48家公司将是鸿海再造另一个"兆元奇迹"的关键。也是为了容纳各路人马，鸿海组建了23个所谓的"技术委员会"，事实上，鸿海很早就有这样的跨部门组织，只是现在层级拉得更高，由郭台铭亲自担任面试主管，让各种人才能充分发挥和交流。鸿海的成长，从20年前的100万新台币营收到1000亿，造就了第一批富豪；第1000亿到第5000亿，主要是以富士康为主，造就了第二批富豪；第5000亿到2兆能够造就下一批富豪吗？郭台铭宣称2008年将退居二线，而他的用人术能再创奇迹吗？值得再花两年拭目以待。

深度思索 在现代企业中，能否从战略层面思考和落实整体提升企业用人的管理水平，确实是考察现代企业治企能力的一个核心问题。科学合理地使用人才就是对人才要尽可能做到知人善用，真正实现人尽其才、才尽其用，充分调动他们的积极性、创造性，使每个人的潜能最大限度地发挥出来。

第三节　想方设法留住人才

人才与企业的关系是一种双向选择，不但企业选择人才，人才同时也在选择企业。正如三国时期一位政治学家说的，当今时代，不但君择臣，臣亦择君。作为管理者，一定要以一颗平常心去面对人才流动问题。其实随着经济的不断发展，人的需求层次也在不断提升，不同的人才有着千差万别的需求：有人追逐钱财，有人喜欢升迁，也有人讲究个人才能的发挥，还有人追求安逸舒适的工作环境，企业根本不可能满足所有人的愿望。因此，企业管理者应尽可能为人才创造良好条件，尽可能做到"爱才、惜才"。但如果人才执意要走，也不必过分阻拦，毕竟人各有志，强扭的瓜不甜。

爱立信管理学院每年都要对新招募的人才进行培养，而这些人才掌握更多知识后，一部分会跳槽到别的企业。对于这个问题，爱立信表现得很理智，从来没有发生过阻拦或者其他过激行为。很多人对此不理解，毕竟爱立信种了树，乘凉的是别人。对此，爱立信的一位人事高级副总裁回答得很轻松："人才流动是一种自然现象，大可不必担心。许多从爱立信出来的管理人才成了欧洲知名企业的CEO，这是爱立信企业文化的骄傲和延伸。而且都是从爱立信出来的，以后办起事来反而更顺畅。"正如爱立信这位总裁所言，正常的人才流动对于企业是件好事。有研究表明，10%～20%左右的人才流动率是一个合理的幅度，会促进企业的优胜劣汰，有利于企业的长远发展。在快速发展的企业，尤其是在以创新为核心竞争力的企业中，保持一定比率的人才流动是很有积极作用的。随着人才的流进流出，企业的科技创新能力和管理能力所吸收的养料更加充分和新鲜。企业人才的合理流动会带动知识技术与外部环境的交流，因此"人挪活、企业活"应该是企业管理者追求的人力资源管理的最高境界。合理的人才流动，对于企业而言是好事。

但是一个企业若是接连不断地发生辞职、旷工、请长假等现象，就不再是合理的了。特别是人才跳槽不仅浪费了企业的培训成本，可怕的是他带走了企业的技术和客户资源，优秀人才的流失无疑会给企业带来资源等损失。如何留住人才，防止人才不正常"跳槽"，是每一个管理者都头痛的问题。对此，一定要未雨绸缪，早作防范，绝不可放任人才轻易流失，科学安排工作和工作的内容，在对流出渠道做好疏通工作的同时，还要建立必要的防护措施，降低非正常流动，以保证企业永远活跃着一批勇于冲锋陷阵的杰出人才。

有调查数据显示：在选择企业时，33%的人关注个人发展，31%的人关注工作自主性，28%的人关注成就感，8%的人关注钱。对于外部环境的诱惑，企业不可能改变，唯一能做的，是着眼于企业内部，从自身查原因，找出人才跳槽的根源，因病施药，建立并强化能让人才忠于企业的用人机制。

（一）依靠事业留住人才，事业发展激发人才斗志

只有让员工产生了一种主人翁的感觉，他们才会在工作中毫无保留地奉献自己。如果他们始终怀着一种"我是在为别人打工"的心态工作，不用说他们会兢兢业业工作，也不用说留住他们的心了，就是留住他们的人也很难。同时，给予员工一种主人翁的感觉，也是对员工的一种尊重。一些企业主、管理者经常不顾及员工的面子，会当着员工的面说："你不要忘了，你是在为别人而工作。""你以为这是你的家呀，这是公司。""你们都得认认真真给我做事，否则就走人。"如果管理者在员工面前一再强化这种观念：你们是在为别人工作，那将会给员工带来一种莫名的刺激：我就不给你好好干。其实员工在为企业工作的同时，也是在为自己工作。所以，聪明的管理者从来不会说出上述的"蠢话"，表达同样的意思。他们更善于给予员工一种主人翁的地位，即他们通常会这样向员工强调："大家要记住，我们是在为整个团队工作。""不要把生活中的一些事情带到工作中来，这里只有工作。""公司为你们搭建一个平台，但是，命运还是由你们自己把握着。"只有这种话语，才会激起员工主人翁的意识，促使他们为了实现公司的经营目标而竭尽全力。

大量的事实表明，企业失败的原因各不相同，成功的因素却大致相同。其中最关键的一条是：凡是成功的企业，都拥有一个激动人心

的"愿景"。通用电气——"使世界更光明";IBM 公司——"无论是一小步,还是一大步,都要带动人类的进步";苹果电脑公司——"让每人拥有一台计算机";AT&T 公司——"建立全球电话服务网";福特汽车公司——"让大众能拥有汽车";迪斯尼公司——"让人们快乐";3M 公司——"创造性地解决那些悬而未决的问题";惠普公司——"为人类的幸福和发展作出技术贡献"。当愿景契合了人才内心真正的愿望时,将会产生出一种强大的驱动力,激发出一种勇气,一种无形的势、无形的场、无形的力推动着人才为了愿景的实现而努力奋斗。十几年前,几位中科院的知识分子借了 2 万元钱,在一间破旧的"卖菜的铺子"里,开始了实现共同愿景的事业:"我们献身一个事业——改革的事业,我们创造一个形象——改革者的形象。我们奉献给社会的不仅是第一流的产品,还有第一流的人才。"一个驰名中外的优秀企业在追求愿景的奉献中出现了,这就是四通集团公司。他们奉献的第一流产品——四通打字机,带动了中国办公室自动化事业的起步。他们奉献的第一流人才,有的一直为四通的崛起、发展作出贡献,他们中的一些人离开四通后,走向了联想、方正、金山电脑、惠普、摩托罗拉、美国微软等优秀企业。

早在 1932 年,松下幸之助在向企业人才演讲使命感的时候,曾经描绘了一个 250 年达成使命的期限。其内容是:把 250 年分成 10 个时间段,第一个时间段的 25 年再分成 3 个时期,其中第一个 10 年是致力于建设的时期;第二个 10 年继续建设并努力活动,称为"活动时期";剩下的 5 年一边继续活动,一边以这些建设的设施和活动的成果贡献于社会,称为"贡献时期"。第一时间段以后的 25 年是一代人继续努力的时期,同样要建设、活动、贡献。如此一代一代传下去,直到第 10 个时间段,也就是 250 年以后,世间将不再有贫穷,而是变成一片"繁荣富庶的乐土"。松下的这个 250 年规划可以说是绝无仅有的,不仅在企业界未有先例,即使那些赫赫有名的政治改革家也没有多少人有这样宏伟的规划。有这种规划和梦想的除了空想理论家之外，就是松下幸之助。但松下的规划是梦想，而不是空想。时至今日，可以说他的梦想在一步一步实现着。而更为现实的是，松下的这种规划让每个人都拥有了灿烂辉煌的梦想，从而提高了他们的工作热情和积极性，提高了工作效率，促进了企业的高速成长。这种目标激励所产生的巨大作用是不可估量的。

案例　让员工参与管理

创立于1878年的通用电气公司，经过了一百多年的发展，现已成为世界最大的电气设备制造商。生产种类包括家电、X光机、电站设备、核反应堆、宇航设备等。2010年在世界500强企业排名中名列第13位。

通用电气公司在人事管理上进行了重大的改革，将人事调配（即由企业单方面评价员工的表现、水平和能力，为其指定工作岗位）的做法改为"建言报告"的方法。也就是由员工自行判断自己的品格和能力，提出选择自己希望工作的场所，尽其可能由他们自己决定工作前途的"民主化"人事管理方式。这种方法一经推行，就受到了管理界的瞩目。可以说，通用电气是一个世界顶级企业，在这样的企业里，管理者都具备一流的水平，但员工参与管理在这个企业里却是很平常的事情。

自从杰克·韦尔奇担任通用电气公司总裁后，它就成为一家"没有界限的公司"。"毫无保留地发表意见"是通用电气企业文化的重要内容之一，在通用电气公司里，每年约有2万至2.5万名员工参加"大家出主意"会议，时间不定，每次50至150人，要求主持者要善于引导大家坦率地陈述自己的意见，及时找到生产上的问题，改进管理，提高产品和工作质量。他还以身作则，带头示范，不过他常常只是专心地听，并不发言。

"出主意"活动的开展，有两个最大的好处：一是在经济上带来了巨大的收益，二是使员工感到自己是企业的主人，给公司带来了生气，取得了很大成果。比如，在某次"出主意"会上，有个员工提出，在建设新电冰箱厂时，可以借用公司的哥伦比亚厂的机器设备。哥伦比亚厂是生产压缩机的工厂，与电冰箱生产正好配套。如此"转移使用"，节省了一大笔开支。这样生产的压缩机将是世界上成本最低而质量最高的。

此外，通用电气公司还实行"一日厂长"制。每一位员工都要写一份"施政报告"，自1983年起，每周星期三就轮流由普通员工当一天厂长。在这一天里，"一日厂长"和真正的厂长工作内容是相同的，九点上班，先听取各部门主管汇报，对全厂的营运情况进行全面了解，然后陪同厂长巡视各个部门和车间。在"一日厂长"的工作日记中，详细记载其工作意见。而各部门、各车间的主管都要依据这些意见随时改进自己的工作，并须在干部会上提交改进后的成果报告获得通过。各部门、员工提出的报告，先由"一日厂长"签字批准再呈报厂长。"一日厂长"还可向厂长提出自己的意见作为厂长决策的参考。这样的管理制度为通用电气公司带来了显著的成效，大大节约了生产成本。

正是通用电气在公司不断发展的过程中非常注重让员工参与到公司管理当中来，通用的员工才得以充分发挥自己的才能，并得到了一种满足感，才会继续留在通用电气公司，正是这些人才让通用电气公司从辉煌走向了更大的辉煌。

深度思索　只有企业把员工当主人，员工才把企业当成家。员工参与管理，是利用员工智慧的一种有效途径。同时，它更是一种有效的激励措施和留住优秀人才的措施。

（二）依靠待遇留住人才，保障人才的薪酬福利

福利是企业人力资源管理中一个容易被忽视的组成部分，但是对

现代企业而言，福利却又在整个人力成本中占据着相当大的一块份额。社会保障体系日益发展与提高的结果，使得福利成为薪酬理念中一个不可或缺的机体而固化下来，并成为企业最大限度留住和争夺人才的一大利器。加拿大一家顾问公司调查发现，如果公司愿意花不到一顿"麦当劳快乐餐"的钱替人才谋身心健康福利的话，每1元钱的投资可以达到6元钱的回报。如此"低投入、高产出"，福利的作用自然不可小觑！如果处理不好这个问题，对公司将是一个大损失。很多人才离开某个公司去投奔另一个，其中一个主要的原因就是他们希望自己投入的时间、思想、精力得到更多的回报。现在跳槽现象日益增多，作为留住人才的重要手段，工作回报变得越来越重要。人们需要合理、健全的薪酬、福利等所带来的安全和舒适，他们更愿意留在能提供丰厚待遇的公司里。最具有国际性的主要石油公司之一的壳牌集团，起源于英、荷两家母公司的联合，也是全球最大的10家公司之一。在石油工业企业中，壳牌的储蓄投资计划最具竞争力，待遇最为优厚，也最具有吸引力，以致很少有人愿意离职。以美国壳牌为例，其做法如下：工作3年后，员工可以选择把薪酬总额的2.5%储存在公司的储蓄基金内，公司照数补贴同等金额，员工存一块钱，公司就贴一块钱存进去；服务5年后，储蓄比率提高为5%，服务7年半后，比率提高为10%。假设员工在壳牌工作了8年，年所得为35000美元，可以储蓄3500美元，公司补贴他3500美元储蓄起来，年复一年，这些钱会成为极大的数目。壳牌的福利计划还有其他引人入胜的妙招，即公司提供对等储蓄基金，员工离开公司时，领取这笔储蓄，却不必负担公司提供部分信托基金的所得税，因为公司同时负担了。公司的对等基金存进储蓄基金后，员工可以选择三种投资方式：购买公司的股票；存入摩根银行管理的权利基金；或是存入固定利率的储蓄账户。用来购买壳牌石油公司股票的基金非常多，所以壳牌储蓄基金所拥有的股票，几乎占到壳牌发行在外股份的10%。除了上述计划外，壳牌另有退休金计划，而且所有费用由公司负担。简单地说，员工离开公司时，可以带一大笔钱走。

管理者要通过待遇留人，就必须设计合理的薪酬制度，而设计合理的薪酬制度，就必须遵循薪酬设计原则。薪酬设计原则有：

1. 公平性

企业员工对薪酬分配的公平感，也就是对薪酬发放是否公正的判断与认识，是设计薪酬制度和进行薪酬管理时首先需要考虑的因素。薪酬的公平性可以分为三个层次：外部公平性，指同一行业或同一地区或同等规模的不同企业中类似职务的薪酬应当基本相同；内部公平性，指同一企业中不同职务所获薪酬应与各自的贡献成正比例，只要比值一致，便是公平；个人公平性，涉及同一企业中处于相同岗位的人所获薪酬间的比较。

2. 竞争性

这是指在社会上和人才市场中，企业的薪酬标准要有吸引力，才足以战胜其他企业，招到所需人才。究竟应将本企业摆在市场价格范围的哪一段，要视本企业财力、所需人才可获得性的高低等具体条件而定，但要有竞争力，至少不应低于市场平均水平。

3. 经济性

提高企业的薪酬水准，固然可提高其竞争性，但同时不可避免地导致人力成本的上升。所以薪酬制度不能不受经济性的制约。不过，在对人力成本考察时，不能仅看薪酬水平的高低，还要看员工绩效的质量水平。事实上，后者对企业产品的竞争力的影响，远大于成本因素。

4. 激励性

这便是要在内部各类、各级员工的薪酬水准上，适当拉开差距，真正体现按贡献分配的原则。

案例　动态薪酬留住不同人才

一直以来，日本企业都存在极端平等主义的做法。例如，同一时

第五章 人才是企业长盛不衰的第一资本

期进入企业的职员在退休之前所领到的工资几乎都一样。但是，随着近年来生活方式日趋个性化，这种极端平等主义的思想再也行不通了，它无法保证公司留住那些技术精湛的优秀人才，也引起很多员工的强烈不满。

在所有的日本企业中，松下电器较早地意识到了这一问题，并积极采取了相应措施。它提倡的是一种"注重人"的真正的平等主义。所谓"注重人"的经营绝不是指结果上的平等。有的人希望为公司奉献毕生的精力，有的人则更注重家庭和自己的生活。而且，今后正如欧美国家一样，日本希望换工作的人也会越来越多，甚至有的人只是把现在的工作当成了暂时性的跳板，而希望今后会有更高的飞跃，这种人更难将他们留在公司。也正是具备了对这种现实变革的认识，松下电器及时对人事工作的制度进行了根本性的变革，最主要的就是决定实行"动态的薪酬制度"。其中一条是实行"全额工资支付型员工制度"，即将退职金（退休时一次性发放的资金）加到工资中提前发放。只要员工申请提前发放，每年就可以分两次领取一定的数额。新进公司的职员，每年可以领到24万至35万日元左右，而老职员可以领到更多。

松下电器从1999年4月开始对新职员实行这一制度，而且效果比预期的要好。之所以实行这一制度，有这样两个原因：第一个原因是为了更多地吸引和留住专业技术人才和特殊人才。松下电器希望具有专业技能且想自立的人，能够对松下电器的这一想法产生共鸣，并聚集在公司周围。松下电器不仅欢迎希望在退休前把一生献给松下公司的人，而且也接纳多种多样的人才。为了实现这一目标，松下电器认为必须在一定程度上允许就业的流动性。第二个原因是考虑到员工的家庭贷款和子女教育费用的问题。因此，与其在退休时领取大笔资金，还不如在员工最需要花钱的时候加在工资中发给他们。另一个重要制度是实行"完全年薪制"。为了体现注重工作成果和个人能力的原则，松下从1999年4月起对管理人员实行完全年薪制。实行这一制度后，同样是部长职务的管理人员每年的收入可以相差约300万日元。年薪标准是在年底通过与上司商议来确定的。一年后对其工作业绩进行评价，并结合公司效益情况，确定一个双方都能够接受的下一年的薪金标准。松下电器打算逐步把这种注重能力的工资体系扩大到管理层以外的普通员工，逐渐减少资历收入部分在工资中所占的比重。

松下的薪金制度大大鼓舞了员工的士气，而松下的优秀员工看到了自己的努力与回报真正成了正比，不仅感觉到欣慰，而且也为松下的真诚所感动。也正是出于这种原因，松下的员工流失率才非常微小，而松下的员工也可以说是世界上最优秀的员工之一。

> **深度思索**　人是企业中最具有能动性的资源，如果员工不能预期自己额外的劳动付出能够得到相应的回报，他们一般就不会有动力在工作中好好表现，只要不至于失业，他们会选择较差的表现方式。

（三）依靠感情留住人才，留人先留心

留人先留心。如果一个管理者不善于观察、引导，并通过积极的行动来折服员工，让他们忠实跟从自己，那么他将很难成功。因为员工对上司、对公司的不信任将会直接导致企业或是部门的低效能，甚至是员工不辞而别。这是许多大企业常犯的毛病，曾被称为"大企业病"。所以，如果员工是优秀的，在留住他们之前，管理者做的第一件事就是如何了解他们的心理，并及时进行疏导。通用公司最初像其他公司一样深受人才跳槽之苦，总裁杰克·韦尔奇敏锐地意识到，问题不是出在员工身上，而是源自管理者。于是他不但开始改组公司结构，而且也身体力行，多次出面做员工思想工作，或者是盛情挽留一些有跳槽倾向的中层管理者。一次，他听说市场部的一位经理由于在工作中出现了差错，怕韦尔奇怪罪下来，整天神情恍惚，工作一团糟。

第五章 人才是企业长盛不衰的第一资本

韦尔奇得知此事时,这位经理正在作离职准备。如果因此失去一位一直都非常优秀的员工,对公司的损失将会更大。于是,韦尔奇没有通过人事管理部门,而是直接找到了那位经理,把他约到了一家咖啡厅,要了两杯咖啡,然后与他坐下来聊天。在这个过程中,他始终没有提及任何与工作相关的事情。这位经理很纳闷,于是问道:"总裁先生,你不会是想通过这种方式辞掉我吧?"韦尔奇笑了笑说:"如果一定要那样做,我会让人事部门来通知你。其实我想告诉你,你一直都很优秀,希望你能换个角度看自己,这里还有更重要的工作等着你呢。"事后,这位经理非常感动,不但决心要继续留在通用公司工作,而且还多次主动申请具有挑战性的任务,以弥补自己的过失。

韦尔奇几句简短的话,便可以改变一个员工的态度,这也许体现不出一位管理者多么高明的管理技巧,但是,它却是一位管理者的肺腑之言,它足以感化自己的员工。正像一位管理大师所说:"感动是对员工最好的奖赏。"但是许多企业管理人员往往并不能做到这一点,在员工面前,他们的态度往往显得很高傲,甚至有些蛮横。即使在平日里,对员工也是爱理不理,如果发现有些员工有不轨行为,或是有离职倾向,更是口无遮掩,严重伤害员工的自尊与人格。一些员工为了生计,也许会忍辱负重继续"厚着脸皮"在其手下工作,但是心里却会时刻不停地寻找新的事业归宿。这并不是因为管理者的素质不够高,而是他们不善于与员工换位思考,从内心深处去解读自己的员工。

情感管理就是管理者以真挚的情感,增强管理者与员工之间的情感联系和思想沟通,满足员工的心理需求,形成和谐融洽的工作氛围的一种管理方式,是用人性化的管理手段管理员工,用情感去打动员工,而不是依靠强制性的制度去管理。情感管理可以笼络人心,激发员工工作热情,它虽然不能成为管理的全部内容,但它却可以使其他所有的管理措施更易于实施,它可以被视为制度管理的润滑剂,更能为企业留住优秀人才。美国知名的企业家奥登·阿默尔认为:"在商界,情感投资在今天显得尤为重要。任何精明的劳动力雇佣者都深谙对员工保持善意与公正是让员工发挥最大能动性的基石。"惠普公司创立者惠利特说:"惠普公司的传统是设身处地为员工着想,尊重员工,并且尽可能用心去挽留每一个要离职的优秀员工。"一个成功的管理者,必须要具备一种温和与谦逊的心胸,即使他无法向每一个优秀的员工表示自己的谢意,但是,只要自己能够心里想着员工,就是不说,也会影响每一个员工——振奋员工的工作热情。

员工的情感是一种亟待开发的企业人力资源。企业要想实施情感管理留住人才,就必须高度重视感情投入,积极实施情感生活中的文化引导,注意与员工进行良好的感情沟通,满腔热情地去培植"企业关心员工、员工关心企业"的感情,让企业处处充满着爱的情愫,使员工常常体会企业的温暖,积极发挥情感因素的感染作用和激发作用,使员工心甘情愿地做好工作。这样,员工也会心甘情愿留在公司,并以高效率的工作回报企业。

加强企业的情感管理,一是需要企业关心员工生活,温暖他们的心灵。人需要尊重,因为人都有自己的人格。人也需要关爱,因为人都是需要情谊的。企业管理者在处理企业与员工的关系时,在日常的生产生活中,如果恰如其分地将情感融入其中,可以大大缩小企业与员工的心理距离。二是管理者和员工之间要互相理解、顺畅沟通。企业管理人员与员工之间的亲密感只能建立在相互尊重、相互理解的基础上。三是管理者要开诚布公、倾听意见。要创造机会让员工们充分发表意见,员工只有知情明理,才能立足岗位,全身心地投入到工作中去。总之,只要企业管理人员注意员工情感上的细微变化,实施恰当的感情诱导,精心培植员工的感情,积极满足员工的情感需求,努力增强企业的亲和力,企业的兴旺发达就有了坚实的人力基础。

案例 东芝以情感激发员工的忠诚

日本东芝公司创始人土光敏夫使东芝企业获得成功的秘诀就是"融入员工之中、实现心与心的靠近"。在他70多岁高龄的时候,曾走遍东芝全国各公司、企业,有时甚至乘夜间火车亲临企业视察,即使是星期天,他也要到工厂转转,与保卫人员和值班人员亲切交谈,从而与员工建立了深厚的感情。

他说:"我非常喜欢与员工交往,无论哪种人我都喜欢与他交谈,因为从中我可以听到许多创造性的语言,使我获得极大收益。"有一次,土光敏夫在前往东芝工厂途中,正巧遇上倾盆大雨。他赶到工厂,下了车,不用雨伞,同站在雨中的员工们讲话,激励大家,并且反复地讲述"人最宝贵"的道理。员工们很感动,他们围在土光敏夫身边,认真倾听他的每一句话,炽热滚烫的语言把大家的心连在了一起。大家忘记了自己是站在瓢泼大雨之中,激动的泪水从员工们的眼里流了出来,其情其景,感人肺腑。讲完话后,土光敏夫的身子早已湿透了,当他乘车离去时,激动的员工们一下子把他的车围住了。他们一边敲着汽车的玻璃门,一边高喊道:"社长,当心别感冒,保重身体才能更好地工作,你放心吧,我们一定会拼命地工作。"

面对这一切,土光敏夫情不自禁地泪流满面,他被这些为公司的兴旺发达而拼搏的员工的真诚所打动。他想到了自己的职责,更加热爱自己的员工。自从公司创建以来,东芝一直秉承创始人的作风,以情感人,以理服人,用真诚打动员工的心,激发员工的良知,让员工为公司创造更多价值。

深度思索 以心换心,其利断金。只有上下同心,关心员工,才能形成团结向上的气氛,共同进步。不关心自己员工的企业永远也做不成功。

第六章
资金是企业长盛不衰的血脉

人的命脉是血液。血液充沛，畅流不息，是人体充满生机和活力的必要条件；血液枯竭，流动梗塞，就预示着一个人体生命的终结。老子曰："万事万物，同出一理。"世间之事物都有关乎其生死存亡的命脉，企业也不例外。如果我们把企业比喻为人的躯体，那么资金就是企业的血液。人的生存离不开血液，企业的生存离不开资金。一个企业，不管是创办，还是运营；是维持，还是发展；是萎缩，还是壮大；是持续，还是终结，都与资金息息相关。一个健康运营的企业，其资金必然是充沛的，流动肯定是畅通的；一个濒临破产的企业，其资金必然是枯竭的，流动肯定是梗塞的。因此，毫无疑问：资金是企业的血脉。

综观企业破产风云，无论是国内企业，还是国外企业；无论是赫赫有名的大企业，还是默默无闻的小企业；无论是股票上市的公众企业，还是独资、合资的有限公司；无论是屹立百年的老牌企业，还是正在培育、成长的初创公司，破产的厄运总是眷恋那些资金枯竭、资金链断裂的公司。

众多破产案例表明：导致企业资金枯竭、资金链断裂的原因是多种多样的，但是，由于资金枯竭、资金链断裂而被法院受理破产的法则是一致的。无论是在1997年东南亚金融风暴中破产的韩国企业，还是在2008年世界金融风暴中破产的美国企业，无一例外。这与我国

第六章　资金是企业长盛不衰的血脉

《企业破产法》规定的人民法院受理企业破产的充分必要条件，即"企业法人不能清偿到期债务，并且资产不足以清偿全部债务或者明显缺乏清偿能力"的条款是完全一致的。

可以说，实现企业基业常青、百年不老的秘诀很多，其中有一条是亘古不变的，这就是：让企业的血脉——资金，源源不断、长流不息！

第一节　融资

融资是企业资金筹集的行为与过程，是企业从自身生产经营现状及资金运用情况出发，根据企业未来经营策略与发展需要，经过科学的预测和决策，通过一定的渠道，采取一定的方式，利用内部积累或向企业的投资者及债权人筹集资金，组织资金供应，满足经营活动和投资活动资金需要的一项重要的理财活动。

企业经营犹如逆水行舟，不进则退。企业要想在激烈的市场竞争中百年不老，就必须牢固树立危机意识和发展是硬道理的意识，通过持续不断地融资、投资，再融资、再投资活动，时刻保持企业旺盛的生存与成长能力。世界500强企业的成长轨迹也充分表明：企业由小到大、由弱到强的发展历程，实际上就是一个不断融资和不断投资的过程。

企业要发展，就必然要投资；企业要投资，就必然要融资。企业只有根据自身的规模和发展方向，把握融资密码，通过科学的融资活动，才能让那些现有的、潜在的、自己制造出来的以及别人的资金有机地结合起来，变为企业的血液，实现企业资金供应的源源不断、长流不息。

（一）企业融资的渠道与方式

确定融资渠道和选择融资方式是企业融资中的两个重要问题。明确融资渠道是解决资金从哪里来的问题；明确融资方式是解决如何取得资金的问题。分析研究融资渠道和融资方式的特点，对于合理确定企业的资金来源结构，满足企业持续发展的资金需求具有十分重要的意义。

1. 企业融资的渠道可分为内源融资和外源融资两大类

内源融资是企业依靠其内部积累进行的融资，是企业将自有资金转化为新增投资的活动。

外源融资是企业通过一定方式从企业外部进行的融资，是企业吸收其他经济实体的资金，使之转化为企业新增投资的活动。外源融资包括国家财政资金、银行信贷资金、非银行金融机构资金、其他企业资金、民间资金、国外及境外资金等渠道。

2. 企业融资的方式可分为股权融资和债务融资两大类

股权融资是企业向其股东筹措资金的一种方式。股权融资获取的资金形成公司的股本，股本代表着对企业的所有权，因而股权融资也称所有权融资。其具体方式包括吸收直接投资、发行股票、内部积累等。

债务融资是企业向其债权人筹措资金的一种方式。债务融资获取的资金形成企业的债务。其具体方式包括：发行债券、银行借款、商业信用、融资租赁、出口信贷、国际债券、政府贷款等。

企业的融资渠道与融资方式有着密切的关系，同一渠道的资金可以采取不同的融资方式筹集，而同一融资方式又可以适用于多种融资渠道。所以，企业融资时，必须审时度势，缜密决策，实现两者的合理配合。企业融资渠道与融资方式的配合如下表所示：

融资渠道与融资方式配合表

序号	筹资方式		内源融资	外源融资					
			企业自有资金	国家财政资金	银行信贷资金	非银行金融机构资金	其他企业资金	民间资金	国外及境外资金
1	股权融资	吸收直接投资	√	√		√	√	√	√
2		发行股票	√	√		√	√	√	√
3		内部积累	√						

续表

序号	筹资渠道 / 筹资方式	内源融资 企业自有资金	外源融资 国家财政资金	银行信贷资金	非银行金融机构资金	其他企业资金	民间资金	国外及境外资金
4	发行债券				√	√	√	√
5	银行借款		√	√				
6	债务融资 商业信用					√		√
7	融资租赁				√	√		√
8	出口信贷							√
9	国际债券							√
10	政府贷款							√

（二）企业融资方式的利与弊

1. 吸收直接投资

吸收直接投资是指企业以协议等形式吸收国家、其他企业、个人和外商等直接投入资金，从而形成企业资本金的一种筹资方式。它是非股份制企业筹措自有资本的一种基本方式。吸收直接投资作为权益性筹资的一种方式，具备了股票筹资中所筹资金可以长期使用、无须偿还、筹资风险及财务风险相对较小、无固定的股利支出负担、有利于降低公司资产负债率、增强后续举债能力等优点。

吸收直接投资的缺点主要是资金成本较高，承受要为所有者带来丰厚回报的责任压力，同时由于该融资方式没有以证券为媒介，产权关系有时不够明晰，也不便于产权交易。投资者的资本进入容易退出难，所以难以吸收大量的社会资本参与，融资规模受到限制。

2. 发行股票

发行股票是指股份有限公司经国家批准以发行股票的形式向国家、企业、个人及国外、境外筹集资金，形成企业资本金的一种融资方式。企业发行股票进行融资的优势主要体现在：筹措的资金无须偿还、可以长期占用，且筹措的资金数额较大，用款限制也较为宽松。其次，这种方式降低了公司的资产负债率，融资风险相对较小。

发行股票融资的不足之处是：发行股票的前期工作繁杂，发行费用较高；由于股利支付是在税后支付的，因此不存在抵税效应，股票融资的资金成本比较高。

3. 内部积累

内部积累是指企业通过利润分配形成的留存收益，即盈余公积金、公益金和未分配利润。它是企业筹集内部资金的一种筹资方式。

通过内部积累方式融资不需要实际对外支付利息或者股息，不会减少企业的现金流量；同时，由于资金来源于企业内部，不会发生融资费用，使得融资的成本要远远低于其他融资方式。因此，内部积累是企业首选的一种融资方式。但是，内部积累融资具有规模小的弱点，难以满足企业快速发展的资金需求。

4. 发行债券

发行债券是指企业经国家批准以发行各种债券的形式筹集资金。企业发行的债券一般称为企业债券或公司债券。发行债券的优点是：融资成本较低，债券的利息允许在所得税前支付，债券筹资不涉及控制权的问题，债券的持有者一般无权参与发行公司的管理决策。

发行债券的缺点主要是：国家对于发行债券企业的自身要求相对严格，报批及发行手续比较复杂，发行企业债券所筹集的资金，必须按审批机关批准的用途使用；发行企业债券由于必须按期付息，对企业形成一定的资金压力。

5. 银行借款

银行借款是指企业向银行申请贷款，通过银行信贷形式筹集资金，包括向国外、境外的银行借款。银行借款是我国企业最传统的一种融资渠道，它不会影响原有股东的控股权，利息费用可以税前列支，并且能获得超额利润等财务杠杆效益。另外，相对于债券融资来说，银行借款的资金成本较低、筹资速度较快、借款弹性相对灵活且不需要公开企业的财务信息。

但是，银行作为一种特殊的经营机构，出于资本保全和降低风险的需要，往往不愿向风险大的企业提供贷款；对企业的约束和限制也较多，增加了企业向银行借款的财务风险与经营风险。

6. 商业信用

商业信用是指企业在商品交易中以延期付款或预收货款方式进行购销活动而形成的借贷关系，是企业之间的直接信用。商业信用是企业筹集短期资金的一种方式，包括预收客户购货款、收取押金或订金、采取分期付款方式采购物资或接受劳务、利用商业汇票结算，等等。商业信用融资的最大优点在于融资方便、方式灵活、资金成本低、限制条款少，通常是在交易行为发生的同时，经交易双方同意即可使用。既完成了商品或劳务的交易行为，又使取得信用融资的一方相当于获得了另一方提供的无息或低息贷款。

商业信用的缺点是期限短，可能会导致企业过大的资金压力或财务与经营风险；另外，在这种方式下，商品与劳务价值的实现与资金流转在时间上相互脱节，容易造成融资一方对信用的盲目使用，从而为日后经营活动埋下一定的财务风险隐患。

7. 融资租赁

融资租赁是出租人以收取租金为条件，在契约或合同规定的期限内，将资产租借给承租人使用的一种经济行为。现代融资租赁是企业筹集资金的一种方式，用于补充或部分替代其他融资方式。

融资租赁中，企业可以根据自身需要，事先选定相应的设备，由租赁公司出资买下，然后再租用。这样既可以改善企业的技术装备，提高劳动生产率，同时又能解决企业资金缺乏的问题。此外融资租赁还有利于提高企业的经营管理水平和资金使用效率，有利于企业提高竞争实力。

融资租赁与其他融资方式相比，承租人付出的代价较高。除了设备本身的价值外，还包括一定的利息、手续费用、合理的利润等，因此，总体而言，融资租赁的租金金额要比设备售价高出许多。

8. 出口信贷

出口信贷是一种国际信贷方式，是一国为了支持和鼓励本国大型机械设备、工程项目的出口，加强国际竞争力，以向本国出口商或国外进口商提供利息补贴和信贷担保的优惠贷款方式，鼓励本国的银行对本国出口商或国外的进口商提供利率较低的贷款，以解决本国出口商的资金周转困难，或满足国外进口商对本国出口商支付货款需要的一种融资方式。主要有卖方信贷、买方信贷、混合贷款三种形式。

出口信贷的优点是：期限长、利率低；缺点是手续严格，企业需承受汇率变动风险。

9. 国际债券

国际债券是一国政府、金融机构、工商企业或国家组织为筹措和融通资金，在国外金融市场上发行的以外国货币为面值的债券。国际债券的重要特征是发行者和投资者属于不同的国家，筹集的资金来源于国外金融市场。国际债券的发行和交易既可用来平衡发行国的国际收支，也可用来为发行国政府或企业引入资金从事开发和生产。依据发行债券所用货币与发行地点的不同，国际债券又可分为外国债券和欧洲债券。

国际债券的优点是：期限长、利率低；缺点是通过发行国际债券筹集到的资金是外国货币，汇率一旦发生波动，发行人和投资者都有可能蒙受意外损失或获取意外收益，因此，国际债券融资方式很重要的风险是汇率风险。

10. 政府贷款

政府贷款是指一国政府利用自己的财政资金向另一国政府提供的优惠贷款。政府贷款具有贷款期限长、利率低的特点，带有经济援助的性质。缺点是：贷款金额一般不会太大，企业能争取到政府贷款的机会也比较少。

（三）企业融资结构的合理抉择

企业进行融资的渠道和方式尽管很多，但从资金来源结构上分析，无非有两种类型：一类是企业的自有资金，这类资金的特点是企业可以长期使用，不必归还；另一类是债务资金，这类资金的特点是企业使用有时限，到期必须连本带息偿还。

企业通过融入债务资金，可以缓解企业自有资金不足的矛盾，提高权益资本的收益水平。但是如果企业负债过多，就会导致财务风险过大，偿债能力过低，甚至会由于丧失偿债能力而面临破产。企业进行投资建设融资时，首先要落实企业能够拿出多少自有资金进行投资，然后才能考虑借入多少债务资金。因为债务资金与自有资金的关系不仅是互补的，更是互动的：自有资金越充足，越容易争取到债务资金；反之，自有资金匮乏，债务资金就不会跟进。这就是人们常说的金融机构"嫌贫爱富综合征"。因此，合理安排自有资金与债务资金的比例关系，是融资管理的核心问题。

一般来说，企业资产负债率低于50%是较为稳妥的，大于70%则蕴涵着较大的财务风险。我国在过去的投资管理中，允许企业自有资金占到30%就可以借款上项目的办法，很容易将企业引入高负债率经营的困境。

（四）企业融资的基本要求

1. 合理确定资金需要量，努力提高融资效果

企业不论通过什么渠道、采取什么方式融资，都要预先确定资金的需要量。资金不足，会影响经营活动和投资活动的进行；资金过剩，会影响资金使用效果。因此，企业融资，首先要准确地测定出资金的需要量，为融资提供定量依据，以避免融资活动的盲目性。

2. 缜密研究投资方向，努力提高投资效果

融资是为了投资，只有确定了资金投向，才能确定融资数量，才能选择合理的融资渠道和融资方式。因此，资金投向是企业确定融资数量的基本依据，也是决定投资效果的关键所在。为了保证投资效果，确保所筹款项的合理使用和按时偿还，企业对每一个投资项目都应进行可行性研究，以确保投资项目在经济上合理、技术上先进、条件上具备、实施上可行，从而避免不顾投资效果的盲目融资。

3. 合理选择融资渠道，力求降低资金成本

企业融资的渠道和方式很多，但是，不同融资渠道和方式往往适合于不同的融资需要，在资金的融资难度、资金成本和融资风险方面也不尽相同。因此，企业应针对不同的投资需求选择不同的融资渠道和融资方式，实现最佳融资组合，以降低资金成本。

4. 适时安排资金投放，保证资金供需平衡

筹措资金要按照资金的需要数量和使用时间合理安排，使筹资与用资在时间上衔接、数量上平衡。既要避免因为资金投放过早、过多而造成投放前的闲置，又要避免因为资金投放滞后、不足而影响投资活动的顺利进行。

5. 合理安排资本结构，正确运用负债经营

企业的资本结构是由自有资本和借入资本构成的。合理的资产负债结构不仅有利于企业融资活动的顺利进行，而且能够有效规避财务风险，提高自有资本收益比率；反之，资产负债率过高或过低，就会给企业带来财务风险或降低自有资本收益比率。因此，企业既要利用负债经营提高投资者的收益水平，又要避免负债经营可能产生的财务风险。

6. 遵守国家法律法规，维护各方合法权益

企业的融资数量和投资方向，关系到整个国家的建设规模和产业结构。因此，企业的融资活动必须接受国家的宏观指导与控制，认真遵守国家有关法律法规。要本着公开、公平、公正的原则，履行融资活动约定的各项权利、义务和责任，维护有关各方的合法权益。

（五）多渠道融资是解决企业资金来源的有效途径

人有生老病死，厂有兴亡存废。据美国《财富》杂志报道，美国大约62%的企业寿命不超过5年，中小企业平均寿命不到7年，大企业平均寿命不足40年，只有2%的企业存活达到50年，世界500强企业平均寿命为40～42年。日本《日经实业》的调查显示，日本企业平均寿命为30年。《日本百强企业》一书记录了日本百年间的企业变迁史，在百年中，始终列入百强的企业只有一家。国内有关资料显示，中国集团企业的平均寿命只有7～8年，中小企业的平均寿命只有2.9年。企业夭折的原因基本上都是由于融资未果，资金链断裂。毫无疑问，要实现企业百年不老的梦想，就必须首先解决企业的融资难题。其实，融资的渠道有多条，融资的方式也多种多样，只要企业开动脑筋、审时度势，多渠道、多方式地开展融资活动，就一定能够有效解决企业发展的资金需求。

案例 多渠道融通资金，快发展蒙牛成功

蒙牛集团是中国知名的乳制品企业，拥有液态奶、冰淇淋、奶品等产品。蒙牛集团成立于1999年1月，集团总部位于内蒙古呼和浩特市和林格尔县。截至2007年底，蒙牛总资产76亿元，员工规模达3万人，市值超过250亿港币。

创业的初期，蒙牛和大多数初创企业一样，运营资金捉襟见肘，启动资金主要靠10个自然人发起时的私募融资。1999年，蒙牛初创时的注册资本100万元是靠公司董事长兼总裁牛根生的一帮旧部凑起来的。他们在呼和浩特租用了一间53平方米的平房作为办公室，接着就开展了募股活动，牛根生的旧部、朋友以及与他做过生意的人纷纷掏钱要求"加盟"。只用了几个月的时间，他们的注册资本猛增到1398万元，折股1398万股。这样，牛根生从创业伙伴、部分客户及供应商手中得到了关键性的第一笔启动资金。在"一无奶源，二无工

厂、三无市场"的情况下，公司董事会确定了"先建市场、后建工厂"的发展战略。通过虚拟联合，开始了第一步的资本运作。

1999年下半年，蒙牛开始第二步的资本运作，筹划集资入股。公司以每股1.4元的价格，溢价发行，吸收新股东。大到几百万的社会股，小到普通员工的几千股，包括自购车辆加盟车队的司机也配发了股份，通过全员参股，蒙牛完成了资本运作的第二步。公司资本金达到了2588万元。

到2001年，蒙牛第二次增资扩股，以每股5元的价格，溢价发行，股本金增加到4598万元。蒙牛完成了资本运作的第三步。

随着蒙牛品牌知名度和市场占有率的提升，企业扩张的步伐随之加快，多种融资方式并用，效果显著：

一是争取政府财政支持。蒙牛选址定在了内蒙古呼和浩特市较贫困的和林格尔县，享受了一般企业难以享受到的政府免税等各种政策支持。另外，利用国家对农业产业化企业加大支持力度的有利时机，积极申报改、扩建项目，争取政府财政贴息贷款。

二是借助银行贷款。随着公司产品在市场上的供不应求，公司营运资金呈现出周转速度快、现金流量大的特征，蒙牛在各家金融机构拥有了很高的信誉和口碑。因此，各家银行争相给蒙牛提供贷款，公司有了较为充足的银行贷款授信额度。

三是整合社会资源为其服务。例如参与公司原料、产品运输的600多辆运货车、奶罐车、冷藏车，公司收购原奶用的900多个奶站及配套设施，近10万平方米的员工宿舍，合计总价值达5亿多元，均由社会投资完成。

四是输出无形资产。处于高速发展期的蒙牛公司通过品牌与管理输出，收购、兼并、托管了省内外30多家工厂，一方面，有效降低了企业运作资本；另一方面，通过低成本扩张，迅速壮大了资本力量。通过无形资产的输出，蒙牛完成了资本运作的第四步。

五是引入国际资本。2002年，摩根士丹利、英联投资公司、鼎晖投资同时向蒙牛公司投资,并于2003年再次注资。

六是成功上市。2004年6月10日,蒙牛在中国香港上市,并立即在证券市场融资近14亿港元。蒙牛的此次上市融资,为其跻身世界乳业巨头行列、成为"世界蒙牛"打开了大门。

企业成长是一个由小到大、由弱到强的过程,在这个过程中,很多企业都倒在了资金链条的断裂上。而蒙牛把握住了资金这个企业的命脉不放松,从公司创立之初就走以社会融资为主的发展之路。并通过整合社会资本,解决生产运营的资金需要。以智力整合资本,把传统的"企业办社会"变为"社会办企业",不断吸纳社会资本,使企业越做越大,越做越强。同时,蒙牛启动了中国乳都的概念,打造"中国乳都·呼和浩特"的区域品牌,不仅巧妙地扩大了蒙牛的知名度,更为内蒙古创造了一笔巨大的无形资产。这样做的直接结果是:蒙牛赢得了政府的支持,使企业的命运和内蒙古的经济发展大局捆绑在了一起,在提高企业竞争力的同时有效保护了自己。

深度思索 用别人的钱干自己的事,这就是融资的真谛。蒙牛用自己的智慧和灵活的战略、战术,在短短的五年时间里创造出了一个乳品企业快速成长的神话,得益于成功的融资。

第二节 外源融资

内源融资具有不需要对外支付利息或股息、不减少企业的现金流量、不发生融资费用、可以长期使用的特点。因此,它是企业首选的融资方式。然而,在世界经济走向一体化的现代社会,随着技术的进步和生产规模的扩大,企业仅仅依靠内源融资已经很难满足企业的资金需求,企业要快速发展,就必须具有较强的融资能力。因此,外源融资已成为企业获取资金的重要方式。然而,外源融资是一把双刃剑,它在为企业带来杠杆效应、增加利润的同时，也给企业增加了还本付息、到期偿还债务的负担；它不仅使企业拥有了快速发展的机会，还给企业带来了破产倒闭的风险。

企业的融资实践表明，融资对企业来讲具有一种魔力，这种魔力对于企业具有两种截然不同的力量，即推动力和破坏力。融资的这种魔力不仅表现在债权融资上，而且也表现在股权融资上。我国的很多企业，既有因通过股票上市迅速做大做强的，也有因股票上市未成功甚至上市成功后陷入困境的案例，就充分说明了融资的推动力和破坏力。

因此，企业经营者既要看到融资魔力积极的一面，要"敢于融资"、"大胆融资"，充分发挥出融资的推动力；同时，又要看到融资魔力消极的一面，要"谨慎融资"、"善于融资"，有效防范融资风险，遏制融资破坏力的出现。

（一）成功融资，促进企业发展

企业经营过程中会遇到许多发展机会，如果企业的融资能力强，抓住机遇迅速筹集到所需的资金，则企业有可能得到快速发展；反之，如果企业的融资能力弱，不能及时筹集到资金，则会丧失许多"时不再来"的发展机遇。

案例　科学融资无风险，迪斯尼公司得发展

迪斯尼公司在美国《财富》杂志发布的2010年度世界500强企业名单中，以年营业收入365.23亿美元的业绩排名第199位。迪斯尼公司的快速发展，在很大程度上得益于1995年和2001年的两次重大融资活动。

1. 公司背景介绍

1922年5月23日，华特·迪斯尼用1500美元组成了"欢笑卡通公司"。1928年，华特·迪斯尼首次大胆使用配音的动画片《蒸汽船威利号》取得巨大成功，那可爱而顽皮的米老鼠在世界各地受到前所未有的欢迎。

1955年，迪斯尼公司把动画片所运用的色彩、刺激、魔幻等表现手法与游乐园的功能相结合，推出了世界上第一个现代意义上的主题公园——洛杉矶迪斯尼乐园。这是华特·迪斯尼给迪斯尼帝国留下的最宝贵财产之一。1983年和1992年，迪斯尼公司以出卖专利等方式，分别在日本东京、法国巴黎建成了两个大型迪斯尼主题公园，迪斯尼公司终于成为主题公园行业的巨无霸级跨国公司。

然而，在整个20世纪70年代，对迪斯尼公司来说几乎是"失去的10年"。此时，迪斯尼公司一直徘徊在低增长甚至亏损的边缘。直到1984年，出身于ABC电视台的迈克尔·艾斯纳成为迪斯尼董事会主席和首席执行官，情况才被彻底改变。

目前，迪斯尼公司已经成为全球性的多媒体公司。它是好莱坞最大的电影制片公司；迪斯尼乐园至今已经成为迪斯尼王国的主要收入来源，提供了公司总利润的70%；1995年迪斯尼收购美国广播公司，全面进入电视领域；通过出售卡通形象制造玩偶的特许经营，每年的营业额在10亿美元左右；迪斯尼唱片公司致力于唱片、录影带、影碟及连环画等儿童印刷出版物的经营，其中将过去几十年出品的影片制成影像带出售，每年即可收入1.7亿美元。

2. 公司的两次重大融资活动

1996年迪斯尼公司以190亿美元的巨资收购了美国广播公司，为此，公司分别进行了93.7亿美元的债务融资和94.4亿美元的股权融资。收购成功后，不仅1996年的公司收入达到190亿美元，而且使公司一跃成为世界第二大媒介和娱乐业产业集团。之后，迪斯尼公司在有线电视领域迅速发展。这一不同凡响的兼并事件，被称为美国历史上第二大公司兼并，而对娱乐业而言则是史无前例的第一大兼并事件。

2001年7月23日，迪斯尼公司以53亿美元资金，包括30亿美元现金外加承担23亿美元的债务，收购新闻集团和塞班娱乐公司拥有的福克斯家庭全球公司。该公司的"福克斯家庭娱乐频道"经营了20年,以儿童节目为主。加入迪斯尼后,福克斯频道将改名为"ABC家庭频道"。买入福克斯,使得迪斯尼公司获得了新的有线电视频道,更加有助于迪斯尼公司通过有线电视将它的节目向全球推广。福克斯家庭娱乐频道在美国有8100万用户,在拉美地区也有1000万用户。同时,这笔交易使迪斯尼获得了"欧洲福克斯儿童频道"76%的股权,而这个频道有2400万个家庭收看。总体上迪斯尼公司可以增加1亿以上的新观众。除此之外,迪斯尼还获得了福克斯公司的节目库,此库收藏了约6200个时间为半小时左右的儿童节目。迪斯尼公司的官员说,收购福克斯将使它在两年内通过传媒网络增加50%的广告收入。同时,这项交易使迪斯尼公司拥有了更广阔的经营平台,用来推销它的电影和主题公园。

3. 迪斯尼公司的融资行为分析

在迈克尔·艾斯纳担任迪斯尼公司董事会主席和首席执行官期间,融资扩张策略和业务集中策略是其始终坚持的经营理念。这两种经营战略相辅相成,保证了迪斯尼公司业务的不断扩张,创造了连续十数年的高速增长。

迪斯尼公司的融资行为是为其投资项目服务的。

1995年,为了筹集并购所需的巨额资金,迪斯尼公司从两条渠道入手,分别进行了93.7亿美元的长期债务融资和94.4亿美元的股权融资,融资总额高达188亿美元,而并购所需要支付的资金为190亿美元。可见,迪斯尼公司的融资计划与并购需求在金额上相当匹配,在融资的时间安排上也非常吻合。

2001年的并购不仅在战略上是成功的,在财务上也是可以接受的。迪斯尼公司53亿美元的出价包括30亿美元现金外加承担23亿美元的债务,在2001~2002两个会计年度支付。公司为了准备这次并购,在2000年大幅度削减了23亿美元的长期债务,将2000年的债务比率降至22.4%。2001年,为了支付并购费用,迪斯尼公司重新进行了20亿美元的债务融资，负债比率重新上升至28.3%。而2002年，公司再度通过长期债务融资，长期负债总额从95亿美元增加到了150亿美元。总融资额55亿美元，同并购需求相吻合。

深度思索 迪斯尼公司在并购中不仅能够实现投资与融资的比例协调，而且，合理运用自有资金、债务融资、股权融资多种融资方式，既没有在融资来源上出现问题，也没有因过分依赖负债而给公司带来财务风险。因此，迪斯尼公司的两次重大融资活动，带动了公司的快速发展。

（二）债权融资，提防财务杠杆的负面效应

企业通过债权融资不仅能够解决资金需求，而且可以利用财务杠杆来提高权益资本的收益率。然而，财务杠杆是一把"双刃剑"，它既可以给企业带来正面、积极的影响，也可以带来负面、消极的影响。其前提是：息税前利润率是否大于借款利率水平。当息税前利润率大于借款利率时，举债给企业带来的是积极的正面影响；相反，当息税前利润率小于借款利率时，举债给企业带来的是负面、消极的影响。

也就是说，债务融资在满足企业对资金需求的同时，也给企业带来了风险，严重的甚至会导致财务危机，将企业引向破产。

案例　快融资成就商业帝国，高风险破灭大宇神话

大宇集团是金宇中于1967年靠借来的1万元美金创立的。多年以来，在政府政策和银行信贷的支持下，大宇集团走上了"举债经营"之路。通过多年的大力融资和购并，大宇集团终于成为遍布亚洲、欧洲、非洲、美洲的世界性跨国公司。1997年，美国《财富》杂志公布的世界500强企业排名，大宇集团以销售额715亿美元、资产总额448亿美元的规模名列第18位。

大宇集团是"章鱼足式"扩张模式的积极推行者，认为企业规模越大，就越能立于不败之地，即所谓的"大马不死"法则。1993年，金宇中提出"世界化经营"战略时，大宇集团在海外的企业只有15家，而到1998年底已增至600多家，"等于每3天增加一个企业"。还有更让韩国人为大宇集团着迷的是：在韩国陷入金融危机的1997年，韩宝、三美、起亚、海天和纽科等一批大企业集团相继倒闭或陷入经营危机，而大宇不仅没有被危机所困倒，反而在国内的集团排名中，由原来的第4位上升到了第2位，金宇中本人也被美国《财富》杂志评为亚洲风云人物。

1997年年底，韩国爆发金融危机，根据财务杠杆原理，为了降低财务风险，其他企业开始变卖资产偿还债务，以降低财务杠杆系数。但是，大宇集团仍然我行我素，非但不减少债务，反而大肆举债，造成债务越背越重，增加了财务负担，更增加了财务风险。尤其是1998年初，韩国政府提出"五大企业集团进行自律结构调整"的方针后，大宇集团却认为，只要提高开工率，增加销售额和出口就能躲过这场危机。因此，它继续大量发行债券，进行"借贷式经营"。1998年，大宇集团发行的公司债券高达70亿美元。1998年第4季度，大宇的债务危机已初露端倪。此后，在严峻的债务压力下，大梦方醒的大宇虽然作出了种种努力，但为时已晚。到1999年8月，大宇集团12家公司的负债总额超过了860亿美元，而全部资产不足250亿美元，资产负债率高达344%。

由于资不抵债、资金链断裂，企业经营陷入绝境。1999年7月中旬，大宇集团向韩国政府发出求救信号；7月27日，大宇集团因"延迟重组"被韩国4家债权银行接管；1999年11月，金宇中董事长决定辞职，大宇集团下属的12家公司总经理也全部辞职，大宇集团的问题交给债权银行和政府来处理。至此，大宇集团这艘被誉为"不沉的航空母舰"已经开始沉没，金宇中一生构筑的大宇集团发展神话也就此彻底破灭和终结。

深度思索 债权融资是一把"双刃剑",它既可以成就企业的辉煌,又可能使企业陷入万劫不复的深渊。特别是以债台高筑为基础的急剧扩张式企业,其所面临的不仅仅是逆水行舟不进则退的局面,更多的是一旦资金没有得到有效利用而难以产生相应效益,就将产生消极的财务杠杆作用,并在这种负面的财务杠杆作用下,以数倍的速度将企业推向亏损甚至破产的境地。

(三)上市融资需谨慎,量力而行是根本

股权融资具有筹集资金多,资金可以永续使用,能增强公司的信誉和知名度等特点。但是,企业股票上市是一场旷日持久的消耗战,企业需要付出大量的资金和精力,甚至有的企业因为上市融资失败而给企业带来了灭顶之灾。

案例 上市未捷身先死,山东双力被倒闭

山东双力是中国农用运输车行业的创始企业之一,其生产的农用三轮车、收割机、拖拉机、棉麻机械等产品曾畅销全国26个省、市和自治区。农用车、收割机分别位居国内行业第三名和第二名,曾经被授予"中国农机百强企业""山东省工业百强企业""全国五一劳动奖状企业""山东省著名商标""国家知名品牌"和"山东省名牌产品"等称号,"九五""十五"期间被列入山东省政府重点扶持的百家企业集团。

山东双力自1993年改制为股份有限公司,股本金额为3000万元。2002年,公司开始接受保荐机构的辅导;2004年,公司正式展开上市冲刺,并且进展非常顺利。

2004年7月,山东双力发出公告,声明公司正在申请首次公开发行股票并上市。公司随后把方案报给省政府,并被批准。

然而，天有不测风云，就在公司即将上市的关键时刻，国家股权分置改革政策横空出世，证监会暂停了新股发行。这对于万事俱备、只等批准的山东双力而言，犹如晴天霹雳。因为，多年的上市筹备工作已使山东双力没有了退路。为了达到上市的要求，必须大幅降低公司的资产负债率，因此，企业大量地归还了银行贷款。由此带来的负面效应是：企业大量拖欠供应商的供货款，从而导致供应商不再继续供货、生产经营持续恶化，最终导致了银行追债、供应商起诉、资金链断裂的严重局面，债权人依法向法院提出了破产申请。

截至2005年10月，山东双力共欠银行贷款6亿元，欠配套企业及供应商货款4亿元，欠职工集资、工资等6000万元以上，企业负债总额16亿余元，累计亏损额7.7亿元，资产负债率高达187%，企业已经到了严重资不抵债的地步。

2005年11月6日下午，聊城市中级人民法院宣布山东双力进入破产还债程序，曾经红红火火的山东双力终因股权融资失败而破产倒闭。

> **深度思索** "人无远虑，必有近忧。"山东双力为了达到上市融资的目的，在上市前不惜饮鸩止渴，拼命归还银行借款，降低资产负债率，丝毫没有考虑到资金链条断裂的危险，更没有考虑到如果上市失败后的局面如何收拾。这显然是一种短视的眼光和赌徒的心态，企业走向破产也就不足为奇了。这一案例告诉我们：任何企业的正常运转都离不开资金的支撑，资金对于企业而言就如同人的血液，企业可以承受暂时的亏损，但不能承受资金流的中断。如果资金流断了，再强大的企业也会陷入瘫痪。

第三节　融资与投资

企业要生存，发展是硬道理。而企业要发展，就必须在搞好日常经营活动的同时，不断寻求新的投资机会，积极进行投资活动，使企业的经营活动充满后劲和活力。因此，从这个意义上讲，投资是企业发展过程中不可缺少的经营活动。

融资与投资是现代企业资金运动中不可分割的两个方面，企业投资必须充分考虑企业融资的能力，而企业融资必须以投资的需要为依据。融资是企业筹集资金的行为与过程，解决的是企业资金的来源渠道与筹集方式问题；而投资是企业资金使用的行为与过程，解决的是企业资金的投放、使用与管理问题。事实上，企业正是因为有了投资的安排，才产生了融资的需求。融资与投资总是形影不离，谁也离不开谁，而且在大多数情况下，融资与投资本身就是一个项目的两项内容，企业从事任何投资活动，首先需要获得用于投资的资金，而筹措资金的过程就是融资。所以，我们研究企业融资，就必须研究企业投资。

（一）投资对于企业的生存和发展都具有十分重要的意义

投资是企业为了获取收益而向一定对象投放资金的经济行为。它既包括厂房、机器设备的购置、新建、改建、扩建活动，也包括科研开发、创办企业、购买股票、债券以及以联营方式向其他单位投入资金等活动。

企业投资有很多种类：以投资回收的时间划分，有长期投资和短期投资；以投资的方向划分，有对内投资和对外投资；以投资对企业前途的影响为依据划分，有战略性投资和战术性投资；以投资的期间划分，有初创投资与后续投资；以投资的风险度划分，有确定性投资与风险性投资；等等。投资的分类是根据逻辑的二分法划分出来的，每一种投资本身就具有多种类型的性质与特点，例如，一项长期投资本身，它既可能是战略性投资，又可能是风险性投资，等等。

在日新月异的信息化时代，企业无论是维持简单再生产还是实现扩大再生产，也无论是从事产品经营还是实施资本运营，都必须进行投资。企业只有通过一系列的投资活动，才能做大做强，才能在激烈的市场竞争中保存自己、发展自己。

第一，投资是企业获得利润的基本前提。在市场经济条件下，企业要想获得利润，就必须拥有一定数量的资金，并把资金投放到各个生产经营的各个要素上，进行生产经营活动，并获得利润。

第二，投资是企业维持简单再生产的必要手段。在科学技术及社会经济迅速发展的今天，企业要维持简单再生产，就需要不断更新、增加所需的人力、物力、财力；就必须对产品和生产工艺进行不断的改进和提高。因此，企业只有通过一系列的投资活动，才能维持企业简单再生产的顺利进行。

第三，投资是企业扩大再生产的必要条件。企业为了做大做强，增强其市场竞争能力，就必须扩大生产经营规模。为此，企业需要扩建厂房、增添设备，运用新设备来更新已有设备，所有这些都需要企业投入资金。

第四，投资是降低企业风险的重要方法。企业把资金投向生产经营的关键环节和薄弱环节，可以实现企业各种生产能力的相互配套和平衡，使企业形成更大的综合能力；企业把资金投放于多个行业，实行多元化经营，能有效增加企业销售和盈余的稳定性。这些都是降低企业经营风险的重要方法。

（二）投资决策失误是企业最大的失误

所谓投资决策是指投资者为了实现其预期的投资目标，运用一定的科学理论、方法和手段，通过一定的程序，对若干个可行性投资方案进行研究论证，从中选出最满意的投资方案的过程。

企业投资活动需要大量的资金投入，一旦投资失败，就会给企业带来巨大损失。而投资活动的成败，在很大程度上取决于投资决策的正确与否。可以说，企业决策失误是最大的失误，而投资决策的失误则是最大中的最大。事实上，企业融资活动的失败在很大程度上是源于投资活动的失败，而投资活动的失败，则是源于投资决策的失败。一个错误的投资决策，轻者会造成投资的失败、融资的失败，严重的还会导致企业资金链的断裂、资金的枯竭，引发企业破产倒闭的严重后果。特别是企业长期投资项目具有投入资金多、影响时间长、回收速度慢、投资风险大的特点，一旦决策失误会给企业带来灾难性的后果。现实经济活动中，由于长期投资失误而导致企业经营陷入困境的案例数不胜数。因此，企业进行投资活动必须谨慎从事，严格按科学规律办事，做好投资项目的市场、技术和经济论证；在对投资项目进行决策之前，首先从市场、技术、经济、管理各个方面对投资项目的可行性、必要性进行研究。要以市场为导向，以技术为手段，以经济效益为最终目标，对拟投资项目的必要性、可行性、有效性和合理性进行全面、系统的论证和综合评价，由此得出该项目是否应该投资和如何投资等结论性意见，为投资决策提供可靠的科学依据。在投资实务中，企业要切实做到"三个不投"：即项目没有可行性研究报告不投；项目可行性研究报告的经济评价不充分不投；项目经济评价效益不达标准不投。

总之，投资决策事关重大，企业必须树立科学的决策理念，掌握科学决策的方法，熟悉科学决策的程序与运行规则，重视科学决策的研究与运用，把科学引入投资项目决策过程中，利用现代科技手段，采用规范与科学方法，把企业投资决策变成集思广益的、有科学依据、有制度保障的过程，从而确保企业投资活动万无一失。

案例　投资决策非儿戏，猴王自投黄泉路

2001年2月27日，在宜昌市西陵一路102号湖北省特大型国有企业——猴王集团公司大门旁边的墙上，张贴着宜昌市中级人民法院作出的《关于猴王集团破产的公告》。这份长达几页的公告写道："猴王集团的前身是1958年建成的宜昌市七一拉丝厂……1994年6月，由19家紧密层企业组建成猴王集团。该公司自成立以来，由于投资失

误、违规炒股、无序扩张、高息借贷等原因，截止到2000年12月底，累计亏损25.08亿元，资产总额3.71亿元，负债23.96亿元，其中以集团名义在银行的贷款本金达14.18亿元，资产负债率高达645.53%。2001年1月9日，猴王集团召开职工代表大会，同意申请破产，1月11日经宜昌市经贸委批复同意申请破产，1月18日正式向宜昌市中级人民法院提出破产申请。2月16日，法院讨论立案受理破产。2月27日，宜昌市中级人民法院作出裁定，宣布猴王集团破产。"

2001年3月27日，《中国证券报》发表了本报记者刘国芳撰写的专题报道，下面全文转载这篇文章。

市场经济规律不可逆，一个难得的反面教材，一部浓缩教训的书
——猴王集团破产案启示录

市场经济中，企业优胜劣汰乃家常便饭，不值得大惊小怪。但猴王集团的破产让人不免疑窦丛生：猴王集团入了"百强"怎么就强不持久？猴王集团数以十亿计的资产怎么会快速缩水？猴王集团怎么能将债台筑得如此之高？不可思议的一切在猴王集团都发生了，一个深层次的问题显露出来：在建设社会主义市场经济的进程中，企业如何发展壮大、政府如何管理企业，是一个远未解决的大课题。

1. 造大不等于强大，规模不等于业绩

猴王集团能入"百强"，与猴王经营者和地方政府的理念："企业规模就是业绩，也是政绩"有关。

猴王集团以片面追求企业规模为最高目标，以大肆收购、兼并、联营为重要手段，按照既定的"三百"（一百家工厂、一百家公司、一百个经营部）方针急剧扩张，顶峰时期，所属企业达到300多家，遍及全国24个省（市），在我国香港地区、叙利亚、阿联酋均有公司及办事处。猴王子公司、孙公司、重孙公司、相互参股的近亲子公司、出"五服"的挂靠公司等多得让人眼花缭乱，横跨机械制造业、房地产业、水陆运输业、广告装饰业、物资贸易业、纸箱包装业、保健饮品业、酒店旅游业、电脑开发业、证券业等几十个产业。猴王"发酵"了，先后进入全国512家重点企业、全国120家试点企业集团的行列；猴王变"响"了，成了全国知名品牌；猴王的老总升迁了，从处级升到了厅级。

然而，恶性的膨胀形成了"泡沫"资产和管理混乱，猴王终于背上了沉重的包袱，陷入了困境。

2. 拆东墙补西墙，墙墙皆倒

猴王集团的恶性膨胀，也是与猴王经营者的负债经营理念分不开的。猴王集团的经营者把负债当成"免费午餐"，没有成本观念，更没有债务风险意识，疯狂地对外举债，严重地超过了自身的承受能力，把负债变成了背债。

猴王的经营者曾有一句知名的俗语："拆东墙补西墙，墙墙不倒；借新债还旧债，债债还清。"这一负债经营的理念，在当时我国金融机构内部管理松弛的情况下，被猴王集团运用得淋漓尽致。猴王集团曾制定了《关于融资奖励办法》，鼓励单位和个人利用各种渠道，采取一切手段进行融资活动，并以融资额按比例对单位和个人进行奖励。

据审计汇总，猴王集团资金部仅在1996年至1999年，用不正规单据和凭证支付的融资费、返息款、手续费等就高达847万元，截至1999年底，审计核实猴王集团借款和债券负债22.14亿元，总负债33.13亿元，上述负债还不包括猴王集团在外地30家联营分厂的亏损1.44亿元和以联营名义在当地金融机构贷款2.62亿元。由于与上市公司未分开，猴王集团还疯狂侵占ST猴王的资产，并以ST猴王的名义作担保，大肆对外举债，累计形成对ST猴王近10亿元的债务，将ST猴王也逼上了破产之路。

猴王的巨额借款又对猴王不计成本的高风险投资扩张起到了推波助澜的作用。随着我国整顿金融秩序和金融机构加强内部监管，猴王再也无法负债经营，催债官司缠身，可谓走投无路，只能是"要钱没有，要命一条"。

3. 露水总会被太阳晒干

陷入巨额亏损困境，而且债务缠身，按理说猴王集团早应破产，但为何拖至今日？一个重要原因就是猴王集团善于吹泡泡、做假账。

宜昌的老百姓都说猴王是拼出来的，更是吹出来的，破产早在预料之中。但猴王集团的经营者仍要满足虚荣，仍要继续扩张，于是只能是热衷于虚假包装，靠造假账掩盖巨额亏损，靠发文章、登广告维持表面繁荣。1999年，国务院稽查特派员公署对猴王集团进行了抽查审计，初步披露了猴王集团资不抵债的问题。2000年3月至9月，宜昌市政府派市审计局对原任董事长进行离任审计。审计结果为：截至1999年12月31日，猴王集团上报总资产34.14亿元，审计核实数为8.95亿元；上报总负债26.96亿元，审计核实数为33.12亿元；上报亏损3.05亿元，核实亏损为34.92亿元，成为一扇令人恶心的"超级注水肉"。

4. 炒股炒不出资本运营

猴王集团巨额亏损还有一个重要的原因，就是与其经营者错误的资本运营理念有关。

ST 猴王刚上市时，猴王集团下属的财务公司投资证券炒股，一下子赚了700多万元。这一尝试让猴王经营者惊喜不已：资产营运不如资本运营，投资办几百人、上千人的工厂搞资产营运，弄得不好还亏损，还是投资炒股来得快。

于是，猴王集团经营者要求下属各单位和企业都要抽出人来专门炒股。此时，正值国家出台不准单位投资炒股的新规定，但这一规定并没有动摇猴王经营者"投资炒股"的经营理念，于是炒股便由明转暗，秘密进行。他们以猴王集团的名义在各证券公司拆借资金，但又不经过猴王集团的账务管理，而是以个人名义在各证券公司开户炒股，有的几个人共炒一个账户，有的一个人拿亲属朋友的身份证开多个账户炒股，掀起了一个炒股狂潮。

据有关部门初步核查，当时猴王集团在宜昌、深圳、武汉等地开设了 136 个账户，其中有 113 个账户是以个人名义登记的。在 1994 年至 1996 年期间，动用公款 10 亿元炒股，到 1997 年全部清盘时，炒股亏损近 3 亿元，因炒股形成债务 2.24 亿元，共损失 5.136 亿元。

猴王集团由小变大、由大变空、由空变垮，最终走向破产，代价是巨大的，教训是沉痛的。作为一部进行深刻的社会主义市场经济教育的活教材，猴王集团破产案让我们懂得逆市场经济规律而行的恶果会是怎样。市场经济崇尚公平竞争、优胜劣汰，排斥行政干预、人为拼大；市场经济讲究诚信守法，反对造假违规，一句话，市场经济是竞争经济、信用经济、法治经济。这是猴王集团破产案带给我们的最大启示。

深度思索 投资不是拼大，必须按客观规律办事，量力而行，稳健发展，不能盲目扩张；投资不是投机，必须诚实守信，守法守规，科学运作，不能投机钻营。企业在投资决策时必须清醒地认识和把握好这一点。否则就会自食苦果。

（三）投资多元化并不适合于所有企业

关于企业投资多元化和专业化的争论由来已久，这些争论大多将专业化与多元化视为对立的两极，然后比较孰优孰劣。显然，这未免有些简单化和情绪化。其实，作为一种投资行为，多元化和专业化本身并无所谓孰优孰劣。多元化和专业化都有成功的案例：通用电气和诺基亚都是世界上最优秀的公司，通用电气的投资道路是多元化，诺基亚的投资道路是专业化，而且是从多元化最后转向专业化。改革开放以来，我国的大中型企业，甚至小型企业为了抓住市场机会，实现快速发展的目的，纷纷实施跨行业、多元化投资和发展。无疑，多元化投资对于企业快速扩张有着十分重要的作用。但是，多元化投资也存在其固有的缺陷，企业投资的战线拉得越长，力量就越分散，控制力也就越弱，其负效应就会逐渐显露。由于实施多元化投资战略导致企业运营困难、资金链断裂，最终破产倒闭的企业案例数不胜数。大量破产案例表明：多元化投资战略并非企业发展的灵丹妙药，特别是对各种资源相对匮乏的中小企业而言，多元化投资更可能是"陷阱"，而非"馅饼"。

近十几年来，我国企业多元化投资失败的案例很多，巨人集团总裁史玉柱反省其四大失误之一就是盲目追求多元化投资。巨人集团涉足的电脑、房地产、保健品等行业跨度太大，新进入的领域并非其优势所在，却急于铺摊子，使有限的资金被牢牢套死，导致发生财务危机、资金链断裂，最终落个破产倒闭的下场。

案例　通用多元化投资得心应手，德隆多元化投资邯郸学步

通用电气公司的历史可以追溯到美国电学家和发明家托马斯·爱迪生，他于1878年创立了爱迪生电灯公司。1892年，爱迪生通用电气公司和汤姆森-休斯顿电气公司合并，成立了美国通用电气公司。通用电气是自道·琼斯工业指数1896年设立以来，唯一一家至今仍在指数榜上的公司。

通用电气的产品和服务范围广阔，从飞机发动机、发电设备、水处理和安防技术，到医疗成像、商务和消费者融资、媒体以及高新材料，客户遍及全球100多个国家和地区，拥有30多万员工，是一家闻名遐迩的多元化跨国公司。在2010年世界500强名单中，主要业务注明为"多元化"的企业只有两家，除了位列第13名的通用电气外，另一家是位列第302位的和记黄埔公司，其他498家企业均注明了各自的主营业务。

通用电气为什么能够在多元化投资道路上取得如此辉煌的成就呢？通过研究、分析，我们发现通用电气在企业投资活动中，严格遵循了"数一数二原则"。即通用电气对任何一项投资，都会事先进行认真而深刻的分析，只有完全符合投资的数一数二原则，它才进行实

际的投资。所谓"数一数二原则"是指：

第一，所投资的项目在其所在产业中是数一数二的项目；

第二，投资这个项目，可以通过自身的产业链，把这个项目做成在这个产业或者这个行业里面数一数二的项目；

第三，在未来的可以预见的年份里面，通过继续整合，可以把现有的投资项目做成未来在这个产业或者行业里面数一数二的项目。

如果符合上述投资原则，通用电气就会毫不犹豫地进行全面的投资，而这种投资和扩展无疑给整个体系带来了更大的增量，是一种一加一大于二的效果，因此，这种多元化投资战略无疑是十分稳健的。通过投资的数一数二原则，通用电气保证了它在每一个投资领域的数一数二地位。从学术角度来看，通用电气并没有真正把自己当成一个多元化的公司，相反的可以理解为它是一个专业化的集群，因为在通用电气庞大的体系里面，几乎所有的门类都在相应的细分市场里面或者相应的产业结构里面做到了前几名，这样一来，它在每一个领域都很专业化，所以它本质上更像一个专业化的集群。而通用电气的多元化产业模式，属于一种产业上的互补，即它要么属于一种相关的多元化，要么是在某一个领域中的多元化。除了这种互补性外，还在这个领域里面占有相当的市场份额，形成某种层面的金字塔优势，所以它的多元化产业模式具有很强的活力和市场竞争力。

通用电气的"数一数二原则"是其多元化投资取得成功的重要原因，正确而又聪明、智慧的投资决定了通用电气在今天成为一个庞然大物之后，仍然可以迅速地发展和扩张。

中国的很多企业，在经营过程中希望学习通用电气，把企业做大、做强，但是却忽略了一个重要问题，这就是：大不一定强，强也不一定大。很多企业在主营业务还没有做好的情况下，就开始盲目追求多元化。很显然，这种多元化的最终结果肯定让企业从一个困境走向另一个困境，经营困难越来越大，直至陷入资金链断裂的境地。名声显赫的德隆公司就是这样的一个典型案例。

1. 德隆概况

"德隆"这两个字的庞大，远远超过人们的想象。"德隆"不仅是指德隆母公司产生发展过程中的阶段性公司，即新疆德隆国际实业总公司、新疆德隆（集团）有限责任公司、德隆国际控股有限公司、德隆国际战略投资有限公司等公司，还包括德隆旗下绝对控股的新疆屯河、沈阳合金、湘火炬等作为老三股的三家国有上市公司以及后来的天山水泥、中燕、重庆实业等被称为新三股的上市公司，以及以老三股为核心，控股、参股的170多家涉及数十个产业的子公司、孙公司，20余家信托、证券、租赁公司以及商业银行等金融机构。除此之外，"德隆"还包括由德隆国际的合伙人或者高层管理人员以自然人身份注册的、完全受德隆控制和摆布的、在最多的时候曾经达到130多家的"影子"公司或者说是"壳公司"。

2004年之前的德隆，作为一个民营企业，同时又作为一个涉足金融和实业两个领域的巨头，梦想着创建像通用电气那样产融结合的、庞大的"金融控股公司"。至少在表面上，德隆当时已经将摊子铺得很大，作出了金融实业帝国的雏形。无论从实业领域、金融领域还是股票市场上，德隆可以说都已经显露了"德隆帝国"的模样。

在实业领域，德隆在1997～2004年不到7年的时间里，通过并购，打造了漫长无比的产业链。据不完全统计，德隆旗下直接控股或由老三股控股、参股的公司至少有177家，其涉及的产业包括番茄酱、汽车零部件、水泥、电动工具、精细化工、畜牧业、旅游、农业、文化娱乐等各个产业，"产业帝国"极其庞大。德隆宣称，试图通过高速的并购来整合产业链。引用德隆国际董事局主席唐万里的话来说，德隆的并购是以"创造中国传统产业新价值为己任，谋求成为中国传统产业新价值的发现者和创造者。致力于通过产业整合的手段改善产业结构，增强产业竞争力以获取长期的利益回报和企业的可持续发展"。

在金融领域，德隆通过老三股（新疆屯河、沈阳合金、湘火炬）直接或间接控股的方式，将新疆金融租赁、金新信托、德恒证券、伊斯兰信托、恒信证券、中富证券、大江信托等多家金融公司也纳入麾下，其中金新信托、德恒证券先后成为德隆融资和炒作老三股的中心平台。而2001年后，由原重庆证券、金新信托注资成立的上海友联经济战略管理研究中心有限公司在上海成立之后，友联便成为德隆管理控制其参股或控股的各金融机构的中心公司。截至2004年，德隆共控制了包括证券、租赁、信托等在内的20余家非银行金融机构，并在2001年后，开始进入商业银行体系，并分别参股、控股了昆明市商业银行、株洲市商业银行和南昌市商业银行等多家商业银行机构。

在股票市场上，德隆的表现同样十分惊人。作为德隆三驾马车的"老三股"新疆屯河、湘火炬和沈阳合金的股价涨幅惊人。1997年至2003年以来，沈阳合金6年的累计涨幅达到2597%，而湘火炬、新疆屯河的累计涨幅接近1000%。即使在2002年大盘狂跌的过程中，德隆系的这三只"老三股"仍然保持强劲的市场表现。股价持续上升时间之长，年度涨幅之大，使无数曾创造神话的老牛股——诸如银广夏、东方电子乃至后来的世纪中天、正虹科技等都难以望其项背。

2. 德隆的崩塌

早在2001年，中科创业的庄家吕梁操纵股价引起监管部门注意，而吕梁恰好也是德隆系两只股票的设计者。这引发了相关监管部门对德隆的一次摸底调查，一是看德隆并购那么多国企，有没有造成国有资产流失；二是看德隆资金的来源；三是查一下德隆有无明显的违法操作。结果不得而知，但无疑银行部门此后对德隆合作项目开始变得非常谨慎。当年，郎咸平教授对于德隆发展模式的疑问，也引发了市场对德隆信用的怀疑。德隆持股的金新信托在当年遭遇了客户挤兑风波，造成的资金缺口高达20多亿元。德隆为了弥补这个缺口，开始大量挪用旗下上市公司的资金，这为后来的德隆资金链危机埋下了伏笔。

2000年，中国股市已经持续低迷了两年多，上证指数在当年11月13日降至1307点，创出1999年以来的股指最低点位，许多庄股不断"跳水"成了股市里的让人难忘的情景。率先拉开序幕的是世纪中天，该股于2003年4月中旬开始连续拉出12个跌停板，随后紧跟而上的有正虹科技、徐工科技、昌九生化、宏智科技、科大创新等庄股，这些庄股少则拉出四五个跌停板，多则八九个跌停板。而到了11月份，新疆啤酒花的跳水又再次向世纪中天的12个跌停板发起了挑战。庄股的这种大面积高台跳水，对于当时的中国股市无疑是雪上加霜。而到了2004年4月，德隆老三股的噩梦也开始了。

其实，早在2003年11月啤酒花事件之后，新疆的金融环境就开始非常紧张。啤酒花事件之后，银行不允许企业之间进行互相担保，而且原来的贷款也要重新变更贷款担保方式，必须用资产进行担保。德隆开始应银行的要求，频繁质押其在几家上市公司的股权，对原来的贷款进行质押保证，这引发了市场的不信任。2004年3月，在国内一家地方杂志《商务周刊》发布了德隆资金链断裂的消息之后，市场上对德隆的质疑开始越来越强烈，德隆开始出现了信贷危机，一些银行开始拒绝向德隆发放贷款。之后，关于德隆资金链断裂的传言愈演愈烈，德隆实际的资金环境也越来越紧张，各家银行的总行多次向各分支机构发出不成文的指示，不再给德隆发放新的贷款，而且还要逐步收回已经发放给德隆的贷款，要求在2004年年底之前全部收回。也就是说，德隆将成为没有银行贷款的企业。缺少银行贷款，这对于一个大型企业来说是致命的。2004年4月，由于资金链危机，德隆决定卖出手中持有的老三股股票。然而在4月13日，健侨证券刚一抛出沈阳合金的股票，当天沈阳合金股票就跌停；4月14日，新疆屯河和湘火炬跌停，而沈阳合金于同一天再次跌停。自4月12日至4月21日，新疆屯河、湘火炬、沈阳合金的跌幅分别为46%、42%、42%，流通市值共缩水61亿元。德隆系的老三股自此全线崩盘。

自从老三股崩盘之后，德隆一系列优质资产被迫卖出。2004年5月，新疆生产建设兵团控制的冠农股份以8700万元的价格收购了罗布泊钾盐51.2%的股权；6月，中国非金属材料总公司以2.6亿元购买了德隆旗下全国第三大水泥生产企业——天山股份5100万股股权；8

第六章　资金是企业长盛不衰的血脉

月,上汽集团洽购德隆旗下重庆红岩汽车股权。2004年5月30日,德隆国际首度公开承认,"德隆全系统处于危机最深重、困难最严重的时期"。此后,德隆危机进一步升级。2004年6月,上海市第一中级人民法院同时开庭审理了两起有关德隆的案件,各地债权人纷纷通过法律途径向德隆索债,德隆在各地的资产大部分被冻结。

2004年8月26日,新疆德隆(集团)有限责任公司、德隆国际战略投资有限公司、新疆屯河集团与华融公司签订了《资产托管协议》,协议中称三家公司将其拥有的全部资产不可撤回地全权托管给了华融公司,由华融公司行使全部资产的管理和处置权利。2004年9月4日,华融公司接受中国证监会委托对德隆旗下的三家证券机构德恒证券、恒信证券、中富证券进行托管经营。华融接管德隆之后,对大多数资产采取了被动性处置方法,德隆的许多已经整合或者正在整合的产业被拆开来,重新进入其他公司。华融先是向德隆系屯河股份和天一实业发放了总额为2.3亿元的过桥贷款,之后一系列重组德隆资产的活动开始展开。

2005年8月,湘火炬被重庆重汽收购;之后,世界500强之一的中粮集团控股了新疆屯河,并将之改名为"中粮屯河";2005年9月,辽宁省机械集团成为沈阳合金投资的第一大股东。许多国字头、中字头企业以及其他大型企业纷纷入主原德隆系公司。至此,规模巨大的德隆帝国已经无法掌握自己的命运,走向彻底瓦解。

同是多元投资,为何结果不同?其一,通用电气的多元化投资有明确而清晰的战略,而德隆在后续的金融投资里面,则是打着产业整合的幌子进行大规模的简单融资,试图通过融资的放大效应来给自己并没有真实赢利的实业群体带来更多的血液补充,而这种补充体系无疑是无效的。其二,通用电气对金融业的投资,从消费信贷、融资租赁到人寿保险机构,无一例外地是为了投资获利,而不是为通用电气的实体产业部分构建融资平台。它们分属通用电气集团的两类不同产业。也就是说,在通用电气增值体系里面,它的金融和实业是有效分开的，防火墙建立得异常完善，切断了金融和实业在同一控制权下的关联交易，降低了由此产生的金融风险。而德隆前10年的实业和后8年的金融，不仅非常紧密地混在了一起，而且在后8年间，它的整个金融体系成了实业的救火员，而实业又成了金融的灭火器，在这样一种交织状况下，两个体系全面崩溃自然也就不足为奇了。

深度思索 一个企业究竟应实行专业化还是多元化，这取决于企业所属行业、管理能力、规模实力、发展目标等一系列因素。专业化与多元化只是企业的两种投资战略，它与企业规模大小并无必然的联系。不过多数多元化经营的大企业集团，在创业初期都是专业化的。它们在专业化经营的基础上开发关联产品，走出一条主导产品多样化的道路，以其品牌为纽带开发系列产品。还有些企业在专业化经营基础上由生产关联产品到非关联产品，逐步过渡到多元化经营。企业多元化是有风险的，涉及的领域越多，竞争对手也就越多，管理也就越复杂。企业在多元化的道路上应该遵循以下原则：

首先，有条件地选择，切忌盲目跟风。企业应深度剖析自身行业，挖掘行业发展潜力，提高企业行业地位，扩大人才和资金储备，提升企业专业性。从根本意义上讲，多元化和专业化都有成功的可能。因此，企业应当根据市场环境和企业自身情况选择合适的发展道路。

其次，多元化应重视新行业与主业的相关性。多元化经营战略的理性方式是：在核心专长与核心产业支撑下的相关多元化经营战略。很多企业多元化经营失败的原因就在于企业选择多元化的方式和途径不合理。企业决策要以自身优势为基础，多元化发展也应以新的行业或产品能否使自己充分发挥并增强优势为检验标准，判断自身现有优势能否延伸到目标行业或产品中，因地制宜，量体裁衣。

最后，多元化应当紧紧依托企业核心竞争力。具有相当竞争优势的主营业务，是企业利润的主要源泉。企业应该通过保持和扩大自己所熟悉与擅长的主营业务，提升市场占有率，实现规模效益最大化，同时，更要把增强企业的核心竞争力作为第一目标，并将其视作企业的生命，在此基础上兼顾多元化。

第四节　资金管控

资金是企业生存和发展的基础，企业经营活动的过程，也是资金流转的过程。加强企业资金的管理与控制，对于规范企业资金筹集、投放和营运，维护资金的安全与完整，防范资金活动风险，提高资金效益，促进企业健康发展都具有十分重要的意义。

（一）资金管控是企业生死攸关的大事

第一，资金活动的管控，关系到企业的生死存亡。企业资金活动影响企业生产经营的全过程。由于影响企业资金活动的因素很多，涉及面很广、不确定性很强，企业资金活动的管理和控制都有较大的难度。受主客观条件的限制，很多企业在经营活动中很难做到对资金活动施以有效控制，而资金活动管理与控制的失误，往往会给企业带来致命的打击。巴林银行、德国国家发展银行、中航油事件等众多资金失控的案例表明，如果企业的资金活动得不到有效管理和控制，轻则带来巨额损失，重则可能将企业的百年基业毁于一旦。因此，企业资金活动及其管控情况，对企业的生产经营影响巨大；加强、改进企业资金活动的管理与控制，是企业生存和发展的内在需要。

第二，加强资金管控，有利于企业防范资金活动风险，维护资金安全。资金活动贯穿于企业生产经营的全过程，企业内部各部门、企业外部相关单位和个人都直接或间接参与企业资金活动，其中任何一个环节、任何一个机构和个人出现差错，都可能危及资金安全、导致企业损失。加强资金活动内部控制，有利于企业及时发现问题，防范并化解有关风险。

第三，加强资金管控，可以规范企业经营活动，推动企业可持续发展。由于资金活动与企业生产经营活动紧密结合，通过控制资金活动指引、规范企业的经营活动，实际上是从资金流转的角度对生产经营过程进行有效控制，有利于促使企业规范地开展经营活动，实现企业的可持续发展。

（二）从巴林银行破产看资金活动管控的重要性

英国巴林银行于1995年2月26日宣告破产，消息震动了全球金融界。这家成立于1763年、有230多年历史的老银行，具有"贵族银行"的美称，曾获得英国王室五次颁发荣誉奖章。然而，就是这样一家名声显赫的老牌商业银行却在一夜之间轰然倒塌，其原因肯定是多方面的，但巴林银行对资金活动的管理与控制不完善才是导致其破产的根本原因。

案例 资金管控百密一疏，老牌银行毁于一旦

英国巴林银行是英国伦敦城内历史最悠久、名声显赫的商业银行集团，其业务专长是企业融资和投资管理，业务往来点主要在亚洲及拉美新兴国家和地区。到1993年底，巴林银行的全部资产总额为59亿英镑，1994年税前利润高达1.5亿美元。但到了1995年2月26日，巴林银行因其新加坡支行交易员里森违规从事衍生品业务而遭受巨额损失，无力继续经营而宣布破产。一个有着233年经营史、拥有良好经营业绩的老牌商业银行自此在伦敦城乃至全球金融界消失。

里森1989年开始到巴林银行工作，工作业绩突出。1992年，里

森被巴林银行管理层派到新加坡建立期货部,并任总经理,拥有雇佣交易员和后台清算的权力。里森违规建立了一个秘密账户"88888",并多次用以隐藏员工的操作失误和未经授权的交易,从而使大量的交易损失未能在账户上得到反映而是进入秘密账户。1994年12月,巴林银行新加坡支行未在账户中确认的累计损失超过2亿英镑,其中仅1994年就高达1.85亿英镑。但如果此时采取有效措施,巴林银行也许就不会倒闭。

1995年1月18日,日本神户发生大地震。其后数日,东京日经指数大幅度下跌,里森开设的秘密账户遭受了更大的损失。在此情况下,里森又从伦敦获得大量资金购买更大数量的日经指数期货合约并卖空日本政府债券,希望日经指数会上涨到理想的价格范围。但事与愿违,日经指数并未如里森预期的那样上涨。1995年的前两个月中,巴林银行新加坡支行累计未报告损失翻了三番,2月27日,达到了8.27亿英镑,加上相关成本,巴林银行新加坡支行未经授权的交易损失累计达到9.27亿英镑,是整个巴林银行全部资本和储备金的1.2倍。尽管英格兰银行(英国的中央银行)采取了一系列的拯救措施,但终究因亏空太大而无济于事,这个闻名于世的老牌银行还是以破产而告终。

巴林银行之所以倒闭,从表面上看,是因为里森个人的越权行为所导致,而实际上这反映出巴林银行内部管理和控制体制的缺陷。巴林银行的管理层在很多方面都存在失职现象,外部审计师和监管者也负有不可推卸的责任。

(1) 岗位划分不清。巴林银行的一个最致命失误是违反了管理与操作职能相互分离的原则,即所谓的前台和后台分离。前台职务是指交易业务,而后台业务主要是清算、稽核、业务准入等。前后台职务之间的关系不是从属关系,而是互相制约的协作关系。正常情况下,二者应严格分离,且后台职务中,不同性质的业务之间,如清算与稽核之间也应实现有效的隔离,这样才能实现内控机制的"牵制"作用。但在巴林案中,里森不但是交易员,同时也是巴林银行新加坡分支机构的清算员，也就是说，里森既从事前台交易又负责后台交割清算，这样便等同于没有一个独立的清算第三方对其进行监督。这样的机构设置为其后来的违规行为提供了巨大的便利。

（2）薪酬结构不合理。里森1993年的年薪大约5万英镑，但是奖金却接近10万英镑。到了1994年，由于业绩优秀，奖金升至13.5万英镑。奖金是其工资的两倍还多。在交易员行业，资历较浅的交易员大约获得2%的分红收入，高级的交易员甚至达到15%，平均水平约为5%，亏损则没有分红。高额的业绩奖金对交易员涉足风险更大的交易活动产生了相当大的激励作用。不合理的薪资结构让交易员有了违规操作的心理动机，不合理的职权划分为交易员提供了违规操作的现实条件，二者的同时存在使违规操作既有了动机又有了条件。

（3）内部管控措施没有被严格执行。巴林银行对其下属的新加坡分支机构没有采取严格的管控措施。里森在回忆录中写到："在新加坡市场上，我占了全部份额的40%，在这个市场上，我是唯一的买方。其实，只要将我提交给新加坡国际金融交易所的财务状况报告与提交给总部的报告进行对照，不出半小时，他们便会对这里的财务状况了如指掌了。"每到年终，里森都将"88888"账户冲转为极少数余额或为零，瞒过审计师审计。在1994年，审计员发现保证金与交易所数字不符，相差77.18亿日元，审计师要求看三个证明文件，里森通过剪辑、复印、传真伪造了三个证明文件，总行没有认真审查与研究，便被瞒骗过关。

里森对付审计的手段十分狡猾，善于应付上级来的审计人员。一次，总行派沙基德·沙克拉尼到新加坡做内部审计，这是个很精明的人。但里森得知他在东京查账时"在酒吧里占人便宜的那些事"，便把他安排在大酒吧日夜酗酒，并派二位陪酒女郎伴他过夜。这样，这位审计人员始终未进过期货公司的办公室。如果审计人员能够认真履行自己的审计职责，里森的问题也将会被及时发现。

（4）管理层对内部控制缺乏重视。里森在回忆录中写到："尽管

第六章 资金是企业长盛不衰的血脉

损益账目和资产负债表都会出现在报表中，但我很清楚，巴林银行的负责人只对底线（资金盈亏）感兴趣；至于底线结果是怎么得出来的，他们毫不关心"。因此，他大胆伪造了损益表和资产负债表的有关数据和内容。

管理层对于已经查明的问题也采取了置若罔闻的态度，每年一度的内部审计对里森身兼交易场地与清算部门两处主管的现象提出了批评："这里存在着一个很大的风险——总经理可能控制一切，他同时是前台与后勤部门的经理，因此，便有可能盗用集团的名义来开展某些交易业务，并且，他可以按自己的意愿，随意清偿、记录这些交易。"并建议"派遣独立的专职风险与税务人员，对巴林银行新加坡支行进行严格监察"。但是，审计报告的建议并没有受到重视和执行。

里森使用"88888"账户近3年之久，总行共划汇去17亿新加坡元保证金，从未有过怀疑。巴林银行清算部与新加坡期货公司计算机是联网的，对新加坡期货公司的各项数据与各项报告唾手可得，但从未对报告与单据进行过分析。直到里森逃跑次日，因被迫缴纳保证金，才发现期货交易账面损失达4.5亿英镑，才弄清楚了"88888"账户的内情。

其实，巴林银行本身对于清算和期货买卖十分擅长，曾经被视为"期货与期权结算方面的专家"，里森更被誉为"天才的交易员"。可是，正是因为里森为巴林银行创造了巨额的利润，巴林对其监管的力度就自然放松了。在利润与风险之间，企业很难掌握一个平衡，内部管控在疯狂追求利润扩张的面前显得如此单薄和无力。

深度思索 企业对资金活动进行管理与控制是至关重要的。对于大多数企业而言，一般都有一套对资金活动进行内部管理与控制的体系，但在建立了这样一个体系之后，如何得到有效执行，并对执行情况进行考核和评价，才是重中之重。毕竟空有一套理论、制度而不去严格执行，这样的内部管理与控制体系是形同虚设、毫无意义的。

（三）虚拟经济是把双刃剑，风险防范很关键

在国际金融资本市场全球化发展趋势的带动下，近十多年来，中国的金融资本市场快速发展，已初具规模。越来越多的金融机构和生产经营企业开始利用金融资本市场提供的多种金融衍生产品开展投资活动，也有不少企业进入国际金融资本市场进行投资或投机活动。

金融衍生产品具有杠杆性、复杂性、投机性等特点。这些特点决定了金融衍生产品不仅具有高收益性，也不可避免地具有高风险性。例如，衍生产品的杠杆性意味着，在衍生产品交易中，只需按规定缴纳较低的佣金或保证金，就可从事大宗交易，以小搏大。投资者只需动用少量的资本便能控制大量的资金。但是，一旦实际的变动趋势与交易者预测的不一致，就可能使投资者遭受严重损失。同时，衍生产品的虚拟性和定价的复杂性使得其交易策略大大复杂于现货交易。在现实中，金融衍生产品交易的各种风险往往交叉反映，相互作用、互相影响，从而使金融衍生产品交易的风险加倍放大。

众所周知，虚拟经济是一把"双刃剑"，运用的得当，可以有效地帮助企业获得较高的收益或者对冲经营风险。例如，利用远期、期货等衍生产品，可以帮助企业管理原材料和外汇等的价格波动风险，帮助企业锁定成本，保持企业财务和赢利状况的稳定性和可预测性。另外，若企业对衍生产品的风险认识不足，贸然参与或过度投机则很有可能给交易者带来巨大损失，甚至导致企业破产倒闭。大量事实证明，如果不能正确地驾驭虚拟经济，控制衍生产品的交易风险，给企业带来的教训也是十分惨痛的。但这并不是交易工具本身的过错，而是人为的错误。金融衍生产品从其设计的初衷和设计的原理来说，是用来规避风险的工具。在经济全球化迅速发展、投资日益国际化的今天，如果不利用衍生产品的规避风险功能和价格发现功能，无论是对一个国家经济还是对一个国际化的企业来说都是最大的风险。如果不让国内的企业从事衍生产品交易，就相当于把它们的手脚捆起来，这

些企业在不能对冲风险的情况下,就没有办法和国外公司抗衡。一个有国际竞争力的企业,必须设法规避自己无法控制的风险。近年来,国际市场黄金、石油、有色金属、粮食等价格剧烈波动,对国内企业的生产经营带来很大风险,企业具有利用金融衍生产品规避风险的现实要求。另外,近年来,国际金融市场汇率、利率变动频繁,利用金融衍生产品防范汇率、利率风险,也成为广大进出口企业的现实要求。因此,企业通过参与衍生产品交易可以有效实现经营中的风险规避。

但是,需要强调的是,非金融企业从事衍生产品交易的目的应该是避险而不是作为赢利手段;企业应该是衍生产品的使用者,而不应该成为做市商。我国近几年发生的"株冶事件"、"中航油事件"和"国储铜事件"的教训是:它们希望通过承担衍生产品风险而谋求"丰厚"的利润,忘记了自己用衍生产品套期保值的初衷,忘记了自己的主业。所以,企业从事衍生产品交易的目的必须正确:企业从事衍生产品交易是为了规避风险,而不是为了赢利,更不是为了追求利润最大化。

案例一 国企违规炒期货,株冶巨亏十几亿

株洲冶炼厂于1956年成立,曾在中国大型国有企业500强中排名第132位,年利润过亿元。该厂为中国三家在伦敦金属期货交易所挂牌上市企业之一、全球五大铅锌冶炼生产厂家之一。

1994年,国务院下令禁止国内企业炒作外盘期货,认为中国的市场经济尚未成熟,各方面条件也不具备做境外期货交易的能力。株洲冶炼厂却利用了进出口权的便利,违规炒作境外期货。由于最初以套期保值名义的操作,尝到了一些甜头,株洲冶炼厂进口公司经理、期货操盘手徐耀东的权力逐渐膨胀,而厂方对他从事的外盘期货交易也采取了放任的态度。1997年3月,世界金属期货市场价格上扬,锌市走俏,徐耀东见有利可图,开始在每吨1250美元的价位上向外抛售合

同。此时,株洲冶炼厂每吨锌的成本仅 1100 美元,做套期保值的话,每吨在以后按期交割现货可获利 150 美元,也可避免市场价格下跌造成的损失。但是后来锌价上扬到 1300 美元,徐耀东开始做空,抛出了远远大于株洲冶炼厂年产量的供货合同,此举的目的是通过抛出大量供货合同打压市场价格,等锌价跌至价格较低的时候再大量买入合同平仓,保留高价位的卖出合同如期交割获利。但是,由于对锌价走势判断的错误以及交易对家逼仓,锌价并没有像徐耀东预期的下跌,而是一路攀升到每吨 1674 美元。

按伦敦金属期货交易所的行规,买卖者须缴纳买卖合同金额的 5% 用作保证金。徐耀东支付保证金的资金大部分来源于银行贷款,在 1997 年 3 月至 7 月间,徐耀东因无法支付保证金,多次被逼止损平仓。面对巨大的空头头寸和过亿美元的损失,徐耀东不得不向株洲冶炼厂报告,当时已在伦敦卖出了 45 万吨锌,相当于株冶厂全年总产量的 1.5 倍。虽然国家出面从其他锌厂调集了部分锌产品进行交割试图减少损失,但是终因抛售量过大,株冶厂为了履约只好高价买入合约平仓,形成 1.758 亿美元的巨额亏损。

案例二 国储投机炒期货,巨额亏损谁买单

2005 年 11 月中旬,外电纷纷披露,中国国家物资储备局一名交易员刘其兵,在八、九月间于伦敦金属交易所铜期货市场,在每吨 3000 多美元的价位附近抛空,建立了 20 万吨期铜的三月空头远期仓位,交割日期在 12 月 21 日左右。伦敦期铜价在 11 月前后不断上扬,铜价每吨上涨约 600 多美元,这些空单已经造成巨额亏损,而该交易员刘其兵则神秘失踪。

刘其兵是国家物资储备调节中心进出口处处长。国家物资储备调节中心是国家物资储备局下属单位,进出口处的职责主要是从伦敦金属交易所采购铜。无论是国储局还是调节中心,都没有从事境外期货业务的资格,即便调节中心有套期保值的需求,也只能通过有境外期

货执业资格的企业来操作,但不能进行投机。

刘其兵错误地判断了铜价的走势。他预计2005年末铜价会下跌,因此以目前签订的远期合约价格卖出了20万吨期铜空头;如果价格确实下跌,就可以在未来以较低的现货市场价格买进,以较高的合约价格卖出,赚取其中的价差。而后来的事实证明,刘其兵作为交易的基础判断与市场走向截然相反。

2005年11月9日至12月7日,国家物资储备局连续四次公开拍卖储备铜(每次2万吨),并声称其持有130万吨库存铜,意图压低铜价,但对市场价格的狙击并不理想,国际铜价依然逆市上涨,并不断创下期铜百年来的最高价格。

如果国储中心于2005年底前将刘其兵留下的空头头寸结清离场,那么根据2005年12月20日,也就是交割日的前一天,伦敦金交所3月期铜开盘价每吨4426美元、收盘价每吨4410美元计算,国储中心每吨期铜亏损约900美元,20万吨期铜的亏损接近2亿美元。如果国储中心没有在2005年年底完成交割,而是选择部分延期到2006年,市场传言在2006年3~4月离场,此时的期铜价早在每吨7700美元以上,国储中心的亏损将在8亿美元以上。

2005年10月"国储铜事件"爆发后,刘其兵失踪近10个月,后于2006年6月21日在昆明市被拘捕。

法院一审判决认定,先后任职国储进出口处副处长、处长并负责期货自营业务的刘其兵,在1999年12月至2005年10月期间,违反国家对国有单位进行期货交易的相关规定,将该中心资金用于境外非套期保值的期货交易,致使国家发改委下属的国储损失折合人民币9.2亿元。据此法院一审判处刘其兵有期徒刑七年。

案例三 期权交易风险大,中航油豪赌致巨亏

中航油新加坡公司于1993年成立,主要从事中国进口航油采购和国际石油贸易及石油实业投资等业务,于2001年12月在新加坡上市,

中航油集团控股75%。2003年年底，中航油集团控股净资产价值为1.4亿美元，股票市值约6亿美元。

中航油新加坡公司于1998年开始从事石油衍生品纸货互换交易，1999年开始从事石油衍生品期货交易，初期交易量较小。2000年以后，中航油新加坡公司从事的石油衍生品交易数量不断扩大。为控制石油衍生品交易风险，中航油新加坡公司于2000年10月成立了风险管理委员会，同时委托新加坡安永会计师事务所编制了《风险管理手册》，对公司衍生品交易政策作了比较明确的规定。如明确公司每个交易员仓位限额为50万桶，公司所有产品的仓位限额为200万桶；每个交易员亏损限额50万美元，总裁审批亏损限额最高500万美元，且须得到董事会批准；公司开展石油衍生品新业务和品种，必须进行风险评估并须董事会审批等等。

2002年3月，中航油新加坡公司未上报董事会及中航油集团批准便开始从事场外石油期权交易。2003年10月底，根据对油价走势可能下跌的判断，中航油新加坡公司执行董事兼总裁陈久霖批准公司贸易员纪瑞德和葛尔玛提出的场外期权交易建议，在航油价位为每桶20多美元时，陆续卖出2004年航油期权200多万桶，卖价为每桶36美元，获得了200万美元权利金收入。2004年1月，由于国际油价继续攀升，油价超过每桶36美元，新加坡公司计算期权业务潜亏540万美元。因为不希望在财务报表中体现出经营亏损，在未向集团公司及董事会报告的情况下，2004年1月，陈久霖越权批准挪盘，将仓位进行展期和成倍放大交易量。2004年国际油价持续直线上升，高点达每桶50美元，公司潜亏进一步大幅增加，陈久霖又擅自批准在2004年6月和9月进行了两次挪盘，公司期权交易量放大到5200万桶，期权盘位展期到2005年与2006年。截至2004年11月底，中航油新加坡公司期权交易潜亏实际为5.7亿美元。

随着国际市场油价持续攀升，中航油新加坡公司三次挪盘后，亏损成倍扩大，因无力支付巨额保证金，于2004年10月9日不得不向中航油集团报告。为尽可能减少损失影响，中航油集团初期决定尽力挽救中航油新加坡公司，拟由集团公司全部接盘、筹措资金帮助中航油新加坡公司渡过难关，并于10月20日出售中航油新加坡公司15%股权，获得1.08亿美元转让金全部用于中航油新加坡公司支付保证金，后经核实发现中航油新加坡公司亏空数额巨大，挽救所需资金超出了集团公司的承受能力。为尽可能减少损失和避免拖垮集团公司，决定将全部盘位进行斩仓，并对中航油新加坡公司申请停牌重组。最终中航油新加坡公司关闭所有仓位的实际损失为5.4亿美元，如果再不关闭仓位，损失将会超过15亿美元。

经过一年来中新双方多方面共同努力，中航油新加坡公司较为顺利地完成了债务重组和股权重组，于2006年3月28日在新加坡上市复牌，当日收市股价达每股1.65新元，市值达7亿美元，标志着历时16个月的重组工作获得成功，基本实现了中新双方期待的"妥善解决"预期目标。

深度思索 以上三个企业从事衍生品交易造成重大经济损失的案例，给我们以下深刻的教训与启示：

第一，企业违规越权操作是造成重大经济损失的主要原因。在国际、国内金融市场高度发达的当今社会，从事期货、期权及金融衍生品交易已成为企业投资理财和规避风险的重要工具和手段。由于高风险业务固有的收益与风险并存的天然属性，需要企业进行规范操作和严格管理。如果企业能够严格按照有关制度和规定进行规范操作，严格控制风险，即使由于市场行情判断失误等出现损失也是在企业可承受的范围内，尤其是做套期保值投资，如果出现亏损，其财务损失基本可以被现货市场交易所产生的利润抵消。但如果企业一旦违规或越权操作，尤其是进行投机交易，失手后的结果可能招致灭顶之灾。

第二，企业风险管理的失控与内控机制不健全是发生重大经济损失的根源。综观上述几起典型案例不难发现，发生重大经济损失的一个共同原因，就是企业的风险管理存在重大缺陷和内控机制不健全。在经营判断失误，违规操作，将要酿成巨额损失尚可补救之时，监控不力，未能发挥应有的风险控制及管理作用；企业管理层风险意识不强、风险控制能力薄弱、存在侥幸和赌博的心态更加加快了事件爆发的进程。

第三，法人治理结构的不完善是企业发生重大经济损失的制度缺陷。人是不可靠的，不仅处于权力巅峰上的当权者是不可靠的，监督群体中的人同样也可能是不可靠的。因此，只有不断改进整个机制，使得一切不可靠因素处于制约与平衡的系统之中，一种权力的恶性扩展和群体的疯狂行为，才能得到有效抑制。如果公司的治理结构存在严重问题，就容易发生重大危机。在中航油新加坡公司治理结构中，中方5名非执行董事、3名外部独立董事只是例行开会、审阅文件，未发挥应有的决策监督职能，导致陈久霖大权独揽，当出现重大危机时，董事会和集团公司还蒙在鼓里，毫不知情。

第四，缺乏有效监管也是发生重大经济损失的重要因素。中航油新加坡公司的衍生品业务交易逐年增长较快，甚至达到现货的4~5倍，集团公司进行过多次提示和要求，但未采取实质性管控措施，这充分表明集团公司对新加坡公司管理不严；国储局的刘其兵、株冶的徐耀东都是个人权力很大，没有相关方面对其进行有效监管和制约。

第五，企业从事境外高风险投资业务应当慎之又慎。部分中资企业为了规避价格波动带来的风险，在境外从事期货（权）及金融衍生品等高风险业务，但由于境外资本市场发达，金融衍生产品不断创新，而我方人员往往受经验不足、交易规则不熟悉等因素影响，一方面容易被境外金融机构、对冲基金等交易对家算计，产生巨额亏空；另一方面容易暴露国家重要战略资源的产品秘密，危及国家安全。因此，企业在境外从事高风险投资业务应当慎重。一是境外企业不能轻易涉足不熟悉的领域，投资不熟悉的业务；二是境外企业对高风险业务投资必须与自身规模相适应，要充分考虑企业承受能力，并且具有熟悉相关业务的专业人员；三是企业应当进行必要的期货、期权及衍生品投资的知识培训，提高应对投资风险的能力。

第六，从事高风险业务企业应当树立正确的风险管理理念，增强风险意识，加强内部风险管理。英国工业安全专家科里茨曾说过："人们不是偏好投资风险，而是对风险一无所知。"对于从事金融衍生产品高风险业务，一是要树立正确风险管理理念。追求高回报的同时要充分考虑承担风险的能力，进行套期保值只是锁住利润，回避价格波动风险，不能偏离保值轨道去追求高额收益。二是企业对从事高风险交易人员的激励机制需要改变。考核中不能只强调高回报不考虑承担的风险因素，如果赢利是依靠承担了过高风险而获得的，就不应给予奖励，因为只要失手一次就可能全军覆没。三是切实执行风险管理制度和内控制度。建立有效防范和监控市场风险、信用风险、流动性风险、操作风险、法律风险等管理制度，定期对制度执行情况进行自查自检，对发现的问题及时纠正；要有完整的内部控制程序，前中后台一定要严格分开，相互制约；严格执行风险监控部门独立报告制度，定期进行外部审计。

第五节　资金链

资金链是指企业经营活动正常运转所需要的资金筹集、资金使用和资金回笼的循环增值过程。企业要生存，就必须保持资金链的良性循环。如果企业资金链发生断裂，就如同人的血液停止了供给，企业就会有灭顶之灾。无论在1997年东南亚金融风暴中破产的企业，还是在2008年世界金融风暴中破产的企业，其核心问题都是企业的资金链发生了断裂。因此，保持企业资金链条的良性循环是企业生存和发展的基本条件。

（一）造成企业资金链断裂的主要原因

1. 经营性资金不足引发的资金链断裂

通常有以下三种情况：

（1）企业规模扩张过快，以超过其财务资源允许的业务量进行经营，造成过度交易，从而导致营运资金不足。

（2）由于存货增加、收款延迟、付款提前等原因造成资金周转速度减缓，此时，如果企业没有足够的资金储备或有效的融资渠道，就会缺乏增量资金的补充投入，而原有的营运现金却因周转缓慢无法满足企业日常生产经营活动的需要。

（3）营运资金被长期占用，企业因不能将营运资金在短期内形成收益或变现，从而导致企业资金周转的缓慢或停滞。

发生在2008年的"中国金属企业重整案"就是由于经营性资金不足而引发资金链断裂的典型案例。中国金属（百慕大）集团有限公司是一家注册地在百慕大群岛、总部在苏州、在新加坡上市的台资企业。2008年10月8日凌晨，"中国金属"的20余名台籍高管突然集体返回台湾，事先无任何预警，旗下的5家子公司全面停产。次日，"中国金属"在新加坡发出的公告显示，公司无法偿还约7.06亿元人民币的营运资金贷款，其已经到期和可能到期的各类借款高达52亿元之巨。自2008年10月10日起，"中国金属"正式停牌。而2008年5月7日的《常熟日报》还报道："中国金属"2007年实现销售113亿元，税收1.7亿元，净利4亿元，镀锌板产量超过鞍山钢铁公司，在全国排名第二，2008年预计销售160亿至180亿。《常熟日报》称，"中国金属上市不久即获得美国花旗银行下属财团1.6亿美元的融资，国内银行也给予近2亿美元的配套融资。在2005年至2007年的三年时间内，中国金属实现了裂变式的成长"。即使在法院主持公司重整阶段，连债权人都认为"中国金属"的市场前景并不差，导致企业猝死的根本原因就在于其高负债的运营模式和激进的裂变式的成长模式。

2. 流动性不足引发的资金链断裂

主要有两种情况：

（1）原有的营运资金不足，企业靠借入的短期资金来弥补营运资金缺口，这样就造成了由于流动负债过大而引发的企业流动性风险。

（2）企业运用杠杆效应大量借入短期借款，用于购置长期资产，虽能在一定程度上满足购置长期资产的资金需求，但造成企业偿债能力下降，增加了流动负债，极易引发流动性风险，短债长投，使企业陷于巨大偿债危机中。

普尔斯马特中国企业就是由于流动性不足而引发资金链断裂的典型案例。普尔斯马特是美国第一家会员制商品连锁店——价格俱乐部的零售企业，普尔斯马特中国企业在1996年通过和美国普尔斯马特公司签订技术和许可证联合协议成立。成立后的8年内在中国开设了近50家分店，迅速跻身为中国最大的零售商之一。大规模扩张需要大量资金来支持，普尔斯马特中国企业的核心运营模式是以当地银行的贷款开新店扩张，通过供货商赊销经营，通过各个分店之间的现金调配来平衡现金流，甚至调配分店的资金作为新店的资本金。这种高速增长的模式看似完美无缺，但是流动性严重不足，资金链像患了脆骨病一样弱不禁风。2004年，当西南某银行收回一笔2亿元贷款时，普尔斯马特中国企业的资金链立刻断裂,各地的门店终于像多米诺骨牌一样顷刻间逐一倒掉。

3. 投资失误引发的资金链断裂

产生投资风险的主要原因是:

(1) 由于项目投资、多元化投资、兼并收购及重组方面的决策失误,导致企业资金链断裂。前面所列举的猴王集团、德隆集团投资决策失误导致企业破产的事件就是此类情形的典型案例。

(2) 项目投资预算不缜密,致使投资项目资金需求大大超过预算;投资项目不能按期投入运营,导致投入资金成为沉没成本,无法取得预期的投资回报而给企业带来风险。

史玉柱盲目加大巨人大厦投资引发资金链断裂,最终导致巨人集团倒塌就是这方面的典型案例。巨人大厦始建于1993年,当时珠海市政府为了扶持巨人集团,先后两次批给巨人集团4万平方米的土地,每平方米125元的低价几乎等于白送。但是,史玉柱在"典型"意识的推动下,将巨人大厦的规划从18层不断"加高"到72层,要建全国最高的摩天大楼。72层大楼所需建设资金约12亿元,当时手中只有1亿元现金的史玉柱将赌注压在了卖"楼花"上。而正当1994年巨人大厦开始卖"楼花"时,政府开始对过热的经济进行宏观调控,卖"楼花"受到一定限制。1996年,已投入3亿多元的巨人大厦资金告急。在贷不到款、融不到资的情况下,史玉柱不得不将保健品业务的资金调往巨人大厦。最终,脑黄金等保健品业务因"抽血"过量,资金链断裂,迅速盛极而衰。

4. 信用风险引发的资金链断裂

信用风险是指由于债务人违约而给债权人造成损失的风险。信用风险是金融业最具威胁力的风险,它在严重时可以导致银行的资金链断裂,造成银行破产。金融业容易出现信用风险的原因是与其经营产品的特点密切联系的,最直接的体现就是形成银行的不良资产,信用关系的一方无法兑现。2008年美国次贷危机爆发以来,美国雷曼兄弟等十几家银行相继破产的罪魁祸首就是源于信用风险的集中爆发。

5. 委托理财引发的资金链断裂

委托理财是一项很普通的信托业务,这种业务不但对受托人具有较高的资信要求,而且也对其操作能力有较高要求,二者缺一不可。否则,委托理财就会成为委托人与受托人之间的债权债务关系障碍,严重的会导致资金链危机。目前在中国的金融市场中,由于受托人普遍缺乏上述两种要求且由于监管不力而导致委托理财最终酿成了巨大的资金黑洞,这一点在券商身上表现得相当突出,而这也成为"资金链"断裂的重要原因。

6. 资金担保引发的资金链断裂

担保行为是市场经济中的一种正常金融行为,担保的目的是为市场中的授信方提供信用支持,同时对授信方提供信用保证,从而使金融行为得以实现。但是当这种行为超过担保人的担保能力以后,就为危机埋下了伏笔,一旦授信方无法履行其债务责任,担保人就会卷入债权债务关系中。这种担保行为对上市公司、债权银行、股市投资者都具有极大的杀伤力。

7. 企业关联方的资金占用行为引发的资金链断裂

在市场经济中,由于业务上的紧密联系,导致企业相关方的经济来往相当频繁,互相持股成为一种普遍现象,以至于在相关方之间形成了复杂的债权债务资金链。在一般情况下,如果资金能够及时结算,一般业务往来会给相关方带来相应的好处。但是,如果由于控制或被控制的关系而导致相关方恶意占用对方资金,就会导致资金链紧张甚至恶化。这种情况在中国的上市企业中也较为普遍,其主要表现为大股东强行或者长期占有被控股企业的资金。

(二)多管齐下,防范企业资金链条断裂的风险

1. 建立风险防范机制,增强风险抵御能力

企业"资金链"断裂防范就是要确保企业在经营运作过程与保证

目标之间找到平衡，它意味着企业必须先"活着"才能有发展这个基本道理。只有营造良性循环、健康运行的资金链，才能实现企业的可持续发展。为此，企业要建立资金链风险评价指标与预警制度，以风险评价模型为基础建立资金风险防范机制。

2. 确保企业发展的"三个环节"相互平衡

企业发展过程是由融资、运营和投资三个环节构成的。随着企业的发展，资金链风险呈逐步放大的趋势。初创时期，企业资金链风险主要源于其经营能力的强弱，这个时期最困难的是市场经营与开拓，很多企业维持不了几年就终结的主要原因就是经营开拓能力不行；当企业经营稳定之后，需要一定的融资能力，以支持企业迅速做大，而较高的资金需求和较高的负债极有可能带来资金链风险的进一步加大；当企业趋于成熟后，利润增长缓慢而资金充沛，企业则需要进行投资活动，以寻找新的增长点。企业经营就是要在这三个环节中寻找平衡，使其呈现良性循环态势。

3. 制定明晰的企业发展战略

企业经营层的战略和策略要以企业发展战略为核心，确保实现企业经营活动的稳定发展，避免盲目投资造成的战略迷失。尤其是当企业实施多元化投资战略后，就有了许多关联度不高的营运资金链，很容易导致资金使用效率的下降，直接表现就是随着企业营业额的增加，应收账款和存货额以更快的速度增加。企业在发展战略问题上应集中力量投入一个核心产业中，保持其持续发展，培养企业的核心竞争能力。

4. 坚持稳健经营原则

企业一旦做大之后，财务风险也会相应加大，企业因资金链断裂而倒下的概率也会增加。企业发展贵在持续。因此，企业在发展过程中不要跑得太快，企业的经营行为要以稳健为第一原则。中国企业在成长过程中，需要由内向外地培养自己的竞争能力，这才是做大做强的有效途径。而单纯依靠由外向内的输入资源，可以一时做大，但却没有持续发展的能力。

5. 加强对资金的管理和使用监督

企业必须加强对资金的统一管理，有效筹集和使用资金。一方面，应认真研究贷款政策和资金市场的供求情况，以及国家政策和金融市场利率走向，营造一个低成本、多元化的资金筹集渠道；另一方面，要建立严格的内部资金控制制度，制定科学合理的资金使用方案，通过优化资金结构、降低资金使用成本、建立偿债准备金等手段来合理安排使用资金，有效减少资金链断裂的风险。

（三）资金链断裂的急救措施

经济危机是市场经济发展过程中爆发的周期性生产相对过剩的危机。自1825年英国第一次爆发普遍的经济危机以来，在世界范围内已经爆发了多次经济危机。在世界经济一体化愈演愈烈的当今社会，任何一个国家，特别是在世界经济领域占主导地位的国家发生经济危机，中国企业都难以独善其身。1997年的东南亚金融危机、2008年的美国金融危机给全球、给中国企业带来的负面冲击就是有力的证明。因此，企业不仅需要防范由于自身原因而导致的资金链条断裂，还要防止由于世界范围内的经济危机、金融危机爆发而导致的企业资金链条断裂。在资金链发生断裂时，企业不应过多地抱怨外部经济形势的恶化，而是应采取积极的自救措施，使企业度过危机。

1. 措施一：利用股权进行融资

如果企业有较好的经营根基，在行业中具有较强的竞争地位，也有着较好的经营项目和发展前景，只是因大环境影响导致阶段性经营滑坡，或是因大量呆账坏账导致资金困难或断裂，这种情况下，企业可以利用股权进行融资。例如通过一般的股权转让或增资扩股的方式吸纳资金。如果债务比较沉重且比较集中，一般股权转让或增资扩股吸纳的资金根本化解不了危机，则可以考虑和主要债权人谈判，通过债转股的方式应对危机。所谓债转股即由债权人将自己对债务人享有的债权转换为股权，使债权人成为企业的股东。在企业负债面临生与死抉择的时候，往往也是债权人做共生或共死抉择的时候。而要共生，又没有其他融资渠道的时候，债转股往往是共度危机的最佳选择。股权融资虽然让他人进入了企业，分割了自己的蛋糕，但却可以用最小的代价融得资金保住企业，等到形势好转了还可以协商采用股权回购的方式收回股权。因此，这是比较好的融资措施。

2. 措施二：利用企业财产抵押融资

有的企业虽然发生资金链断裂问题，但是不希望他人进入企业，而且公司固定资产状况较好，这时企业可以考虑通过担保的方式进行融资。若企业资信优良，则可以直接以房产、厂房、设备等资产向金融机构抵押贷款。如果企业存在不良信贷记录或是因银行紧缩贷款额度等无法直接从银行贷款，那么，可以考虑通过其他资信情况较好的企业向银行作担保借款，以自己的不动产向担保企业提供反担保。这样不但银行可以放款，担保企业也会因为有不动产作为后盾而打消提供担保的顾虑。

3. 措施三：通过风险投资融资

经济危机期间，企业大都捂紧了口袋，不再对外投入资金，即便是投资也会非常谨慎且周期较长。但是，经济危机之时，也是资本拥有者掘金或淘金之时，企业可以把眼光转向国内外的风险投资机构或个人，通过引入风险投资将企业的资金盘活。

4. 措施四：通过资产重组自救

如果企业摊子铺得太大，业务主导方向不明确，母子公司难以兼顾，企业可以考虑通过资产剥离性重组实现自救。在资金链遇到问题的时候，也是考验领导者决策智慧的时候，要有破釜沉舟、不惜断臂求生的勇气。因为主动剥离不良业务、调整业务线条，对企业的战略资产进行重新配置，没有什么比这些可以更有效地进行自救了。剥离不良资产，一方面可以重构企业资金链的生态环境，另一方面通过剥离资产的变现也为企业资金链注入了更多的能量。

5. 措施五：利用破产重整重生

如果企业浑身解数使尽，仍解决不了资金链断裂问题，而且因为借款利息、违约金等因素使债台越筑越高时，不妨考虑采用破产重整的方式寻求最后一线生机。

一般情况下，人们总是将破产和企业生命终结联系到一起。其实，破产分两种方式：一种是破产清算，即一般人理解的"清盘"；还有一种则是破产重整，实质上是对企业实施破产保护。因此，破产法又被称为破产保护法。破产重整是指经由利害关系人的申请，在审判机关的主持和利害关系人的参与下，对具有重整原因和经营能力的债务人，进行生产经营上的整顿和债权债务关系上的清理，以期摆脱财务困境，重获经营能力的特殊法律程序。2009年6月1日美国通用汽车公司进入破产保护程序后，经过40天的时间，将公司所背债务由1760亿美元锐减至480亿美元，然后重整旗鼓，轻装上阵，就是破产重生的典型案例。

总之，企业在面临资金链断裂时，千万不要病急乱投医，只要能认清形势，自救方案合理，就有希望安然度过危机。

案例　面对危机沉着应对，三星集团重新崛起

三星集团是韩国著名企业，同时也是在1997年东南亚金融风暴中受到重挫的几大企业之一。但是从2002年起，三星集团又重新崛起。2010年，三星电子以年营业收入1089.27亿美元的业绩，入选世界500强企业第32位；三星生命以年营业收入258.05亿美元的业绩，入选世界500强企业第316位。

三星目前是韩国排名第一的品牌和企业，也是亚洲企业中的经营明星。在东南亚金融风暴时期，三星也和大宇、现代等韩国知名大集团一样遭受过重创。那么，在其他大集团尚未恢复基本活力的时候，三星集团重新崛起的谜底到底在哪儿呢？

1. 改善成本，轻装上阵

对于已经处于资金危机边缘的企业而言，摆脱危机的最快速方法是将资金从日常的营运中解放出来，裁员、减薪、关闭生产线或卖掉价值贡献率不高的项目都是企业常用的手段。1997年，东南亚金融危机波及韩国，三星业务也全面告急。最糟糕的时候，三星的长期负债高达180亿美元，近乎公司净资产的3倍；同时，造船、半导体、汽车等多元化经营的无序扩张，让三星在危机伊始就面临着沉重的拖累。1998年7月的一天，三星电子首席执行官尹钟龙和其他9位高管在宾馆里关了一整天，最终敲定必须在此后的5个月内将成本降低30%，以避免破产之虞。他们每个人都写好了辞职信，打算如果变革失败，便主动请辞。为了保有现金量，尹钟龙卖掉了非核心业务，同时打破了韩国企业的终身雇佣制度，还带头退出了他最为喜爱的高尔夫球俱乐部。其后，故事的结局完美地诠释了故事的整个过程。尹钟龙当然也就无须辞职：金融危机之前的1996年，拥有5.9万名员工的三星，销售额是16万亿韩元；2003年，同样数量的员工，创造的销售额却是43万亿韩元。员工人数没有增加，销售额增长了2.7倍。当然，人数相同，员工结构的变化却不小。与1996年相比，2003年时三星的研究开发人员从1.2万名增加到了2.1万名。也就是说，生产人员和管理人员减少了9000多人。

2. 及时调整产业结构，从传统重工业向新型工业转轨

在经历了亚洲金融危机之后，三星集团果断地调整了自己的主打业务，完成了由传统的重工业向新型工业的产业结构转轨。和其他财团一样，三星也曾经"贪大求全"，涉足过汽车、建筑、化工等传统领域。不仅使大量资金进入无效运营状态，而且无法走出产品在狭窄的国内市场上低价销售而几乎不赢利的局面。痛定思痛之后，三星果断放弃了汽车业务，因为这一产品在韩国已经严重过剩；建筑业务也主动萎缩，因为韩国在世界杯之后实在没有什么新的大规模建设机会了；而对重化工业，三星也开始出让部分股权，以换取宝贵的流动资金。

在止住"出血点"的同时,三星确立了以电子产品和电信产品为主打业务的战略,并且每周都有新的产品问世。如果用我们的术语来说,那就是三星在以信息化替代工业化方面做得很成功。三星集团现今之所以能够名列世界500强企业前茅,就和三星电子的全球销售业绩有很大关系。例如,三星手机目前在世界手机市场的份额占到了16%,这是一个惊人的数字。

3. 大力发展生物工程,进入最有可持续增长潜力的行业

在新经济浪潮席卷全球时,三星集团的领导人以对高新技术的高度敏感,看中了一个最有可持续增长潜力的行业——生物工程。这也符合韩国国家科技发展战略和产业指导方针。为此,三星集团获得了从财政到金融、从知识产权转让到人力资源培训、从信息供应到出口便利等种种国家层面的支持。这也极大地增强了三星集团的综合竞争能力,并使生物工程产业成为三星全球销售业务中的一个新亮点。

值得关注的是,在和日本生物医药行业的竞争中,韩国的基础研发不如日本,但韩国生物工程的产业化和市场营销相比日本要走在前面。其中,三星集团功不可没。目前三星集团已计划将生物产品的销售额继续扩大,2007年该业务占到整个集团销售总额14%的比重。

4. "中国战略"的成功,为三星的发展增加了后劲

中国市场一直是韩国的重点市场,在三星集团的发展战略中,中国市场占有举足轻重的地位。事实上,三星集团"中国战略"的成功,也是其能从亚洲金融危机中比较迅速恢复竞争力的关键所在。

近10年来,中韩贸易以超常规的速度扩张,2002年突破了400亿美元大关。可以说在中国所有的近邻中,韩国是分享中国发展成果最多的一个,其中,三星是最大的获利者,它已经超过所有的韩国企业,赢得了对华出口排名第一的纪录。在三星集团的对华战略中,京津唐地区、长江三角洲地区又是中国经济最繁荣的市场。消费者求新求变,追求新款式与时尚,不再一味地追求价廉物美,这也就很自然地为三

星集团提供了赢利和扩大市场占有份额的基础。而韩国的另外两大财团现代和大宇，10年来的主营市场分别是朝鲜和南美，但前者的金刚山开发项目亏损累累，后者则因南美大国阿根廷的金融动荡而损失惨重。唯独三星搭上了中国经济增长的顺风车，这也让其他韩国企业羡慕不已。

> **深度思索** 金融危机也是一把双刃剑，它淘汰的是一些病入膏肓、不可救药的落后企业；挽救的是那些知耻后勇、善于在危机中进行反思和改革的企业。三星集团正是在金融危机中认真反思了公司在发展战略和经营管理中存在的问题，并果断采取了至关重要的深层次改革措施，变危机为机遇，迅速调整产业结构，大力开发中国市场，实现了金融危机后的重新崛起。

（四）强化"造血"功能是企业资金链长治久安的万全之策

如果我们将企业视为一个具有生命力的人体，那么，资金就是企业的血液。企业的融资活动相当于"输血"功能，资金对于企业是至关重要的，企业没有资金犹如人体没有血液，片刻也不能生存。然而，一个企业拥有充裕的资金并不能保证该企业就能够可持续发展。如果血液流动不畅或者人体缺乏"造血"功能，那么，人体的生命同样也难以长久健康生存下去。同样，如果企业有了资金，但企业内在经营机制不完善，经营管理水平较差，资金不能有效运用，企业同样会陷入困境。因此，企业应该完善自我创造资金的"造血"功能，否则，一味地靠外部注入资金，相当于人体靠血库供血，这样的企业仍旧是"病人"。企业有了"造血"功能，就可以自我创造资金流，从而就可以源源不断地为自己"供血"，再也用不着单纯靠"血库"来"输血"，企业才能真正走上健康发展的道路。因此，企业要正确处理好"输血"功能与"造血"功能的辩证关系。企业的"输血"功能固然很重要，但是，一个没有"造血"功能的企业是没有前途的。进一步说，一个没有"造血"功能的企业，在健全的市场经济环境下，也不会得到有效的"输血"。

因此，从企业内在经营机制入手，培植企业的"造血"功能，才是企业资金链长治久安的万全之策。

案例　巧包装乌鸦变凤凰，靠"输血"日子不久长

郑百文，全称为郑州百文股份有限公司。公司的前身是郑州市百货文化用品公司，由郑州市百货公司和郑州市钟表文化用品公司在1987年合并组建成立。1988年12月，郑州市百货文化用品公司实施股份制改造，并向社会发行股票。1992年12月，公司进行了增资扩股。1996年4月18日公司股票在上海证券交易所挂牌交易，成为郑州市首家上市公司和河南省首家商业类上市公司。

郑百文称：1986年至1996年的10年间，其销售收入增长45倍，利润增长36倍；1996年实现销售收入41亿元，全员劳动生产率470万元。按照郑百文公布的数字，1997年其主营业务规模和资产收益率等指标在深沪上市的所有商业公司中均排序第一，进入了国内上市企业100强。

一时间，郑百文声名大噪，成为当地企业界耀眼的改革新星和率先建立现代企业制度的典型。各级领导频频造访，各种荣誉纷至沓来。1997年7月，当地政府召开大会，把郑百文树为全市国有企业改革的一面红旗。河南省有关部门把它定为全省商业企业学习的榜样。同年10月，郑百文经验被大张旗鼓地推向全国。公司董事长李福乾在业界的地位也空前上升，第九届全国人大代表、全国劳动模范、全国优秀企业家、享受国家特殊津贴、全国"五一"劳动奖章等殊荣接踵而来。

然而，衰败似乎就发生在一夜之间。就在被推举为改革典型的第二年——1998年，郑百文的年度报告亏损额近5.5亿元，每股收益为

-2.5428元，创中国股市有史以来的最高亏损纪录，而在上一年它还宣称每股赢利0.448元。

1999年度，郑百文再亏9.8亿元，每股收益为-4.8435元，再次刷新了自己保持的沪深股市亏损纪录，郑百文成了命悬一线的"空壳公司"。

是什么样魔力造成了郑百文的大起大落呢？透过层层迷雾，郑百文弄虚作假、靠"输血"支撑局面的内情赫然在目。

1. "输血"渠道一：从股市募集资金

"郑百文其实根本不具备上市资格，为了达到上市募集资金的目的，公司硬是把亏损做成赢利报上去，最后蒙混过关。"郑百文一位财务经理的回忆道出了其靠弄虚作假起家的秘密。为了打通股市"输血"通道，郑百文几度组建专门的做假账班子，把各种符合上市的指标准备得一应俱全。郑百文变亏为盈的招数是：让供应商以欠商品"返利"的形式向郑百文打欠条，然后以应收款的名目做成赢利入账。为防止法律纠纷，外加一个补充说明——所打欠条只供郑百文做账，不作还款依据。1996年4月18日，郑百文如愿以偿，公司股票在上海证券交易所挂牌交易；1996年至1998年，郑百文累计虚增利润1.44亿元，于1998年6月成功配股，募集资金1.59亿元。

2. "输血"渠道二：从银行套取资金

为了从银行获得资金，郑百文与四川长虹、中国建设银行郑州分行之间建立了一种三角信用关系，即曾被各方广为赞扬、被誉为"郑百文经验精华"的"工、贸、银"资金运营模式。其基本内容是：郑百文购进长虹公司产品，不需支付现金，而是由中国建设银行郑州分行对四川长虹开具6个月的承兑汇票，将郑百文所欠货款直接付给长虹，郑百文在售出长虹产品后再还款给建行。在有关各方的一片喝彩声中，这种模式自1996年起步后业务量一路攀升，1997年，建行为郑百文开具的承兑总额突破50亿元。到1998年，郑百文在没有担保人（担保人是郑百文自己）、没有任何保证金的情况下，轻而易举地

第六章 资金是企业长盛不衰的血脉

从建行套取了100多亿元的资金。煞是唬人的"郑百文经验"把郑州分行牢牢套住。

然而,郑百文不择手段的攫取外部资金,只能糊弄一时,再厚的纸也有包不住火的时候。1998年,毫无"造血"功能的郑百文终于家丑外扬。自1998年下半年起,郑百文设在全国各地的几十家分公司在弹尽粮绝之后相继关门歇业,数以亿计的货款要么直接装进了个人的腰包,要么成为无法回收的呆坏账。

2000年3月,郑百文的最大债权人——中国信达资产管理公司向郑州市中级人民法院提出让郑百文破产还债的诉讼请求,成为目前我国四家金融资产管理公司中的首例破产申请。2000年中报出来后不久,郑百文的负债总额达24.75亿元,账面资产不足11.41亿元,资不抵债总额达13.34亿元,又创下中国上市公司之最。

2002年11月,因提供虚假财会报告罪,郑百文原董事长李福乾被郑州市中级人民法院一审判处有期徒刑3年,缓刑5年,并处罚金人民币5万元;原郑百文总经理卢一德和财务处主任都群福一审分别被判处有期徒刑2年,缓刑3年,并处罚金人民币3万元。

深度思索 抛开郑百文弄虚作假欺世盗名、欺骗银行、欺骗股民、欺骗政府、欺骗社会不提,郑百文1996年至1998年三年从银行套取资金100多亿元,结果却是两年亏损15亿元的事实就充分证明:"打铁还要靠自身硬"。一个血液流动不畅或者缺乏造血功能的病人,输入再多的血也难以长久生存,病人依旧是病人。同样道理,如果一个企业有了外部资金的输入(不论用什么方法获得),而自身的管理一片混乱、缺乏核心竞争力、没有赢利能力,就如同人体没有自我造血的功能,输入再多的外部资金也会流失殆尽,最终摆脱不了破产倒闭的厄运。因此,从这个意义上讲,从企业内在经营机制入手,培植企业的"造血"功能比"输血"更为重要。

第七章
理论是企业长盛不衰的航灯

现代管理学之父彼得·德鲁克说:"在人类历史上,还很少有什么事比管理的出现和发展更为迅猛,对人类具有更大和更为激烈的影响。"世界经济学家和管理学家认为,现代企业的成功是"三分靠技术,七分靠管理"。世界500强的经验一再证明,它们的长盛不衰就是通过卓越的管理来实现的,而卓越的管理离不开先进理论的指引。

思想是行动的先导,理论是创业的指南。凡是成功的企业无不重视观念的转变和理论的创新。华特·迪斯尼是世界上知名度最高的人物之一,他创造的米老鼠、唐老鸭、布鲁托狗、"迪斯尼乐园"和"迪斯尼世界",几十年来一直引导着全世界儿童的幻想,触及了全人类的心灵,为社会制造出数不尽的快乐,为自己带来了滚滚财源。到1995年,公司总资产已达到153亿美元,在2003年世界500强企业排名中,登上了第170位的宝座。分析其成功的历程,我们发现,一个主要原因就是华特·迪斯尼注重打造自己独特的理论体系。早在创业之初,迪斯尼对动画艺术的理解,已从感性认识升华到理性认识,提出了关于动画制作的一整套系统理论。他认为:"动画的首要任务是把生活中的动作用动画的形式表现出来,即把事物通过观众的想象呈现在银幕上,而不是把动作或事物真正的情形拍摄下来或描绘出来。"他指出:"动画源于生活,源于生活中真正的事物,如果我们不了解真实的事物,就不能创造出奇思妙想来。"无论拍摄什么类型的影片,

第七章 理论是企业长盛不衰的航灯

迪斯尼都坚持自己早年在动画片制作中的三个原则：一是充分准备；二是创造出有趣的角色；三是要交代清楚故事。他自己这样做了，也要求下属人员这样做。迪斯尼关于动画片的这些理论，成为公司同仁创作的方向航标和行为准则，也使其他动画片制作商至今无人能超过他。迪斯尼的经验再一次证明了一个真理：理论是企业长盛不衰的航灯。

第一节 管理理论的形成及发展

企业是指从事生产、流通或服务性活动的独立经济核算单位。企业是社会财富的创造者，也是社会财富的消费者。在现代社会中，企业是政治、经济和文化生活的基本单元。企业管理理论是随着企业的产生而逐步形成的，也是随着企业实践的深化而不停地发展的。根据理论出现的时间顺序，企业管理理论大致经过了三个发展阶段。

1. 第一阶段，古典管理理论

19世界末20世纪初，以美国为代表的西方资本主义由自由竞争向垄断竞争过渡，生产的社会化程度不断提高，企业规模不断扩大；工人劳动时间长，劳动强度大，生产率低下；工人的工资低，劳资关系紧张。传统资本家的经验型管理已经适应不了企业发展的要求。随着企业所有权与经营权的逐步分离，对管理的专业化提出了更高的要求，开始出现了致力于总结管理经验、进行各种管理试验的管理人员，科学管理理论随之产生，形成了古典管理理论。

古典管理理论的主要代表人物是弗雷德里克·泰勒。泰勒1856年3月20日出生于美国费城一个富裕的律师家里，良好的家庭教育使他从小就培养了追求真理、根除浪费的热忱。18岁那年，泰勒以优异成绩考入了哈佛大学法律系。1878年，泰勒进入费城米德维尔钢铁公司工作，由于刻苦钻研技术，只用了6年时间就从普通工人成长为总工程师，开始进入管理实践。泰勒花了20年时间寻求每一项工作的"最佳方法",进行了科学管理的三大著名试验——生铁搬运试验、铁锹试验和金属切削试验。1911年,泰勒的《科学管理原理》一书正式出版。这本书是科学管理学的奠基之作,是管理者的启蒙读本,是了解国外企业管理理论源头的经典著作。泰勒和他的《科学管理原理》开创了一个管理新时代,也在其百年后激励和启迪了无数企业管理者,即使在今天,人们也仍在感叹,管理需要回归泰勒。1915年3月21日,泰勒在费城逝世,终年59岁,在他的墓碑上刻着:"科学管理之父——弗雷德里克·温斯洛·泰勒"。

除了泰勒以外,法国的亨利·法约尔和德国的马克斯·韦伯,也为古典管理理论的形成作出了杰出贡献。

古典管理理论是人类历史上首次用科学的方法探讨管理问题,实质上反映了当时社会生产力发展到一定阶段的要求;反过来,管理理论的发展,又进一步促进了生产力的发展。

2. 第二个阶段,行为科学理论

泰勒等人开创的古典管理理论,完成了管理从经验上升到科学的转变,为管理学的建立奠定了理论基础。但古典管理理论在强调"物"的因素重要时,却忽视了人的因素的巨大作用。20世纪30年代,资本主义经济大危机爆发,工人纷纷罢工,劳资关系紧张,企业普遍不景气。在这种背景下,将人类学、社会学、心理学、经济学等知识综合起来,着重研究人们在工作中的行为以及这些行为产生的原因和效果,以协调企业内部人际关系、达到提高工作效率为目的的行为科学理论产生了。

行为科学理论在早期叫做人际关系学,以后发展成为行为科学理论,在20世纪60年代中叶,又发展成为组织行为学。

行为科学理论的主要代表人物是乔治·艾顿·梅奥。1880年12月26日,梅奥出生在澳大利亚的阿德雷德,1899年在阿德雷德大学取得了逻辑学和哲学硕士学位。在第一次世界大战期间,梅奥曾经运用心理学来帮助治疗受伤的士兵,是澳大利亚心理疗法的先驱。梅奥的管理学研究，是从他移民美国开始的。1922年，梅奥到宾夕法尼亚大学商学院任教，开始研究工业心理学。1926年，他到哈佛大学商学院担任工业研究部副教授兼主任。1927年，他以参与霍桑试验而闻名世界。他以霍桑试验的资料为依据撰写了两部巨著《工业文明的人类问题》和《工业文明的社会问题》，这两部著作是行为管理理论的经典著作。

梅奥根据霍桑试验的研究否定了传统理论对人的假设，表明了工人不是被动的、孤立的个体。工人的行为不仅仅受工资、待遇刺激，更重要的是受人际关系影响。据此，梅奥提出了自己的观点：①企业的职工是"社会人"，而不是"经济人"；②工人的士气和情绪是影响生产效率的关键；③企业中存在"非正式组织"；④企业应采用新型的"领导方法"。

3. 第三阶段，现代管理理论

随着科学技术的飞跃发展，进入20世纪60年代以后，一些新的学科门类的出现，为管理各学科的发展提供了新的基础和条件。如系统论、控制论和信息论的广泛研究，就影响了企业管理理论。这个时期，企业管理理论的基本特点是流派众多，如管理科学学派、系统管理理论学派、决策理论学派、权变理论学派、经验主义学派、数量理论学派，这些学派在内容上相互联系、相互影响、相互促进。

决策理论学派的主要代表人物是美国的赫伯特·西蒙。西蒙1916年生于美国威斯康星州密尔沃基市，早年就读于美国芝加哥大学，1943年获得博士学位，1978年获得诺贝尔经济学奖。他是管理理论方面唯一获得诺贝尔经济学奖的人。西蒙的主要著作有《行政管理行为》、《人类模型》、《组织》、《发明的模型》、《思想模型》和《管理决策新科学》。西蒙的决策理论，开创了管理决策理论的新局面，是理解人类行为的金钥匙。西蒙的管理理论，已经渗透到管理学的不同分支，成为现代管理理论基石之一。

经验主义学派，以向大企业的经理提供管理企业的经验和科学方法为目标。经验主义学派的主要代表人物是彼得·德鲁克。德鲁克1909年出生于奥地利维也纳，1937年移民美国。1942年，受聘于当时世界最大企业通用汽车公司，对企业管理进行了深入研究。德鲁克一生著书39本，被翻译成30多种文字，传播至130多个国家。1954年，《管理的实践》出版，提出"目标管理"的概念，奠定了现代管理学开创者的地位，被誉为"现代管理学之父""大师中的大师"。

值得各位专家学者和企业家重视的是，人本管理理论是当代管理理论中一个后劲十足的潜力巨大的新学派。人本管理理论是伴随着人类社会进入了知识经济时代、人才开发在企业运营中位置越来越重要的大背景下应运而生的。人本管理理论是与以"物"为中心的管理理论相对应的概念，它要求尊重人、理解人、关心人，充分发挥人的积极性和主动性。人本理论可分为五个层次：情感管理、民主管理、自主管理、人才管理和文化管理。即运用行为科学，重塑人际关系；注重人力资本，提高劳动者素质；改善企业管理，挖掘人的潜力；推行民主管理，强化员工参与意识；建设企业文化，培育企业精神。人本管理理论的主要内容是把人作为管理的核心，把人放在企业管理的第一的位置，以激励为主要方式，积极开发人力资源，培育团队精神，建立和谐幸福的企业人际关系。可以预见，随着社会的发展和人类进步，理解人、尊重人、关心人的价值观将会得到越来越广泛的认可，随着实践的深入和理论的创新，人本管理理论必将得到进一步的丰富、发展和发扬光大。

通过对企业管理理论的产生、形成和发展的研究，我们得到了三点启示：一是从世界500强分布比例看，世界500强分布的地域变化是随着世界经济增长中心的转移而转移的，管理理论的发展水平也随着世界500强分布的变化而变化。欧洲是工业文明的发源地，但随着世界经济增长中心转移到了北美，在世界500强中，美国企业最多，如1962年，美国企业301家，占世界500强的六成，超过了其他所有国家的总和；随着其他国家经济的恢复，特别是日本和欧洲经济走向繁荣，美国在世界经济中的地位逐渐下降，到20世纪80年代末，美国所占世界500强的比重从60年代的60%下降到30%，而日本所占世界500强的数量由1962年的31家升至1995年的141家；随着世界经济增长中心由北美向亚太地区转移，亚太地区的企业在世界500强中所占比例不断上升，从1962年的33家升至1996年的151家，而北美则从1962年的314家减少到1996年的169家。一些新的管理理论学派也正在亚太地区孕育诞生。二是从企业管理理论研究的成果看，管理理论的产生、形成和发展是以经济发展水平为基础的。经济越发达的国家涌现的先进理论和著名理论大师越多。从古典管理理论到行为管理理论、再到近当代管理理论，理论成果多数出在美国，欧洲第二，日本第三。理论大师也多数出在美国，如泰勒、熊彼特、波特、圣洁、哈默等等。即便是出生在其他国家的人，企业管理理论的研究也是从移居美国开始的。比如梅奥出生在澳大利亚，42岁时移居美国，开始了企业管理理论的研究；德鲁克出生于奥地利，28岁移居美国后，开始了企业管理理论研究。三是改革开放以来中国不但实现了进军世界500强的目标，而且进军速度令人瞠目。在1999年8月2日出版的美国《财富》双周评出了上年度世界500强排行榜，中国有6家企业榜上有名；而刚刚过了10年，在2009年公布的世界500强排行榜中，中国由1999年的6家升至43家，而美国则下降到149家、欧盟147家、日本68家。中国经济发展的迅速令人振奋，也应该伴随着有相应的企业管理理论成果问世。我们期待着一大批雄居时代前列的、具有中国特色的企业管理理论诞生于中华大地，屹立在世界东方。

第二节 人性假设理论的地位作用

马克思主义认为，"经济学所研究的不是物，而是人与人之间的关系。"人类社会发展的历史告诉我们，任何社会经济的发展、任何经济体制的建立、任何运行机制的转换，都是从人出发、由人决定、为人服务的。因此，人本观念是经济发展中最主要的观念，研究任何形式的经济发展都必须研究人的本性、人的动机、人的需要、人的素质等，也就是说，必须有一套比较成熟的人性假设理论。

人性假设理论是管理理论研究的根本出发点和基本依据。用人本观念看，管理主要是对人的管理。因此，建立任何管理制度、制定任何管理措施，都必须对人的本性有一个准确而科学的认识。也就是说，在研究如何管理之前，首先要对人的本性及主要特征进行科学研究，有一个基本假设前提。对人性的不同假设，就会导致管理方式的不同和管理效果的不同。人性假设理论所经过的四个发展阶段表明，西方管理理论普遍重视对人的研究，各个流派的管理理论都是建立在对人的本性、动机等不同的认识和理论假设基础之上的。人是经济发展的决定力量，人的管理是经济管理的决定因素，人性假设理论是管理理论研究的根本出发点和基本依据。

人性假设理论是树立和实践科学发展观必须回答和解决的问题。所谓发展观，就是关于发展的世界观和方法论。一般来说它应包括相互联系的三部分内容：一是为什么要发展；二是为谁发展；三是怎样发展。所谓科学发展观，就是用科学的世界观和方法论来看待和解决这三个问题。国内外的发展实践证明，"发展是硬道理""发展是第一要务"是科学发展观的重要内容，但并不是全部内容，科学发展观更关注的还是解决好为谁发展和怎样发展的问题。据统计，从1978年到2002年的24年间，我国每年的经济增长速度平均高达9.4%，为世人所瞩目。同时也暴露了一些问题：这一较高的发展速度主要是依靠大量资源消耗和大量国家投资来支撑的，有些甚至以破坏资源和破坏污染为代价，因此经济发展的质量不很高、基础不很牢；在追求速度、追求"政绩"的驱动下，有些地方盲目开发、过度开发，吃了祖宗的饭、断了子孙的路，影响了可持续发展。经济体制改革和经营机制转换，极大地调动了人的积极性，但收入差距拉大的矛盾也日益凸显出来。如此等等，反复提醒人们，必须下大力气研究和解决好为谁发展和怎样发展的问题。党和国家已注意到这个问题,十六大报告中提出要"促进人与自然的和谐,推动整个社会走上生产发展、生活富裕、生态良好的文明发展道路"。党中央在讲到科学发展观的内涵时,着重强调了四句话:第一要务是发展;核心是以人为本;基本要求是全面协调可持续发展;根本方法是统筹兼顾。在这四句话里重中之重是以人为本。深化人性假设理论研究,有利于我们更好地解决为谁发展和怎样发展的问题,使我们的发展不仅有高速度,而且能够更好地以人为本、统筹协调、环境友好、健康长久。

人性假设的正确与否直接关系着管理的成败、企业的兴衰。近几十年来,许多国家都在努力实行"人第一"的管理方针,强调通过沟通、参与决策和解决问题的过程来改变员工的工作态度及企业中人与人的关系,从而提高职工的满意度,提高企业运行效率。实际上,影响企业发展的因素很多,但决定性的因素是人。企业中只有把研究活生生的人放在核心的位置上,从内心调动人的积极性,千方百计挖掘出人的潜力,才能克服重重困难,战胜层层险阻,使自己永远立于不败之地。日本松下电器创始人松下幸之助说:"企业最大的资产是人。"美国福特公司 CEO 唐·皮特森说:"把利润放在人和产品之后,是福特公司创造奇迹的根本原因。"美国卡内基钢铁公司的创始人安德鲁·卡内基说:"如果把我的厂房、设备、材料全部烧毁,但只要保住我的全班人马,几年以后,我仍将是一个钢铁大王。"人性假设理论,就在于揭示人的本性、人的动机、人的动力,充分调动人的积极性、主动性。这种假设的正确与否,直接关系着政策的制定、管理方式的变革和企业的兴衰。

第三节　人性假设理论的历史回顾

人具有什么本性以及怎样根据人的本性进行管理,这历来是政治家、军事家,尤其是经济学家们普遍关心的一个问题。对人的本性认识不同，对人性的假设也就不一样；对人性的假设不同，所采取的管理方式就不一样；对员工的管理方式的不同，人的积极性就不一样，企业乃至社会的发展速度和发展水平就不一样。到目前为止，人性假设理论的发展大致走过了四个阶段，出现了四种各不相同的人性假设。

1. 第一阶段，经济人假设

这是古典经济学和古典管理学关于人的特性的假设，起源于享乐主义哲学和亚当·斯密关于劳动交换的经济理论，盛行于19世纪末和20世纪初。这种假设认为，人的行为是在追求本身最大的经济利益，工作的动机是为了获得报酬。这一理论的代表人物是被誉为"科学管理之父"的弗雷德里克·泰勒。经济人假设理论的主要观点是：①人是由经济诱因而引发工作动机的，其目的在于获得最大的经济利益；②人被动地在组织操纵、控制、激励下从事工作；③人的感情是非理性的，必须设法控制才能保证经济利益的合理追求。

由经济人假设理论而引发出来的管理方式是任务管理，亦即"命令与统一""权威与服从"。管理重点在于对人们的劳动时间和动作进行科学分析，以提高生产率，完成生产任务；而对于人们感情和道义上应负的责任，则考虑很少；管理只是少数上层人物的事，工人则是被动地听从指挥。经济人假设理论，只注意了人的生理需要和安全需要的满足，忽视了人的自身特征和精神需要，主要采用"胡萝卜加大棒"的方式实施企业管理。

2. 第二阶段，社会人假设

这是20世纪30年代较为盛行的一种理论，是由人际关系理论的创始人梅奥等人依据霍桑试验提出，之后又经英国塔维斯托克学院煤矿研究所再度验证。这种假设同经济人假设在理论观点上大为不同。社会人假设理论认为，满足人的社会需求往往比经济利益更能调动人的积极性，良好的人际关系是调动人的积极性的决定因素，物质刺激只具有次要的作用。社会人假设理论的主要观点是：①人基本上是由社会需求而引起工作动机的，员工最重视人与人之间的相互关系；

②现代工作的机械化程度愈高、分工愈细的结果，使工作本身变得单调、枯燥、乏味，人们只能从社会交往中寻求生活的意义；③工人对同事们的社会影响力要比管理者所给予的经济诱因更重要；④工人的生产效率决定于上司对他们社会需求的满足程度。

根据社会人的假设，这一时期的管理方式是参与管理。这种管理的重点在于关心人，满足人的社会交往需要，注意协调员工之间的相互关系，培养员工形成归属感和整体感，倾听工人的意见和呼声。管理者在对人们的管理中采取启发与诱导、民主与参与的方式，按照每个人的爱好和自身特征，安排有吸引力的工作，以充分发挥其主动性和创造性。

3. 第三阶段，自我实现人假设

这种假设盛行于20世纪40年代末，由马斯洛和麦克雷戈等人提出。马斯洛的人类需要层次理论中的最高层次的需要即是自我实现的需要。这种人性假设的核心思想就是，认为任何人都有一种想充分发挥自己的潜能、实现自己理想的欲望，只有将自己的才能表现出来之后，才会感到最大的满足和欣慰。自我实现人假设理论的主要观点是：①人的需要层次由低级到高级，其目的是为了达到自我实现的需要、寻求人生的意义；②人们力求在工作上有所成就，实现自治和独立；③人们能够自我激励和自我控制；④个人的自我实现同组织目标的实现并不冲突，在适当条件下，个人会自动地调整自己的目标，使之与组织目标相吻合。

自我实现人假设理论导出的管理方式是目标管理。同经济人假设和社会人假设相比，这种管理有以下特点：一是管理重点发生了变化。经济人假设把管理重点放在物质因素上，重视生产任务的完成，而忽视了人的因素和人际关系；社会人假设把管理的重点放在人的因素上，重视人的作用和人际关系，而把物质因素放到次要地位；自我实现人假设则把管理的重点从人的因素转移到工作环境上，主张创造一种适宜的工作环境，以使人们的潜能得到充分发挥。二是工作职能发生了变化。经济人假设认为管理者就是生产的指挥者，执行着控制和监督的职能；社会人假设认为管理者应当在职工与上级之间起"联络"作用，成为人际关系的调节者；自我实现人假设认为管理者只是一个"采访者"，主要任务在于为如何发挥人的才能创造适宜条件，消除职工在自我实现过程中遇到的障碍。三是激励方式发生了变化。经济人假设靠物质刺激来调动职工的积极性；社会人假设靠搞好人际关系来调动职工的积极性；自我实现人假设则主张从内部激励来调动人的积极性，满足人的自尊需要和自我实现的需要。

4. 第四阶段，复杂人假设

这是20世纪60年代末和70年代初提出来的一种人性假设理论。复杂人假设理论的代表人物是沙因。沙因认为，经济人假设、社会人假设、自我实现人假设各自反映了当时的时代背景，并适合于某些场合和某些人。但是，人的工作动机是复杂的，而且是经常变动的，人与人的需求不一样，同一个人不同时期的追求也不一样，不能简单地归结为一两种动机，也不能把所有的人都归纳为同一类人。因此，他提出了复杂人假设。复杂人假设理论认为：①每个人都具有不同的需求，具有不同的能力。人的工作动机不但是复杂的，而且是不断变化的。人的许多动机处在各种重要需求层次上，这种动机层次的构造不仅因人而异，而且同一个人也常常因时、因地而异。各种动机之间交互作用而形成复杂的动机模式。②一个人通过社会生活，会不断产生新的需求，这种动机模式是其原来的动机与组织经验交互作用的结果。③人在不同场合不同环境里会有不同的动机模式。在正式组织中落落寡合者，在非正式组织中可能获得自我实现的满足。④一个人是否感到心满意足，肯为组织尽力，取决于其自身的动机构造及同组织之间的相互关系。工作的性质、本人的工作能力与技术水平、动机的强弱以及同事间的相处状况，都会对其产生影响。⑤人可依据自己的动机、能力及工作性质，对不同的管理方式作出不同的反应。

复杂人假设理论导出的管理方式主要特点是：根据人的不同情

况，灵活运用相应的管理模式，也就是因人而异、因事而异、因时而异、因地而异实施灵活多样的管理方式。也就是说，很难制定一种对任何人都适用的万能管理方法。实践证明，由复杂人假设理论而产生的管理模式，就微观而言是行得通的，但从宏观上说就显得不知所措，对制定国家或企业管理的宏观政策来说则更是苍白无力。

第四节 综合人假设理论的创新依据及核心内容

综观西方管理理论的发展，人性假设理论也经过了一个不断深化和完善的过程。每一次大的管理理论的突破几乎都是基于对人性认识的飞跃。

目前，国内对社会主义市场经济条件下人性假设理论尚无系统而深入的研究，因而对于社会主义市场经济到底如何发展、企业管理机制到底如何转变、社会主义市场经济条件下思想道德体系到底如何建立、广大群众的积极性和创造性到底如何调动等等，尚存在左右摇摆的现象。

在管理理论已发展到现代管理的新阶段，到底如何认识人的本质？人性假设理论如何确定？管理方式如何变革？

（一）人的本质是什么

人的本质是什么？是一个既古老又新颖、既平常又深奥的问题。无数哲学家、社会学家、科学家曾发表过种种见解，迷雾漫漫、疑团重重、人言之殊、难得要领。

古希腊哲学家巴门尼德认为，人是从土中生出来的。德谟克利特认为，人是从地里出来的，就和虫豸之类产生的方式一样。

欧洲中世纪的宗教家认为，人没有独立的本性，人是上帝创造出来的，上帝的意识就是人的本质。

近代资产阶级学者反对把人归结为上帝，主张还其自然，认为人是有血有肉、有着各种欲望并应得到各种享受的。

法国哲学家拉美特利说:"人是一架复杂的机器。"

德国哲学家费尔巴哈认为,人不是上帝的作品而是自然的产物,人的本质不是上帝而是它自身。"理性、爱、意志力"等等就是人的本质。

中国历史上的教育家、思想家们在讲到人的本性时则说:"人之初,性本善。"

中国民主革命的先行者孙中山在谈到人的本质时曾指出,"依余所见,古人固已有言:'人为万物之灵',然则万物之灵者,即为人之定义。"

在人的本质、本性的研究上,马克思、恩格斯比历史上任何哲学家、科学家都高明,这两位导师的独创之处在于:从社会关系范畴的高度去考察人的本性。马克思说:"人的本质并不是单个人所固有的抽象物。在其现实性上,它是一切社会关系的总和。"这是对人的本质最科学、最深刻的阐述。

根据马克思主义关于人的本质是历史的发展着的各种社会关系的总和的科学论断,联系人类社会发展到今天的时代特色,笔者认为:人性假设理论的发展应该在经济人假设、社会人假设、自我实现人假设、复杂人假设的基础上进入第五阶段——综合人假设。

(二) 综合人假设的理论要点

人和动物一样,都有条件反射的属性,有生存本能、饮食本能和繁衍本能,这些本能是动物包括人得以生存繁衍的基本条件。

生产劳动、语言、思维是人特有的属性,是人区别于动物的根据,是人的社会性的重要表现,是人的本质发展的客观基础。

综上所述,人有动物属性或自然属性,也有社会属性。人类这两种属性都是客观存在的,但却不是同等重要的,不是平行存在的,更不是平行发展的。人的自然属性已经不是纯粹自然而然的了,它受到社会属性的限制甚至控制，已经是带有社会性的自然属性了。人的本质应是各种社会关系的总和。

经济人假设强调人对物质利益的追求，有其合理的一面，但不够全面；社会人假设把协调人际关系看成是调动人的积极性的决定性因素，有其可取之处，但并没有重要到"决定性"的程度；自我实现人假设单纯从满足实现人的理想欲望的高度研究管理方式的变革，而忽视了人们的生存需要、安全需要和归属需要等基本需求，有些曲高和寡；复杂人假设注重从时间、地点、环境的变化研究每个人的复杂的工作动机，对于因人、因时、因地而异管理好个体员工非常有益，但对从时代特征、群体需求的高度制定宏观政策来说，就有些力不从心了。

人类文明发展到了知识经济时代，中国社会发展到了社会主义市场经济时期。综合人假设理论正是这一时代发展的产物，体现了时代特征。坚持综合人假设理论，应着重满足员工如下需求：

1. 物质生活需求

吃、穿、住、行、用等物质消费资料的需要，是人的生存需要，是人的第一需要，如果连生存都受到威胁，其他层次的需要就无从谈起，就更谈不上调动工作积极性了。我们的社会目前尚处于社会主义初级阶段，及时解决老百姓生活上的困难仍然是领导者的首要任务。尽快改善职工的住房条件、提高职工的工资待遇，仍然是多数职工翘首以盼的迫切愿望，也是增强凝聚力、向心力和竞争力的一个紧迫任务。

世界500强在企业管理中普遍重视了满足员工的物质生活需求，挖掘员工的积极性。美国福特汽车公司创始人亨利·福特说："公司的兴旺是与员工得到的待遇密切相关的。它们之间是互为因果关系的，这就是企业成功的因果法则。"日本松下电气创始人松下幸之助说："高薪带出高效率——员工有了安定生活的保障，才能发挥十二分的努力，勤勉工作。"美国摩托罗拉公司创始人保罗·高尔文说：

"我不希望员工跟我一辈子只靠工资为生，我希望他们及他们的家庭在公司中也是股东，让他们一直到退休都有奔头。"

案例一　用最高的工资聘用最出色的人

在微软的人力激励策略中，薪酬激励也是重要的一种方式。微软公司招聘的人员大都是有前途的优秀青年，正是他们把微软公司推向巅峰的。对此，比尔·盖茨毫不隐讳。当有人问他公司成功的秘诀时，他说："我们用最高的工资聘用最出色的人。"

比尔·盖茨是一个以自我为中心的人。他率性而为，不顾及别人的感受，在任何时候都保持自己的个性而不迁就别人。一般来说，这种个性很容易让人心生反感，使自己处于孤立地位。但比尔·盖茨的可贵之处在于：他虽然武断但不专横，允许别人保持自己的个性，也能容忍别人的针锋相对。这样，大家在同等权利下交往，不至于有受伤害的感觉。这就是为什么那些开始不习惯比尔·盖茨的人后来却越来越喜欢他的原因。

微软公司的初期形式是合伙人制，比尔·盖茨和保罗·艾伦享有公司全部的所有权。1981年7月1日，微软公司成为华盛顿州的一家正式股份公司。

经过几年的发展，公司的性质悄然发生了变化。

起初，微软公司的股票只有少数内部人购买，盖茨、艾伦分别占有股份的53%和31%，鲍尔默占8%左右，拉伯恩占4%，西蒙伊和利特文大约各占2%。

许多在微软公司干了多年的人，对这种股票分配方式心怀不满。他们有功劳，但股票只发给了比尔·盖茨最亲密的伙伴，他们不能从公司的发展中获得好处。

在人们的呼声下，微软公司的股票购买权计划很快实行。当然，这一计划用了4年时间才陆续完成。微软公司的原始股价为每股95美分，可以给每位新雇的程序员5200股，来得较早的人得到的更多。

到 1992 年，这些原始股每股值 1500 美元，购买原始股票的人都大赚其钱。当然，这已是后话，此时微软公司并未上市，股票只是公司内部分红的依据。

这种将股票购买权分给雇员的方法，可以使雇员产生一种归属感，使员工确确实实地感到他们是在为自己工作。

虽然微软公司的工资较同行业高，但员工经常超时工作，相比之下，工资仍不遂员工心愿，这也导致了员工的不满。因此，分配股权能大大缓解员工的情绪，充分调动了员工的积极性和创造性。[1]

深度思索 一般公司招聘人才的思维模式是：工资尽量低一些，水平尽量高一些；比尔·盖茨却以"用最高的工资聘用最出色的人"的思维模式，广揽人才。实质上是一分钱一分货，想低薪聘人的企业，永远找不到高手，企业也只能在低水平上徘徊；只有在人才上舍得投入的企业，高水平的人才才会源源不断而来，企业也才会牢牢坐稳行业先驱的宝座！低工资造就低水平的企业，高工资打造高水平的企业，这就是企业管理的辩证法。

案例二 平均主义不公平

1878 年，发明家爱迪生建立了爱迪生电气照明公司。为适应竞争的需要，1892 年 4 月，爱迪生电气公司与美国的另一家主要的电力工业公司——汤姆森·休斯顿公司合并，正式命名为通用电气公司。通用电气公司实施多元化经营、全球化战略，在大规模并购后能够克服文化障碍和摩擦而使企业长盛不衰、蓬勃发展，创造了神话般的经营奇迹。

通用电气是一个伟大的企业，因为它造就了一些伟人——他们本

---

[1] 唐华山：《世界 500 强企业总裁语录》，人民邮电出版社，2008。

来是平凡的人，但历经坎坷与磨难，最后成为了不起的人物。

1961年，杰克·韦尔奇已经以工程师的身份在通用电气公司工作了一年，年薪是10500美元。看他表现还不错，他的第一位老板给他涨了1000美元。韦尔奇自我感觉也挺好。不久，韦尔奇发现他们办公室中的4个人薪水是完全一样的。他感到非常恼火。他认为应该得到比"标准"加薪更多的东西。这次早已预先确定好的标准工资浮动计划使韦尔奇看到了通用电气并不像传说的那样好。

韦尔奇有些愤怒。他去和老板谈了谈，但是没有任何结果。他萌生了换工作的想法。令人沮丧的原因还有一个：当初通用电气招聘的时候，给他的感觉是到处铺满了红色的地毯，有无限希望，他认为自己能够极快地得到晋升。

但现在，韦尔奇的眼前并没有红地毯，他看不到希望。失落的他开始详细查看《化学周刊》杂志和《华尔街日报》上的招聘信息栏目，希望能够早日离开这里。他觉得自己陷入了一个大组织最底层的"漩涡"之中。他想出去，他要走出去。不久，他找到了一份体面的工作，是一家设在芝加哥的国际矿物和化学公司，离他岳母的住所不远。看来这是一次抽身的机会。

这可急坏了韦尔奇的直接上司——当时年轻的经理鲁本·古托夫。韦尔奇这个自命不凡的青年给他留下了深刻的印象，古托夫对韦尔奇的才干是另有看法的。当得知还有两天就要举行欢送会时，他非常震惊。

"不行，我得想方设法把他留住。"古托夫当晚就邀请韦尔奇夫妇共进晚餐，苦口婆心地劝说韦尔奇一定得留下。

"相信我，"古托夫恳求道，"只要我在公司，你就可以试着利用大公司的优势来工作，至于那些糟透了的东西你别去理会就是了。"

"那么，你就得受考验了。"韦尔奇回答道。

"我乐意经受考验，"古托夫回答说，"重要的是把你留下。"

4个小时的晚宴没有说服一颗要走的心。

古托夫并不甘心。在回康涅狄格州西满港家的途中，他停在高速路边，用投币电话继续对韦尔奇游说，这个时候已经是午夜一点了。

他对韦尔奇说："我给你涨一点工资，在科普兰给你涨1000美元的基础上，再涨2000美元……我知道，钱不是主要原因。"

黎明后的几个小时里，韦尔奇出席了为他举行的欢送会。但他果断地决定留下来，不走了。

在欢送会上，古托夫说："这是我人生中一次较佳的推销工作。"

大约12年后，韦尔奇在他的年度绩效报告中大胆地写下了其雄心勃勃的长期目标——成为公司最高负责人（CEO）。韦尔奇上任后，大刀阔斧进行改革，带领通用电气再造辉煌，自己也成为全世界企业管理的一位伟人。[①]

深度思索 通用电气公司由于对同一办公室的4个人每人平均涨工资1000美元，惹恼了贡献大的杰克·韦尔奇，差点丧失了一个企业管理的伟人。事实说明，搞平均主义，看似公平，实质对贡献大的就很不公平，企业在对职工实行奖励时应该使收获与付出相符合、薪酬与能力相匹配、提拔与德才相统一。

案例三 思科公司人皆有股

思科系统公司总部设在美国加州硅谷圣荷塞，1984年12月由斯坦福大学几个计算机专业的学生创办。思科公司生产了全球80%以上的网络主干设备——路由器。2010年《财富》杂志公布的世界500强企业排名第200位。

思科公司究竟有什么妙招使自己总能够保持一个稳定的战斗团体呢？答案就是"人皆有股"。

---

① 唐华山：《世界500强企业总裁语录》，人民邮电出版社，2008。

思科公司面对每年对人才以60%速度增长的迫切需求，为留住原有人才，并吸引优秀人才到思科来，安安心心地为思科作研究开发，总裁钱伯斯采用了"人皆有股"的办法。思科不像其他硅谷公司仅把公司期权全部或大部分分配给高级管理层，钱伯斯实行的是真正意义上的"人皆有股"，思科公司的每个员工都有股份。

思科的薪水结构由三部分构成：一部分为工资，一部分是奖金，还有一部分是股票。思科的薪水和企业一起成长。思科一年会做一至两次薪水调整，不断更新。薪水涨幅跟每个人的能力直接挂钩，业绩好会多涨，业绩平平涨得少。在思科，员工们对工资多少并不是很关心，他们更关心通过自己的努力工作，可以拥有多少股票。因为，这几年员工手中的思科股票，每年增值最少要翻一番，这个比例是非常令人羡慕的。思科员工每年的平均股票收益达15万美元。如此惊人的赚钱机会，一般人上哪里去找？思科公司员工自然心满意足。在硅谷盛传着这种说法：年仅30来岁的思科年轻技术人员随便就能丢下80万美元买下一幢人人称羡的豪宅。①

> **深度思索**　联股如联心，股权激励是企业物质激励方式的一次深刻变革；股权激励使企业与员工之间建立起了一种更加牢固、更加紧密的战略发展关系，适应了信息经济环境下人力资源资本化的时代要求。让员工人人拥有股权，可以唤起人们对目标的向往和追求，并激发人的上进心，促进人们对自身社会价值的认识，让员工在奋勤工作中既为企业的成长骄傲，又可以带来自身财富的增长，从而更大地激发了工作的积极性和主动性。

2. 精神生活的需求

对精神生活需求，是人区别于动物的主要特征。饮食、繁衍、生

---

① 高志坚：《世界500强管理奇招》，机械工业出版社，2005。

第七章 理论是企业长盛不衰的航灯

存是人和动物共有的本能,但在理解、尊重、信任、幸福以及文化娱乐方面的需求,则是人类所独有的。在知识经济时代的今天,对接受高层次教育的渴望,对高科技产品的追逐,不但是广大家长及学子共同的心声,而且是各级政府必须着力解决的爱民兴业之举。用先进健康的理念武装员工,企业会形成积极向上的风气;用落后颓废的观念污染员工,企业则会出现消极没落的局面。

世界500强企业不但重视满足员工的物质生活需求,还非常重视满足员工的精神生活需求。长期居于世界500强前列的沃尔玛超市创始人、总裁山姆·沃尔顿说:"激励你的同仁,光是物质刺激是不够的,必须每天不断想出新点子,激励并挑战你的同伴。在精神上,我给予员工很好的激励。"世界企业管理大师韦尔奇针对过度重视物质奖励和过度重视精神奖励两种倾向,讲了自己的管理经验,他说:"我认为金钱和精神奖励应该兼顾。精神鼓励和物质奖励都是必要的,光有钱不够,象征性的表扬也是不行的,两者缺一不可。"

案例一　总裁的玫瑰花

韦尔奇极为重视领导人在工作中所应起到的表率作用,时时处处都能够让员工感觉到他的存在。他喜欢以便条方式与所有员工沟通,让员工感到十分亲切随和。韦尔奇一写完便条,便通过传真机直接发给员工,两天内便条的原件就会送到当事人手中。

一次,一位经理连续数十天都坐立不安,因为他是第一次向以严厉著称的韦尔奇汇报工作。后来,在汇报时这位经理对韦尔奇坦白地说:"我十分紧张。我的爱人对我说,如果我的报告不能通过,她就不让我回家。"在汇报完工作以后,韦尔奇让人将一打玫瑰花和一瓶香槟酒以及他手写的便条送给那位经理的妻子。便条上写着:"您的丈夫是个非常出色的人,这几周来让他和您备受煎熬,对此我表示歉意。"[①]

[①] 邱庆剑:《世界500强企业管理理念精选》,机械工业出版社,2006。

> **深度思索**　韦尔奇利用各种机会抓住人心，让人感动。注重精神鼓励，容易收到事半功倍的奇效。

案例二　玫琳凯的赏识激励

玫琳凯·艾施于1963年在达拉斯成立了自己的"玫琳凯化妆品公司"。凭着她坚定的决心、努力的工作以及无私的奉献精神，将公司从一家小型的直销公司发展成为全美最大的美容保养品直销企业，玫琳凯品牌也成为美国面部保养品以及彩妆销售得最好的品牌。

在公司内部玫琳凯制定了一系列运用"赞扬"的办法：每位推销化妆品的美容师，在第一次卖出100美元的化妆品后，就会获得一条缎带作为纪念。公司每年都要在总部的"达拉斯会议中心"召开一次盛况空前的"玫琳凯年度讨论会"。参加讨论会的是从阵容庞大的推销队伍中推选出来的2万多名代表。会上，有卓越成绩的推销员穿着代表最高荣誉的"红夹克"上台发表演说，给推销化妆品成绩最好的美容师颁发公司最高荣誉的奖品——镶钻石的大黄蜂别针和貂皮大衣。

在公司发行的通讯刊物《喝彩》月刊上，每年都要把公司各大领域中名列前茅的100人的名字登载出来。有个美容师，连续两次在展销会上都没卖出什么东西，第三次展销会上也只卖出不引人注目的35美元的东西，但她的上司海伦不仅没有指责她，反而表扬她："你卖出了35美元的东西，那实在太棒了！"海伦的赞扬和鼓励，使那位美容师的心热乎乎的，后来终于取得了可喜的成绩。海伦也因为善于运用赞扬激励下属，而得到玫琳凯的重用。[①]

> **深度思索**　有些管理者只知道瞪着眼睛批评下属，想以此树立自己的威信、提高企业的效率，结果事与愿违。有些管理者虽

---

① 艾理生：《赢在激励：实现有效激励的17个黄金法则》，地震出版社，2005。

第七章　理论是企业长盛不衰的航灯

然知道满足员工精神需求的重要性，但却没有掌握赞扬的技巧，有时甚至弄巧成拙。如果管理者能够充分地运用赞扬来满足员工荣誉心的需求，及时表达自己对下属的关心和信任，就能有效地提高下属的工作效率。

3. 社会交往需求

人与人的关系是企业管理众多关系中最主要的关系。在综合管理的过程中，处理好管理者之间、管理者与被管理者之间、被管理者之间的关系，是实现管理目标的根本保证。另外，随着社会的进步，劳动者社会交往需要也越来越强烈，迫切要求一个安定、团结、平等、和谐、互助、合作的工作环境。人间渴望真诚。领导者创造各种条件来帮助人们实现文明、健康的社会交往，是调动劳动者积极性的一个非常重要的环节。

世界 500 强企业在管理中都注意尊重员工的感情，培养员工的热情，树立员工的地位。他们采取了许多措施，令人感动。他们悟出了许多道理，令人深思。日本索尼公司创始人、董事长兼总裁盛田昭夫说："人并不是单纯为了钱而工作，如果你要发挥人的作用，钱并不是最有效的工具。你要发挥人的作用，就应该把他们融为一家，对待他们像对待受尊敬的家人一样。"玫琳凯化妆品公司创始人、总裁玫琳凯·艾施说："无论你多忙，也必须花时间使别人感到他们重要！我一直牢记这一点。"美国 IBM 公司创始人托马斯·约翰·沃森说："几乎每种宣传鼓动都是为了激发热情……当初我们强调人与人之间的关系只是出于一个简单的信念：只要我们尊重下属，并帮助他们自己尊重自己，公司就会不尽财源滚滚来。"

案例一　思科的人情味管理

在 IT 界，思科总裁约翰·钱伯斯虽然不比比尔·盖茨、埃利森更强大，但在许多领域里他却跑在前面。

钱伯斯曾经做过王安公司副总裁，曾不得不遵照公司旨意裁员5000人，这使他内心充满自责。入职思科后，他发誓再不大规模裁人，即便是1995年思科陷入困境而不得不降低成本的时候，他也做到了没有裁员，这使思科赢得"最受人尊敬的公司之一"的称号。

思科的企业文化在很大程度上打上了钱伯斯成长的烙印，直到今天，钱伯斯仍以成长过程中培养的家庭价值观为荣。他和父亲是好朋友，而他为了参加女儿的生日晚会可以取消与克林顿的会面，这种风格移植到了思科公司。在公司里，钱伯斯着力于营造一种和善、平等和与人分享的企业文化氛围，这种企业文化受到几乎所有员工的欢迎，并为竞争对手所羡慕。

"如果在其他地方的话我也会是一名出色的CEO，但由于钱伯斯我留下来了。"思科高级副总裁霍华德·查尔尼如是说。他曾经是一家著名公司的创始人，后来公司被思科收购。他说："这里有很多人都可以去建立自己的公司，也有很多人曾经有自己的公司，约翰与我们完全平等，假如他像对待下属一样对待我们，我们可能早就离开了。他询问我们的意见，给我们权力和资源，然后给我们一个高得难以置信的销售目标，使我们始终面临挑战。他拥有一种不可思议的力量，使我们团结在一起，而不是四分五裂。"人情味是思科企业文化的核心，也是钱伯斯的管理绝招。

正因为有这样一种能与人分享的企业文化，钱伯斯把思科从市值6亿美元发展到今天市值5700多亿美元。[①]

> **深度思索** 现代管理学认为，开发人的潜能的最有效的方法是处理好企业内部人与人的关系，注重"感情投资"，强调管理必须尊重人的本性，要有"人情味"。管理要体现"以人为本"

---

① 高志坚：《世界500强管理奇招》，机械工业出版社，2005。

的精神，没有人情味的企业管理既没有凝聚力，更谈不上发挥人的创造性。

案例二　摩托罗拉注重"个人尊严"

摩托罗拉公司的企业文化是它的一大优势，其基石是对人保持不变的尊重。摩托罗拉在某个阶段也许会放弃一些业务，但从不放弃凝聚全球的员工，始终把"肯定个人尊严"的人才理念作为指导企业发展的最高准则，强调企业要发展，首先必须尊重人性。

摩托罗拉有一句名言：对每一个人都要保持不变的尊重。

这句话有几层含义：尊重每一位员工的价值和个人自由；给予员工最大程度上的信赖；尽量满足员工的要求；创造团结、和谐、乐观、向上的整体氛围。

为了体现对员工的尊重，创造和谐的企业氛围，摩托罗拉公司规定：公司一级及下属各层管理者的办公室的大门要始终敞开着，意在表明领导者与一般员工是平等的，准许员工随时进入领导者办公室提出意见和发泄不满。同时，也是向员工宣示，领导者也同员工一样在班上全力以赴投入工作，不在公司内处理私人的事情。

此外，公司还建立起多种信息反馈与上下沟通的渠道。一般的企业管理层次，往往是"总经理——经理——主任——员工"这样一个单向流程。而摩托罗拉的管理体制，又增加了"员工——总经理"这一环节，为此设立了"畅所欲言"信箱和座谈会。

总经理座谈会是员工与总经理面对面的交流，其间没有任何管理人员参加，一般每月一次。在这样的会上，总经理往往能够了解到公司管理中的不足之处，及时听到员工对公司各项制度的意见和建议，了解他们最真实的想法和需要，针对具体问题及时加以解决。

为了推动"肯定个人尊严"的活动，每个季度员工的直接主管都会与员工进行单独面谈,交流思想与感受。为此,摩托罗拉公司专门设计了 IDE(肯定个人尊严)问卷。

此外,摩托罗拉的员工还享有充分的隐私权。员工的机密记录,包括病历、心理咨询记录和公安调查清单等都与员工的一般档案分开保存,公司内部能接触到雇员档案的仅限于"有必要知道"的有关人员。在没有征得本人同意的情况下,任何人不得对外公布员工的私人资料。这种对员工隐私的周密保护也充分体现了公司尊重人性的原则。

摩托罗拉的文化建立在两个基本信念之上:一是肯定个人尊严;二是坚持高尚的操守。为了成为世界最佳的企业,在过去的70多年中,摩托罗拉始终坚守这两个基本信念。其他一系列具有摩托罗拉特色的管理政策和方法都源于这两个基本信念,它们对摩托罗拉企业文化的发展产生了深远的影响。[①]

深度思索 尊重个人,肯定个人尊严,是构成现代企业管理文化的最主要的内容;开通上下左右的沟通渠道是满足员工社会交往需求的必要措施。随着世界经济发展水平的提高,企业管理也在发生着越来越多的变化。泰勒时代的"科学管理"等理论,由于对被管理者个人的社会需求尊重不足引起了广泛的批评。发展经济的目的是为了人,创造财富的过程中,也应该尽量满足人的生存、安全、尊重等多层次的需要。摩托罗拉"肯定个人尊严"的企业文化取得了令人仰视的成就,其他企业如果尝试一下满足员工社会需求的效果,也肯定会收到出乎意料的惊喜!

4. 理想信仰需求

思想是行动的先导,追求是奉献的前提,信仰可驱使人们赴汤蹈火(如董存瑞、黄继光等战斗英雄),理想可引导人们义无反顾地奋

---

① 高志坚:《世界500强管理奇招》,机械工业出版社,2005。

斗终生、奉献一切。有多少革命先烈为中华民族的解放事业流尽最后一滴血，有些死后连名字都没有留下。对于共产党员来说，应该强化共产主义理想教育，引导他们为了绝大多数人的利益而忘我工作，拼命实干；对于企业管理者来说，应以建设"幸福美满的家园、成就事业的高地"的奋斗目标来引导员工热爱生活、热爱工作、热爱企业，勤奋努力，干出一流的工作，创造幸福的生活；对广大群众来说，则应该强化理想信仰教育，重塑目标理想，一个没有理想信仰的民族必定一盘散沙，一个没有理想信仰的企业必定气息奄奄。

能够在世界500强排行榜中长期站稳脚跟，甚至将自己的位次不断前移的企业，有一个显著的特点：普遍重视把下属培养成有远大目标、有理想追求的优秀员工；彻底清除企业内部目光短浅、斤斤计较、钩心斗角、尔虞我诈的歪风邪气。正如韦尔奇所说："领导者必须想尽办法，挖掘出员工的最大潜能。要相信，员工的潜质绝对超乎你的想象，只要你肯去挖掘，你就会得到一笔惊人的财富。在追求卓越的过程中，挖掘员工潜能，永远是所有工作的重中之重。记住，鼓励你的员工永远追求卓越的目标。"

案例一 通用电气的"数一数二"战略

20世纪80年代中后期，由于美国政府的高利率以及财政赤字政策，美国经济的增长速度放慢。随着技术的加速进步，市场的急剧变化，竞争更加激烈，特别是日本的竞争，美国的企业利润已经开始萎缩，一些业务处于疲弱不堪的状态。

通用电气作为一个多元化的企业，很难适用一个统一的战略。把下属公司的目标锁定在必须成为本领域的第一或者第二，这样目标就非常简单明了，易于接受，很容易贯彻到全公司，引领员工在激烈竞争中顽强拼搏，永远立于不败之地。

韦尔奇上任后，经过一系列的调查研究认为，如果不能在自己的领域内获得彻底强大的实力，还不如放手。基于这个时代背景，杰克·韦尔奇就提出了著名的"数一数二"战略——通用电气下属公司所在的任何一个领域，只有位居第一或第二的企业才有实力避开残酷的竞争，赢得巨额利润。

在韦尔奇看来，如果某项业务不能做到数一数二，那么对不起，关闭或卖掉它。根据其著名的"感冒理论"，韦尔奇认为，如果市场中数一数二的企业出现了"感冒"的症状，那么排在第四第五的企业将会得癌症。

因此，韦尔奇确定了"第一名、第二名"的观念。他要确保通用电气的所有企业都能在所在行业中占到第一名或第二名，否则就卖掉。同时，他购买了一批有前途的企业，并把它们发展成为行业的第一或第二。

在韦尔奇接手通用电气时，通用电气有350个产品事业部，分属43个战略经营单位，生产经营上千种产品，其中有的赢利、有的赚钱、有的居于世界领先地位、有的已经落后、有的具有发展潜力、有的已达到极限。

据此，韦尔奇卖掉、关闭了数百个事业部和生产线。同时，韦尔奇撤销了原有的事业部和战略经营单位的编制，重新组成了13个具有强大竞争力的事业部，把公司的业务集中在高科技产品与获利丰厚的服务上。

在这一阶段，通用电气共出售了价值110亿美元的企业，解雇了17万名员工。在关停的同时，通用电气买进了价值260亿美元的新企业。

数一数二才有竞争力，争做第一名或第二名的经营理念为通用电气赢得了巨大的成功。在韦尔奇执掌通用电气的19年中，公司一路快跑，并因此连续3年在美国《财富》杂志"全美最受推崇公司"评选中名列榜首。[①]

[①] 高志坚：《世界500强管理奇招》，机械工业出版社，2005。

深度思索 "数一数二"战略激励的是员工争创一流的目标理想和雄心壮志,具有长期的竞争力。如果一个企业形成了"见第一就争、见红旗就扛"的浓厚氛围,那么这个企业肯定雄居行业的巅峰。

案例二 索尼用目标激励员工

1946年5月,索尼公司的创始人井深大和盛田昭夫共同创建了"东京通信工业株式会社",后于1958年更名为索尼株式会社,总部设在日本东京。目前索尼全球雇员总数达15万人,2004年,索尼公司在世界500强企业中排名第30位。

为了更充分有效地挖掘每一位人才的潜能,索尼公司在确立较大目标的同时,也希望每一位主管、开发人员乃至每个员工,都能够找到自己的近期目标,从内部创业,在岗位上革新,把多层次的创意目标发挥到每一个具体环节。

公司曾经有一个年轻研究人员,发明了一种电浆显示系统。他的创意是将来把这一系统用在电脑和平面电视显像器上。公司经过仔细研讨,对这一创意首先予以肯定,但认为离实际应用时间还比较长,所以不宜投入大量的资金和时间来开发。但这位年轻研究人员对自己的创意和研究成果割舍不下,一定要继续干下去。最后公司还专门为他筹措了一定的经费,他自己也弄了一些,就另起炉灶,组建了一家个人公司。公司不愿意失去这么一位能干肯干、心中有目标的人才,但出于尊重他个人的选择,公司也只能如他所愿了。不管怎样,索尼公司还是很欣赏这种有创意、有目标的青年。他能把自己的发明及时告知公司,对公司本身也是一种信任。

索尼公司注重帮助员工制定目标,再加上同事间互相激励,激发每一个员工进一步熟悉自己的领域,和同行与对手比较,找出差距,发挥优势,提高自己的观察能力和实际操作水平。由于公司鼓励员工挖掘自己的创造力,那些敢想敢做的员工,心中就没有了顾虑,在生产、制作、开发的过程中,就会留心发挥自己的优势、制定自己的创新目标,在别人没有做过的事情上一试身手。

同时,索尼的高级主管们也经常深入基层,了解进程,总结经验和教训,并不断提出和修改新的目标方案,以使目标更加科学、更加完善。

索尼公司通过"目标激励"的用人机制,调动了员工的聪明才智,通过集思广益,使整个公司的力量拧在了一起,勇闯未知领域,不断超越同行,领导国内乃至国际潮流,成为创新先锋。①

> **深度思索** 目标激励是指通过设置恰当的目标,激发人的动力,达到调动积极性的目的。目标之所以能够起到激励的作用,是因为目标是组织和个人的奋斗方向,完成目标是员工工作成果的一种体现,是员工成就感的体现。一个有经验的管理者,必须培养员工的理想追求,鼓励员工为实现目标凝心聚力。

5. 当家做主需求

随着物质文明和精神文明的发展,人们的民主意识迅速增强,对知情权、参与权、决策权的追求也越来越强烈。聪明的管理者应该强化职工参与决策、参与监督、参与管理的措施,让职工时刻感受自己是企业的主人,再苦再累也毫无怨言。

世界500强企业还有一条成功的经验是:把职工看成企业的组成部分,当成自己的合伙人,组织职工参与企业的决策、参与企业的管理、参与企业的改革创新,让职工感到在为自己工作、自己也是企业的主人。正如澳大利亚新闻集团董事长兼总裁罗伯特·默多克所说:

---

① 高志坚:《世界500强管理奇招》,机械工业出版社,2005。

"使人力发挥最大效用的诀窍在于激发人的进取心。你必须抓住员工的思想与感情，让员工觉得自己是公司的一部分，才是上策。假如你让员工代表参与经营，使员工对决策有发言权，你就可以使他们卖力工作。"

案例一　通用汽车组织员工参与管理

在员工管理上，通用汽车公司曾经吃过不少苦头，但从20世纪50年代以后，通用汽车公司高层管理人员认识到正确处理劳资关系的重要性，公司总部及各子公司都相继采取各种措施鼓励员工参与公司管理，公司的发展迅速进入了一个新阶段。

参与管理就是在不同程度上让员工参与组织的决策过程及各项管理工作，与企业的高层管理者处于平等的地位，研究和讨论组织中的重大问题，让他们感受到上级管理者的信任，由此体验到自己的利益与企业发展密切相关，从而产生强烈的责任感；同时，参与管理为员工提供了一个被别人重视的机会，从而有一种成就感，员工会因为能够参与商讨与自己有关的问题而受到激励。

精密铸模公司实施员工全方位参与企业管理后，效果引人注目。公司过去的许多管理制度都是在权威式的管理思想指导下制定的，员工没有提出意见的机会，即使有时员工提出意见，也得不到管理者应有的重视。这样的结果，使得员工的流动率很高，正式或非正式的罢工事件时有发生，缺勤率高达7%，产品退货率为3.9%，公司一度濒临破产边缘。在这种形势下，精密铸模公司接受了通用汽车公司总裁的建议，改革原有的管理制度。经过反复讨论和论证，在"通过员工参与管理来改进工作"的思想指导下，建立了新的管理制度。

公司成立工业工程委员会，该委员会是由技术人员、管理人员和工会代表组成的富有朝气的部门。除了负责工程方面的改进工作之外，该委员会还经常派人到车间去观察各项作业流程，听取员工意见。委员会的成立，加强了公司内部各部门之间的联系和协调，使工会组织和员工在产品开发设计等问题上不再是被动的执行者,而是主动的参与者。

每月一次员工参与管理的会议,参加会议的代表按下列办法产生:先通过抽签方式抽出初选人员,然后再由总经理和高级管理人员从中任意挑选20人参加会议。公司规定,每个月参加会议的人员不能重复,因此,在一年之中每个员工至少都有一次机会当面向高级管理者畅谈自己对公司工作的各种意见。通过让员工参与管理,公司发生了重大变化:全公司产量增加了近40%;缺勤率由7%降为3%;产品退货率由3.9%降为1.5%。通用汽车公司对铸模公司的经验非常重视,曾专门派人前去总结经验,并在数十家子公司推广,获得良好效果。[①]

> **深度思索** 通用汽车让员工参与公司管理,为员工提供一个被别人重视的机会,也使员工得到表现自己才华的舞台,让员工产生了一种当家做主人的感觉。这对于增强员工的事业心、责任感,提高企业经营效率,产生了显著效果,值得借鉴、仿效。

案例二 沃尔玛把员工当成合伙人

1940年6月3日,大学毕业刚3天的山姆·沃尔顿就正式进入了零售业,开始了零售大王的传奇生涯。他创办的沃尔玛百货有限公司目前是世界第一大零售连锁集团。2004年沃尔玛全球销售额达到2852亿美元,连续多年荣登《财富》杂志世界500强企业和"最受尊敬企业"排行榜榜首。

在沃尔玛的术语中,公司员工被称为"合伙人"。这一术语从1971年开始使用。

---

① 艾理生:《赢在激励:实现有效激励的17个黄金法则》,地震出版社,2005。

第七章　理论是企业长盛不衰的航灯

公司总裁山姆·沃尔顿认为，顾客、员工和股东都是公司的上帝。公司发展要靠员工团结一致的献身工作，公司也要照顾好它的员工，让他们感到像是在一个大家庭里，自己是公司的重要一员。

沃尔玛把员工当做企业的合伙人来对待，管理者与员工的关系也是真正意义上的伙伴关系。

山姆·沃尔顿提出"关心自己的合伙人，他们就会关心公司"，培养员工"爱公司如爱家"的精神。公司对员工利益的关心并不只是停留在口头上或是几条标语式的企业文化理论，而是有一套详细而具体的实施方案。公司将"员工是合伙人"这一概念具体化的政策是三个互相补充的计划：利润分享计划、雇员购股计划和降耗奖励计划。

（1）利润分享计划。公司保证每一个在公司工作了一年以上，以及每年至少工作1000小时以上的员工，都有资格按百分比归入这个计划，员工们离开公司时可以现金或股票方式取走这个份额。

（2）雇员购股计划。员工可以通过工资扣除方式，以低于市值15%的价格购买股票。现在，沃尔玛已有80%以上的员工借助这两个计划拥有了沃尔玛公司的股票，而其他的20%的员工基本上都是还不够资格参与利润分享。

（3）降耗奖励计划。因为损耗是零售业的大敌，沃尔玛控制这一纰漏的方法是与员工们共享公司因减少损耗而获得的赢利。如果某家商店将损耗控制在公司的目标之内，该店每个员工都可以获得奖金，最多可达200美元，结果，沃尔玛的损耗只是行业平均水平的一半。而且，它还促使员工们彼此增加了信任感。

沃尔玛一直致力于建立与员工的合伙关系，并使沃尔玛的160多万名员工团结起来，将整体利益置于个人利益之上，共同推动沃尔玛向前发展。[①]

[①] 高志坚：《世界500强管理奇招》，机械工业出版社，2005。

深度思索 在沃尔玛公司成功的诸多因素中,员工管理是值得大书特书的。在沃尔玛,管理者与员工之间良好的合作关系被称为"合伙关系"。员工被称为"合伙人",而不是雇员。这就把整个沃尔玛凝聚成一个整体,使所有的人都团结起来,为了公司的发展壮大而不断努力。因此,当一个管理者开始尝试把员工当做"合伙人"时,他就会发现,这将有助于公司进一步发挥其巨大潜力。而且,员工们也很快发现,随着公司状况的改善,他们的所得也在增加,这对公司和员工都是有益的。这种利益捆绑,将使企业获得滚滚而来的财源,将使员工随时都可以看到触手可及的利益,始终保持旺盛的斗志。

案例三 微软让员工感到是在家里为自己工作

20世纪最后20年中,"认股权"可以算作美国公司制度一项时代性的改革,其意义绝不次于1914年的亨利·福特所实行的"日薪5美元"。很难说这是谁的发明,但可以肯定的是,微软是实行这一制度的最成功的范例。

在微软公司流行的"认股权"制度简单地说,就是公司掏钱做本金来帮助员工购买自己公司的股票,赔了是公司的,赚了是员工的。其具体的操作,则又有一套复杂的程序。作为微软的正式员工,任何人在进入微软之前都将与公司签订聘用合同。合同中规定了员工享有的种种权利,其中一项即为"认股权"。股权的数额根据员工的技术级别而定,少则数百股,多则数千股。高级技术人员和管理人员得到的股票期权可达数万甚至数百万股。

在通常情形中,从合同生效之日开始计算,一个月后公司股票的市场价格,也就是员工"认股权"的价格。每工作一年,"认股权"即获得一定数量的增加,也可以像股市上的投资者一样,享有"配股"的权益。员工只需记住自己的股权数额以及股权价格，而不必花任何钱来购买，一年之后，可以卖掉"认股权"当中的一部分，以后逐年卖出，在公司工作满四年半的时候，即可全部卖掉首批"股权"。原定"认股"价格与当时市场价格之间的差额，就是员工的收益。

如果股票升值，每年都可以通过出售股票来获得现金；如果股票贬值甚至低于你认股时的价格，员工也可以不要。当然员工如果并不急需用钱并且对公司有足够的信心，也可以把股票一直攥在手里不卖，但持续不能超过7年。

另外，每个人还可以用工资10%的部分，以市场价格85%的折扣购买微软股票，另外的15%由公司出资补偿。

在比尔·盖茨的坚持下，公司每年都会给员工分送新的"认股权"。同"老权"一样，"新权"也必须到一定期限方能认购。所以，员工无论在什么时候离开公司，手中都会有或多或少尚未到期的"认股权"作废。这样看来，一个微软员工，无论什么时候离职或者退休，都会造成直接损失，所以"认股权"又有"金手铐"之称。[1]

深度思索 给人才戴一副"金手铐"，实质上是使人才有归属感，它可以让员工把公司当成自己的家，而不仅仅是找工作挣钱的地方。让员工感到是在为自己工作，是为自己的"家"添砖加瓦，愿意与企业同患难、共发展。

6.成就事业需求

世界上的人大致可以分为两类：一类是成就大业、自我实现的愿望不那么强烈，"不求高官、但求平安""不求发大财，只求过得去"，这类人占多数；另一类事业心强、成就欲高，喜欢挑战性的工作，乐意在战胜困难中实现人生价值，把事业上的成功看得比金钱还重要，

---

[1] 高志坚：《世界500强管理奇招》，机械工业出版社，2005。

从中得到的激发和愉悦胜过物质鼓励。这样的人虽然只占少数，但一个国家要强盛、一项事业要发达、一个企业要兴旺，必须有成就欲强烈的人才作支撑。作为一个有远见的领导者，不仅要研究如何满足普通百姓的生存需要，调动多数人干事创业的积极性；更要精心研究如何为成就欲望高的人搭建舞台，让他们在实现自我价值的过程中带动事业更快发展、运作企业长盛不衰、推动人类社会更快地进步。

世界500强企业的成功，显示了一条共同的经验：凡是能把企业做大做强做长久的创始人都是事业心极强、成就欲极高的人；凡是能在500强中站稳脚跟甚至能将位次不断前移的企业都有一个成就大业的宏伟目标。如波音公司成就事业的宏伟目标是"领导航空工业，勇为先驱"；通用电气成就事业的宏伟目标是"以科技创新改善生活品质"；默克公司成就事业的宏伟目标是"我们做的是挽救和改善生命的事业，我们所有的行动都必须以达成这个目标的成就来衡量"；索尼公司成就事业的宏伟目标是"提升日本文化与国家地位"。正是这些成就事业的宏伟目标指引着企业百折不挠、高歌猛进。

案例一 利润之上的追求

默克公司创立于1668年，是世界上历史最悠久的医药及化学公司，距今已有300多年的历史。今天，默克集团已在全世界56个主要国家和地区设立了分公司，员工数达28300人。默克不仅是全球首家合成维生素C、B、E及K的公司，而且在液晶制造、珠光颜料、实验室产品及半导体工业超纯化学制品等方面，也居于世界领先地位。在2010年世界500强排名中，列第294位。

默克公司创立100周年纪念时出版了一本书，名叫《价值观与梦想：默克百年》。你注意到什么了吗？书名根本没有提到默克做的是什么事。默克可以把书名定为《从化学品到制药公司：默克百年财务成就》，但是它没有这样做，反而去强调自己在100年历史里一直是由理想指引和激励的公司。默克公司成就事业的理想目标是"我们做的

第七章 理论是企业长盛不衰的航灯

是挽救和改善生命的事业,所有的行动,都必须以能否圆满实现这个目标为衡量标准。"从这一理想出发,我们再看默克决定开发和捐赠美迪善这种药给第三世界国家对付"河盲症"就不会觉得惊异了。第三世界有上百万人感染河盲症,这种疾病是大量的寄生虫在人体组织里游动,最后移到眼睛,造成令人痛苦的失明。100万个顾客是规模相当大的市场,只是这些人都是买不起产品的顾客。默克知道这个计划绝对不会有很大的投资回报,却仍然推动这个计划,希望产品检验通过后,某些政府机构或第三者会购买这种药品,分发给病人。但默克没有这么幸运,于是决定免费赠送药品给需要的人,且自行负担费用,直接参与分发的工作,以确保药品确实送到受这种疾病威胁的上百万人手中。

默克为什么决定推动美迪善计划?默克的CEO魏吉罗指出,若不推动生产这种药品的话,就可能瓦解默克旗下科学家的士气——这些科学家服务的公司明确地认定是从事"挽救和改善生命"的事业。魏吉罗进一步指出:我15年前第一次到日本时,日本的企业界人士告诉我,是默克在第二次世界大战之后把链霉素引进到日本,消灭了侵蚀日本社会的肺结核。我们的确做了这件事,我们并没有赚到一分钱,但是,默克今天在日本是最大的美国制药公司,绝非偶然。(这种行为的)长期影响并非总是很清楚,但是,我认为多多少少它会有报偿的。[①]

深度思索 我们的研究显示,在成就欲高、事业心强的企业掌门人心目中,事业比金钱更重要,实现人生价值比名利地位更宝贵。高瞻远瞩公司能够奋勇前进,根本因素在于指引、激励公司员工的核心理念和宏伟目标,亦即核心价值观和超越利润的荣誉感。如果企业单单为了利润而生存,员工单单为了工资而工作,

---

① 〔美〕詹姆斯·柯林斯、杰里·波勒斯:《基业长青》,中信出版社,2005。

> 那么，当企业遇到困境，员工发不了工资的时候，就不会有忠心耿耿、不离不弃、拼命工作、忘我奉献的团队。只有那种超越利润之上的宏伟目标才会形成强大的凝聚力。正如惠普前任CEO约翰·杨所说的"利润虽然重要，却不是惠普存在的原因，公司是为了更基本的原因而存在。这个基本原因就是给我们从事的领域贡献技术，我们公司存在的目的是要作出贡献。"

案例二 儿时的梦想，未来的方向

索尼公司是由盛田昭夫于1946年在日本创立的，主营电子电气设备，在2010年公布的世界500强排名中位于第69位。

每个人在孩提时代都会有自己的梦想。虽只是理想的雏形，但有的人却真的能从中领悟到自己的奋斗目标。在大多时候，只有这种梦想与行动结合起来，才会造就一个奇迹。让我们看一下盛田昭夫儿时的梦想。

盛田昭夫的父亲是一个爱好音乐的人，为了听到最好的音乐，每逢质量好的唱机一上市，他就毫不犹豫地把它买回来，尽管价钱昂贵。这给年幼的盛田昭夫无限的遐想和启迪，陶醉在音乐中的小昭夫，常常有些奇妙的想法：它能把我的声音装进去吗？

上了中学的盛田昭夫继而迷上了电子研究。他购买了大量的电子书籍，还订阅了许多介绍音响技术的杂志，每天放学回家就一头扎进那些书籍杂志中，贪婪地阅读、琢磨和实践。

他曾按书上的指导，组装出一台粗糙的电动留声机，将自己的声音录了进去。听着留声机放出自己走调的声音，他感到无比的兴奋和愉悦。

1946年3月，盛田昭夫和井深大先生决定合办一家公司。1946年5月7日，他们成立了东京通信工业公司，成立之初的资本总共500

美元。盛田昭夫辞去了教职，全心投入他们的事业。公司设在御殿山一栋已经荒废的破木屋里，屋顶有好几处漏水，阴雨天就得撑着伞工作。

就是在这片战争的废墟上，盛田昭夫和他的合伙人开始了他们的创业之旅。以500美元起家，所能依靠的只有个人的努力。也正是这500美元和他们对梦想的不懈追求，为这个电器王国的日后成功，迈出了坚实的第一步。经过盛田昭夫坚忍不拔的努力，索尼公司终于成为全世界优质产品的标志。索尼的"世界首创"产品，包括半导体收音机、家用录影机、随身听、彩色真空管电视机、家用立体音响组合等，都显示了索尼的独特风格，也反映了盛田昭夫卓越不凡的事业心和成就欲。[1]

深度思索　没有儿时的梦想，就没有不懈的追求！没有成就大业的愿望，就没有事业上的辉煌！没有栽樱桃树的行动，就品尝不出自己劳动成果的滋味！盛田昭夫正是有了一个痴迷音响研究、成就电子事业的宏伟目标，才使他历尽千难万险登上了全世界电气王国的宝座。

案例三　带给千百万人快乐

1901年，华特·迪斯尼出生于美国的芝加哥市。迪斯尼童年时就表现出了对绘画的浓厚兴趣，画艺愈来愈出色。1922年，迪斯尼年仅21岁，但他已经决定发展自己的事业，开始进行卡通片制作。1923年，迪斯尼来到好莱坞，与在那里的哥哥罗伊一起创办了"迪斯尼兄弟制片厂"。1928年，兄弟制片厂推出了影响较大的第一部作品《米老鼠》。当配了音的米老鼠在银幕上活灵活现地表演时，观众马上有了耳目一新的感觉，而小朋友们的反应更是强烈。米老鼠、唐老鸭、

---

[1] 万雪晨：《15位顶尖企业家的成功方法》，远方出版社，2007。

布鲁托狗等新形象的出现，无疑为兄弟制片厂带来了滚滚财源和莫大的荣誉。而更重要的是，观众的认可使得迪斯尼坚定了走卡通片道路的信心。1964年9月14日，约翰逊总统在白宫接见了迪斯尼并授予他"自由勋章"，颂词上说："作为一名艺术家，华特·迪斯尼在娱乐方面已经创造出了一个美国奇迹。"

几十年中，迪斯尼组成了一个庞大的"明星队伍"：有聪明活泼的米老鼠，也有满腹怨言、整日喋喋不休的唐老鸭，还有大智若愚的"三只小猪"，聪明善良的"七个小矮人"，美丽的"白雪公主"等等，这些卡通人物，每个形象都惟妙惟肖，刻画得淋漓尽致，让所有的观众都从中得到了欢乐，这也正是迪斯尼一贯的目标——带给千百万人快乐。

迪斯尼今天的成就，不只是因为米老鼠等卡通片的成功问世。迪斯尼王国的领域包括迪斯尼乐园、华特·迪斯尼世界、东京迪斯尼乐园、华特·迪斯尼制片厂、旅游设施以及授权产品等。20世纪50年代，迪斯尼眼光超群，把娱乐业与公园结合起来，建立了迪斯尼乐园主题公园，扩大了自己的品牌影响范围。1955年，第一家迪斯尼乐园在洛杉矶建成，迪斯尼创建一个家庭乐园的梦想变成了现实。在开业后的7个星期内，共有100万游客光临了迪斯尼乐园，这一举动获得了前所未有的巨大成功。与动画片相比，迪斯尼乐园不仅带给人们视觉上的享受，更让人得到许多亲身参与的满足。人们的兴奋和满意常常是由意外造成的，迪斯尼乐园里处处充满着人们意料之外的景观和游玩项目。

当你光顾迪斯尼乐园，一天的游玩让你拥有像孩子似的兴奋和快乐，好像是融入了另一个童话般的世界当中，如同在梦幻中生活。在迪斯尼乐园中，你可以感受到在平时感受不到的恐慌、惊险、兴奋、快乐和开心，也忘掉了迪斯尼以外的一切事务。只有到迪斯尼乐园，才能使人有这种特殊的感受。特别是每天闭园前的花车大游行，热烈、喧闹、刺激，让人久久难以离开。每一个地方都有自己独特的魅力。

迪斯尼以为，卡通、电影是传递欢乐的媒体，可以用这些大众喜爱的形式为他们送去更多的欢乐。"制造欢乐"，便成了迪斯尼品牌的理想宗旨和追逐目标。①

深度思索 心情是人生的重要组成部分，制造快乐是人类永恒的主题。随着人们生活水平的不断提高，快乐主题的位次还会前移。谁抓住了制造快乐这一主题谁就会成就大业！欢乐和笑声是人生的一种最基本的精神需求，这是人们从食物、服装、化妆品等消费中所得到的满足无法比拟的。满足人的肉体需求固然重要，满足人的精神需求则越来越重要。增强记忆固然重要，暂时性丧失记忆、享受快乐越来越重要。华特·迪斯尼正是抓住享受快乐这一人类特有的永恒主题，以强烈的事业心和极高的成就欲孜孜不倦地追求，百折不挠地拼搏。求职失败了，他不灰心；合作破裂了，他不动摇；积蓄耗尽了，他不泄气；在车库里工作，他不挑剔；与老鼠为伴，他不厌烦，反而突发奇想产生创作"米老鼠"卡通片的灵感。华特·迪斯尼正是这样艰苦卓绝地朝着制造快乐的目标奋斗，一步一步地实现了人生的价值，终于成了人类童话王国的总工程师，成就了人类"欢乐使者"的伟业。他的成就，至今无人能及。

（三）综合人假设理论的主要特点

综合人假设理论，是在充分吸收经济人假设理论、社会人假设理论、自我实现人假设理论、复杂人假设理论的成果基础上提出来的；是在深入学习泰勒、梅奥、马斯洛、麦克雷戈、沙因等管理大师的经典著作，汲取大智慧、受到大启发的前提下形成的；是在反复领会革

---

① 万雪晨：《15位顶尖企业家的成功方法》，远方出版社，2007。

命导师马克思关于人的本质的科学论断,仔细分析人类社会发展到今天的时代特色后,最终鼓足勇气、下定决心而公之于世的。从综合人假设理论的核心内容中,我们既可以看到历史上人性假设理论的累累硕果,又可以看到新理论独具特色的闪光之处。

1. 坚持了基础性

综合人假设理论始终把物质利益作为基础来考虑,始终把满足生存需要作为决定性因素来分析。人的自然属性决定了,任何时候都要把满足人的吃、喝、住、用等基本生活需求放在决策者视野的第一位。如果连人最基本的生存条件都保证不了,其他需求的满足都等于零。

2. 实现了全面性

综合人假设理论克服了经济人假设理论片面强调人的工作动机都是为了追求最大经济利益的偏见,既肯定了物质生活需求的基础地位,又突出了精神生活需求的重大作用。从人与动物的根本区别上,从人的社会性上深入分析了人的感情、思想、观念、信仰、欲望等对人的积极性的巨大影响。

3. 注重了大众性

综合人假设理论将人的需求归纳为六个方面,其中五个方面用了大量笔墨分析了绝大多数人共有的需求。至于事业心强、成就欲高的自我实现需求,虽然对国家兴旺、企业发展、社会进步极其重要,但在综合人假设理论体系中只是点到为止,没有展开论述。

4. 强化了群体性

复杂人假设理论,对众多不同类型人的需求分析得非常透彻,对同一个人在不同时期、不同场合、不同环境下所产生的需求变化分析得更为精辟,这有利于根据每个个体的不同情况及同一个人的不同时期,采取灵活多变的模式实施管理,但要制定一个对群体的宏观管理政策就显得力不从心了。综合人假设理论,既顾及了不同类型人的不同需求,更注重研究了员工群体的共同需求,这就为研究员工动机、满足员工需求、制定宏观政策,充分调动广大员工的积极性和主动性,保证企业长盛不衰、百年不老提供了一个坚强有力的理论依据。

第五节 综合人假设理论的管理方式及实践效果

按照马克思主义关于人的本质的科学论断，由综合人假设理论所导引出来的管理方式的总体思路是：鉴于决定人的本性的因素是多方面的，管理方式必须是综合多样的；鉴于人们的需求是多方面的、产生工作的动机是多方面的、引发工作的动力是多方面的，调动人的积极性的措施也必须是多方面的；鉴于人们所处的社会关系不是永恒不变的，人的本质又是一个历史的发展的过程，一种管理模式难以适应不断变化的情况，管理方式也必须是与时俱进、综合多变的。

按照综合人假设理论确定管理方式时，要把握好以下几个关键点：

（1）要紧紧抓住一个核心。人是生产力的首要因素，是一切财富的创造者，是社会发展的决定力量。人的自由和全面发展是整个社会发展的总目标，也是企业长久发展的最高目标。因此，在领会和把握综合人假设理论时，务必紧紧抓住"以人为本"这个核心。员工喜欢什么、讨厌什么、追求什么、需要什么，是每个企业决策者必须关注的大问题，要从宏观政策的制定上、综合措施的运用上、整体气氛的营造上进行多角度、全方位的努力，来满足员工的需求，激发员工的创业热情。要把关心人、尊重人、解放人、发展人作为企业各项决策的出发点和归宿点。

（2）要始终突出一个特点。综合人假设理论既是在继承各种人性假设理论成果的基础上形成的，又是在纠正各种人性假设理论历史局限性的背景下产生的，对人的需求的大量分析可浓缩为六个字"多样化，多变性"。在运用综合人假设理论对企业实施管理时，只有吃透了这六个字，才会抓住真谛、事半功倍。

（3）要牢牢把握一个途径。人的需要是个体行为的动力基础，满足人们日益增长的物质文化生活需要是社会主义生产的根本目的，满足员工不同层次的需求，是培养归属感、增强忠诚度的根本途径。需要决定动机，动机决定行为；管企业实质上是在管人，管人重点是管心，管心的关键点就是知道员工在想什么、在追求什么。只有在"满足需要、引导追求、激发动力"这十二个字上下大工夫，才能运用好综合人假设理论，充分调动员工的创业积极性，保证企业可持续发展。

（4）要注重克服一个偏向。在运用综合人假设理念对企业进行管理时，对不同的人群、不同的个体要有所侧重；在不同的环境、不同的时期要有所变化。切忌千篇一律、一成不变。

（5）要充分发挥一个优势。在综合人假设理论中用大量篇幅强调了人的精神需求、交往需求、民主需求、信仰需求。随着物质文明的迅猛发展，抓好精神领域的管理对企业发展的推动作用越来越大。国家的力量在于国家的经济力量，国家的经济力量在于企业的发展水平，企业的充分发展在于员工的积极性，员工的积极性在于共同的价值观和强大的精神凝聚力。重视员工的精神生活，加强企业文化建设，提高员工的思想素质，充分发挥员工"自发自动"的功能，既是世界500强的共同经验，也是综合人假设理论的特色和优势。

（6）要全力攻克一个难点。扫除影响人的才能充分发挥的机制障碍，创造让人的聪明才智充分涌流的良好环境，是综合人管理方式要致力攻克的难点。目前在机制方面要特别解决好三个问题：一是在管理机制上，打破拉帮结伙、亲亲疏疏的思维模式，建立一套宽松和谐、平等竞争的机制，让人们心情舒畅地去展现才华、干事创业。二是在用人机制上，打破根深蒂固的论资排辈思维模式，扫除好人喜功、华而不实、崇拜权力、追逐名利的恶劣风气，创造一个让人的潜能充分发挥、让优秀人才脱颖而出的机制环境。三是在分配机制上，打破平均主义"大锅饭"思维模式，确立劳动、资本、技术、管理等生产要素按贡献大小参与分配的原则，建立一套"干好了重奖，干不好重罚"的激励约束机制，运用工资、福利、奖金、股权等多种手段理顺分配关系、激活人的创造动力、增强员工的主人翁意识，放手让一切劳动、知识、技术、管理和资本的活力竞相迸发,让一切创造社会财富的源泉充分涌流!

山东省地矿局在运用综合人假设理论进行管理方面进行了大胆试验,取得了显著效果。

2002年9月之前,山东省地矿局是一个出了名的老大难单位。一是工资欠发,多数单位不能按时发工资,英雄六队竟然6个月没发工资,省委领导同志曾经在腊月二十九日研究老干部发放工资、兑现待遇问题,山东省地矿局从全国地质行业的标兵滑落到华东六省经营收入和职工收入"两倒数第一"的困难局面。二是住房困难,全系统无房户达到2000多户,就是有房的,大多住筒子楼,几家用一个水管洗碗,几家用一个厕所、男女不分。三是上访不断,因政策待遇难以落实,导致多次集体上访,曾出现过561人联名给省长写告状信、252人联名给党中央主要负责同志写告状信的现象。就连省委派去的新的"一把手"上任的时候,也被上访人群封堵在大门之外。

山东省地矿局新一届领导班子上任后,解放思想,更新观念,以综合人假设理论为指导,采取了一系列新的管理措施。一是满足职工"物质生活需求",局党委提出了各单位职工工资年增长率不低于15%的硬指标,完不成任务的"一把手"辞职;并着手筹建30多万平方米的宿舍,保证3年内所有无房户都住上新房子。二是为了满足职工"精神生活需求",开展了《谁动了我的奶酪》《把信送给加西亚》等书的读书活动,组织了解放思想、更新观念的大讨论;从北京请来专家指导全局开展"打造文化力、提升竞争力"的文化建设活动,形成了独具特色的地矿文化,用先进文化引导干部职工的思想,以共同的价值观凝聚力量、振奋精神。为了满足职工的"精神生活需求",增强干事创业多作贡献的荣誉感,测绘院还设立了"经营业绩优胜奖",第一名发200克黄金的奖牌,第二名发100克黄金的奖牌,获奖者不但得到几万元的物质奖励,同时还得到世代相传的精神鼓励,让子孙们都知道先辈曾经取得的辉煌成就。三是为了满足职工"社会交往需求"，地矿局推行了一系列"以人为本"的管理措施，搭建一个又一个具有"人情味"的管理平台，使每一个地矿人都感到受尊重、被重视，营造了一个平等和谐、心情舒畅的良好局面，不但根绝了集体上访，而且仅用两年时间就被评上省直文明先进单位，第三年又被评选为省级文明先进单位。职工由集体上访封大门，转变为敲锣打鼓给局党委送来"弘德泽民"巨匾。四是为了满足职工"理想信仰需求"，局党委提出了建设"幸福美满的家园、成就事业的高地"的响亮口号和美好愿景，引导全局职工热爱生活、热爱工作、热爱单位、勤奋努力，干出一流的业绩、创造幸福的生活。在全局上下形成了理想信仰得到尊重、干事创业得到支持、创造成果得到赞扬的浓厚氛围。五是为了满足职工"当家做主的需求"，普遍推行了政务公开和民主管理制度，让职工充分享有知情权、参与权和决策权。六是为了满足职工"成就事业需求"，局党委制定了"理顺内外关系、盘活存量资产、整合人力资源、再造地矿辉煌"的战略方针，大力推行"三个体系"的管理机制，为事业心强、成就欲望高的职工搭建舞台，让他们在实现人生价值的过程中施展才华、带动地矿事业更快发展。

　　先进的理论之花，终于结出了丰硕的实践之果。经过4年的努力，山东省地矿局发生了翻天覆地的变化。职工待遇由2002年的发不上工资变成了2004年7079名在岗职工人均年收入2.9万元，6460多名离退休职工人均年收入4.2万元；高级职称技术人员由4年流走45名，变成了3年引进300多名；新盖住房31万平方米，2000多户无房户全部住上了新房子；经济实力由出了名的老大难单位变成了全国最好的单位。2006年4月召开全国地质工作大会时，从30个省市选一个最好的单位大会介绍经验，就选中了山东省地矿局。中央党校还把山东省地矿局巨大变化的经验作为案例，邀请他们去北京讲课，中央党校研究生100分的考试卷子中，山东地矿局的经验占30分，对综合人假设理论的评价占10分。综合人假设理论受到了中央党校教授的充分肯定，得到了中央党校学员的高度评价。

第八章

机制是企业长盛不衰的杠杆

机制一词最早源于希腊文,原指机器的构造和动作原理。现含义是以一定的运作方式把事物的各个部分联系起来,使它们协调运行而充分发挥作用。

将机制引申到不同领域,产生不同的机制。如引申到社会领域,就产生了社会机制;引申到管理领域,就产生了管理机制;引申到激励领域,就产生了激励机制。

激励机制是调动管理活动主体、客体积极性的一种制度,是管理者运用各种管理手段,刺激被管理者的需求,激发其动机,充分发挥其积极性和创造性,使其朝向所期望的目标前进的心理过程。

激励机制由以下五个要素组成:

（1）激励主体,指施加激励的组织或个人。

（2）激励客体,指激励的对象。

（3）激励目标,指激励主体期望客体行为所实现的成果。

（4）激励手段,指那些能导致激励客体去奋发努力的东西,可以是物质的,也可以是精神的。激励手段能反映人的各种欲望需求。

（5）激励环境,指激励过程所处的环境因素,会影响激励的效果。

第一节　机制具有根本性、稳定性、长效性

两千年前，军事家孙膑曰："合军聚众，务在激气"；二百年前法国皇帝拿破仑讲："士兵是为了荣誉、功勋和奖赏而战的"；一百年前，革命家秋瑾说："水激石则鸣，人激志则宏"。三位著名历史人物所处时代不同、所属阶级不同、所在国度不同，看问题的立场、观点、方法也有许多不同，但在对"激"的认识上却极其相似。激励机制在调动人们的积极性、主动性和创造性方面具有不可忽视的巨大作用。

人都具有一定的积极性，只有把它激发、释放出来，才会使身心感受到愉快、从社会获取力量。在大多数情况下，人的行为过程是靠激励机制的杠杆去启动的，激励机制的设计越科学越先进，激发的力量就越大，效用就越持久。

（一）从机制的地位看，机制创新能使企业在打造百年伟业中所向无敌、长盛不衰

邓小平说过，制度问题"带有根本性、全局性、稳定性和长期性。""制度好可以使坏人无法任意横行，制度不好可以使好人无法充分做好事，甚至会走上反面。"现代管理学认为，人的积极性、主动性对工作的影响极大，并概括了一个表达工作成绩、工作能力和工作积极性三者关系的公式：工作成绩＝工作能力×工作积极性。可见，建立一套比较完备的激励机制，引导人们从心灵深处"激气""励志"，义无反顾地拼搏奋斗，对企业的发展将产生不可限量的作用。

杰克·韦尔奇说："管理就是把复杂的问题简单化，把混乱的事情规范化。"这就告诉我们，建立规范合理的制度，是消除管理混乱、保障长效发展的治本之策。一个缺乏规范制度的企业，想单纯依靠历史传统、个人魅力来推动企业成长是很难实现的。可惜的是，目前好多企业只是靠掌舵人、靠品牌、靠机会而生存和发展的。如果建立了

第八章 机制是企业长盛不衰的杠杆

一个好机制，则可以靠组织的力量、靠机制的规范在市场竞争中所向无敌、百战百胜。因此，在打造长寿企业的进程中，有眼光的企业家必须下大力气抓好制度的建设和机制的创立。

案例一 杜邦用股权激励机制留住人才

杜邦公司由法国移民化学家杜邦于1802年在美国特拉华州创立，200年不断的科技创新，使杜邦从原来的制造作坊成为当今世界上历史悠久、业务多元化的跨国科技企业。2010年，杜邦公司营业总收入为273.28亿美元，排名世界500强第296名。

目前，有4000多位杰出的科学家，在杜邦进行着创造性的工作。招来了人才，培养了人才，如何才能留住人才？这是许多企业面临的难题。杜邦采用分散股权的方法，使雇员效忠公司。他们不仅对公司的经理人员、中层管理人员分摊股票，而且允许并且鼓励雇员购买公司债券或股票。除利息和红利外，这些股票在五年内每股每年另加额外股息3美元，作为雇主对雇员的特别分配。持有股票的员工自然要比股票市场上的投机商更持久地关心杜邦未来的发展，因而对自己的工作会更加努力。

杜邦公司用此法有效地吸引了人才，留住了人才，让雇员找到终生的归宿。这样雇员怎能不全身心地投入杜邦的事业呢？又怎能不使杜邦成为人才荟萃的地方呢？这些都给了杜邦以丰厚的回报。[1]

深度思索 现在的企业人才流动性大，如果缺乏有效的长期激励机制，既无法吸引外来人才，也无法稳定现有人才，长此以往企业人才资源会逐渐枯竭。运用股权激励的方法，不仅能将企业员工与企业命运紧密相连，同时也是一种成本较低的薪酬激励方法。企业的所有者应该有决心拿出部分股份留住企业的核心人

---

[1] 高志坚：《世界500强管理奇招》，机械工业出版社，2005。

员，实行员工持股和股票期权制度，将职工的未来收益、养老计划和公司股值联系在一起，使职工重视企业的发展和资产的保值增值情况，从而达到增强企业凝聚力的目的。

案例二 台塑建立绩效奖励机制激发内在活力

1967年，台塑总管理处选定几个下属单位，试行绩效奖金制度。几个月后，每个试点单位产量倍增，人的潜力得到了充分有效的发挥。为了鼓励员工积极参加，台塑还实行了提案制度，制定了"改善提案管理办法"。其中第六条规定：改善提案若有效益，可依"改善提案审查小组"核算的预期改善月效益的1%计奖，奖金从100元到2万元新台币不等。成果奖的核定，则以改善后三个月的平均净效益的5%计奖。奖金之外，还有行政奖励，以及在台塑企业杂志上通报表扬等精神奖励。

管理要追求全方位的合理化，而绩效奖金制度显然是推动合理化最有效的催化剂。台塑通过推行绩效奖金制度，将公司最重要的资源——人力，激发出越来越大的潜力。

南亚公司国外部1983年的月平均营业额是2.53亿元，费用成本为169万元，约等于营业额的0.67%。为了使工作人员提高效率，并有效拓展外销市场，台塑将国外部设定为一个成本中心，并把1983年度的营业额与费用成本比率设为标准，凡是营业额增加或费用成本节省，或两者兼而有之，其因此所产生的利润，将提出三成供国外部人员分享。

自实施这一制度之后，效果很快就显现出来了。以1984年8月的情形为例，营业额为3.23亿元，按0.67%的比率计算，其标准费用成本应该为216万元，而实际用了140万元，差额为76万元，其中的三成即为 23 万元，由南亚国外部工作人员分享。①

深度思索　由于台塑自上而下地贯彻了一种公平奖励、能者多劳的绩效奖励机制，使台塑的员工人人都感到自己的工作绩效与自身利益息息相关，个个都拼命工作，人尽其能、物尽其用，最大限度地创造了高效益。台塑的经验启示我们，要使激励机制发挥更好的效益，必须做到三点：一是目标明确；二是公平合理；三是舍得重奖。

案例三　日升昌票号靠"身股"机制成就百年伟业

日升昌票号是我国首家专营银两汇总、存放款的私人金融机构。创立于1823年，经历了清道光、咸丰、同治、光绪、宣统五代皇帝和中华民国，一直延续到1932年，整整109年，长达一个世纪。其总号设在山西平遥西大街。在全国的大城市中，从北京、天津、上海、济南、青岛、烟台、太原、西安、昆明、广州，到九龙等商埠重镇，共开设分号四十多处。日升昌票号的触角几乎伸到了除东北、西北以外的整个中国，有"汇通天下"之称。

经专家考证，日升昌票号在我国金融界创立时间最早，延续时间最长，网点分布最多，经营收入十分可观。它不仅开创了中国银两汇总业的先河，而且带动了整个金融业的变革；不仅为一个多世纪的中国商品经济的发展发挥了独特的作用，而且为中国官商银行的设立准备了条件。日升昌票号之所以能生意兴隆、百年不衰，一个重要原因就是建立了一套崭新的分配管理机制，充分挖掘了经营者的潜能。

日升昌分配机制的基本原则是："盈亏按股均分"。票号的股份分为银股和身股："出资者为银股，出力者为身股。"

---

① 艾理生：《赢在激励：实现有效激励的17个黄金法则》，地震出版社，2005。

银股分为正本和副本,即名义资本和实际资本。正本即股东的投资,没有股息,享受红利。股东的股权可以世袭。股东对票号负有无限责任,如果所放之款不足以支付存款,股东得重新拿出现银支付;如果无现银,则以股东的其他资产来偿付;如果票号倒闭,所有负债全由股东子子孙孙偿还。副本是东家、经理在结账时提出一部分红利存入票号内,或东家在票号的存款,副本只得利息,不分红利,不得随意抽取。

身股即人力股,是票号吸引人才、挖掘经营者潜能的一种手段,"此法与近代西洋工业所推行的分润制度相似"。在票号分红时,股东按银股分红,经营者按身股分红。身股不能世袭,也不承担连带责任。离任后,经营者的利益和责任与票号的兴衰无任何牵连;在位时,经营者的收入随票号效益的变化而涨落。在这种激励机制下,票号的经营者"莫不殚精竭虑,视营业兴衰,为切己之利害。"[①]

深度思索 日升昌票号经历了百余年的风风雨雨,有繁荣时期,也有受挫折之际,但它对中国金融业的改革和经济发展的推动功不可没。票号所创造的分配机制改革的经验,对于我们研究期权制度有着重要的借鉴意义,对于深化企业改革、转变内在机制、增强经营活力、保障经久不衰,在机制建立上提供了开创性的经验。日升昌票号的成功告诉我们:机制在打造百年不老企业中具有更根本、更基础、更长久的作用。

(二)从员工的潜力看,机制创新可以在不增加投资、不增加人员的情况下推动企业飞跃发展

哈佛大学教授威廉·詹姆斯说:"一个没有受过激励的人,仅能

---

① 刘战、潘云良主编《当代中国系统管理:三个体系建设的实践与探索》,中共中央党校出版社,2006。

发挥出其能力的 20% 至 30%；而当他受到激励时，其能力可以发挥 80% 至 90%。"世界上第一位领导学教授约翰·阿代尔说："在激励领域中有一个相似的法则在起作用，它可以表述为，一个人的激励有 50% 是内在形成的，还有 50% 来自于他的环境，尤其是他所遇到的领导；""50/50 法则的确有助于提醒领导者，使他们记得自己在下属的激励中起着非常关键的作用，不管他们的影响是积极的还是消极的。"尽管两位专家教授对职工存在的潜力评估的比例有所不同，但是他们告诉我们一个共同的真理：在企业的员工中，存在巨大的潜力，激励机制是挖掘员工潜力的强有力的杠杆。

案例一　韦尔奇靠机制使通用电气再造辉煌

通用电气创建于 1878 年，已走过了 133 个春秋，至今仍显露出勃勃生机。通用电气所拥有的持续高效的发展能力，使人无法怀疑这个"长寿翁"是否还会有第二春、第三春。通用电气如今已成为世界上最具赢利能力和增长能力的公司。通用电气的管理机制是当今全球最先进和最流行的经验。在通用电气的发展史上，有两个人是绝对的支柱：一个是"发明大王"爱迪生，他是通用电气的始祖；另一个便是为通用电气创造了无数奇迹的杰克·韦尔奇。

1980 年，杰克·韦尔奇被正式任命为通用电气公司董事长兼首席执行官。45 岁的杰克·韦尔奇再次成为通用电气之最——最年轻的董事长。刚刚上任的首席执行官韦尔奇对通用电气的状况并不像大多数人那么乐观。当时有很多隐性危险被人忽略了，而这些很可能让通用电气遭受重创的因素令韦尔奇十分不安。韦尔奇采取了一系列果断措施，进行了大刀阔斧的改革，建立了一套全新的管理机制。他的激励机制在通用电气重振雄风中发挥了重要作用。

通用电气公司的激励机制是一种极具达尔文进化论思想的制度，最简单的思想，往往也最有效。通用电气的价值观让所有的员工建立了共同的信念：在通用电气公司，业绩好的人最有发言权。业绩就是真理，业绩是能够说明一切事实的依据，是能够说服一切的标准。通过制度化的程序来对所有员工进行价值观评估、业绩评估与未来发展评估，奖励最优，淘汰最劣，表现突出的员工肯定会得到奖励与升迁，对表现最差的员工，则请他们走人。在通用电气公司，物质上的奖励、职位上的晋升、荣誉上的嘉奖，各种激励手段被淋漓尽致地使用，激励着通用员工取得更大的成功。

1. 工资增长计划

通用电气为员工提供富有吸引力的薪酬，但并不认为这是主要的激励方式。公司根据员工的业绩确定A、B、C三级，员工的工资增长都是根据员工的业绩制定的，员工上一年的业绩好坏，直接决定着其工资增长的周期和工资的涨幅。A级的员工，工资增长幅度高，周期短。表现非常优秀的员工，根本无须一年时间，有的只用10至11个月就可以加薪。

2. 股票和期权

对表现特别突出的员工，奖励给通用电气公司的股票和期权，这也是一种行之有效的激励方式，只有表现非常突出的员工才能得到这种奖励。

3. 灵活的物质奖励

在日常工作中，还有一些很小，但却富有人性化的奖励。比如，奖励500元钱给某位员工，让他与家人共进晚餐，度过一个愉快的晚上，感谢员工家属对通用电气员工的支持。每个部门内部的物质奖励非常灵活，经理可以随时为部门内表现优秀的员工颁发这种奖励，让员工体会到，只要业绩突出，肯定会被公司注目、被奖励。这就是通用电气的核心价值观之一：注重业绩。

4. 职位晋升

晋升表现突出的员工，让他们承担更大的责任，肯定是一种必不可少的有效的激励手段。在通用电气全球13大业务集团，有着大量充满诱惑与挑战的机会，激励着员工去为之奋斗。

5. 海外工作机会

有时对有潜力的员工，公司会安排他们到美国总部或海外其他通用电气公司工作一段时间。这种海外工作机会同样被视为一种非常有效的激励方式，不仅是绝佳的培训计划，更是一种荣誉。虽然通用电气的经营是全球化的，但是奉行培养国家化的人才，不是每一个人都能够被派往海外工作。因此，被派往海外工作的每一位员工，都会倍加珍惜自己的工作机会，竭尽全力取得更优秀的业绩。

6. 给员工荣誉

通用电气公司同样不会吝啬给员工荣誉，精神上的嘉奖有时所起的作用会更大。这种例子很多，如2003年初，公司副总裁、通用塑料集团亚太区总裁温凯伟因在推广全球化举措中的杰出表现，荣获董事长颁发的"杰出领导奖"；通用职业女性协会中国地区创始人与负责人、中国人力资源总监王晓军，因在很短的时间内成功建立并发展了公司职业女性协会中国地区分会，为这一事业作出了杰出的贡献，在纽约举行的通用职业女性协会峰会上获得了通用职业女性协会"杰出领导奖"；为表彰通用工业系统集团亚太区团队在扩展亚太区业务的杰出表现，通用工业系统集团总部CEO将"全球化举措"的奖励发给了通用工业系统集团亚太区团队。

"热爱你的员工，拥抱你的员工，用钱来奖励、用心灵来奖励你最好的员工——工资、大量的期权，令人振奋的工作，使人激动的工作气氛……"这是杰克·韦尔奇卸任前对通用人的肺腑之言。[①]

深度思索 劳动是创造财富的唯一源泉，员工是企业的最大资产，激励机制是挖掘员工潜力最有力的杠杆。各位企业的掌门人务必记住韦尔奇的切身感受：领导者必须想尽办法，挖掘出员工的最大潜能。要相信，员工的潜质绝对超乎你的想象，只要你

---

① 林根祥、伍娜、潘连柏：《管理学原理》，武汉理工大学出版社，2009。

肯去挖掘，你就会得到一笔惊人的财富。在追求卓越的过程中，挖掘员工的潜能，永远是所有工作的重中之重。记住，鼓励你的员工永远追求卓越的目标。

案例二　山东地矿枯木逢春

山东地矿局曾经为全国地质工作作出了历史性的贡献。但是，随着改革的深入，于20世纪90年代末陷入了困境，职工住房困难，发不出工资，上访不断。新的一把手上任报到时，遇到了"四个没想到"：一是欢迎的不是掌声，而是上访的呼号声，上访的人群将地矿局的大门全部封住；二是当时的局长大会上宣布辞职，离开了会场；三是办公地点是个危楼，后墙上的裂缝有三指宽；四是欢迎宴会无人主持，使新来的一把手当了主陪，自己欢迎自己。由于新的领导班子按照省委提出的加强决策目标、执行责任和考核监督"三个体系"建设的要求，坚定不移地推行新的激励机制，深入挖掘干部职工的潜力，仅用了两三年的时间，就走出了困境，跨入了全国地质队伍的先进行列。2004年8月2日，时任山东省委书记的张高丽同志对地矿局的经验作了重要批示："山东地矿局发生的变化说明'三个体系'建设的重要性，只要领导班子坚强，发展思路清晰，用心把握，抓好工作，明确责任，恪尽职守，想干、会干、干好，就能走出困境、创造业绩、取信于民。请新闻单位核实后报道一下，此件发各市、县委，有关部门和企业单位学习借鉴。"2004年8月18日，大众日报头版刊发了地矿局的经验，题目是"山东地矿枯木逢春"。2006年4月8日，中国地质勘查导报整版刊发了山东地矿局的经验，题目是"坚持人本管理，三年走出困境"。并加了编者按："山东省地矿局在以决策目标、执行责任、考核监督为中心的'三个体系'建设中，不仅坚持铁手腕、硬作风，严格考核监督，重奖重罚，而且坚持一切从人出发，从关心人、尊重人、激励人、解放人、发展人的角度进行制度创新、机制创新，从而调动和激发了广大职工的积极性和创造性，一举改变了在华东六省地矿局中经营收入、职工年人均收入两个倒数第一的落后面貌，使地勘经济驶入快速发展的轨道。'人本管理'是现代管理的新阶段。无疑，山东省地矿局'三个体系'建设中的'人本管理'意识，体现了现代管理的趋向，对深化地勘体制改革、改变传统管理模式都具有重要意义。对此，不仅山东省委书记张高丽四次作出重要批示予以肯定，中央党校还组成课题组赴山东省地矿局调研，并把该局的经验写成案例搬上了课堂。本文就是山东省地矿局局长刘战在中央党校的讲课内容。"[①]

深度思索 山东地矿局队伍还是那14000人，业务还是地质找矿，管理还是双重领导体制。为什么短短两三年的时间，就能走出困境？一个重要原因就是应用先进理论转换了管理机制。新的机制使全局干部职工的积极性空前爆发，聪明才智充分涌流。

（三）从世界500强的成功经验看，机制创新是企业经久不衰的治本之策

日本索尼公司创始人、董事长兼总裁盛田昭夫说："我们相信公司里最重要的事情之一就是员工的士气；如果工人对公司失去了热情，那么公司就不可能生存。"美国通用汽车公司总裁小阿尔弗雷德·斯隆说："即使是一个初出茅庐的管理新手，也应该学会如何调动和自己一道工作的人的积极性。"正是因为深刻认识到激发部属积极性的巨大功效，绝大多数世界500强企业在管理中将激励作为法宝。他们创新管理机制、采用各种办法，从物质到精神，从关怀爱护企业

---

① 2006年4月8日《地质勘查导报》第三版。

内的工作人员到关心他们的家属，使无处不在的激励成为调动员工积极性、创造高效率的无形生产力。善于用关心换来热情的松下幸之助，热爱自己职工的土光敏夫，充分信赖下属的丰田喜一郎，喜欢让部下配合解决问题的皮尔·卡丹，以尊重员工著称的惠普公司，常常称赞部下的洛克菲勒等各大公司，其成功的背后无不各有独特的激励机制在发挥着巨大的作用，创造着高效率和高利润。

案例一　3M公司靠机制健步如飞、生生不息

3M公司，全称明尼苏达矿业及制造公司，成立于1902年，总部位于美国明尼苏达州首府圣保罗市，是世界著名的产品多元化跨国企业。2001年，3M入选美国最受赞誉的知名企业之一。2002年，3M在《财富》杂志评选的世界500强中排位第291名。2003年，3M被《商业周刊》评为全球最佳表现50强之一，入选《财富》杂志最受赞赏的在华外商投资企业，3M总裁麦乐年先生被《商业周刊》评为2003年全球最佳经理人之一，同时3M品牌被收录于该年度"全美最强势品牌"。2010年，3M公司在世界500强中排名第370位。

3M故事的绝妙之处，在于公司超越了麦克奈特、奥基、德鲁、卡尔顿和公司早年所有创意十足的个人，创造了一家崭新公司，一部突变机器，一个活力四射的机制，不论谁来当CEO，都会长足发展。虽然3M的领袖永远不能预测公司未来会向何方发展，却毫不怀疑公司会长期健步如飞。这家公司已经变成一座滴答作响、生机勃勃、不知疲倦的时钟，有着无数配合良好的有形机制，可以刺激持续不断的进化式进步。3M刺激机制的核心内容有：

（1）"15%规定"：意在鼓励科技人员可以把自己时间的15%用在自己选择和主动提出的计划上。这样有利于鼓励未经规划、可能意外变为成功发明的实验和创新。

（2）"25%规定"：每个部门前5年推出的产品和服务产生的营业收入应占年度营业收入的25%以上（从1993年起，比率提高到30%，

期间缩短为前4年)。这样有利于鼓励继续不断开发新产品（以1998年为例，3M公司106亿美元的销售额中有32%来自前5年推出的新产品）。

（3）"金步奖"：颁给负责在3M公司内部取得创新事业成功的人。这样有利于刺激内部创业精神和冒险精神。

（4）"创世纪奖金"：内部创业投资基金分配给开发原型及做市场试销的研究人员，一笔最多给付5万美元。这样有利于支持内部创业精神与试验新构想。

（5）科技共享奖：颁给开发出新科技并且成功地和其他部门共享的人。这样有利于促进技术与构想的传播。

（6）"卡尔顿学会"：荣誉科技社团，如被选为会员，表示承认他们在3M公司内部杰出、有创见的科技贡献。这样有利于刺激内部科技与创新。

（7）"自营事业"机会：3M人成功推出一种新产品后可以得到机会把这种产品视为自己的计划，由部门来经营（视产品销售额水准而定）。这样有利于刺激内部创业精神。

（8）"双梯并行"职业道路：允许科技和专业人才不必牺牲研究或专业兴趣在公司内部升迁。这样有利于允许顶尖专业科技人才升级，却不必转向管理之途，借以刺激创新。

（9）科技论坛：3M人提交科技论文，彼此交换新构想和新发现。这样有利于刺激跨越部门界限，孕育新构想、新科技与发明。

（10）"优势项目"：每个部门选择1~3种优势产品，在规定的短时间内推向市场。这样有利于加速产品上市的循环，从而增加进化式"变化与选择"的周期。

（11）很早就采用分红制度（1916年起适用于主要职员，1937年扩大到几乎所有员工）。这样有利于刺激个人对公司经营成功投资的意识，从而刺激个人的努力与首创精神。

在这些机制的推动下，到1990年3M共衍生出6万多种产品，40

多个不同的产品部门，范围广及铺屋顶用的粒材、公路反光材料、录像带、投影设备、电脑磁盘、生物电子助听设备和3M如意贴。①

> **深度思索** 3M 的经验说明，建立一个好机制比选择一个好总裁还重要。好总裁可以干10年、20年、顶多50年；好机制则可以管理50年、100年、200年，甚至更长时间，可以刺激和保障企业生机勃勃、长寿不老。

案例二 微软营造"差别"氛围激励员工

盖茨的成功不但得益于他天才的头脑，还得益于他聪明的用人策略。他采取"拉大差距"的手段激励员工充分发挥聪明才智，并使其转化为经济效益。

1. 微软的软件开发人员比非软件开发人员享有更多的"特权"

一是前者分红更多；二是在办公室极为短缺的情况下，前者的单人办公室神圣不可侵犯；三是当员工持续增多致使公司不得不到外地办公时，前者可以继续留在环境优美舒适、设施齐备的微软科技园区，而后者却不能。

2. 给软件开发人员提供足够的资金

微软为了掌握未来的方向，同时保持今天的产品开发竞争力，将大量的经费投资在研究和开发上，给软件开发人员提供足够的资金。微软一年的研究开发经费超过20亿美元。

3. 让企业骨干先富起来

曾有人估计，在1989年加盟微软的那批人中，有不下2200名软件开发员在短短的两年里变成了百万富翁。难怪有人说，如果一名微软员工与你擦肩而过，或是在飞机上坐在你的邻座，他很可能就是百

---

① 〔美〕詹姆斯·柯林斯、杰里·波勒斯：《基业长青》，中信出版社，2005。

万富翁。

4. 微软给雇员提供了全面而周到的福利

公司每年给予每位雇员的非指令性福利开支达8000美元，公司也把这个数目明明白白地告诉受益人。20世纪90年代初，公司每年给予每位雇员715美元的餐饮补助费，任何含有咖啡因的饮料都免费。值得一提的是，微软雇员家属也可享受医疗保健方面的福利，男女雇员均可休四周产假，工资照拿。

5. 采取"低工资高股份"的模式激励员工

微软公司是第一家用股票期权来奖励普通员工的企业。微软公司股票的价格在过去10年中涨了将近100倍。微软公司的职员可以拥有公司的股份，员工可享受15%的优惠，公司高级专业人员可享受更大幅度的优惠。公司还给任职满一年的正式雇员一定的股票买卖特权。微软公司职员的主要经济来源并非薪水，股票升值是主要的收益来源。公司故意把薪水压得比同行业的竞争对手还低，创立了一个"低工资高股份"的典范。[①]

深度思索 盖茨真正关注的是怎样最大限度地发挥雇员们的聪明才智，使其转化为经济效益。他的"绝招"是着力营造一种"差别"氛围，让员工时刻有一种危机感和紧迫感——让优秀的员工更优秀，让平庸的员工不平庸。他采用的以薪酬、福利和股权激励员工的激励制度，成功地留住了企业人才，加大了企业的发展动力。

案例三 本田引进外力激发内在活力

本田于1948年创立，创始人是传奇式人物本田宗一郎，公司总部

[①] 苗雨：《世界500强管理之道全集》，地震出版社，2005。

在东京，雇员总数达11万人左右。现在，本田公司已是一个跨国汽车、摩托车生产销售集团，它的产品除汽车摩托车外，还有发电机、农机等动力机械。本田公司2010年营业总收入为924.00亿美元，排名世界500强第51位。

本田宗一郎曾面临这样一个问题：公司里东游西荡、人浮于事的员工占了大约两成。这类员工严重拖企业的后腿，但将这些员工全部开除也不妥当，一方面会受到工会方面的压力，另一方面又会使企业蒙受损失。其实，这些人也能完成工作任务，只是与公司的要求与发展相距远一些，如果全部淘汰，显然是行不通的。

于是，他找来了自己的得力助手、副总裁宫泽。宫泽先生认为，企业的活力根本取决于全体员工的进取心和敬业精神，取决于全体员工的活力，特别是企业各级管理人员的活力。公司必须想办法使各级管理人员充满活力，即让他们有敬业精神和进取心。

宫泽给本田讲了一个挪威人捕沙丁鱼的故事，引起了本田极大的兴趣。故事讲的是：挪威渔民出海捕沙丁鱼，如果抵港时鱼仍活着，卖价要比死鱼高出许多倍。因此，渔民们千方百计想法让鱼活着返港，但种种努力都失败了。只有一艘渔船却总能带着活鱼回到港内，收入丰厚，但原因一直未明，直到这艘船的船长死后，人们才揭开了这个谜。原来这艘船捕了沙丁鱼，在返港之前，每次都要在鱼槽里放一条鲶鱼。放鲶鱼有什么用呢？原来鲶鱼进入鱼槽后由于环境陌生，自然向四处游动，到处挑起摩擦，而大量沙丁鱼发现多了一个"异己分子"，自然也会紧张起来，加速游动。这样一来，就一条条活蹦乱跳地回到了渔港。本田听完了宫泽的故事，豁然开朗，连声称赞这是个好办法。

宫泽说道："其实人也一样，一个公司如果人员长期固定不变，就会缺乏新鲜感和活力，容易养成惰性，缺乏竞争力。只有存有外在压力，制造竞争气氛，员工才会有紧迫感，才能激发进取心，企业才有活力。"

第八章 机制是企业长盛不衰的杠杆

本田听后说："那我们就找一些外来的'鲶鱼'加入公司员工的队伍，制造一种紧张气氛，发挥鲶鱼效应。"于是，本田先生进行了人事方面的改革，经过周密的计划和努力，终于把松和公司销售部副经理、年仅35岁的武太郎挖了过来。

武太郎接任本田公司销售部经理后，凭着自己丰富的市场营销经验和过人的学识以及惊人的毅力和工作热情，受到了销售部全体员工的好评，员工的工作热情被极大地调动起来，活力大为增强。公司的销售出现了转机，月销售额直线上升，公司在美洲及欧洲市场的知名度不断提高。本田深为自己有效地发挥了"鲶鱼效应"的作用而得意。

从此，本田公司每年重点从外部"中途聘用"一些精干利索、思维敏捷的30岁左右的生力军，有时甚至聘请常务董事一级的"大鲶鱼"。这样一来，公司上下的"沙丁鱼"都有了触电式的感觉。[1]

深度思索 一个公司，如果人员长期稳定，就缺乏活力与新鲜感，容易产生惰性。尤其是一些老员工，工作时间长了就容易厌倦、疲惫、倚老卖老，因此有必要找些外来的"鲶鱼"加入公司，制造一些紧张气氛。当员工们看见自己的位置多了些"职业杀手"时，便会有种紧迫感，知道该加快步伐了，否则会被淘汰掉。这样一来，极大地激发了人们体内的潜力，企业自然而然就生机勃勃了。

（四）从激发活力的策略比较看，机制创新对于挖掘员工潜力会产生点石成金的速效功能

激发人的积极性的途径、方式很多，比较常见和通行的有三种，

---

[1] 高志坚：《世界500强管理奇招》，机械工业出版社，2005。

即职务升迁、产权制度改革和综合激励机制。

职务升迁的激励作用比较明显,但是由于受特定条件下领导职务数量和管理权限的限制,受激励时间的短暂性和激励对象的有限性的影响,往往只能对人的一时一事起直接作用,很难在整个层面上收到大的效果。因此这种方式,不能作为长效激励机制。

产权制度改革可以使员工利益与企业发展更加紧密地联系在一起,结成利益共同体,也会直接激发人的积极性。但是产权制度改革受政策制约大,外部环境直接影响改革的成败。我国企业的产权制度改革也只是刚刚起步,事业单位的产权制度改革更是困难重重。这种激励方式也很难在短期内收效。

综合激励机制却有着以上两种激励手段无法比拟的速效功能。1998年11月在里昂举行的美、英、法、德、日等八国经济管理研究会议上,专家们一致认为,人在工作中的表现取决于三大因素:利益、信念和心理状态。而要满足这三个方面的追求,单靠物质利益的刺激或者职务晋升的吸引都不可能达到。科学的激励机制,包括薪金、福利、期权和职位晋升、教育培训、社会荣誉等激励内容,是一个多层面、深层次、全方位、长久性的激励制度。实践证明,建立起全新的综合激励机制,用心把握、周密设计、精心操作、科学运行,短时间内就能收到成效,其长效作用更是不可估量。

案例 花旗银行健全综合激励机制

1812年7月16日,华盛顿政府的第一任财政总监塞缪尔·奥斯古德上校,与纽约的一些商人合伙创办了纽约城市银行,这是花旗集团的前身。1865年7月17日,按照美国国民银行法,纽约城市银行取得了国民银行的营业公司执照,更名为纽约国民城市银行,实现了快速发展。1915年,花旗银行兼并了万国宝通银行,使海外分支网络扩大了近一倍。1927年以后,纽约城市国民银行的中文行名改为花旗银行。此后,花旗银行进行了一系列兼并、收购。值得一提的是,1998

第八章 机制是企业长盛不衰的杠杆

年4月6日,花旗公司宣布和旅行者集团合并,组成的新公司成为"花旗集团"。今天,花旗集团是全球最大的金融服务机构,资产达1兆美元,在全球雇有27万名雇员。在2010年世界500强排行中,花旗集团名列第33位。

作为全球最大的金融机构,花旗集团建立了全方位的激励体系,并随着市场与公司的发展情况进行及时调整。一是红包。每年年底,根据员工的不同业绩表现,每一名员工都会得到花旗颁发的红包。二是海外旅行。表现突出的员工将被奖励赴海外旅行,并可以携带一名亲属。这样不但激励了员工,增加了员工忠诚度,更赢得了员工家属的理解和支持。三是期权。对工作业绩出色的员工还给予他们花旗银行的期权,使银行利益与员工个人的长远利益紧密联系在一起。四是职位晋升。每一次职位的晋升,也标志着给员工设定更大的目标,都激励着员工奋勇向前。五是培训。表现突出的员工将得到更多的培训机会,全面提高各种技能,为担当更大的责任做准备。六是精神与物质激励并重。例如,设立"品质服务卓越奖""最佳团队奖"等,奖励那些优秀员工和完成重大项目的团队。

深度思索 只有不好的制度,没有不好的人才;只有产生不了人才的机制,没有产生不了人才的队伍。在经济全球化的大环境下,要想在激烈的国际市场竞争中站住脚跟,创新激励机制是摆在我们面前的紧迫任务。只有像花旗集团那样,根据综合人假设理论的六个需求,创立出从工资、奖金、旅游、股权、晋升、培训到精神鼓励的全方位、立体化的激励机制,方可最大限度地挖掘员工潜力,增强内部活力,打造出生机勃勃、经久不衰的长寿企业。

印度经济学家西玛·桑吉的著作《了解你的管理潜质》中有一段陈述:"你可以买到一个人的时间,你可以用钱使一个人待在一个限定的场所，你甚至可以买到每天每小时的标准的、熟练的肌肉运动。但是你不能买到热情，你不能买到主动，你不能买到忠诚，你也不能买到全身心投入。然而，你必须去赢得这些东西。"综合激励机制正是能帮助我们赢得这些东西的法宝。

第二节 我国激励机制建设的历史演进及存在的突出问题

新中国成立初期，我们在理论上对社会主义本身还没有一个完整清晰的认识，至于激励机制，严格说来还不知道其为何物。十一届三中全会后，伴随着我国经济体制改革的日益深化，激励机制建设被逐步提上日程。

（一）改革开放以来我国激励机制的演进

改革开放以来我国激励机制的演进大体经历了六个阶段：

1. 第一阶段

1978年12月召开的十一届三中全会，第一次提出了要克服平均主义。这一阶段的重点是激励和调动农民的生产积极性。在激励政策选择上，针对平均主义分配方式，农村普遍推行了土地家庭联产承包责任制，国家承认农民在交足了按规定应交的任务后其余所得为合法收入。这个"其余所得"上不封顶，下不保底。这意味着国家已把分配制度改革与激励机制建设结合起来，并起到了很好作用，极大地激发了农民生产经营的积极性，农业生产跨上一个新台阶。

2. 第二阶段

1984年10月召开的十二届三中全会，提出要让一部分地区和一部分人通过诚实劳动和合法经营先富起来，然后带动更多的人走向共同富裕。这一时期，经济体制改革的重点由农村转向城市，改革的中心环节是如何增强企业活力。在激励政策选择上，企业开始普遍推行多种形式经济责任制，职工劳动所得与劳动成果和企业经济效益的提高挂钩，正如《中共中央关于经济体制改革的决定》所指出的"扩大工资差距，拉开档次，以充分体现奖勤罚懒、奖优罚劣，充分体现多劳多得、少劳少得，充分体现脑力劳动和体力劳动、复杂劳动和简单劳动、熟练劳动和非熟练劳动、繁重劳动和非繁重劳动之间的差别。当前尤其要改变脑力劳动报酬偏低的状况。"国家已经将激励机制建设进一步提到了与全方位推进经济体制改革相配套的重要位置。

3. 第三阶段

1987年10月召开的十三大，第一次提出了实行以按劳分配为主、其他分配方式为补充的分配制度。在激励政策选择上，党的十三大报告提出"除了按劳分配这种主要方式和个体劳动所得以外，企业发行债券筹集资金，就会出现凭债权取得利息；随着股份经济的产生，就会出现股份分红；企业经营者的收入中，包含部分风险补偿，私营企业雇佣一定数量的劳动力，会给企业主带来部分非劳动收入。""只要是合法的，就应当允许。"十三大将资金、技术、管理等无形生产要素参与分配的问题提了出来，为进一步解放思想、推动激励机制建设的理论和实践的发展奠定了基础。

4. 第四阶段

1992年10月召开的十四大，突破了十三大提出的其他分配方式为补充的制度规定，提出了"多种分配方式并存"。在激励政策选择上，面对效率和公平这个两难选择，首次提出了"效率优先、兼顾公平"的原则。党的十四届三中全会通过的《中共中央关于建立社会主义市场经济体制若干问题的决定》指出："劳动者的个人劳动报酬要引入竞争机制，打破平均主义，实行多劳多得，合理拉开差距。"这一时期实现了我国社会主义建设理论和实践的一个重大突破，也带来了激励机制建设的大跨越。

5. 第五阶段

1997年9月召开的十五大，第一次提出了在按劳分配为主体的前提下,"允许和鼓励资本、技术等生产要素参与收益分配。"在激励政策选择上,党的十五届四中全会通过的《中共中央关于国有企业改革和发展重大问题的决定》,首次提出"实行董事会、经理层等成员按照各自的职责和贡献取得报酬的办法",突破了长期以来国有企业经营管理者和普通工人一样,只获得工资,收入与贡献不挂钩导致的收入偏低的问题。承认生产要素参与分配的合理性和合法性,是我国激励机制建设上的重大突破。也就是在这个时期,我国开始进行股票期权激励的试点。

6. 第六阶段

2002年召开的党的十六大,提出了"确立劳动、资本、技术和管理等生产要素按贡献参与分配的原则",比十五大又进了一步,对于生产要素参与分配的提法,也由以前的"鼓励""倡导"演变确立为"原则"。在激励政策选择上,提出推行岗位绩效工资制、岗位薪酬工资制、岗位等级工资制,真正形成重实效、重贡献的分配激励机制;实行董事会、经理层成员按职责和贡献取得报酬的办法,"积极试行董事长、总经理年薪制""合理拉开科技人员与普通职工、作出重大贡献的科技人员与一般科技人员的工资收入差距""实行按科技成果的奖励办法";进行企业内部职工持股试点;"积极试行技术入股,探索技术要素参与收益分配办法";试行劳动分红。可见,十六大在激励机制建设的理论和实践上都向前迈出了更大的步伐,对企业经营者既加重了责任,又强化了激励。

(二) 目前激励机制建设中存在的突出问题

1. "平均主义"、吃"大锅饭"的观念根深蒂固

新中国成立以后,我国生产力发展缓慢、企业经济效益低下的重要原因之一,就是平均主义严重,企业吃国家"大锅饭"、职工吃企业"大锅饭"的局面,严重压抑了企业和广大职工的积极性、主动性、创造性。平均主义在我国有深厚的文化背景,"不患寡而患不均"

的思想就曾引起不少中国人的心灵共鸣。加之新中国成立后长期的计划经济和闭关锁国，使许多人在思想深处形成一种误解，似乎社会主义就是要平均，如果一部分社会成员的劳动收入较多，出现了较大的差别，就认为是两极分化，背离社会主义。这种平均主义思想，同马克思主义关于社会主义的科学观点是完全不相容的。社会主义不等于平均主义，共同富裕不等于同步富裕，先富与后富不等于两极分化。社会主义要解放生产力，发展生产力，坚持"效率优先、兼顾公平"，如果把共同富裕错误理解为完全平均和同步富裕，不但做不到，而且势必导致共同贫穷。我们社会现在的主要矛盾是"效率"不足问题，顽固坚持平均主义、不敢按贡献大小拉开收入差距，只会滋长懒汉作风，打击贡献大者的积极性，阻碍社会生产力发展，损害社会主义的形象。平均主义对贡献大的人来说实际上是更大的不公平。

反对平均主义，打破"大锅饭"，就是要在初次分配阶段，坚持效率优先原则，将个人收入与贡献直接挂钩，拉开分配差距，体现多劳多得，允许劳动、资本、技术、管理等所有生产要素都参与分配，激励人们拼命工作，加快发展。在再次分配阶段，发挥政府的主导作用和政策引导作用，通过建立有效的税收及财政调节机制，构建坚强有力的社会保障体系，制定科学的人力政策，缓和收入分配中的矛盾，体现出社会主义制度的优越性。

2. 经营不讲效益，投资不讲回报，赢利了不敢多拿，亏了不敢惩罚

由于企业产权不清，权责不明，企业是国家的，盈了全部上交，不管赢利多少，政策没有说法，个人一分不能多拿，多拿了就要犯错误；亏了国家包着，个人一分也不少拿，不用承担任何风险，即使到了工人发不出工资、生产经营难以为继的地步，企业经理位子照坐、待遇照拿，似乎企业经营好坏跟自己一点关系也没有。正是因为缺乏激励约束机制，经营者收入与企业盈亏脱节，经营者缺乏扩大生产、提高效益的内在动力；因为没有约束机制，经营者没有责任心，他可能会通过膨胀企业规模来扩大权力基础，提高自己的社会地位，或者通过增加不必要的开支，达到个人享用的目的。很长一段时期以来，为了追求政绩，许多企业盲目加大投入，扩大外延，在膨胀规模上做文章，却不考虑提高效率、增加内涵。更严重的是不按经济规律办事，投资决策完全靠"拍脑袋"，导致重复建设、资源浪费。在这方面我们的教训实在太多了。在市场经济国家，企业经营不好，经理要被"炒鱿鱼"，企业有被别人接管、吞并的危险；企业资不抵债，马上就被逼破产。但在我国，这方面的机制尚未完全建立起来，国有资产的流失问题也难以从根子上解决，最后是坑了银行，亏了国家，倒霉的是老百姓。

3. 企业经营管理者的收入与贡献极不相称

我国目前不少企业经营者的收入还在沿袭月工资加年终奖的做法，部分大型国企的年薪制也刚刚在试行；企业经营的期股、期权还没破题；至于企业"一把手"及其工作班子，到底得到多少收入才会与自己的贡献相匹配，更缺乏深入的研究。而发达国家的企业经营者的收入已进入工资、奖金、福利、股票、期权的综合配套阶段。在市场经济条件下，企业经营管理者的收入与贡献极不相称，必然缺少最大限度提高企业经营业绩、促进企业快速发展的足够动力，其潜在能力也就不可能被充分发掘出来，不但企业效益最大化难以实现，甚至会出现短期行为、在任过度消费乃至"59岁现象"等问题。云南红塔集团的褚时健在十几年的时间里，将一个濒临倒闭的小厂发展成为举世闻名的集团，打造了一个无形资产价值400亿元的红塔品牌，给国家上缴利税800亿元，而其所获得的工资待遇只有60万元，平均每给国家创造14万元的利税，自己只得到1元钱的回报。这种巨大的反差导致了他内心的极度不平衡，在他年纪渐高即将退休、面临失去职位的处境时，开始向企业伸手。一位企业家感慨万分，认为在褚时健的问题上，是政策不合理在先，褚时健不合法在后。这一观点虽然有些偏激，却道出了中国经营管理者薪金制度的缺陷。由此再次提醒我们：对经营管理者激励机制的创新已经迫在眉睫。

4. 工资能升不能降，机关能进不能出，考核能奖不能罚

由于我们过去在设计激励机制时，更多的是从正面鼓励考虑，加之现行管理体制的一些弊端，使人们片面认为激励就是多发钱。尤其在考核奖惩上，往往开始咬牙切齿、非常严厉，而到最后奖惩兑现时却不了了之。即便兑现奖惩，也是光奖不罚、重奖轻罚，有的甚至是平均主义、人人有份，考核奖金变成了职工福利，年初定的目标责任制成了一张废纸。许多地方都在讲，干部的使用与工作业绩挂钩，但事实上这么多年真正因为不作为而被撤职的干部又有几个？脸上贴金的好事人们都抢着去干，但坚持原则得罪人的难事大家却躲得远远的。激励和约束是相对应的两个方面，是缺一不可的，在建立激励机制的同时，必须建立相应的约束惩戒机制。没有对不努力者的惩戒，激励机制就是不完善的、要素缺失的。如果对失误者、落后者不给予必要的惩戒，干与不干一个样，干好干坏一个样，纵容了极少数人，就会磨灭绝大多数人干事创业的激情，事业也就失去了可持续发展的活力。

研究表明，激励机制匮乏和先进生产要素短缺是制约我国经济发展的两个主要因素，而激励机制的匮乏又进一步影响了先进生产要素的培育。我国经济要可持续快速发展，必须加快探索建立适应市场经济发展要求、适合我国国情的综合激励约束机制。

第三节 "四个体系"激励机制的核心内容

按照系统管理的理论，"四个体系"激励机制的理论框架可概括为四句话：民主科学的决策目标体系、权责明确的执行责任体系、严格高效的考核监督体系、坚定不移的兑现奖惩体系。其内涵就是决策民主科学，执行坚决有力，考核奖罚分明。它所解决的是，"干什么，怎样干，干好干坏怎么办"的问题。

决策目标，就是通过坚持民主集中制，建立健全由领导、专家和群众相结合的重大问题决策机制，完善重大决策的规则和程序，推进决策科学化和民主化，建立科学的决策目标体系。

执行责任，就是充分发挥各级党委总揽全局、协调各方的领导核心作用，进一步完善行政首长负责制，建立主体明晰、责任明确、权责统一的执行责任机制。把各方面的工作目标任务逐项落实到每一位分管领导、每一个工作部门、每一位干部职工，做到分工具体明晰，责任落实到位，一级抓一级，层层抓落实。实行责任报告制度，健全责任追究制度，做到有章可循，恪尽职守，保证决策目标落到实处。

考核监督，就是围绕决策执行的各个环节，建立完善监督机制。明确规定考核范围、考核内容和对考核结果的运用，扩大考核过程中的民主性和透明度。把阶段性考核与经常性考核结合起来；把规范性考核和随机性考核结合起来；把横向比较看位次与纵向比较看变化结合起来，使考核结果客观公正地反映一个领导班子和每个领导干部的实绩。

兑现奖惩，就是在准确考核的基础上，根据年初签订责任状时承诺的目标任务，及时兑现奖惩。绝不能因为奖得多了而减少数量，也不能因为阻力太大而从轻处罚，要对贡献大的勇于重奖，对不称职的敢于惩处。

（一）决策目标

目标管理是组织为了实现自身的任务和目标，根据组织所处的环境，从全局出发，在一定时期内，为组织各层面从上至下制定切实可行的目标，并且组织各级人员必须在规定时间内完成任务的一种管理方法。

目标管理的思想最初由彼得·德鲁克提出，盛行于20世纪60年代和70年代。1954年，德鲁克在《管理的实践》一书中提出了目标管理的思想。德鲁克认为，并不是有了工作才有目标，而是相反，有了目标才能确定每个人的工作，所以，"企业的使命和任务，必须转化为具体目标"。他认为必须将组织的任务转化为目标并层层分解，组织的各级管理人员才能通过这些目标对下层人员进行领导，以实现组织的总体目标。如果"一个领域"没有选定的目标，则这个领域必然会被忽视。如果只有总目标而无分目标来指导各个部门和成员的工作，则组织规模越大，人员越多，就越有可能发生冲突和浪费。每个成员的分目标，就是组织的总目标对他们的要求，同时也是他对组织的贡献。如果每个组织成员都能实现自己的分目标，则组织的总目标必然实现。可见，目标管理的实质就是将组织的总目标分解为各部门和成员的分目标，上级管理人员根据分目标对下属进行管理。

玫琳凯化妆品公司创始人、总裁玫琳凯·艾施说："成功源自于目标"。日本京瓷公司创始人、总裁稻盛和夫说："首先要确立和公开目标，点燃热情而自绝后路，然后朝着既定的目标拼命努力，为此还要不断地锻炼自己的身体和意志，最后还需要有必胜的自信心。"明确具体的目标是指引企业航行的灯塔，有了它，企业之船才能满载货物靠岸。假如这个灯塔不是明亮易见的，那航船不仅靠不了岸，还有触礁沉没的危险。企业的执行目标对于企业员工来说，既是他们奋斗的目标，更是他们前进的方向。在当今社会中，任何企业都必须有自己的目标。因为只有当企业有了一个明确的目标，才会使员工产生共同的信念和期望的模式，才会产生较强的内聚力，员工才会产生更强烈的责任感，才会有员工个人的业绩，才会有企业整体的业绩，才会有在复杂多变的环境中立于不败之地的资格。

目标管理是20世纪50年代中期出现于美国，以科学管理和行为科学理论为基础，形成的一套管理制度。世界500强的公司半数以上都使用了目标管理，并收到了显著成效。

案例一　索尼靠目标牵引公司朝着未知世界前进

20世纪50年代末期，东京通讯工业公司（一家相当小的公司，在日本以外无人知晓）决定不惜代价，抛弃本来的公司名称，改名为索尼公司。这家公司的往来银行反对这一构想,说:"你们公司成立后,花了10年时间才使东京通讯工业的名号在这个行业里为人所知,经过这么久之后,你们打算做这种毫无意义的改变,到底是什么意思?"盛田昭夫回答说:"这样能够使公司扩展到世界各地,因为旧的名字外国人不容易念出来。虽然我们的公司还很小,而且我们认为日本是一个相当大、有潜力、有活力的市场……可是对我们来说,情况已经很明显,如果我们不把眼光放在国外营销上,我们绝对不会茁壮成长为井深大和我梦想的那种公司。我们希望改变日本产品在世界各地品质低劣的形象。"

在20世纪50年代,"日本制造"代表着"廉价、低劣、品质差"。我们细读过有关索尼的资料后,断定索尼不但希望公司事业有成,还希望改变日本消费产品品质低劣的形象,成为世界广为人知的公司。以一个员工不到1000人,根本没有海外知名度可言的公司来说,要成为一个改变日本产品国际形象的企业,其目标的确胆大包天。

这不是索尼历史中第一个胆大包天的目标。例如,在1952年,索尼派出有限的工程人员,追求一个似乎不可能实现的目标,要制造一种"袖珍型"收音机,可以放在衬衫口袋里,并且因此可以普及世界各地。我们身处21世纪,把迷你化收音机视为理所当然,但在50年代初期,收音机是用真空管做的,要制造这么小的收音机,需要长期艰辛的尝试和伟大的创新。世界上还没有一家公司成功地把晶体管技术应用在收音机这种消费产品上面。

"不管会面临什么困难,我们都要研制出晶体管收音机,"井深大宣称,"我相信我们可以制造出收音机用的晶体管。"

井深大把这个大胆的构想告诉一位外面的顾问时,这位顾问回答说:"制造晶体管收音机?你有没有搞错?即使是在美国,晶体管也只是用在不是以赚钱为目的的国防用途上。就算你们做得出应用晶体管的产品,谁买得起元件这么昂贵的收音机?"

"大家都这么想,"井深大回答说,"都说晶体管在商业上行不通……这点使这件事更有意义。"事实上,索尼的工程师们对于以索尼这么小的公司,要做外人认为愚不可及的事情却充满了信心,大家沉迷于这种梦想之中。结果,索尼制造出袖珍型收音机,实现了梦想,创造了一种普及全世界的产品。索尼一位科学家因为在晶体管的发展上有所突破,最后获得了诺贝尔奖。[①]

深度思索 敢提大目标,才能成就大事业;敢做前人做不到的事情,才能创造人间奇迹。如果你想一直保持第一,就必须创造新东西,用更高的目标和更快的速度把竞争对手抛在身后。

案例二 沃尔玛不停地为企业设定胆大包天的目标

由沃尔顿亲手创立的沃尔玛百货有限公司目前是世界第一大零售连锁集团。2004年沃尔玛全球的销售额达到2852亿美元,连续多年荣登《财富》杂志世界500强企业和"最受尊敬企业"排行榜榜首。

在1945年,山姆·沃尔顿创立第一家廉价商店时,他的第一个目标是:"在5年内,使我在纽约波特的小店成为阿肯色州最好、获利能力最强的杂货店。"要实现这个目标,这家店的销售额必须增长3倍以上,从年销售额72000美元,增长到25万美元。结果这家店达到了目标,成为阿肯色州和附近5个州获利能力最强的商店。

沃尔顿继续为他的公司制定惊人而清晰的目标,每过10年就定出一个目标。1977年时,他定出的目标是:在4年内成为年销售额1亿美元的公司(即增长两倍以上)。

当然,这个目标又实现了。他继续给公司定出新的目标,以1990年为例,他定出一个新目标:在2000年前,使公司拥有的商店数目倍增,并且使每平方公尺的销售额增加60%。

[①] 〔美〕詹姆斯·柯林斯、杰里·波勒斯:《基业长青》,中信出版社,2005。

沃尔玛公司的一名董事罗伯特·康恩曾在一封信中这样写道："……沃尔顿清楚表明一个目标，要在2000年前，把商店的数目增加一倍，并且把每平方公尺的销售额提高60%。更重要的一点（也是大家没有注意到的）是，他确实定出了1250亿美元的明确目标……我从1980年就担任沃尔玛的董事，我对沃尔顿所定目标一定会实现有着充分信心。"①

深度思索 在不停地提出新目标的激励下，到2004年沃尔玛就勇登世界500强企业的榜首。从一个乡镇小店，发展为全球500强之首的商业帝国，这一奇迹究竟是如何发生的？不停地设定胆大包天的目标，建立起一个刺激公司永不疲倦的机制，便是沃尔玛成功的奥妙所在。正如美国凡世通轮胎公司创始人哈维·凡世通所说的："选定一个目标并努力去实现它。当你实现一个目标时，你可以选定下一个更高的目标，并开始朝它攀登。"

如何才能科学地制定目标、成功地对企业实施目标管理？

第一，要坚持四条原则：一是具体性原则。目标的具体性即目标能精确观察和测量的程度。目标理论研究者的研究结果证明，具体、明确的目标要比笼统、空洞的要求产生更高的效益。二是难度适宜原则。在设置目标时，其难度应以中等偏上为宜，这一目标又被称为"零点五"目标。目标难以实现，容易失去信心；目标过于简单，又激发不出应有的干劲。只有"跳一跳，够得着"的目标激励效果最好。三是可接受性原则。目标的可接受性是指人们接纳和承诺目标或任务指标的程度。组织或上级提出的目标只有转变成员工个人的目标才能对个人的行为产生激励作用。多数学者认为，让员工参与目标的制定比指令性的方法更好。这是因为，通过参与可以使员工清楚自己

---

① 白山、边建强：《提升执行力的68个关键》，当代世界出版社，2008。

第八章 机制是企业长盛不衰的杠杆

的责任和价值，同时可以把目标定得更合理，从而提高目标的可接受性。四是及时反馈原则。在实现目标的过程中，如果员工能够得到及时、客观、不断地反馈信息，其受到的激励要比无任何反馈信息大得多。同时，员工获得行动效果的信息后，会主动改善下一步的行动，更有利于取得高效益。

第二，把握五个标准：一是胆大包天的目标应该极为明确动人。请记住，胆大包天的目标是一种目标——像爬山或登陆月球一样，而不是一种宣言。如果不能让大家活力四射，就根本不是胆大包天的目标。二是胆大包天的目标应该远远处于轻易可达的区域之外。组织里的人应该有理由相信他们可以实现这个目标，但是，需要英雄般的奋勇努力才能达到。三是胆大包天的目标本身应该极为大胆和振奋人心。即使组织的领袖在目标实现前去世了，仍然能够继续刺激进步——就像花旗银行和沃尔玛的情形那样。四是胆大包天的目标应该准备好后续目标。以防止目标达成后，组织可能就此停步，沉醉在"我们已经达到目标了"的综合征里，就像20世纪20年代时的福特汽车。五是胆大包天的目标应该符合公司的核心理念。在公司的愿景指引下通过目标设定，一步一步逼近理想世界。

第三，要注意四个问题：一是所定目标必须有层次性。首先要制定企业总目标，而后要层层分解，横到边，竖到底，形成一个环环相扣的目标体系。二是所定目标必须考虑员工的要求。如果领导所定目标离员工要求过远，尽管领导者十分强调这个目标的重大意义、深远影响，但员工总感到这种目标与自己无关或关系不大，甚至认为这种目标仅仅是领导者个人的利益，那么这种目标就没有什么感召力。三是所设置的目标必须与人的需要挂钩。确立的目标需满足人的需要。愈了解什么需要能够激励人，就愈能成为有效的激励者。激励的核心问题是满足人的需要，激发人的活力，调动人的积极性。四是设立让下属全力追求的目标。当下属的行动有明确的方向，并且把自己的行动与目标不断加以对照，清楚地知道自己行进的速度和不断接近目标的时间，他们的工作动力就会得到维持和加强，就会自觉地克服一切困难，奋不顾身地实现目标。

（二）执行责任

执行责任就是企业中各个层次及其成员在实现决策目标的过程中应当承担的与职位相对应的义务和必须完成的任务。在管理过程中，执行责任具有以下特点：第一，执行责任是一种积极作为责任。执行活动的本质属性是保障决策目标的实现。决策目标的实现要求各级管理者积极创造条件，克服困难，努力工作，促进决策目标落到实处。因此，从执行活动的性质和特点上分析，执行责任一定要求各级管理者履行积极作为义务。消极等待和不作为是不称职的。第二，执行责任具有目的性和时效性。科学决策的意义在于付诸实施，执行的整个过程和所有活动都是在实现决策目标。执行活动必须严格服从决策的目标，执行责任是一种目的性很强的行为责任。同时，决策目标的实现，也有着特定的时限要求。执行责任必须在规定的时限内，迅速、果断、高效、及时地得到履行，这样才能保证决策目标取得最佳效果。第三，执行责任具有经常性和连续性。决策目标形成之后，根据决策目标的大小和复杂程度，执行的过程会有很大的区别。但是，除了个别情况下特定决策目标的实现具有一次性特点外，绝大多数情况下，执行活动都是执行常规性、连续性的决策目标，这些执行活动就具有明显的反复性、经常性和连续性的特点。第四，执行责任具有灵活性和创造性。执行是将决策目标具体化的过程。由于各地区、各行业、各部门、各车间实际情况各有不同，因此在执行过程中，要求执行责任人因时、因地制宜，具体问题具体分析，灵活对待执行中的问题。执行责任人必须根据自己所处的特定条件，选择适合本地区、本企业和本部门的最佳途径和工作方法。这就意味着执行绝不是简单地照章办事，而是一个由一系列不同层次的新决策组成的过程，因而也是不断丰富原来决策目标、进行创造性工作的过程。第五，执行责任具有原则性和强制性。科学的决策目标一旦确定之后，就要求各级执行责任人不折不扣地把决策落到实处，执行的过程不能偏离决策目标。迅速、果断地实现决策目标，就是执行责任的原则性。同时，执行责任是依靠组织规章等具有一定强制性和规范性约束的责任，因此，执行责任又具有显著的强制性。

案例一　东芝按层次实行目标责任制

东芝集团位于日本东京，始建于1875年7月。作为一家具有130多年历史的跨国集团，东芝在日本海内外拥有800多家公司，以及活跃在世界各个行业的17万多名员工。2010年，东芝公司的营业总收入为687.31亿美元，排名世界500强第89位。

东芝公司目标管理采取了以个人为中心的模式，以全体员工为实施对象。反过来也可以这么说，正是为了在全体员工中推行目标管理，才采取了以个人为中心的模式。东芝公司在以往的目标管理中，多数情况是在管理层以上人员中间进行，这是以组织为中心，提高业绩的模式。

但是，这一次所实施的目标管理，是以全体员工为对象，对不同的对象规定不同的要求。在试行期间，首先必须在全体管理人员中试行，至于管理层以下是否试行，由各车间自行决定。

虽然以全体员工为对象，但对不同职层有不同的要求。上层员工要以提高业绩为主，下层则应以提高能力为主。

职层越高，个人目标和组织目标结合的程度越高，成果评价直接和企业业绩结合的程度也越高；职层越低，个人目标直接同组织目标结合的程度就越低，这只能通过提高能力间接地与提高企业业绩的组织目标相结合。

以个人为中心，以全体员工为对象，力求达到提高能力的目的，其结果必然形成以生产管理部门为中心的模式。这样，每个管理监督人员就成了主角。所以，在实行目标管理时，负责推行制度的参谋部门，必须贯彻以生产管理部门为中心的基本方针。

东芝公司为达到上述目的，采取了几种方法：

（1）负责推行制度的参谋部门，只提出基本要求，至于具体的实施方法要尽可能交给各生产管理部门自行处理。

（2）实行目标卡片制，并以此作为直属上下级之间订立的合同。

（3）力求避免向下面要报告。必要时，参谋部门亲自下去，并经生产管理部门同意，把资料收集上来。

（4）参谋部门虽然不能直接参与，但要积极"创造环境"，如推动各部门负责人的工作，分发各种资料文献，推荐先进方法，介绍先进事例，等等。

东芝公司在实行目标管理时，对不同职层有不同的要求，特别是上层职位，强调把企业目标与个人目标密切结合起来，有组织地展开目标连锁体系。由此可见，推行连锁体系，虽然以个人展开为中心，但它必须与自上而下有组织的展开相结合。

另外，东芝公司在接班人培养制度方面，也注重以目标管理为内容的岗位训练，使年轻干部从中受到锻炼。①

> **深度思索** 东芝公司经验给我们三点启示：一是只有把自上而下分解目标与自下而上承担责任紧密结合，才能提高目标激励机制的效果；二是只有建立目标卡、责任状，层层签订正式协议才不会将目标责任制当儿戏，才能把目标激励机制落到实处；三是只有将目标考核与职务晋升、接班人培养结合起来，目标激励机制才会收到更大成效。

案例二　摩托罗拉开发"个人承诺"系统

美国摩托罗拉公司创立于1928年，是全球无线及宽带通讯领域的

---

① 苗雨：《世界500强管理之道全集》，地震出版社，2005。

领导者，最早生产整流器和车载收音机，在20世纪40~50年代不断发展壮大。摩托罗拉2010年的营业收入为220.36亿美元，排名世界500强第391位。

1999年，摩托罗拉开发出一套"个人承诺"系统，代替了原来的个人发展计划系统。这一系统所界定的两个目标是：第一，创造一个无偏见的环境，鼓励摩托罗拉员工与管理者之间的交流；第二，采取行动来优化企业管理系统和个人发展系统，通过个人承诺，实现组织目标。

这一系统要求每年年初员工明确自己的目标、工作中的合作者以及职责要求，然后在每个季度列出检查重点进行对照检查，最后年底进行总结。整个过程的关键点是员工与其主管及人力资源部门之间的充分沟通。

摩托罗拉的成功在于它的"承担责任"的企业文化之中。这种"承担责任"的思想能够大大地刺激部门与个人赢利冲动和创新冲动，有效地推进对公司目标的承诺和行动。[1]

深度思索 做人要为自己说的话负责任，做事要为自己的行为负责任，实行目标责任制要对自己努力的结果负责任。锁定责任才能锁定结果；锁定结果才能实现目标。个人承诺制，是推行目标责任制的一种好办法。

案例三 三星注重增强员工责任心

成立于1938年的三星集团是韩国最大的企业集团，包括26个下属公司及若干其他法人机构，在近70个国家和地区建立了近300个法人公司及办事处，员工总数19.6万人，业务涉及电子、金融、机械、

---

[1] 左章健：《世界500强成功策略》，南方日报出版社，2005。

化工等众多领域。三星集团旗下3家企业2003年进入《财富》杂志世界500强行列，其中三星电子排名第59位，三星物产排名第115位，三星生命排名第236位。三星从半个世纪前的小小贸易公司，到2010年跻身《财富》全球500强的第32位，这无疑在全球企业史上创造了一个神话。

在韩国，"三星人"是对三星公司员工的一种特别的称呼，而这种称呼正体现了三星独特的企业管理思想。

这种独特的管理思想的核心就是强调员工的责任心。

那么，到底是什么力量使三星的员工能做到全心全意、兢兢业业地做好自己的工作呢？三星人认为，在一个家庭中，每个人都有一个角色，比如丈夫（妻子）、儿女、父母等，是什么支撑他们为自己的家庭操劳、无怨无悔地投入和付出呢？是金钱吗？肯定不是。答案是爱与责任。

这正是三星倡导的"对自己负责"的员工精神。三星公司是这样解释的："金钱刺激就像止痛药，只能是痛一下止一下，不能解决根本问题，而且容易产生依赖性。拿加班费来说，很多企业付加班费，但是他们无法杜绝员工拖延工作时间和进度来多领取加班费这样的问题。而三星的员工加班完全靠自觉，他自己的工作没有做完，责任感会激发他加班完成工作。而没有加班费的刺激，员工就会尽量提高工作效率而不会养成拖延时间的习惯。"

的确，在三星，员工上下班无须打卡，完全凭自觉。如果早上八点来的，那就五点下班；如果是九点来的，那就六点下班。一旦出现了一些"责任心不强"的员工，三星也不会立即解聘他，而是通过教育劝导来使他改正。"即使是一些孩子有坏习惯或是犯了错误，家长也不会轻易说不要他，最主要的还是让他认识到自己的错误。"这也是三星"家文化"的一种体现。[①]

[①] 吴能文：《落实力就是战斗力》，新世界出版社，2008。

深度思索 员工的责任心,就是企业的防火墙。员工的责任心越强,企业的损耗就越低,效益就越高。反之,如果企业员工的责任心缺失,再强大的企业也终会倒闭。因此,责任心已成为越来越多企业的用人标准。三星公司正因为有这样的要求,才成就了今日的辉煌。

要将目标责任落到实处、提高执行的效果,就必须坚持做到"五个明确、五个具体":一是要将目标任务明确到具体人。一件事只能有一个责任人,如果同样一件事有几个人同时负责,就会出现"两个和尚抬水喝,三个和尚没水喝"的局面。对目标责任的分解要一级对一级负责,层层签订责任状,横到边、纵到底、全覆盖、不留死角。二是目标任务要明确具体的量化指标。在下达任务时,能量化的尽量量化,既有利于组织考核又有利于个人把握。三是目标任务要明确具体的质量标准。对于有些下属单位和部门的目标任务,要提出质量上的要求,比如说国家级文明单位或进入全国500强等等。四是目标任务要明确具体的完成时间。何时完成任务,达到什么水平,必须事前讲得清清楚楚。没有时间要求的目标任务,只能是橡皮图章。五是目标任务要明确具体的奖惩措施。到了规定的时限,按照事先责任状的规定进行严格的考核,完成任务的重奖,完不成的重罚。在实施奖励时,要尽量拉开距离,让贡献大的越干越有劲,让完不成任务的奋起直追。

(三)监督考核

现代管理中的监督,是指管理主体为获得较好的管理效益,对管理运行过程中的各项具体活动所实行的检查审核、监督督导和防患促进的一种管理活动。所谓考核,是指管理实施过程结束之后,根据管理的成效,对管理过程的各个管理环节所进行的全面检查、总结、比较、分析和论证，从中得出规律性的启迪，以达到不断提高管理水平、取得更好的管理效益、实现管理良性循环目的的一种管理活动。

考核监督是整个系统管理的第三阶段，在管理过程中起着特定的、不可替代的重要作用，是影响管理效益提高和管理良性循环的重要因素。所以说，决策目标能否实现，执行责任能否落实，关键看考核监督能否到位。

在我国目前的企业管理中，不少是安排布置得多，检查考核得少；突击检查得多，规范性检查得少；宏观要求得多，具体签责任状得少。检查考核往往流于形式，做了表面文章。

世界500强普遍重视监督考核，都有一套严格的检查考核办法。正如IBM公司总裁郭士纳所说的："强有力的查核是推进企业执行力的锐利武器，人们不会做你希望的，只会做你检查核实的；如果你强调什么，你就检查核实什么，你不检查核实就等于不重视。没有人会十分在意无人去强调和检查核实的东西，这就自然造成它的可有可无性，既然如此，谁还会花费更多精力去做呢？铲除这一惰性的唯一办法就是查核。"

案例一　福特按季度进行评审监督

福特汽车公司是世界最大的汽车企业之一，由亨利·福特先生创立于1903年。2010年，福特汽车公司以1183.08亿美元的营业收入，名列世界500强企业第23位。

艾柯卡在担任福特汽车公司福特分部经理时，注意到公司股东们每隔3个月就收到一份详细的公司财务报告，他们通过一年四次的财务报告对公司进行监督，并每年从公司赢利中分四次红利。

艾柯卡从中获得启示，既然股东有每季度检查的做法，管理人为何不效仿一下？他开始研究制定一项制度——季度评审制，这套管理制度至今仍然沿用。

艾柯卡经常问周围的关键人物，也要他们问问周围的下属，逐级

第八章 机制是企业长盛不衰的杠杆

问下去，问这样一些基本问题："你今后90天内的目标是什么？你的计划、重点和希望是什么？你打算如何去实现你的计划？"

表面上看，这种程序似乎是雇员对上级负责的一种更为现实的办法。但这种每季度评审的制度更能使雇员给自己负责。它不仅迫使每个经理人员考虑各自的目标，而且有效地提醒人们，不要忘记自己追求的目标。

每隔3个月，各位经理和他的顶头上司下来检查以往的业绩，并规划下一季度的目标。一旦得到双方的同意，经理们就把它写下来，他的上级也签名认可，记录在案。

季度评审制促使经理人考虑取得的成绩、下一步打算及实施方法。

这种制度的另一优点（特别在大公司中）是不至于埋没人才。如果每季度接受一次上级的评审，同时又间接地接受你更上一级，乃至更高上级的评审，你就很难会在系统中被遗忘。这样，千里马不会卧槽，南郭先生难以糊弄。

最后一点也许最重要。这种制度促使经理人员与他的上级对话。假如上下级关系融洽，那当然无须营造这一对话环境。但如果一位经理人员与他的上级的关系不十分融洽，那么一年至少有四次需要彼此一起坐下来，部署商讨下一阶段的计划。天长日久，随着了解的加深，工作关系也得到改善。这种评审制度，还使上级发号施令的现象逐渐减少，从而使上级成为下属的顾问或资深的同事。

同时，下级越是感到他自己确定了目标，便越会不畏险阻、勇往直前地去达到目标。因为这毕竟是他自己决定而又为上级所批准了的。

在某个下级没有完成任务时，季度评审制同样有效。到时候无须说什么，下级本人常常会把这个显然是痛苦的失败提出来。艾柯卡的经验是90天到期后，未达到目标的人会自己进来，不用上级开口，就会为未达到目标一事道歉。如果连续几个季度都是如此，此人便会对自己产生怀疑。他会责问自己的过失，而不是责怪上司。他如果自觉地话会提出调到别的岗位。对于这样的人只要调到合适的部门，他就会获得事业上的成就和满足,而不应该简单地解雇了事。

没有经常的评审制度,在某一部门工作成绩平平的经理人员会对上级日益不满,或者该经理人员会将自己达不到目标一事归咎于上级的作梗。另外把某人置于错误岗位上一干就是几年,等主管人员发现这一失误的时候,常常为时过晚了,这类情况屡见不鲜。

检查评审制不仅适用于企业管理,而且适用于一切需要管理的团体、机构,它是保持机构效率的重要措施。①

> **深度思索** 人是有理智、有热情的高级生命,但同时人也是盲目和懒惰的。要发挥人性中优秀的一面,抑制劣根性的一面,就要对人实行制约。在企业管理中,上级需要对下级进行经常性检查监督,这种检查不仅能使领导及时发现实现总体目标存在的问题,以便及时补救;而且也能使下级及时了解自己在同行中的位次和离总目标的差距,以便振奋精神,勇猛前进!

案例二 IBM 绩效考核以执行力为重点

IBM 是全球最大的信息技术和业务解决方案公司,主营计算机办公设备。在 2010 年公布的世界 500 强企业排名中,位于第 48 位。

郭士纳在拯救 IBM 时就改变了公司长久以来的"大锅饭"做法,在绩效考核中加入了执行力的内容,并把员工的执行力作为薪酬水平的衡量依据。

在 20 世纪 90 年代,IBM 的绩效管理已经到了名存实亡的地步,领导者们只形式上地用几项指标——通常都是无关紧要的——对员工的行为进行评价,然后就作出了奖惩决定。没有一个员工思考如何提高自己的工作绩效,相反他们都在盯着那些干得少而工资和福利并没有太

---

① 高志坚:《世界 500 强管理奇招》,机械工业出版社,2005。

大变化的同事，并毫不掩饰地向领导者表示不满。由于当时 IBM 的薪酬制度存在严重的缺陷和不足——各级员工的待遇主要由薪水组成，此外还有很少量的奖金、股票期权和部门绩效工资，工资待遇级差很小而且过于强调福利，这就使员工业绩的好坏无法体现在薪资水平上。

面对这种情况，郭士纳首先对薪酬制度进行了改革。变固定工资为与业绩挂钩的浮动工资，另外加大股票期权和奖金在员工总收入中的比重，对那些不认真完成工作任务、绩效差的人只能得到保底工资，而不再像以前那样尽管没有完成任务，但仍然可以生活得十分潇洒了。

为了使新的薪酬制度发挥更大的效果，郭士纳进一步调整了已经严重脱离现实的绩效考核制度。为员工设计了切合实际的绩效目标，以及更加科学合理的评价标准，使员工形成了一种只有努力实现工作目标才有可能获得升迁机会的思想。

虽然郭士纳在推行这一系列的改革措施的过程中遇到了相当大的阻力，但最后还是成功地改变了员工的行为方式，使他们更加注重业绩和执行力。员工的这种行为方式的改变，为 IBM 执行文化的建立奠定了坚实的基础，并最终促进了 IBM 的飞速发展。[①]

深度思索 领导考核什么，部属就重视什么；企业搞"大锅饭"，员工就糊弄着干。只有考核以执行力为重点，待遇与业绩挂钩，升迁以考核评价为基础，才能充分调动员工积极性，保障企业长足发展。

如何做好考核监督工作呢？主要是抓好"四化"：

首先，检查要经常化。最好一月或一季度检查评价一次，发现问题及时纠正，防止年底算总账，问题成堆，难以补救。

其次，监督要立体化。对于检查的结果要及时通报，下发基层员

---

① 金鸣、张敏主编《世界 500 强企业：领导班子之道》，北京出版社，2006。

工，上报管理机关，同级予以公示，形成上下左右立体监督的格局。

再次，考核要综合化。不搞单打一，将速度、数量、效益、环保、党建、精神文明及班子建设通盘考核，综合评价。

最后，审定要程序化。为了把评估搞准确，考核过程中实施六次把关：一是自查，单位和个人根据年初签订的责任状，对一年的工作写出述职报告，上报考核机关；二是公示，将述职报告同时在本单位张贴，让群众监督，防止自吹自擂；三是审计，领导机关派专职人员对述职报告提供的各种数据进行核准；四是考核，由领导机关派出综合考核组对企业和个人的业绩进行全面评价；五是综合平衡，对由于天灾人祸等不可抗拒因素影响了业绩的予以特殊处理；六是权威部门审定，由考核的最高领导机关对前五个程序进行审查，最后一锤定音。经过六次把关的考核结果一般都会准确公道、上下服气。

（四）兑现奖惩

兑现奖惩是"四个体系"系统管理的第四个阶段，也是整个管理过程中的攻坚阶段。不少企业面对种种矛盾，到了兑现奖惩的时候就止步不前。兑现奖惩工作到位了，"四个体系"激励约束机制才会显示出巨大的威力和惊人的成效。否则决策目标制定得再科学、执行责任落实得再到位、考核监督评价得再准确也都是劳民伤财。

奖励与惩罚有着不同的功能，两者又相辅相成，缺一不可。这是因为人性既有积极、主动和利他的一面，同时又有保守、懒惰和自私的一面。如果没有奖励，人的积极性、主动性就难以发挥。同时，如果没有惩罚，每个人对自己的行为后果就可能不负责任。因此，只有把二者结合起来，才能既调动积极性又规范人的行为，使企业发展朝着领导者所期望的目标前进。只有奖和惩都兑现，才能达到"奖励出干劲、惩罚出正气"的目的。如果对贡献大的不重奖，难以使其积极性经久不衰；如果对干不好的没说法，就会伤害多数人的积极性。只有及时地、坚决地、严格地兑现奖惩，才能有效改变有些企业长期存在的对能干活的求全责备、对调皮捣蛋的委曲求全的被动局面。在企业里真正形成一个"让能干活的吃香、让贡献大的沾光、让贪赃枉法的遭殃、让搞歪门邪道的没有市场"的生动活泼、奋发向上的局面。

案例一　惠普奖励坚持"赏不逾时"

1939年，两名年轻的斯坦福毕业生比尔·休利特和戴维·帕卡德创建的惠普公司诞生在旧金山郊区一个不知名的车库里。多年后这条街、这个地区逐步发展成美国高科技企业发家致富的风水宝地，是举世闻名的创业者乐园——"硅谷"所在地，他们二人所创造的"惠普之道"更是企业管理者的必修课程之一。2002年5月6日，惠普历史上第一任女CEO卡莉·费奥瑞凭着果敢而坚强的性格成功合并其竞争对手康柏。合并两年后的2004年，惠普以730.61亿美元位居世界500强第24位。

许多年前，惠普公司的电脑工作小组，为了一个无法解决的问题伤透了脑筋。

经过好几个星期的努力，有一天，一位电脑工程师冲进了总裁的办公室，高兴地大喊："找到答案了！"那位总裁也很兴奋，高声说："恭喜！恭喜！太好了！"总裁高兴得手舞足蹈，不知道怎样感谢这位工程师好。他弯下腰把办公室抽屉翻了个遍，总算找到了一样东西，于是躬身真诚地对他说："这是给你的奖赏！"原来，总裁给工程师的竟是一只香蕉，这是当时他能拿出来的唯一奖赏。

从此以后，这只香蕉演化成一只小小的香蕉形的金别针，成为该公司对科技创新的最高奖赏。所有得到这种"香蕉"的员工，均以此为自豪。[1]

---

[1] 吕国荣主编《小故事大管理：世界500强管理绝活》，中国经济出版社，2010。

深度思索 及时兑现奖惩，对员工思想的触动会更大，甚至会激起巨大无比的感情波澜。至于那些当年考核而当年又不兑现奖惩的，其效果会大大下跌。可惜的是，在现实生活中犹豫不决、拖而不奖并非个别现象。肯定性激励的适时性表现为"赏不逾时"的及时性，惠普公司总裁实在没有别的东西，只有一只香蕉时也要拿出来作为奖品。假如这位经理当时什么都没有做，而是过了十天半月后，再给这位工程师以多少钱或别的什么奖励，两种方式，哪一种给科学家的触动更大？答案不言而喻。

案例二 玫琳凯重奖业绩佼佼者

有战略眼光的成功老板为了激励员工，常常会采取重赏有功者的办法。这和一般的加薪奖励不同。因为通常能用来加薪的，都是微不足道的小钱。而重赏则可能使公司的事业有一个突飞猛进的发展或得到巨大效益，也有助于出类拔萃的优秀人才脱颖而出。

美国玫琳凯化妆品公司的老板玫琳凯·艾施为了推动她的销售人员搞好销售，将粉红色"凯迪拉克"轿车和镶钻石的金黄蜂作为公司独特的奖励手段。她规定，凡连续3个月，每个月销售出3000美元产品的销售员，可以获得一辆乳白色的"奥兹莫比尔"轿车。诸如此类的奖品随着销售量的增加而逐级增加，第二等奖品就是粉红色的"凯迪拉克"轿车一辆，并且在隆重的"美国小姐"加冕仪式上颁发；而头等奖品则是一个镶着钻石的黄金制作的黄蜂。

对此，玫琳凯·艾施解释说："蜜蜂应该是不能够飞的，因为身体太重，翅膀飞不起来，但是黄蜂却不是这样，它可以飞得很好。"

这些奖励，是真正的重奖，它不但价值连城，而且与崇高的荣誉连在一起，这无疑大大刺激了推销员的积极性。

艾施的这种奖励方式来自于她在史丹利公司工作时的一段经历。

那时，有些女推销员工作非常出色，因此获得"销售皇后"的奖励。艾施借了12美元前往达拉斯参加年会，去向当年的"销售皇后"请教推销之道。她发誓第二年也要赢得奖赏。这个目的她达到了，可是奖品却只是一个诱鱼用的水中手电筒，对她没任何用处，令她啼笑皆非。

艾施由此认识到，在她的公司里，奖励绝不能马虎了事，必须能真心体现出优秀销售员的自身价值。她是个富有想象力的人，于是就有了粉红色"凯迪拉克"和金黄蜂的奖赏出现。[1]

深度思索 在现代经济社会中，成功的老板会把重赏与对"勇夫"的尊重紧密结合起来，使真正有才干的人在工作中实现他自身的价值，从而也鼓舞其他的员工一起效仿，形成人人争上游的竞争局面，让优秀的员工更优秀，让平庸的员工不平庸。

案例三 松下幸之助敢于处罚自己

1964年，日本战败后，松下公司面临极大困境。为了渡过难关，松下幸之助要求全体员工振奋精神，不迟到，不请假。

然而不久，松下本人却迟到了10分钟，原因是他的汽车司机疏忽大意，晚接了他10分钟。他认为必须严厉处理此事。

首先以不忠于职守的理由，给司机减薪处分。其直接主管、间接主管，也因监督不力受到处分，为此共处理了8个人。

松下认为对此事负最后责任的，还是作为最高领导的社长——他自己。于是对自己实行了最重的处罚，退还了全月的薪金。

仅仅10分钟迟到，就处理了这么多人，连自己也不饶过，此事深刻地教育了松下公司的员工，在日本企业界也引起了很大震动。[2]

---

[1] 苗雨：《世界500强管理之道全集》，地震出版社，2005。
[2] 邱庆剑：《世界500强企业管理理念精选》，机械工业出版社，2006。

深度思索 在严格兑现奖惩时，领导人既要对别人敢奖敢罚，更要对自己敢奖敢罚，特别在自己出了问题时，要勇于严格按规定来处罚，以体现制度面前人人平等的精神，这样更有利于推动激励机制落到实处。在现实生活中，普遍存在敢奖敢罚对别人容易、对自己难的现象。一些企业负责人，往往得了重奖不好意思拿、受到惩罚找理由搪塞。

为了提高激励机制的效果，在兑现奖惩时，需要注意五个问题：

一是时机。激励时机是激励机制的一个重要因素。激励在不同时间进行，其作用与效果是有很大差别的。超前的激励可能会使下属感到无足轻重；迟到的激励可能会让下属觉得画蛇添足，失去了激励应有的意义。只有及时的激励才能达到让得奖者兴奋、让受罚者服气、让旁观者坐不住的效果。

二是频率。激励频率是指一定时间里进行激励的次数，它一般是以一个工作周期为时间单位的。激励频率的高低是由一个工作周期里激励次数的多少所决定的，激励频率与激励效果之间并不完全是简单的正相关关系。激励频率的选择受多种客观因素的制约，这些客观因素包括工作的内容和性质、任务目标的明确程度、激励对象的素质情况、劳动条件和人事环境等。

三是程度。激励程度是指激励量的大小，即奖赏或惩罚标准的高低。它是激励机制的重要因素之一，与激励效果有着极为密切的联系。能否恰当地掌握激励程度，直接影响激励作用的发挥。超量激励和欠量激励不但起不到激励的真正作用，有时甚至还会起反作用。比如，过分优厚的奖赏，会使人感到得来全不费工夫，丧失了发挥潜力的积极性；过于吝啬的奖赏，会使人感到得不偿失，多干不如少干；过于轻微的惩罚，可能导致人的无所谓心理，不但不会改掉毛病，反而会变本加厉。所以从量上把握奖惩，一定要做到恰如其分，激励程度不能过高也不能过低。

四是方向。激励方向是指激励的针对性，即针对什么样的内容来实施激励，它对激励效果也有显著影响。马斯洛的需要层次理论有力地表明，激励方向的选择与激励作用的发挥有着非常密切的关系。比如对一个具有强烈自我表现欲望的员工来说，如果要对他所取得的成绩予以奖励，奖给他奖金和实物不如为他创造一次更能充分表现自己才能的机会，使他从中得到更大的鼓励。

五是掌控。要提高奖惩效果，还需企业主要领导有很强的掌控全局的能力。在兑现奖惩的过程中，要以开始的承诺为依据，不轻易变更标准；要以人格为保证，敢于担当引发的责任；要以稳定为大局，周密做好奖惩的善后工作。

第四节　机制创新需要把握的几个关键问题

机制是企业长盛不衰的有力杠杆，是企业百年不老的制度保障。创新一个机制不容易，落实一个机制更不容易。要使机制发挥更大的效能，需要把握以下三个问题。

（一）机制创新必须解放思想

创新机制从本质上说就是对陈旧制度的抛弃，就是对传统规定的改革。只有解放思想、更新观念，才能构建一套充满生机与活力的崭新机制。

如何解放思想呢？概括为一句话就是：转变不适应、不符合科学发展要求的思想观念。就是要通过反复的、深入的、持久的思想解放，把科学发展的要求转化为推进科学发展的坚强意志、谋划科学发展的正确思路、领导科学发展的实际能力、增强品德修养的自觉行动、促进科学发展的政策措施、保障科学发展的体制机制。

一是清除发展上不去也无动于衷的懒汉懦夫思想和怨天尤人的观

念,树立发展永远是硬道理的理念,增强我为发展多作贡献的意识。发展是一切事业的经济基础,经济实力不强,员工生活无法提高、科研项目无钱开发,企业运行也难以维持。领导树立了打造百年不老企业的意识,才能大刀阔斧搞改革,敢于出台充满活力的机制;员工树立了我为发展多作贡献的意识,才会理解支持、自觉践行新的体制机制。

二是清除见物不见人的机械唯物主义思想,树立人才是企业最宝贵资源的理念,增强让员工共享发展成果的意识。企业发展要依靠员工的拼搏,因为员工是生产力的第一要素;发展的成果要与员工共享,因为只有调动了员工的积极性、创造性,企业才会创造人间奇迹。

三是清除"只管眼前,不顾长远"的短期行为和临时观点,树立全面协调可持续发展的理念,增强为下届企业班子打下坚实基础、为黎民百姓留下绿水青山、为子孙后代多留宝贵资源的意识。目前,在一些地方只顾速度不管质量、只顾政绩不管生态、只顾利润不管污染、只顾开采不管保护,吃子孙饭、断发展路的现象比较突出,必须迅速改变。做一个对得起员工、对得起良心、对得起子孙的企业掌门人。

四是清除"各管一摊互不相干"、"拆了东墙补西墙"的思维方式,树立统筹兼顾的理念,增强部门配合作战的意识。在一些企业,部门各自为政、互踢皮球的现象比较突出,既影响了整体运营的效率,又损害了企业对外形象。只有部门树立了大局观念,领导掌握了弹钢琴艺术,才能打造出步调一致、进退有序、无坚不摧、无往不胜的英雄团队。

案例　韦尔奇通过解放思想引领企业改革

杰克·韦尔奇在通用的历任总裁中无疑是最成功的,他受到了全世界的关注和推崇。但在通用内部,许多人并不喜欢他,甚至有人把他当成头号敌人。他对员工很严厉,甚至达到残酷的地步,当然不是指肉体上的折磨。早些时候《财富》杂志曾经将韦尔奇评为"美国最

第八章 机制是企业长盛不衰的杠杆

严厉的老板"。我们可以从杰克·韦尔奇的一项举措看出他的残酷——韦尔奇任总裁后,有将近20万名员工被解雇。当然,韦尔奇此举为通用省下了60亿美元的多余开支。因此,有媒体称杰克·韦尔奇为"中子韦尔奇"——意即他的威力像中子弹一样,可以摧毁大楼里的所有生物,却能让大楼毫发无损。

1980年,杰克·韦尔奇被正式任命为通用公司董事长兼首席执行官。45岁的杰克·韦尔奇再次成为通用之最——最年轻的董事长。

杰克·韦尔奇上任后,实施了一系列大的改革,几乎将公司翻了个底朝天。

刚刚上任的首席执行官韦尔奇对通用的状况并不像大多数人那么乐观。当时有很多隐性因素被人忽略了,而这些很可能让通用遭受重创的因素令韦尔奇十分不安。

韦尔奇的改革遇到了三大阻力:一是传统习惯的思维定式;二是"高枕无忧"的安全感;三是重复低效的资源配置。

为消除阻力,杰克·韦尔奇在改革之初便制定了应对的方略。这套方略可以概括为三个"必须":必须激发全体员工的改革之心;必须解放思想,建立一套新的价值观和行为规范;必须建立一套新的机制来帮助员工适应新的环境。为达成这些目标,杰克·韦尔奇在通用实施了"独裁式"的统治,从审计、传播以及教育等方面入手,进行了深入扎实的思想发动和大刀阔斧的改革。

杰克·韦尔奇在通用创新机制的改革是分三步来完成的:

第一步:让员工明白为什么需要改革

要让员工有危机感,明白为什么需要改革。这是改革过程中最重要也是最艰难的一步。改革带头人面临的一个最严峻的考验,就是能在多长时间内让整个企业觉醒,解放思想、更新观念,全身心参与到改革中来。杰克·韦尔奇认真分析了老通用的状况,明白了哪里有问题,哪里需要改变,哪里需要重建。随后他召集了高层会议,宣布了自己改革的理由:

（1）全球化的市场竞争已经到来，而且愈演愈烈，通用必须放眼全球；

（2）企业的上线运营增长缓慢，老化的机制阻碍了发展；

（3）新的经济增长点已经出现，机会稍纵即逝，应该好好把握；

（4）公司原有机制老化，思想僵化，应该进行创新，使其更具弹性和活力；

（5）竞争对手都在缩短新旧产品的更新周期，通用明显滞后。

杰克·韦尔奇在会上发表了语重心长的演说，希望能够激起众人的危机感。他说："大家都很清楚，我们的制度是荒唐的。比如在计划方面，你们总是对上面的意见言听计从，从不主动积极地建议和思考该怎么做。这些企业是你们的，你们应该有责任心，应该去争取第一。……我们必须有所改变了。我们不需要厚厚的计划书，不需要言听计从，不需要趋炎附势，我们需要的是各位在自己的企业里真正起到领导作用，用你们的智能制定合适的营运策略，去争取第一或第二。这就是通用策略。"

在改革的第一步，韦尔奇的中心任务是宣布改革日程、彻底解放思想、打破旧有的心态和观念。他宣布公司日后做计划要先看对手的数据，再看自己的预算，而此前恰恰是相反的。他控制了所有的沟通形式，让通用上下都用他的口径去传播事情。他烧掉了象征旧通用企业文化的"蓝皮书"，称公司以后不再有"标准答案"，主管必须找到自己的答案。他直接控制公司的管理训练课程，为所有员工检查、修正课程方向。

第二步：构想公司的美好蓝图

经过几年的调整，旧有的模式已基本被打破。员工对于改革的恐惧日渐消除，并渐渐变得积极起来。先前遭到极大反对的改革计划越来越顺利地得到推行，改革的方向开始明朗化，改革的目标也越来越清晰。

杰克·韦尔奇发现公司的凝聚力在增强，自己的权威也开始树立起来。他召集员工开会,让他们为公司的未来勾画蓝图,倾听他们的意见,也传达自己的想法。

20世纪80年代后期,杰克·韦尔奇开始提出21世纪的企业理想。随着这一理想的提出,通用的改革宣布进入第三个阶段。

第三步:全面实施改革计划

杰克·韦尔奇的全面改革计划核心是结构重建。结构重建是从改变公司最高管理层的核心运作模式开始的。这种改变主要有两点:一是要求高层主管必须身体力行,成为新价值观和理想代言人以及改革的先行者;二是改变官僚主义作风和清除行政积弊。在整顿了公司管理高层之后,接下来的任务便是让每一个员工都加入改革的行列中来。他让部门与部门之间、企业与企业之间相互观摩、竞争,检讨改进复杂滞后的运作流程,设计更简单、更有效率的程序。这样一来,公司内部相互竞争、积极进取的风气浓厚起来,从而带动高层将目光投向全球的竞争对手。

杰克·韦尔奇的改革取得了卓越的成效。到20世纪90年代中期,通用已成为全美最强大的公司以及全球最具发展潜力的公司。[①]

深度思索 思想是行动的先导,理论是实践的指南。观念改变命运,创新开辟未来!

(二)机制创新必须坚持以人为本

人是管理中的首要因素,任何管理都是从人出发、由人决定、为人服务的,都要把关心人、尊重人、解放人、发展人放在突出位置。作为激励机制主体的人始终处于管理的主导地位,作为激励机制客体的人在发展中始终起决定作用,作为激励机制的效果也必须通过人的

---

① 谭地洲、郑小飞:《世界10大创业赢家》,西南财经大学出版社,2004。

实践来体现。因此，在创新激励机制时，必须强化以人为本意识，紧紧围绕人的需求、人的解放、人的发展来制定各项激励措施。人的素质始终是管理的决定性因素。抓管理、建机制、不坚持以人为本就是不得要领。

世界500强企业普遍把坚持以人为本作为企业管理的基本政策，创造了很多以人为本管理的好经验。美国钢铁大王卡内基对钢铁生产工艺所知甚少，但他调动了300多位专家的积极性，众星捧月，使他登上了钢铁大王的宝座。他说："如果把我的厂房、材料全部烧毁，但只要保住我的全班人马，几年以后，我仍将是一个钢铁大王。"索尼公司创始人、董事长兼总裁盛田昭夫在总结企业成功的经验时说："成功，不是靠理论，不是靠计划，也不是靠国家的政策，而是人。"美国摩托罗拉公司创始人、总裁保罗·高尔文谈到企业生存和发展根基时更是直截了当："要知道，摩托罗拉一无所有，它所拥有的就是人的力量。"

案例　摩托罗拉坚持以人为本管理企业

摩托罗拉作为世界上最大通信、电子业跨国公司，它的成功有很多因素。它在管理上就有一个值得其他公司学习的重要经验——以人为本。为最大限度地开发人力资本的效能，该公司制定出了一系列以尊重人才、培养人才、发现人才为根本的管理措施。

为了改善和提高员工的整体素质，公司制订了详尽的人才培养计划，尤其重视中高层管理人才的培养。他们每年都选派600多名中国员工到其美国工厂参加技术会议、工程师设计会议以及各种技术培训班，同时加速人才本土化进程，以尽快实现由中国人来管理公司的目标。

为了早出人才，他们除了加强教育和培训外，还支持和组织员工参加全国经济统计专业职称技术资格考试、职称外语考试、质量认证培训等，努力打造一支高素质的员工队伍。

为了推动"肯定个人尊严"的活动,他们每季度都要问员工6个问题:

（1）你觉得自己的工作有没有意义？你的工作是否让客户满意？

（2）你在工作中是否了解成功的因素？

（3）你有没有得到培训？

（4）你有没有职业发展目标？

（5）上级或下级对你是否有反馈,你从中有没有收获？

（6）工作环境中是否有其他因素阻碍你上升发展？

为了调动员工的积极性,摩托罗拉还采取了多种激励措施:

（1）提供福利待遇。公司在每年的薪资福利调整前,都对市场价值因素及相关的、有代表性企业的薪资福利状况进行比较调查,以便使公司在制定薪酬福利时,与其他企业相比能保持优势和具有竞争力。摩托罗拉员工享受政府规定的医疗、养老、失业等保障。在中国,为员工提供免费午餐、班车,并成为向员工提供住房的外资企业之一。

（2）建立公正评估。摩托罗拉制定薪资报酬时遵循"论功行赏"原则,员工有机会通过不断提高业绩水平及对公司的贡献而获得加薪。摩托罗拉的业绩报告表,参照美国国家质量标准制定。员工根据报告表制定自己的目标,个人评估一个月一次,部门评估一年一次,根据业绩报告表的情况,公司年底决定员工的薪水涨幅及晋升情况。评估在1月份进行,每年选拔干部比较集中的时间是2至3月份。

（3）尊重个人人格。在摩托罗拉,人的尊严被定义为：实质性的工作；了解成功的条件；有充分的培训并能胜任工作；在公司有明确的个人前途；及时中肯的反馈；无偏见的工作环境。每个季度员工的直接主管会与其进行单独面谈,就以上六个方面或更广阔的范围进行探讨,谈话中发现的问题将通过正式渠道加以解决。此外,员工享有充分隐私权,员工的机密档案,包括病历、心理咨询记录等都与员工的一般档案分开保存。公司内部能接触到员工所有档案的仅限于"有必要知道"的有关人员。

(4) 实现开放沟通。员工可以通过参加总经理座谈会、业绩报告会、《大家庭》报、公司互联网、"畅所欲言"或"我建议"等形式反映个人问题，进行投诉或提出合理化建议，进行直接沟通。管理层也可以根据存在的问题及时处理员工事务，不断地改善员工关系，创造良好的工作氛围。

(5) 提供发展机会。摩托罗拉的经理级别为初级经理、部门经理、区域经理（总监）、副总裁、资深副总裁。

在摩托罗拉，技术人员可以搞管理，管理人员也有做技术的机会，做技术和做管理的在工资上具有可比性。许多公司看重职业经理人的位置，因为拿钱多，在摩托罗拉，做技术和做管理完全可以拿同样多的工资。①

深度思索 人才是企业最宝贵的财富，是企业生存和发展的第一资源，是企业长盛不衰的动力源泉。摩托罗拉在培养人才、尊重人才、为人才成长创造舞台、运用多种措施激励员工，为企业管理者提供了全方位的经验。每个盼着自己企业长寿的老板，每一位树立了打造百年企业雄心壮志的大企业家，都应该把"以人为本"四个大字深深地刻在脑子里，从培养教育、福利待遇、提拔晋升、职权结构、激励约束、民主决策等多个角度，建立一套充满生机活力的体制机制，使员工与企业形成一个命运共同体，使企业成为员工甘心情愿为之奉献的终生归宿！从而打造出一支无坚不摧的钢铁团队，创造一个世代难忘的百年伟业！

"功以才成，业以才兴。"大凡成功的企业，其共同的特点就是牢固树立了人的因素第一的观念。日本京瓷公司社长稻盛和夫指出："要使企业成长起来，并富有活力，就要想方设法使人变得有活力，

---

① 苗雨：《世纪500强管理之道全集》，地震出版社，2005。

第八章　机制是企业长盛不衰的杠杆

只要这一点解决了,即使物、钱缺乏,企业也会有活力,也会发展。"联想集团从 20 万元资金起步,不到 20 年便构筑起了一个极富创新能力的国际化科技公司。如果不是聚集了一批敢闯敢干的高技术人才,联想 20 万元的创业资本即便能点石成金,也不可能在这么短的时间里就发展成为全球领先的 PC 企业。所以柳传志一针见血地说:"办公司就是办人。"企业的第一财富是人才,第一资源是团队。企业掌舵人要抓好以人为本这个管理的核心,培养一流的员工素质,打造一流的企业团队,就要牢记四句话:靠人品增强忠诚度;靠愿景增强事业心;靠股份增强向心力;靠关怀增强归属感。

(三) 机制创新必须强力推进

创建一个好的机制不容易,推行和坚持一个好机制更不容易。由于传统观念根深蒂固,由于走老路省心省力,由于新机制会伤及一些人的利益,新机制一出台,往往会遭受种种责难和强大的阻力。要把新机制落到实处,改革者必须有超强的腕力。

世界 500 强企业的掌门人在推行新决策、落实新机制的过程中,个个都显示了铁手腕、硬作风的英雄气概。美国 IBM 公司董事长兼 CEO 郭士纳说:"执行才是促成一个战略获得成功的真正关键因素。"美国苹果电脑公司创始人史蒂夫·乔布斯说:"照我说的做,不然就请便。"

案例一　菲亚特强力推进落实

1899 年,乔瓦尼·阿涅利与人联手创办了一家汽车公司。1906 年,阿涅利将公司定名为意大利都灵汽车制造厂,后来改制为股份公司,并改名为菲亚特,这既是公司名称的缩写,又是产品的商标名称。

1949 年,阿涅利的孙子贾尼·阿涅利被指定为菲亚特公司的副董事长,1966 年,被正式推举为菲亚特汽车公司董事长。该公司逐步发展成为意大利最大的汽车制造企业,也是世界最大的汽车公司之一,在2010年世界500强排名中，菲亚特列第85位。

20世纪70年代前期，国际汽车市场疲软。在意大利本国工资上升、物价上涨等情况的冲击下，再加上公司内部出现了管理问题，菲亚特汽车公司经历了最不堪回首的日子，公司连年亏损，在世界汽车市场上的排名接连下跌。此时，菲亚特的决策层中有不少人力主甩掉汽车公司这个沉重的大包袱。消息传出后，菲亚特汽车公司上下一片恐慌，不知哪一天公司就会被卖掉或是解散。

1979年，阿涅利任命47岁的维托雷·吉德拉出任菲亚特汽车公司总经理。

吉德拉上任一开始，通过深入到最基层与员工们沟通交流，找出了公司的症结所在。他对症下药砍出三板斧：

第一板斧，将亏损砍掉！关闭了国内的几家汽车分厂，淘汰冗员，员工总数一下子减少了1/3，由15万人降到10万人。这次机构改革的另一个重点是对菲亚特公司的海外分支机构进行调整。这些海外机构数量众多，但绝大部分效率低下，所需费用却很庞大，经常是入不敷出，成为公司的沉重包袱。吉德拉毫不犹豫地撤掉了一些海外机构。他停止在北美销售汽车，还砍掉了设在南非的分厂和在南美的大多数经营机构。

第二板斧，将落后工艺砍掉！吉德拉通过在工厂的实地调查，认为公司技术落后、生产效率低下是造成公司陷入困境的重要原因之一。吉德拉采用大量新工艺、新技术，利用计算机和机器人来设计和制造汽车。这些措施，使汽车的部件设计和性能得到改进，使其更为科学和合理化，劳动效率也随之提高。新工艺、新技术的采用带来的另一个结果是公司的汽车品种和型号大大增加，更新换代的速度大大加快，增强了菲亚特汽车的市场竞争力。

第三板斧，将先销售后付款的销售代理制度砍掉！过去菲亚特汽车的经销商不需垫付任何资金，而且在销售出汽车后，也不及时将货款返回菲亚特，而是挪作他用。这使得菲亚特的资金周转速度缓慢，

第八章 机制是企业长盛不衰的杠杆

加重了公司的负担。吉德拉对此作出了一项新的规定：凡经销菲亚特汽车的经销商，必须在出售汽车前就支付汽车货款，否则不予供货。此举引起了汽车经销商的强烈反对，但吉德拉始终坚持己见，意志坚定。结果有1/3的菲亚特汽车经销商被淘汰出局，其余的都接受了这一新规定，这大大提高了菲亚特汽车公司的资金回笼速度，减轻了公司的财务困难。[①]

深度思索 面对一个病入膏肓、举步维艰的大企业，改革的阻力是可想而知的，领导者如果没有强大的执行力，没有百折不挠、勇往直前的魄力，没有不达目标誓不罢休的勇气，是难以回天的。但吉德拉做到了，他使菲亚特重振了雄风。

案例二 伊藤洋货行辞退有功之臣

日本伊藤洋货行最初是以衣料买卖起家的，后来进入食品业。但由于公司内部没有食品管理方面的人才，伊藤洋货行的创始人伊藤雅俊十分艰难地从东食公司挖来岸信一雄。岸信一雄来到了伊藤洋货行以后，重整了公司的食品部门，10年间使公司的业绩提高了数十倍。岸信一雄开始居功自傲，对公司制定的规章制度一律不予遵守，对公司的机制创新更持敌对态度，公司新出台的战略决策在岸信一雄那里不仅得不到有效执行，而且就此止步不前，导致下级部门往往由于得不到上级的命令不敢贸然行事。他不仅不再提高自己的工作业绩，为公司创造价值，而且还对那些勤奋敬业的下属冷眼相待，并嘲笑他们"即使再干10年也休想获得成功"。在他不负责任的领导下，所有下属都消极地对待工作，致使整个部门的工作效率直线下降，从而影响了公司全局的战略性发展。

---

① 苗雨：《世界500强管理之道全集》，地震出版社，2005。

董事长伊藤雅俊屡次对他批评教育，无奈他不但不改还变本加厉，最后公司终于决定把他辞退了。

公司的这一决定，在伊藤洋货行乃至日本商界引起了不小的震动。尽管公司内部的人都知道岸信一雄如何飞扬跋扈，但人们仍然认为辞退他是不公平的。在面对舆论的尖锐质询时，伊藤雅俊却理直气壮地说："秩序和纪律是我们企业的生命，我们不能因他一个人而减低整个企业的战斗力！"[①]

> **深度思索** 对业绩差的处理起来手软是许多企业的通病，对贡献大的有功之臣处理起来下不了手，更是普遍存在的难题。有些人过去表现相当优秀，为企业发展立下了汗马功劳，但是由于居功自傲，蔑视公司的机制创新，拒不执行公司的重大决策，已经造成很坏的影响。对于企业来说，要解雇这些人是需要勇气的，解决这个问题唯一办法就是树立企业利益至上的信念，像伊藤雅俊那样，把维护企业的秩序和发展看成自己的生命。

案例三　谁不签字就换人

2003年初，山东地矿局新组建的领导班子在青岛召开经济工作会议。局党委提出了贯彻目标责任制、创建奖惩机制的实施方案。在签责任状的前夕，遭到普遍抵制，21个正县级单位的"一把手"多数认为市场收入增长20%、职工收入增长15%指标太高，难以完成。

晚上9点40分召开了局党委紧急会议，统一思想。到12点，最后形成决议：坚定不移地推进改革，毫不动摇地落实奖惩机制，谁不签字就换人，并分工副局长们分头做各单位"一把手"的思想工作。第二天下午3点按计划签订了责任状。不久就给对实行奖惩机制有抵

[①] 金鸣、张敏主编《世界500强企业领导班子之道》，北京出版社，2006。

第八章 机制是企业长盛不衰的杠杆

触情绪的两个"一把手"调整了工作岗位。

到了年底,全局市场收入增长42%(并且连续多年都是40%以上),职工收入增长了30%,全都翻番完成了任务。本来能完成,反而说完不成,主要是懒散惯了,不乐意有压力。那时稍一松劲,稍一手软,地矿局绝不会有今天的好形势。

在给省委的报告上,山东地矿局写了四个"如果":如果没有决策目标,单位很难实现跨越式发展;如果没有执行责任,决策目标就难以落到实处;如果没有监督考核,执行责任就难以坚持到底;如果没有敢奖敢罚,监督考核就显得苍白无力!要提高执行力,把工作落到实处,就必须有"说了算,定了干,有了承诺就兑现,困难再大也不变的铁手腕、硬作风。"省委书记在后面几句话的下边划了红杠杠。看来省委领导很重视、很赞同这样的工作作风!

深度思索 为什么许多好机制老是落实不好、贯彻不到底呢?一个很重要的原因就是缺乏一个铁手腕、硬作风,往往是开始咬牙切齿,后来不了了之!

凡有人群的地方,都免不了有三种人:第一种是积极上进的,占少数;第二种是随大溜的,占多数;第三是消极落后的,也占少数。任何一个新的改革措施、任何一个新体制机制出台,免不了会有人指手画脚、予以反对。如何才能以超强的腕力,推进新机制落到实处?要坚持"四有":一要有主见。对于重奖的常常伴随着嫉妒之声,对于受罚的少不了会有说情之人,如果企业领导是棉花耳朵弹簧腰、刀子嘴巴豆腐心,创新机制的贯彻只能是雷声大雨点小、一无所获。只有有主见的领导,才会排除各种干扰,以鼎力推进的英雄气概、百折不挠的顽强精神,把新机制落到实处;二要有诚信。员工对领导的承诺要讲诚信,领导对员工的承诺也要讲诚信。不能将信誓旦旦的表态当成耳旁风,领导要以自己的人格品行为保证,不管有多大的困难,都要坚定不移地兑现奖惩措施；三要有魄力。凡是成就大事的人，都有"说了算、定了干、不达目的誓不罢休的魄力和毅力"，都有"只为成功想办法，不为失败找借口"的精神支柱，不管新机制实施中遇到多大困难，都会排除万难，为企业的长盛不衰奋斗不止；四要有能力。受奖的如何戒骄戒躁、再创辉煌？挨罚的如何总结教训、振奋精神？这些都是贯彻激励机制经常遇到的矛盾。只有那些驾驭能力强的企业领导才会及时化解矛盾，变消极因素为积极因素，让优秀的员工更能干，让后进的员工奋起直追，使整个企业形成一个斗志昂扬、万马奔腾的浓厚氛围，使自己的企业成为行业的领跑者，长盛不衰、百年不老，攀登上事业的巅峰。

第九章
文化是企业长盛不衰的灵魂

市场无情，优胜劣汰，适者生存。当今世界市场竞争的手段已由原来的价格竞争、质量竞争、服务竞争等单项竞争，变为企业全方位的形象竞争。美国哈佛大学经济学家罗伯特说过，以前企业是在价格上相互竞争，今天是在质量上的竞争，明天则是在企业形象上的竞争。企业要占领市场，不仅要有优质的产品，更要有一个企业的品牌和美好的形象。正如《哈佛管理丛书》中指出的："在一个富足的社会里，人们都已不太斤斤计较价格、产品的相似或不同之处。因此，商标和公司形象变得比产品和价格更为重要。"要塑造良好的企业形象，其根基在于企业能够保持长久不衰的生命力和强大的内在凝聚力和向心力，而这些力量的获得都离不开企业文化的建设。

IBM 咨询公司对世界 500 强企业的调查表明，这些企业出类拔萃的关键是具有优秀的企业文化，它们令人注目的技术创新、体制创新和管理创新根植于其优秀而独特的企业文化。企业文化是它们位列世界 500 强而闻名于世的根本原因。也就是说，世界上成功的企业必然都有先进的企业文化作支撑，没有卓越的企业价值观、企业精神和企业哲学信仰，再好的企业经营目标也无法实现。世界上一些遭受挫折、甚至破产的著名企业，问题大都出在企业文化上面，不是没有建立起先进的企业文化就是背离了企业的价值观。美国哈佛大学的研究人员约翰和詹姆斯对企业文化、企业精神的研究得出了两个结论：企业文化精神对企业的经营业绩有重大的作用；企业文化精神在下一个十年内很可能成为决定企业兴衰的关键因素。美国历史学家戴维·兰德斯在《国家的穷与富》一书中断言："如果经济发展给了我们什么启示，那就是文化乃举足轻重的因素。"也就是说，企业的生存和发展离不开企业文化的哺育。

第一节　什么是企业文化

从目前来看，我国各行各业、大大小小的企业，不论是国有企业还是民营企业，不论是制造业还是服务业，可以说都在大张旗鼓地搞企业文化建设。但对于什么是企业文化这一最基本的概念，未必都能搞清楚。比如有人认为，企业文化就是在企业内搞的各种文体活动，如打球、唱歌、跳舞等，而且认为硬件设施越好，文化活动越丰富，企业文化就建设得越好。还有人认为，企业文化就是企业形象设计，也就是CIS战略。也有人认为，企业文化是用名言、警句、广告语以及VI形象设计的视觉符号把企业包装起来。例如有一家大企业的总经理刚上任，他对企业文化建设十分重视，具有迫切的需求，他提出规划，要用10多天把企业文化搞出来，力争几天后标语上墙、上广告。还有人认为，企业文化就是搞思想政治工作等等。很显然，这些说法完全是浅层次的，是不正确的。

其实，企业文化概念最早出现于美国，是美国的一些管理学家在总结日本管理经验之后提出来的。我们知道，日本在第二次世界大战战败后，国民穷苦不堪，经济上几乎完全靠西方扶植。但到了20世纪60～70年代，日本发生了令人惊奇的变化，经济突飞猛进，一跃而进入发达国家行列。特别是到了20世纪80年代，日本已经在世界工业技术的许多领域处于领先地位，它的经济实力的强大对美国乃至西欧经济形成了挑战。日本的汽车、录像机和其他许多产品压倒美国货，美国人感到非常困惑，美国大量的专家、学者和企业家纷纷到日本考察、研究，探索日本成功的奥秘。西方特别是美国的管理学界对此进行了深刻的反思和多角度的比较研究。在 20 世纪 80 年代初短短的几年里连续出版了一系列企业文化的著作，发表了各种不同的见解。企业文化理论就是这些研究的一大成果。美国企业文化研究的热潮，大体经历了以下三个阶段。第一阶段的代表作是哈佛大学伏格尔教授的《日本名列第一》。1980 年 7 月，美国国家广播公司播出电视节目"日本能，为什么我们不能？"在美国引起强烈反响。这一阶段起到了动员和准备作用。第二阶段是两国管理模式的比较研究，发表的论著较多，具有代表性的有 1981 年 2 月出版的斯坦福大学教授帕斯卡尔和哈佛大学教授阿索斯的著作《日本的管理艺术》，以及 1981 年 4 月出版的美国加利福尼亚大学美籍日裔教授威廉·大内的著作《Z 理论——美国企业如何迎接日本的挑战》。《日本的管理艺术》一书提出了"7S"模式，即战略、结构、制度、人员、作风、技能、崇高目标。在 7 个 S 中，战略、结构、制度是硬性因素，其余 4 个是软性因素，7 个 S 构成一个有骨骼、有血肉的有机系统。第三阶段，可以说是深入改革的研究，主要目标是重建与美国文化相匹配的经营哲学和工作组织，以恢复美国的经济活力和对日本企业的竞争力。主要代表作有 1982 年 7 月由哈佛大学教授迪尔和麦肯锡咨询公司顾问肯尼迪合著的《企业文化——企业生存的习俗和礼仪》，以及 1982 年 10 月由麦肯锡咨询公司顾问彼得斯和沃特曼合著的《成功之路——美国最佳管理企业的经验》。在《企业文化——企业生存的习俗和礼仪》一书中，作者把公司文化的构成归纳为五大要素，即价值观、英雄人物、文化礼仪、文化网络及公司环境，其中价值观是核心要素。《成功之路——美国最佳管理企业的经验》的作者认为，纯粹以理性主义为指南，会使企业变得片面狭隘、僵化呆滞，无法适应市场竞争需要。为此，他们总结了成功企业的八项管理原则：行动迅速、接近顾客、创业精神、扬长避短、发挥员工积极性、依靠价值观的精神力量、精简机构、宽严相济。其中第二阶段和第三阶段出版的四本畅销著作，被称为企业文化的"新潮四重奏"。这四本书的出版，标志着企业文化理论的诞生。

日本企业和管理学界在美国企业文化理论研究的基础上，对日本企业管理的实践进行系统的研究，认为企业文化是"静悄悄的企业革命"和"现代管理的成功之道"。东西方企业管理界的学者通过对20世纪70年代末、80年代初世界排名前500名的大企业进行研究发现，这些企业到现在有近1/3破产或衰落了，著名大企业的平均寿命不足40年，远远低于人的平均寿命。这些大企业早亡的原因很大程度上是由于没有培养和形成适合自身发展的企业文化。诚如美国管理学者汤姆·彼得斯、南希·奥斯汀在《寻求优势》中所说："一个伟大组织能够长久生存下来，最主要的条件并非结构形式或管理技能，而是我们称之为信念的那种精神力量，以及这种信念对于组织全体成员所具有的感召力。"

由此可见，企业文化理论最早出现于美国，而其作为一种主流的管理思想则最早出现于日本。但从目前来看，对于什么是企业文化，国内外学者也有不同的理解。例如美国管理学家迪尔和肯尼迪，在被其称之为企业文化管理体系奠基之作的《企业文化——企业生存的习俗和礼仪》一书中指出：它有力地影响企业，影响每一件事——从谁得到提升和做出什么样的决策，到职工们的行为举止和衣着爱好。因此，企业文化对企业成功具有重要作用。美籍日裔学者威廉·大内在其《Z理论——美国企业如何迎接日本的挑战》一书中指出："一个公司的文化由其传统和风气构成。此外，文化还包含一个公司的价值观，如进取性、守势、灵活性——即确定活动、意见和运动模式的价值观。经理们从雇员们的事例中提炼了这种模式，并把它传达给后代的工人。"美国麦肯锡管理咨询公司研究人员彼得斯、沃特曼在《成功之路——美国最佳管理企业的经验》一书中详细地阐明了超群出众的企业所具有的八种文化品质。他们所说的企业文化，是指一个企业的共有价值观与指导观念，是一种能使各个部分互相协调一致的氛

第九章 文化是企业长盛不衰的灵魂

围,是给企业员工提供崇高的工作意义和大展宏图机会的活动,是进行道德性的领导等等。IBM 公司董事华生认为企业文化就是企业哲学,最重要的是对每个人的尊重,提出企业文化的核心就是尊重员工,以人为本。

自 20 世纪 80 年代企业文化引入中国后,很快得到了中国企业界和管理学界的认同和响应,并对企业文化进行了初步的研究。比如,清华大学教授张德认为,企业文化是指企业全体员工在长期的创业和发展过程中培育形成,并共同遵守的最高目标、价值标准、基本信念及行为规范。上海德村文化研究所所长曹世潮先生认为,文化是特定人群当下普遍自觉的观念和方式系统。国内比较权威的《企业管理学大辞典》对企业文化的定义是:"企业文化是社会文化一定程度上的缩影,是企业在建立和发展过程中逐步形成并且日趋稳定下来的文化积淀。它应包括企业价值观、企业精神以及以此为主导的企业行为规范、道德准则、社会信念和企业风俗及在此基础上生成的企业经营意识、经营指导思想、经营战略等。企业文化包括三种基本形态:观念文化形态、物质文化形态和制度文化形态;企业文化的功能赖以发挥的关键,在于企业生产经营中生成的社会群体文化氛围和心理环境。"这一企业文化概念较为全面地表达了企业文化的内涵,并且对企业文化包含的内容、形态、功能作了一个简单的概括。

那么应当如何理解企业文化呢?我们认为,企业文化是社会文化的一个子系统。企业通过自身生产经营的产品及服务,不仅反映出企业的生产经营特色、组织特色和管理特色等,更反映出企业在生产经营活动中的战略目标、群体意识、价值观念和行为规范,它既是了解企业文明程度的一个窗口,又是当代社会文化的生长点。因此,在国内外学者观点的基础上我们可以对企业文化作如下定义:企业文化应当是在一定的社会大文化环境影响下,经过企业领导者的长期倡导和全体员工的积极认同、实践与创新而形成的整体价值观念、信仰追求、道德规范、行为准则、经营特色、管理风格以及传统和习惯等的总和。

它的内涵具体包括如下一些因素：价值观、行为准则、企业经营管理哲学、经营理念、企业精神等构成企业文化的核心内容，是企业为生产经营管理而形成的观念的总和，是一种以人为中心的企业管理理论，它强调管理中的软要素，其核心含义是企业价值观。

案例　沃尔玛的企业文化

提起沃尔玛超市，中国大城市的老百姓没有不知道的。沃尔玛公司是世界上最大的商业零售企业，1962年开办了第一家连锁商店，1970年建立起第一家配送中心，从此走上了快速发展之路。1999年全球销售总额达1650亿美元，在世界500强中排名第二，仅次于美国通用汽车公司。2000年，公司销售总额达到1913亿美元，年均增长率达到22%，年均销售总额净增长近160亿美元，不愧为全球"零售业大王"的称号。2001年底，在美国《财富》杂志的全球富翁排名榜中，沃尔玛的老板名列第一。冰冻三尺非一日之寒。沃尔玛从一个乡村小镇的小杂货店成长为世界企业500强前列的大型跨国零售业帝国，其影响因素是多方面的。但其中由山姆·沃尔顿所倡导的、经过几十年的实践不断发展和丰富的企业文化所起的作用却是不可估量的。

山姆·沃尔顿为公司制定了三条座右铭："顾客是上帝""尊重每一个员工""每天追求卓越"。这也可以说是沃尔玛企业文化的精华。

"顾客是上帝"的最好体现就是，沃尔玛公司把"让顾客满意"作为自己的首要目标。沃尔玛为顾客提供"高品质服务"和"无条件退款"的承诺，在美国，只要是从沃尔玛购买的商品，无须任何理由，甚至没有收据，沃尔玛都无条件受理退款。山姆·沃尔顿有句名言："请对顾客露出你的8颗牙。"在山姆·沃尔顿看来，只有微笑到露出8颗牙的程度，才称得上是合格的"微笑服务"。山姆·沃尔顿还教导员工："当顾客走到距离你10英尺的范围内时，你要温和地看着顾客的眼睛，鼓励他向你咨询和求助。"这一条被概括为"10英尺态度"，成了沃尔玛的员工准则。

第九章 文化是企业长盛不衰的灵魂

为了实现"尊重每一个员工",沃尔玛公司提出了"员工是合伙人"的企业口号。山姆·沃尔顿将"员工是合伙人"这一概念具体化为三个计划:利润分享计划、雇员购股计划、损耗奖励计划。1971年,山姆·沃尔顿开始实施第一个计划,保证每个在沃尔玛公司工作了一年以上以及每年至少工作1000个小时的员工都有资格分享公司利润。山姆·沃尔顿运用一个与利润增长相关的公式,把每个够资格的员工工资按一定百分比归入这个计划,员工们离开公司时可以取走这个份额,或以现金方式,或以沃尔玛股票方式。雇员购股计划的内容就是让员工通过工资扣除的方式,以低于市值15%的价格购买股票。现在,沃尔玛已有80%以上的员工借助这两个计划拥有了沃尔玛公司的股票,而其他的20%员工基本上都是不够资格参与利润分享的。损耗奖励计划的目的就是通过与员工共享公司因减少损耗而获得的赢利来减少偷窃的发生。损耗,或者说偷窃是零售业的大敌,山姆·沃尔顿对有效控制损耗的分店进行奖励,使得沃尔玛的损耗率降至零售业平均水平的一半。

"每天追求卓越",天天都是平价。无论你走进全球哪一家沃尔玛,你都能买到最便宜的商品。沃尔玛凭借其先进的电子信息手段,做到了商店的销售与配送保持同步,配送中心与供应商运转一致,提高了工作效率,降低了成本,使得沃尔玛超市所售货物在价格上占有绝对优势。同时,山姆·沃尔顿提出了"太阳下山"原则,是指每个员工都必须在太阳下山之前完成自己当天的任务,而且如果顾客提出要求,也必须在太阳下山之前满足顾客。不管什么时候,你只要走进任何一家沃尔玛连锁店,肯定会找到价格最低的商品和你希望得到的服务。在每一家连锁店的每一个销售间,你都会产生一种在自己家里的感觉。

长期以来,沃尔玛的企业文化使沃尔玛公司的同人紧紧团结在一起,从他们特有的欢呼口号中你可以感受到一种强烈的荣誉感和责任心。"来一个W!来一个M!我们就是沃尔玛!来一个A!来一个A!

顾客第一沃尔玛！来一个L！来一个R！天天平价沃尔玛！我们跺跺脚！来一个T！沃尔玛，沃尔玛！呼、呼、呼！"

沃尔玛的员工总是设法让生活变得有趣及充满意外惊喜，他们经常会作出近乎疯狂的行为来吸引人们的注意，让顾客和同人觉得趣味横生。山姆·沃尔顿可称为典型代表，有一次他答应如果公司业绩出现飞跃，他会穿上草裙和夏威夷衫在华尔街上跳草裙舞。当年公司营业额的确超出了他的预料，于是他真的在美国金融之都华尔街上跳起了欢快的草裙舞，当时被报界大肆报道。公司副董事长曾穿着粉红色裤袜、戴上金色假发、骑着白马在本特维拉闹市区大摇大摆地行走。

尽管有些人认为沃尔玛有一群疯疯癫癫的人，但了解沃尔玛文化的人会懂得它的用意旨在鼓励人们打破陈规和单调生活，去努力创新。"为了工作更有趣。"这就是山姆·沃尔顿的"吹口哨工作"哲学。

通过这些有趣的游戏，不仅使沃尔玛的员工和领导人员之间更加亲切，更加融洽，而且还是一种最好的宣传公司和促销的手段。沃尔玛的企业文化是在小镇上发展时就逐渐形成的。公司成长之后，沃尔玛仍然不忘鼓励人们在店里制造欢乐气氛，共同为社区增添生活的乐趣。培养团队意识，即使有时与宣传和促销商品没有关系。

深度思索 文化是企业生存和发展的精神支柱。我国零售企业与沃尔玛的差距十分明显，除了规模不大、竞争力不强、技术上的落后等原因之外，企业文化的落后甚至缺乏是一个不可忽视的问题。

企业文化从结构上看，通常是由企业理念文化、企业制度文化、企业行为文化和企业物质文化四个层次所构成。

一是企业理念文化。企业理念文化是指企业在长期的生产经营过程中形成的文化观念和精神成果，是一种深层次的文化现象，在整个企业文化系统中，它处于核心的地位。企业理念文化通常包括企业使命、企业愿景、企业精神、企业价值观、企业伦理道德、企业作风等内容，是企业意识形态的总和。

索尼公司的创始人之一盛田昭夫在其《日本造》一书中写道：我们确实有信奉的纲领，即索尼精神。首先，索尼是未知世界的开拓者。通过进步，索尼为全世界服务。索尼的理想是通过它独创的技术和国家间的共同协作，向要求严格的市场提供高质量的产品，通过这些为世界作贡献。

二是企业制度文化。企业制度文化是得到企业广大员工认同并自觉遵从的由企业的领导体制、组织形态和经营管理形态构成的外显文化，是一种约束企业和员工行为的规范性文化。它是企业文化的中坚和桥梁，把企业文化中的物质文化和理念文化有机地组合成一个整体。企业制度文化一般包括企业领导体制、企业组织机构、企业经营制度、企业管理制度和一些其他特殊制度。

企业的制度与企业的理念有着相互影响、相互促进的作用。合理的制度必然会促进正确的企业经营观念和员工价值观念的形成；而正确的经营观念和价值观念又会促进制度的正确落实，使员工形成良好的行为习惯。曾经有一位记者向海尔总裁张瑞敏提出一个问题："如果公司更换了新的领导人，海尔的企业文化会不会随之改变呢？"张瑞敏回答："美国人讲企业就像一堵砖墙一样，如果抽掉一块砖这堵墙不会塌。我们想先做到这个程度，然后考虑这堵墙怎么不断长高。"怎样做呢？这就涉及张瑞敏所说的"制度文化"。尤其对于现阶段处于由人治向法治转换过程中的大多数国内公司而言，健康的制度将削弱甚至取代个人影响力在企业中的过分存在，为企业的平稳发展创造条件。当海尔规模不断扩大、制度日渐规范时，张瑞敏总是设法利用企业的规章制度来保证和强化企业文化。他将公司的主要价值观念通过规则或职责规范予以公布，敦促公司所有人遵从这些规定。这样，即使企业变换了新的领导人，企业文化也不会随之改变，因为它已逐渐扎根于企业之中。

三是企业行为文化。企业行为文化是指企业员工在生产经营、学习娱乐中产生的活动文化。它包括在企业经营、教育宣传、人际关系活动、文娱体育等活动中产生的文化现象中。它是企业经营作风、精神面貌、人际关系的动态体现，也是企业理念的折射。从人员结构上划分，企业行为又包括企业家的行为、企业模范人物的行为、企业员工的行为等。

摩托罗拉之所以能创造辉煌的业绩，其根本原因就在于公司倡导的精诚为本的企业责任感。公司始终以这种企业责任感要求每一个员工。摩托罗拉的CI手册中印着这样一段话："诚信不渝——在与客户、供应商、雇员、政府及社会大众的交往中，保持诚实、公正的最高道德标准，依照所在国家和地区的法律开展经营。无论到世界的哪个地方进行贸易或投资，必须为顾客提供最佳的服务。"

四是企业物质文化。企业文化作为社会文化的一个子系统，其显著的特点是以物质为载体，企业物质文化是它的外部表现形式。优秀的企业文化总是通过重视产品的开发、服务的质量、产品的信誉和企业生产环境、办公环境、文化设施等物质现象来体现的。企业物质文化是企业文化系统的表层文化，它是由企业员工创造的产品和各种物质设施等构成的文化现象。它主要包括以下几个方面：①企业名称、标志、标准字、标准色；②企业外貌、建筑风格、办公室和车间的设计及布置方式等；③产品的特色、样式、外观和包装；④技术工艺设备特性；⑤企业旗帜、歌曲、服装、吉祥物等；⑥企业的文化体育生活设施；⑦企业造型和纪念性建筑，如雕塑、纪念碑、英模塑像等；⑧企业的文化传播网络，如企业自办的报纸、刊物、有线广播、闭路电视、计算机网络和宣传栏等。

日本三菱企业的象征物由三个菱形组成，这个标志蕴涵了三菱"人和"的企业理念，并表达出企业内部所孕育的朝气。三个菱形的标志，是公司创始人岩崎弥太郎在狱中设计的——就因为他在牢中，

第九章　文化是企业长盛不衰的灵魂

所以此标志的诞生让人感到惊讶。岩崎弥太郎是德川幕府末期的上佐藩士，在当时很活跃。他在牢里认识了一个神奇的老人，这位老人告诉他，如果想要推翻德川幕府，推行王政复古运动，必须拥有政策资金。所以先要学习、研究经济学，并告诉他企业发展最重要的是"人和"。他在这位老人的启发下，用三个人形组成一个图案，最后修正为三个菱形的标志。据说岩崎祖先是武田流水笠原氏，三个重叠的菱形是他家族的族徽，因此，三菱的菱形象征物还具有纪念的意义。

案例　索尼名称中的文化

索尼公司的前身叫做东京通讯工业公司，成立初期，为了糊口和生存几乎什么都做过，产品没有特色，企业没有知名度，更不用说企业形象了。随着公司的发展，公司最高管理层的头脑里逐步形成了国际化的意识。在国际经营活动中，最高管理层深深体会到，"东京通讯工业"这个名称需要改革。尽管在日本"东京通讯工业"的产品在国内市场具有相当高的份额，也具有很高的知名度，公司内外相当一部分人以"东京通讯工业"的品牌而自豪。但是要实施品牌国际化，这个名称是个巨大的障碍。最高管理层通过国外市场考察后认为，"东京通讯工业"这个名字在国外行不通，公司曾将其译为英语的 Tokyo Telech，Tokyo Telecommunication，由于发音和意思都很晦涩，令人感到十分不便。当时的盛田说到，与客户交流后客户都能记住他的名字，但就是记不住公司的名称。于是，回国后决意重新修改企业名称。然而，"东京通讯工业"的主要银行三井银行对于更名计划大为恼火并提出严厉批评："自从创业以来，公司用了10年时间才得以在业界成名的'东京通讯工业'，现在却要更名为那样一个乱七八糟的名字，究竟是怎么一回事啊？"公司内部难以接受公司更名的、持有类似意见的也大有人在。可以说，索尼公司的更名计划是在公司内外有争议的情况下进行的。但是，由于公司最高管理层认识一致，更名计划还是较顺利地展开了。

盛田昭夫通过考查拉丁语 sonus 引申的 sound 和 sonic 这两个词，结合当时流行的 sonny 以及 sonnyboy 这两个词，其原意是"可爱的小家伙"，正好和盛田昭夫所期待的乐观、开朗的含义相吻合。盛田昭夫在权衡 sonus 和 sonny 这两个词后，决定选择后者。但用罗马字母将该词拼写出来时，发现其发音与日文的"损"字相同，而"损"字是生意人的大忌。于是，盛田昭夫试着将其中一个字母去掉，变成 SONY，既简洁，又新奇。从此公司的创业者赋予索尼"小公司集结了充满朝气、活泼的年轻人"的含义。

企业生产产品或提供服务，是它本身存在的理由。但是仅仅做到这一点还不够。索尼对自己的品牌形象一直十分关注。早在 1960 年初，盛田昭夫认为，一个企业要实施国际化战略，企业在国内外的形象是至关重要的。当产品的性能、质量以及分销方式与竞争品牌相当的时候，形象就成为唯一的差异标志。他们有意识地树立品牌形象。在制造产品的同时，还要树立企业形象。在制造有形产品的同时，还需要花精力创造无形资产。索尼的企业形象塑造活动，不是人云亦云、步别人后尘。他们不请有名的设计师或者广告代理公司制作公司标志、歌曲，也不做单纯改变公司名称之类的表面事情。索尼注重的是：当人们听到 SONY 这个词时，它所想到的是什么？这就是企业所具有的文化。珍惜和推广 SONY 标志的同时，首先得从"实实在在的商品"开始，然后通过广告宣传活动，融合经营者和全体员工个性，并涵盖企业的发展、经营方针以及企业风貌等，也就是要整合企业活动，一步一个脚印地树立 SONY 的品牌形象。

对 SONY 这个标志，公司一直非常珍视，在使用方法上也十分讲究。1955 年，索尼最早注册商标时使用的是四方形标志。其后，这个标志的形状逐渐发生了变化。1959 年，公司抓住品牌的特征，推出广告语——"来自日本的世界品牌"。此外，"Research Makes the Difference"这个广告语也是这一时期的产物。60 年代起，随着公司国际化进程的加快，加强了对品牌形象的要求。在纽约、香港等外国企业霓

第九章 文化是企业长盛不衰的灵魂

虹灯广告如林的繁华商业区，隆重地推出了索尼的标志。公司认为，消费者接触最多的往往是显示公司名称的标志，所以名称标志应力求完美。在索尼标志的设计方面，公司里有一个人非常挑剔。这个人就是设计师黑木靖夫。1961年公司改名后，在香港等一流繁华商业地区，作为日本企业索尼第一次打出大型霓虹灯广告。由于过去的标志用于制作霓虹灯时效果不佳，受盛田的委托，黑木绞尽脑汁设计了新的标志，并于第二年上市的微型电视机广告中采用了新的标志。SONY标准字设计，当时有一个设计方案从总公司送来，其中的"S"设计得很难看，"O"字母的长、宽粗细几乎相同，和其他字母排在一起，仿佛是另一种文字。为什么会设计出这种字体，原因在于不是为了造型、字体优美，而是为了字母的生产制造方便：工业设计师必须利用金属或塑胶使标准字成型，再置于机器的表面。而当时黑木设计的字母，不适合镶在像电视机边缘那么狭窄的空间。为了使标志更为精练，当时在设计室中还组成了标志委员会。1962年，再次修改并制定了使用规则，开始着手企业总体形象的设计研究。为了使SONY这四个字母作为一个整体更为对称、美观，标志委员会作了好几次加工修改。如笔画的粗细、字母的平稳等，从最初的SONY标志开始，共经历了6次大的修改过程，终于在1973年推出了比较满意的设计方案。1981年，在公司成立35周年之际，又有人对公司的标志提出新的想法，即公司向全世界公开征集设计方案。但公司最高管理者井深、盛田都认为，公司的标志要"简洁明快"。根据这一精神，1973年设计的这一方案一直沿用下来。1982年，在有形的SONY文字标志的基础上，增添了第二个有形的图案标志和第三个"语音标志"。有人把SONY的"S"字母变体设计后征求盛田的意见，盛田建议说："在电视广告上光用图案显得单调，假如在观众看到图案正在思考时，加一句'It's a SONY'，效果就会更好。"从此，索尼产品的广告中，在展示了产品之后，总会有这样的图案和声音，更加深了人们对索尼形象的认识。

深度思索 品牌是企业的形象，必须像爱护自己的眼睛一样爱护品牌。在企业发展过程中，要不失时机地提出品牌形象建设问题，不仅仅在开发产品上投资，也应该加大对品牌形象的投资，不断提升品牌资产的价值。

第二节　企业文化有哪些作用

企业文化是企业的灵魂，是构成企业核心竞争力的关键所在。通用为何历经百年而持续繁荣，至今还在世界500强中名列前茅？同仁堂为何金字招牌300年不倒？背后的支撑就是企业文化。美国兰德公司、麦肯锡公司、国际管理咨询公司的专家通过对全球发展最快的30家公司的跟踪后联合撰写的《关于企业增长的研究报告》最后一段话是这样写的："正如《财富》杂志评论员文章所指出，世界500强胜出其他公司的根本原因，就在于这些公司善于给他们的企业文化注入活力。这些一流公司的企业文化同普通公司的企业文化有着显著的不同，他们最注重四点：一是团体协作精神；二是以客户为中心；三是平等对待员工；四是注重激励与创新。凭着这四大支柱所形成的企业文化力，使这些一流公司长盛不衰。在大多数企业里，实际的企业文化同公司希望形成的企业文化出入很大，但对那些杰出的公司来说，实际情况同理想的企业文化之间的关联却很强，他们对公司的核心准则、企业价值观的遵循始终如一，这一理念可以说是世界最受推崇的公司得以成功的一大基石。"从1988年开始，哈佛商学院把"当代影响企业发展业绩的重要因素"作为重点研究课题，通过对世界各国企业的长期分析研究，得出的结论是：一个企业本身特定的管理文化，即企业文化，是当代社会影响企业本身业绩的深层次的重要原因。美国哈佛大学教授约翰·科特与其研究小组用了11年的时间，对企业文化对经营业绩的影响力进行研究，结果证明：凡是重视企业文化因素特征（消费者、股东、员工）的公司，其经营业绩远远胜于那些不重视企业文化建设的公司。他在进一步论述企业文化的力量时提出，企业文化在下一个10年内很可能成为决定企业兴衰的关键因素。应当说，决定企业兴衰的因素是多方面的，但无论如何企业文化肯定是一个具有根本意义的重要因素。

无数世界500强大企业发展的历史实践已经证明，优秀的企业都有它独具特色的先进文化，在这些文化的指引下，企业及其成员团结一致，形成一股强大的凝聚力，总能把握住正确的前进方向并朝着企业的共同方向团结奋斗。正如詹姆斯·柯林斯、杰里·波勒斯在《基业长青》一书中所指出的，高瞻远瞩公司的根本是什么？是公司的核心理念。这好比强力胶和指导力量，使公司在突变和演进时精诚团结；这好比自然界的遗传密码，因为拥有这些不变的指导方针，公司才会拥有一个目标和一种精神。高瞻远瞩公司用一系列做法，围绕着核心理念，创造一种几乎像教派一样的环境。自20世纪70年代以来，国内外一些学者就将企业的成功与企业文化的作用紧密联系起来，把企业文化说成是企业的"黏合剂""催化剂"，企业运转的"润滑油""引擎"，企业生存的"磁场"，企业发展的"方向盘"。

（一）优秀的企业文化能够正确引导企业的行为方向

它具体表现在以下三个方面：一是企业文化能指明企业发展方向。企业文化能够通过概括精练、富有哲理性的语言，使员工明白企业发展的目标和方向，这些语言经过长期的教育、潜移默化，已经记在广大员工心中，成为其精神世界的一部分。IBM公司的宗旨是："为顾客提供世界上最优良的服务"。经过长期实践，"优良服务"几乎成了公司的象征。它不仅向客户提供各种机器租赁而且提供各种机械服务，不仅提供设备本身，还提供技术培训和"随叫随到"的咨询服务。它能保证做到"在24小时以内对任何一个顾客的意见和要求做出满意的答复"。二是企业文化能引导企业的行为方向。企业文化建立的价值目标是企业员工的共同目标,它对员工有巨大的吸引力,是员工共同行为的重要原因,使员工自觉地把行为统一到企业所期望的方向上去。正如彼得斯和沃特曼所说,在优秀的公司里,因为有鲜明的指导性价值观念,基层的人在大多数情况下都知道自己该做些什么。三是企业文化能坚定企业的行为方向。企业在遇到困难和危机时,强大的企业文化可以促使员工把困难当做动力,把挑战当做机会,更加坚定而执著地为既定的目标而奋斗。青岛双星集团的总裁汪海曾自豪地说:"我们不怕困难,不怕挑战,我们经常讲危机,经常讲缺点。因为我们相信,'双星'精神会激励我们战胜危机,克服困难。"

案例 惠普的价值观

1939年,美国斯坦福大学的比尔·惠利特和戴夫·帕卡德决定继续开创事业,由他们两人的姓联合命名的惠普公司,初期生产的是产品价格低、性能好的声波振荡器。到1942年,员工仅有60人,1960年销售额突破6000万美元,到1997年,销售额高达428亿美元,利润达31亿美元,在世界500强中排名第47位。企业由最初生产声波振荡器的小公司发展到以电脑打印机为主,电脑设备、电子仪器等品种齐全的跨国公司。惠普公司在长达半个多世纪的经营中,强大的企业文化系统在促进企业业绩增长方面起到关键作用。

惠普公司创立伊始,公司的创立者们就明确了其经营宗旨:瞄准技术与工程技术市场,生产出高品质的创新性电子仪器。在这一经营宗旨上,惠利特与帕卡德建立起了共同的价值观和经营理论。这一价值观与经营理论同时体现在他们聘用与选拔公司人才中,换言之,他们是按这一价值观标准来聘用和选拔公司人才的。他们对公司员工大力宣传企业宗旨和企业理念,使之成为惠普公司的核心价值观。惠普公司的价值观就是:企业发展资金以自筹为主,提倡改革与创新,强调集体协作精神。在这一核心价值观基础上,公司逐渐形成了具有自

第九章 文化是企业长盛不衰的灵魂

己鲜明特色的企业文化。这种被称为"惠普模式"的企业文化，是一种更加注重顾客、股东、公司员工的利益要求，重视领导才能及其他各种激发创造因素的文化系统，它注重以真诚、公正的态度服务于消费者。在企业内部提倡人人平等与人人尊重，提倡自我管理、自我控制与成果管理，提倡温和变革，不轻易解雇员工，也不盲目扩张规模，坚持宽松的、自由的办公环境，努力培育公开、透明、民主的工作作风。惠普的企业文化及其在此之上所采用的经营方式，极大地促进了公司的发展和公司经营业绩的增长。公司在20世纪50至60年代纯收入就增加了107倍，仅从1957年至1967年公司股票市场价格就增加了5.6倍，投资回报率高达15%。进入90年代，惠普公司重点发展计算机，至今它已成为全球最大的电脑打印机制造商。随着公司规模的不断扩大，公司的企业文化具有了更为丰富的内涵。同时，随着社会经济的进步、市场环境的变化，惠普公司也在不断变革着自身的文化体系。1990年以来，企业新一代决策者们保留了原有文化体系中那些被认为是惠普企业灵魂的核心价值观，并根据经济发展现状，废止了一些不合时宜的东西，加入了新的内涵。约翰·科特认为"改革后形成的新型企业文化，其主流是对市场经营新环境的合理反馈。这种与新市场环境的适应性显然是一种充分合理的适应性。因此，它也是一种比原有企业文化更高、更好地适应市场经营环境的企业文化。"

在这种"更高更好"的企业文化推动下，惠普在90年代又得到了空前发展。1992年收入达16亿美元，1993年达20亿美元，1994年达到25亿美元，1995年后，收入进一步加快，从31亿美元增加到1997年的428亿美元。[①]

深度思索 企业社会责任认证是企业全球化的通行证。当今社会中出现的"地沟油事件""三聚氰胺事件"，此类现象彰显出

---

① 刘光明：《企业文化案例》，经济管理出版社，2007。

> 有部分企业缺失或迷失了经营价值观。企业应有通过产品、技术、技能推动社会进步的意识，从而实现其存在和发展的价值。

（二）优秀的企业文化能够激发企业员工的积极性、主动性和创造性

在以人为本的企业文化氛围中，领导与员工之间、员工与员工之间应当互相关心，互相支持。特别是领导对员工的关心，员工会感到受人尊重，自然会振奋精神，努力工作。另外，企业精神和企业形象对企业员工有着极大的鼓舞作用，特别是企业文化建设取得成功在社会上产生影响时，企业员工会产生强烈的荣誉感和自豪感，他们会加倍努力，用自己的实际行动去维护企业的荣誉和形象。

当然，通过建立优秀的企业文化来激发员工的积极性、主动性和创造性，最根本的是要把员工当做企业的主人，使全体员工真正有一种强烈的责任感、荣誉感。要避免以下几种错误的激励方式：一是重才轻德式的激励。有的企业只要是对公司业绩增长作出了重要贡献的员工就给予物质上的重奖，同时还进行"丰厚的"精神激励，这样的做法也许短期之内可以为企业带来可观的收益，但从长远来看，这只会损害企业的声誉乃至企业的根本利益。管理大师杜拉克曾说过："人的品德本身不一定能成大事，但品德有缺陷却足以败事。"二是只重短效式的激励。有的人认为精神激励一定要配合某些重大活动才能开展，因而只在诸如开业几周年之类的活动中才去表扬一些人。但这样的激励往往只有短期的时效。三是手段单一式的激励。有的企业一提到精神激励，所想到的方式无非就是给荣誉、戴红花、发奖状等。其实精神激励的内涵非常丰富，只要能使员工感受到集体的关爱并激发起员工工作热情，进而进一步转化成提高业绩的活动，都属于良好的精神激励方法。在实际运用中精神激励的形式更是多种多样。总部

第九章 文化是企业长盛不衰的灵魂

设在密歇根州安阿伯市的必胜客连锁店每年举办一届特别的比赛，竞赛包括切洋葱、开送货车、制作面饼等妙趣横生的节目，全体员工都可参加。比赛过程充分展示了店内各部门员工的高超技艺，员工们酷爱这项活动，工作热情也大为提高。四是关心隐私式的激励。有的企业领导认为对员工进行精神激励，就是要对他们给予全方位的关心，关心他们的生活、学习、身体、家庭甚至情感。有的上级特别热心给下属，尤其是给优秀的下属张罗婚姻大事，结果这种过度关心的精神激励往往会让员工感到浑身不自在，最终可能会使这种精神激励演变成一种精神折磨。因此，关爱也要有分寸。五是马太效应式的激励。有的企业在进行精神激励时，总是局限在那几位优秀员工身上，各种荣誉的光环都往他们头上戴。这种做法很可能会使他们感觉应付各种场合时身不由己，时间精力也不够；同时还会激起周围同事的不满，从而影响和同事之间的正常交往。所以，对员工进行精神激励时要见树木更要见森林。六是以职行赏式的激励。有的企业发现了优秀员工后，所采取的精神激励方法就是对他进行提拔，并委以重任。这种以职行赏式的激励往往会造成人才错位。例如，一家冶炼公司的一位技术上的顶尖能手被任命为生产科长后整天忙于行政事务和具体的管理工作，但由于管理工作并非其强项，结果企业的生产进度屡屡落后，产品质量也开始下滑。员工出现了很多抱怨，自己也是焦头烂额，最后不得不辞职，重新回到技术岗位后才感到得心应手。七是封闭信息式的激励。这样只会让受到嘉奖激励的员工觉得自己仍然只不过是打工仔，无法真正地融入企业之中。八是恶性竞争式的激励。轮流坐庄式地享受荣誉当然是有害的，但是许多个人的优秀业绩确实是建立在工作团队的共同努力基础之上的，过分强调个人的业绩并据此进行精神激励，可能会导致团队成员之间的恶性竞争，从而破坏良好的工作氛围。九是过高期望式的激励。有的企业对员工进行嘉奖激励后，往往对他们提出殷切期望。结果导致员工压力增大，在工作时反而缩手缩脚，生怕做得不好辜负了上级的殷切期望。事实上西方行为科学家早就证明了期望与绩效之间呈倒 U 形关系，即期望过度会导致员工绩效下降。

案例　松下员工是如何做"主人"的

松下取得现在如此巨大的成就，很大一部分原因在于其以人为本的管理理念中"视员工为企业的主人翁"的思想。松下幸之助说："事业的成败取决于人""没有人就没有企业"。松下公司认为，企业不是仅仅依靠总经理经营，不是仅仅依靠干部经营，也不是仅仅依靠管理监督者经营，而是依靠全体员工来经营，他们称之为"集合智慧的全员经营"。员工不仅要从事生产，还要努力成为企业决策的成员之一。松下鼓励全体职工参加企业的决策及管理，使他们在生产上、经济上、管理上都有显现自己才能的机会，真正成为企业的主人。"集合众智，无往不利"，是松下幸之助穷 70 余年经验悟出的真理。一个企业，如果仅仅把员工作为可以榨取剩余价值的劳动力，员工就可能消极怠工，只想着如何把钱混到手；而如果把员工作为企业的主人翁，员工就会拼体力、用智力，倾其全力为企业发挥出巨大的力量。

比如，在 20 世纪 30 年代经济大萧条时，日本的许多工厂倒闭，公司接连破产，松下也面临着产品销售锐减、库存产品急剧增加的经营困难。松下视员工为企业的主人翁，因而其拟定的方针和处置的办法与其他企业经营者大不相同。为防止库存品急剧增多，松下立刻命令制造部门减产，同时宣布：第一，绝不裁减员工；第二，绝不减少员工薪水，员工实行半日制，但工资按全天支付。松下将公司所遭遇的实际困难坦白地告诉所有员工，期望他们齐心协力推销公司的产品，帮助企业渡过难关。在这种情况下，员工心存感激，发奋工作，积极地到处推销。在两个月的时间里，将仓库里堆积如山的商品全部卖光。松下胜利度过了经济萧条的难关。

既然员工是企业的主人翁，那领导者在员工管理上如何来体现这一原则呢？松下幸之助有一段著名的论述："当员工增至 100 人时，我必

第九章　文化是企业长盛不衰的灵魂

须站在员工的最前面，身先士卒，发号施令；当员工增至1000人时，我必须站在员工的中间，恳求员工鼎力相助；当员工达到1万人时，我只要站在员工的后面，心存感激即可；如果员工增至5万到10万人时，除了心存感激还不够，必须双手合十，以拜佛的虔诚之心来领导他们。"

松下视员工为企业的主人，因而毫不保留地把企业的长远计划告诉全体员工。1956年，松下制订并向员工发布企业的第一个"五年计划"：企业的年营业额要实现翻两番的目标，即由1956年的200亿日元提高到800亿日元。松下的这一做法在当时是很新鲜、很特殊的。一方面，企业要什么"五年计划"，企业界普遍感到没有必要；另一方面，虽然是对内发布，事情难免外泄，暴露了自己的"商业秘密"。松下幸之助却认为，宣布"五年计划"是为了使员工树立理想，让他们有目标、有期待，因而能够提高士气，鼓舞斗志。实践证明，松下的这种做法是成功的。第一个"五年计划"在全体员工的共同努力下顺利完成，1960年企业的年营业额由1956年的200亿日元提高到1000亿日元，超过原定计划800亿日元的目标。当年又发布了第二个"五年计划"，计划在五年后公司实行每周五天工作制，而员工的薪金不减。这在当时对那些靠延长工作时间获取利润的企业来说，无疑是飓风式的冲击。松下的员工却为之欢欣鼓舞，精神大振，工作热情高涨，生产效率倍增。第二个"五年计划"也顺利实现了。1965年发布的第三个"五年计划"宣布，五年后公司薪金水平、经营水准要赶上欧洲，接近美国。这样的目标产生的轰动效应是可想而知的，这样的企业是无往而不胜的。[①]

深度思索　企业文化是全体员工共同创造的群体意识，是一种黏合剂。只有当企业文化能够真正融入每个员工个人的价值观时，他们才能把企业的目标当成自己的奋斗目标。

---

① 石磊：《企业文化案例精选评析》，企业管理出版社，2010。

（三）优秀企业文化能够对员工产生强大的吸引力和凝聚力

企业的凝聚力指的是企业和员工的相互吸引力，具体说是指企业对员工的吸引力，员工对企业的向心力。凝聚力是一种情感，凝聚力首先可以通过企业对员工的关爱表现出来，其次又可以通过员工对企业的依赖体现出来。这种凝聚力还必然会转化为企业发展的推动力，表现为员工与企业结成命运共同体的合力。在一个企业中影响企业凝聚力的因素是多样的。前苏联学者彼得罗夫斯基提出：增强企业凝聚力要从加强企业内部情感联系入手，达到价值观的高度认同，最终实现目标的彼此内化。美国管理学家西蒙和马奇提出的提高企业凝聚力的有效方法是：树立良好的企业形象，强化企业目标的共享意识，扩大企业内部信息沟通与交流的渠道，加强企业内部人与人之间的理解与信任，有效地控制企业内部成员之间的竞争强度等等。

企业文化在强化企业凝聚力方面的作用非常巨大，它能够把亲密情感、价值共识与目标认同作为强化企业凝聚力的关键因素。企业中每一个群体组织和每一个员工都有自己的价值评判标准和行为准则，都有自己物质和精神方面的需求，因此不同组织和个人表现出不同的个性特征。这些个性特征要想凝聚为一个整体，只有依靠企业整体价值观。企业的各个群体组织和各个员工，把个人的理想信念融入企业整体的理想信念中来，形成价值观共识，才会为企业发展提供强大的精神动力。当个人价值观与企业价值观融为一体时，企业成员才会感到自己不仅是在为企业工作，也是在为自己工作。员工与企业的和谐一致，能够激发起员工强烈的归属感和自豪感，使员工的士气保持长盛不衰。

案例　"松下七精神"——公司的内在力量

闻名遐迩的松下电器公司，早在创业之初，就提出了"松下七精神"，这就是：

（1）产业报国精神。作为员工，认识到这一精神，方使自己更具使命感和责任感。

（2）光明正大精神。光明正大为人们处世之本，不论有无学识才能，如无此精神，即不足为训。

（3）友好一致精神。友好一致已成为公司信条，公司人才济济，如无此精神，就是一盘散沙，无力量可言。

（4）奋斗向上精神。为了完成使命，彻底奋斗方是唯一途径，和平繁荣要靠精神争取。

（5）礼节谦让精神。若无谦让，就无正常的秩序。礼节谦让的美德，能塑造情操高尚的人格。

（6）适应同化精神。如不适应时代变化，成功就无法获得。

（7）感激精神。对为我们带来无限喜悦与活力者应该持感激报恩之观念，并铭记心中，便可成为克服种种困难、招来种种幸福之源。

为使这七种精神深入每个员工内心深处，松下电器公司非常重视对员工的教育训练，主要方式有以下几种：

一是反复诵读和领会。松下幸之助相信，把公司的目标、使命、精神和文化，让职工反复诵读和领会，是把它铭记在心的有效方法。所以每天上午8时，松下遍布日本的87000名员工同时诵读松下七种精神，一起唱公司歌。其用意在于让全体员工时刻牢记公司的目标和使命，时时鞭策自己，使松下精神持久地发扬下去。

二是所有工作团体成员，每一个人每隔一个月至少要在他所属的团体中进行10分钟的演讲，说明公司的精神和公司与社会的关系。松下认为，说服别人是说服自己最有效的办法。在解释松下精神时，松下有一句名言：如果你犯了一个非原则性的错误，公司非常宽大，把错误当做训练费用，从中学习。但是如果你违反公司的基本原则，就会受到严重的处罚——解雇。

三是隆重举行新产品的出厂仪式。松下认为，当某个集团完成一项重大任务的时候，每个集团成员都会感到兴奋不已，因为从中他们可以看到自身存在的价值，而这时便是对他们进行团结一致教育的良好时机。所以每年正月，松下电器公司都要隆重举行新产品的出厂庆祝仪式。这一天，员工身着印有公司名称字样的衣服大清早来到集合地点，作为公司领导人的松下幸之助，常常即兴挥毫书写清晰而明快的文告，如："新年伊始举行隆重而意义深远的庆祝活动，是本年度我们事业蒸蒸日上兴旺发达的象征。"在松下向全体员工发表热情的演讲后，员工分乘各自分派的卡车，满载着新出厂的产品，分赴各地有交易关系的商店，商店热情地欢迎和接收公司新产品，公司职工拱手祝愿该店繁荣，最后，职工返回公司，举杯庆祝新产品出厂活动的结束。松下相信，这样的活动有利于发扬松下精神，统一职工的意志和步伐。

四是"入社"教育。进入松下公司的人都要经过严格的筛选，然后由人事部门负责，开始进行公司的"入社"教育。首先要郑重其事地诵读、背诵松下宗旨、松下精神，学习公司创办人松下幸之助的"语录"，学唱松下公司之歌，参观公司创业史"展览"。为了增强员工的适应性，也为了使他们在实际工作中体验松下精神，新员工往往被轮换分派到许多不同性质的岗位上工作，所有专业人员都要从基层做起，每个人至少用3～6个月时间在装配线或零售店工作。

五是管理人员的教育指导。松下幸之助常说："领导者应当给自己的部下以指导和教诲。这是每个领导者不可推卸的职责和义务，也是在培养人才方面的重要工作之一。"与众不同的是，松下有自己的"哲学"，并且十分重视这种"哲学"的作用。松下哲学既为松下精神奠定思想基础，又不断丰富松下精神的内容。按照松下的"哲学"，企业经营的问题归根到底是人的问题，人是最为尊贵的，人如同宝石的原矿石一样，经过磨制，一定会成为发光的宝石，每个人都具有优秀的素质，要从平凡人身上发掘不平凡的品质。

六是自我教育。松下公司强调，为了充分调动人的积极性，经营者要具备对他人的信赖之心。公司应该做的事情很多，然而首要一条，则是经营者要给员工以信赖。人在被充分信任的情况下，才能勤奋地工作。从这样的认识出发，公司把在员工中培育松下精神的基点放在自我教育上，认为教育只有通过受教育者的主动努力才能取得成效。上司要求下属要根据松下精神自我剖析，确定目标。每个松下人必须提出并回答这样的问题："我有什么缺点？""我在学习什么？""我真正想做什么？"等，从而设置自己的目标，拟订自我发展计划。有了自我教育的强烈愿望和具体计划，员工就能在工作中自我激励，思考如何创新，在空余时间自我反省、自觉学习。为了便于互相启发，互相学习，公司成立了研究俱乐部、学习俱乐部、读书会、领导会等业余学习组织。在这些组织中，人们可以无拘无束地交流学习体会和工作经验。

深度思索 最伟大的精神是团队精神，最伟大的力量是团队力量。企业只有建立优秀的企业文化，使员工形成共同的目标和理想，员工把企业看成是一个命运共同体，"企兴我荣，企衰我耻"才能成为员工发自内心的真挚感情，"爱企如家"才会变成他们的实际行动。

（四）优秀的企业文化能够对员工产生一种看不见、摸不着但却非常有效的约束能力

西方管理学的观点认为，人很懒惰，需要鞭策和约束监督。任何人都有的一个本性，有一种机会主义行为倾向，即随机应变、投机取巧，为自己谋取更大利益。比如我们在外出旅游时，可能在途中要吃一些零食，从人的本能来讲，肯定希望把吃零食后的垃圾很快扔出去，能很轻松地继续旅行。但是为什么没有扔呢？一是可能我们知道有严格的制度约束，比如抓住以后会受到很高的罚款；二是可能自己的道德水准比较高，认为随便扔垃圾会破坏环境。但是并不是每个人都有

这种较高道德水准的，也不能确保在任何时候、任何情况下都能做到这样。同样，在一个企业里，我们要规范员工的行为一般是靠制度来约束，但是制度也存在一些缺陷，比如制度很难完备，同时要使制度能够真正发挥作用，还要监督它执行。因此在企业里，除了正式制度以外，还需要非正式的制度，这种非正式制度就是企业的文化。

企业文化的内容不仅包括企业的规章制度，而且包括企业的思想作风、企业的伦理道德、企业的价值观念、企业的行为方式等诸多方面。这就使企业文化具有两个方面的约束功能：一种是硬性的约束，即企业成文的规章制度对员工的约束力；另一种是软性的约束，即一种无形的约束。企业文化的约束功能主要是从价值观念、道德规范上对员工进行软性的约束。它通过将企业共同价值观、道德观向员工个人价值观、道德观的内化，使员工在观念上确立一种内在的自我约束的行为标准。一旦员工的某项行为违背了企业的信念，其本人心理上会感到内疚，并受到共同意识的压力和公共舆论的谴责，促使其自动纠正错误行为。

案例　理念高于制度——诺基亚企业文化

诺基亚是当今世界高科技领域成功企业的缩影，在 2010 年世界 500 强企业中名列第 120 位。它启示着人们，科技与文化越来越成为企业叱咤"商"场的重要武器，而文化更具有柔韧性。如何发挥好文化的作用，使企业文化不再是挂在墙上的口号，诺基亚有其独特的做法。诺基亚的企业价值观，诺基亚特有的做事方式，促成了诺基亚科技与文化的和谐关系。从狭义上，诺基亚一直所追求的伙伴关系：公司对员工的期望，也正是公司所给予员工的；员工与公司共同成长，相互满意，由此达到科技和文化的最佳融合。让企业价值观自然融入员工自身的价值行为中去，让科技更具人文色彩，诺基亚人有一套自己的做事方法，这就是著名的"诺基亚之道"。

（1）客户满意。发现客户需求，为顾客创造价值。最重要的服务是要为顾客带来价值；诺基亚赞赏永无止境地为顾客创造价值的行动；诺基亚人认为要随时能够发现顾客的需要，要尊重和关怀顾客。诺基亚人重视在工作中想办法解决顾客的问题，或提出好的建议；坚持人性化设计理念和风格，始终坚持突出特色设计，在注重手机产品外观设计的同时，强调功能领先性和易用性；诺基亚始终坚持自身的人性化设计理念和风格，不断增强其"遗传基因密码"，基本的设计元素保持稳定，以使消费者能够更好地辨别诺基亚品牌，经销商能够获得充足的质量信心。

（2）尊重个人。比较公开的、诚恳的沟通，是公司活力的源泉。诺基亚相信，共同的观点、共同的认识及开放性、整体性是使沟通实现的必要条件；"我们"比"我"更强，诺基亚人默契的团队精神造就了今天诺基亚的成功；以人为本的团队管理法则是诺基亚得以快速腾飞的力量源泉。

（3）成就感。成就感是指企业和员工的目标是共同的。诺基亚鼓励员工在实际工作中随时拥有成就感，始终保持旺盛的工作热情。

（4）不断学习。诺基亚是典型的学习型公司。在诺基亚的企业价值观中，"不断学习"永远是对公司与员工的鞭策。它的具体要求是：勇于创新，不怕失败，头脑清醒，永不自满，思维开放。这不仅是每个员工的行为准则，也是大家共同信守的企业哲学。诺基亚宽松灵活、相互协作的组织结构，鼓励和提倡每个员工在不同的岗位上充分发挥其潜力，共同迎接挑战并获得事业发展。诺基亚公司董事长兼首席执行官约玛·奥利拉说："共同的价值观是一个国际公司保持凝聚力的关键所在，实现承诺的过程比金钱和其他奖励更为有效。"价值观、企业文化和工作方式是提高竞争优势的有效手段，在专业公司里价值观的作用尤为重要。[1]

---

[1] 赵文明：《中外企业文化经典案例：破解世界顶级企业的文化基因》，企业管理出版社，2005。

深度思索 理念决定制度,制度决定技术,技术决定产品。拥有正确的、不断创新的理念,才具有最强的竞争力。一句话,理念高于制度,理念是第一竞争力。

(五)优秀的企业文化能够对本行业乃至社会的道德风尚起到较好的带动引领作用

德国 WESCO 公司董事长艾格贝特·瑙浩斯在中国企业新纪录高峰论坛上专门就企业的社会责任问题发表了他的见解。他认为,在社会市场经济体系中,企业在市场经济调节下的体系,自觉不自觉地最大程度承担了他们的责任和义务。企业应该更进一步地深化他们的社会责任,企业文化的意义就在于不断加强社会责任。也就是说,优秀的企业文化不仅在企业内发挥作用,对本企业产生影响,而且也会通过各种渠道对社会产生影响。企业文化的辐射作用可以分为两个方面:一是企业在经营过程中通过与其他企业与个人发生的经济联系,把企业文化辐射到社会公众和目标公众中去,使其感受到该企业的精神、道德风尚和社会责任感,树立企业的良好形象,从而影响和带动整个行业和社会的文化进步;二是企业员工的社会传播。在优秀的企业文化氛围中,员工精神饱满,充满活力,通过与外部的社会接触,必然把企业文化带到社会公众中去,产生积极影响,传播企业的良好形象。

企业是社会的细胞,是分布最广、覆盖人数最多的组织群体之一,是社会的重要组成部分。企业文化因此不但受社会大文化的影响,而且企业文化和企业文化指导下的企业行为也必将会对社会(社会风尚、伦理道德等)产生影响。企业是以赢利为主要目的的有组织、相对独立的群体。这种组织性和相对独立性赋予企业的领导者和企业的文化、制度等对员工思想行为进行指导和影响的权威性和强制性。因

第九章 文化是企业长盛不衰的灵魂

此,一个企业倡导什么、反对什么,哪怕是错误的、偏执的,也会在企业的员工中得到不同程度的贯彻执行。而企业的员工除了是企业的人,更是社会的人,企业也是社会中的企业。如果一个企业的企业文化是消极的,那就会把这种消极文化传递给社会,从而给社会带来消极不良的影响。比如,一个企业为了追求短期的经济利益把企业的诚信不当回事,那就会对整个社会的诚信产生负作用;一个企业作出了违法的事情,也就对整个社会的法制建设产生负作用,企业也就没有尽到应尽的社会责任。所以说,一个企业的先进的文化建设,也是企业应该承担的社会责任。愿意和尽己所能努力承担社会责任的企业,才是一个真正有发展前途的企业,否则,这个企业必将被社会所抛弃。《孙子兵法》中早就有言:"上下同欲者胜",欲者,思想文化也。每一个追求长盛不衰的企业,都应该高度重视企业文化的建设工作。要从企业发展战略的高度认识企业文化建设的意义,积极探索和构建自己的企业文化。

案例　宝钢不折不扣讲诚信

宝钢,是目前中国现代化程度较高、生产规模较大、工艺技术较先进的钢铁精品生产基地和钢铁工业新工艺、新技术、新材料研发基地。2004年以来,连续6年入选世界500强名单,这是我国完全竞争性行业及制造业第一次进入世界500强。2010年,宝钢排名第276位。全球钢铁业竞争力WSD排名宝钢名列第四。2005年以来,宝钢还连续3年当选由美国《财富》杂志和合益集团评选的"全球最受赞赏的公司"。2007年10月,标准普尔最新的企业信用评级复审中,宝钢达到了A-,成为全球达到这一级别的两家钢铁企业之一,2006年被中国企联评为"最佳诚信企业"。

宝钢集团有限公司十分重视诚信理念的普及和教育。各级经营管理者和广大员工忠于职守、勤勉尽责、信守承诺,为企业的改革发展、为国家建设作出了积极贡献。宝钢创建至今,始终确保百分之百执行合同，赢得了用户和社会的普遍好评和赞誉。2000年，宝钢钢铁主业的核心企业上市后，把诚信建设作为一项基础性、战略性的任务，规范的公司治理结构、良好的经营业绩、稳定的股利分配，使宝钢赢得了信誉，标准普尔对宝钢的信用评级达到了最高等级——国家主权级。宝钢在为用户创造价值的同时，还以受社会尊重为目标，认真履行社会责任，节能减排，淘汰落后，热心回报社会，参与社会公益事业，先后荣获国家级"环境友好型"企业和"中国最佳诚信企业"等称号。

2003年6月，宝钢提出了新一轮的发展战略，同时提出了"推进与'两个世界一流'相适应的管理创新和企业文化建设"的任务。之后，在对宝钢的企业文化建设进行历史回顾和研究的基础上，明确提出了宝钢文化的主线，即"严格苛求的精神、学习创新的道路、争创一流的目标"。提出了宝钢的基本价值观是"诚信"，明确"诚信"是宝钢文化的核心内容。

宝钢对诚信的基本要求是：讲诚信，言而有信；不折不扣地依法办事，不折不扣地履行合同，不折不扣地执行制度，不折不扣地完成任务，不折不扣地兑现承诺。

为了将诚信真正落实到实处，宝钢将诚信体系作为诚信建设的重要目标。诚信体系的内涵有两个方面：一是强调企业管理流程中的员工诚信；二是强调对员工的诚信进行管理。由于企业管理流程中的诚信很宽泛，需要有一个普遍适用的工作切入点，所以宝钢把诚信建设定位于员工的遵章守纪；由于不同岗位风险内控的要求差异很大，再考虑到人格表率的作用，所以宝钢又将管理者示范作为诚信建设的另一重要定位。

宝钢的诚信建设着重抓好四个环节：一是开展诚信全员培训，注重运用诚信案例来教育和规范员工，积极营造人人讲诚信的舆论氛围；二是将诚信纳入管理，形成诚信管理流程，基本内容包括建立诚信管理工作小组，制订员工《诚信守则》，推进诚信教育培训管理、

第九章 文化是企业长盛不衰的灵魂

诚信承诺管理、诚信评估管理、诚信服务管理、诚信记录与档案管理;三是强化建章立制工作,杜绝无章可循、违章不纠的现象,解决好因制度缺陷而导致的诚信缺失问题;四是强化信息管理,为诚信管理提供必要的技术支持。

深度思索 诚信是企业品牌价值的力量之源,是企业精神确立的基石。企业的诚实守信日积月累就能形成良好信誉,在生意往来中处于有利地位,成为扩大交往、促进合作、走向成功的通行证。

第三节 如何建设企业文化

我们都知道有一个老鹰喂食的故事。鹰妈妈一次生下四五只小鹰,由于他们的巢穴很高,所以猎捕回来的食物一次只能喂食一只小鹰,而鹰妈妈的喂食方式并不是依平等的原则,而是谁抢得凶就给谁,在此情况下,瘦弱的小鹰因吃不到食物死了,最凶狠的存活了下来。当幼鹰长到足够大的时候,鹰妈妈会把巢穴里的铺垫物全部扔出去,这样,幼鹰们就会被树枝上的刺扎到。因此,它们不得不爬到巢穴的边缘。而这时,鹰妈妈就会把它们从巢穴的边缘赶下去。当这些雏鹰开始坠向谷底的时候,他们就会拼命地拍打翅膀来阻止自己继续往下落,最后,它们的性命保住了,因为它们掌握了作为一只鹰所必须具备的最基本的本领——飞翔。飞的本领成为其生存过程中经验的积淀并渐而成为行为习惯。这就是老鹰作为一个群体,其生存文化的形成。

那么,企业作为我们整个社会的经济组织,企业文化又是如何形成的呢?很显然它是一项复杂而艰巨的系统工程。一种优秀的企业文化的构建不像制定一项制度、提一个宣传口号那样简单,它需要企业有意识、有目的地进行长期的总结、提炼、倡导和强化。因此,在建设企业文化过程中，必须根据企业文化发展规律，按照科学的程序和原则，克服主观盲目性，增强自觉性。

（一）企业文化建设的主体

从一定意义上来看，企业中所有成员都是企业文化建设的主体，这其中最重要的主体有两个：一是企业家，二是企业员工。加强企业文化建设，首先必须明确这两个主体，发挥好他们的不同作用。

1. 企业家

企业家作为企业生产经营的决策者，是企业文化的培育者和倡导者，更是企业文化建设的人格化代表。企业家处在企业的最高领导层，因而在企业文化建设中居于核心地位，发挥着主导作用。就企业文化建设的主导作用定位而言，企业文化在一定意义上就是企业家的文化。

企业家是推进企业文化的"第一责任人"。在企业文化的创立阶段，企业家是企业文化的奠基人。通常情况下，一种企业文化是由企业家首先提出并加以推进的，成为企业文化的根基。在初始阶段，企业家的远见卓识、核心价值观与目标追求，决定了企业的发展走向。在企业文化的建设阶段，企业家是企业文化的设计师。企业文化建设的蓝图规划、任务内容、实施步骤等，都应由企业家负责设计。企业家的精神状态、文化水平、思想高度、领导艺术等，都会对企业文化建设产生深刻的影响。企业家既要承担企业价值观、企业精神、核心理念的提炼概括任务，建立企业文化体系，还要负责完成行为文化系统、建立物质文化系统。同时，企业家承担着企业价值理念的传承与创新、宣传与传播、教育与培训等任务，并内化成为员工的自觉行动。在企业文化变革阶段，企业家是企业文化的促进者。面对企业的生存、发展和变化，企业家要时刻关注理念更新、文化提升、流程再造，不断实现企业文化向更深的领域辐射，向更高的层次发展。这就需要企业家必须有强烈的开拓意识，引导员工摒弃旧的观念和行为方式，提升文化力以增强企业持久的竞争力。

第九章 文化是企业长盛不衰的灵魂

企业家是培育企业文化的"辛勤劳动者"。在企业文化建设中，一个优秀的企业家，应该是培育企业文化的多面手：要甘当"园丁"，勤劳耕作，精心培育；要当好"医生"，善于诊断企业的"病因"，对症下药；要做好"牧师"，明确自身在企业文化中的主导角色定位，不断地"布道"，使员工接受企业文化，把员工自身价值的体现融入企业目标追求的现实中去。

企业家是引领企业文化的"人格化坐标"。企业家引领企业文化，既要"言传"，又要"身教"。特别是企业文化处于弱势或推行企业文化有难度的时候，企业家更应当通过正确的言行、良好的作风和崭新的精神风貌影响员工的思想和行为。企业文化建设的深度，就是企业家的"知"与"行"、"言传"与"身教"、信念力量与人格力量的相互支撑。如果没有企业家人格力量的开发，就不会有企业文化的形成与发展。企业家对企业拥有法律赋予的特定权力，但单凭这种权力进行领导的企业家，所取得的只能是被动的、阶段性的作用，而主动的、长效的、使员工心甘情愿为企业效力的，则是企业家的榜样示范作用。这就需要企业家以自己丰富的知识、高超的能力、务实的作风和率先垂范，去持久地影响和带动员工，让员工在领导者的"人格化坐标"中找准自己的方位，实现其人生价值。

案例　张瑞敏关于海尔文化的十三个观点

观点之一：有缺陷的产品就是废品

1985年，张瑞敏刚到海尔（时称青岛电冰箱总厂）。一天，一位朋友要买一台冰箱，结果挑了很多台都有毛病，最后勉强拉走一台。朋友走后，张瑞敏派人把库房里的400多台冰箱全部检查了一遍，发现共有76台存在各种各样的缺陷。张瑞敏把职工们叫到车间，问大家怎么办。多数人提出，也不影响使用，便宜点儿处理给职工算了。当时一台冰箱的价格800多元，相当于一名职工两年的收入。张瑞敏说："我要是允许把这76台冰箱卖了，就等于允许你们明天再生产760台这样的冰箱。"他宣布，这些冰箱要全部砸掉，谁干的谁来砸，并抡起大锤亲手砸了第一锤！很多职工砸冰箱时流下了眼泪。然后，张瑞敏告诉大家——有缺陷的产品就是废品。三年以后，海尔人捧回了我国冰箱行业的第一块国家质量金奖。

观点之二：东方亮了再亮西方

"东方不亮西方亮。"这是国内不少企业多元化经营的美好初衷。从1984年到1991年，张瑞敏把这7年叫做海尔的"名牌战略阶段"。7年时间里，海尔只做了冰箱一个产品。到1991年，海尔冰箱产量突破30万台，产值突破5个亿；全国100多家冰箱企业中，海尔是唯一产品无积压、销售无降价、企业无三角债的企业；海尔商标在全国家电行业唯一入选"中国十大驰名商标"。1992年起，海尔开始"多元化发展阶段"。如今，海尔有58个系列、9200多种产品，既有白色家电又有黑色家电和米色家电。其中，冰箱、冷柜、洗衣机、空调器等的市场占有率在全国名列前茅。张瑞敏把海尔的这种多元化战略概括为"东方亮了再亮西方"。

观点之三：要盘活资产先盘活人

在海尔兼并的18家企业中，有一家1997年12月进来的拥有4000人的国营黄山电视机厂。1998年6月2日，该厂部分员工罢工上了街，原因是接受不了海尔的管理，把海尔派去的孙部长也打了。张瑞敏一看闹到这种地步说："不是你愿不愿干的问题，而是我让不让你干的问题"，下令无限期停产整顿。也没有无限期，两天，大家就想明白了：海尔不这么做，企业在市场上就站不住脚；企业站不住，员工也就没地方开工资了。孙部长正给职工代表开会，宣布"明天可以复工了"，手机突然响了——老婆要来合肥接"卖力不讨好"的丈夫回去。孙部长气道："看你们把事情闹的！"这时，一位职工代表喊了三句口号——"孙部长不能走！海尔不能走！海尔精神不能走！"到1999年，该厂一个月电视机的产量相当于过去一年半的产量。

第九章 文化是企业长盛不衰的灵魂

观点之四：只有淡季的思想，没有淡季的市场

一般来讲，每年的 6～8 月是洗衣机销售的淡季。每到这段时间，很多厂家就把商场里的促销员撤回去了。张瑞敏挺纳闷：难道天气越热出汗越多老百姓越不洗衣裳？调查发现，不是老百姓不洗衣裳，而是夏天里 5 公斤的洗衣机不实用，既浪费水又浪费电。于是，海尔的科研人员很快设计出一种洗衣量只有 1.5 公斤的洗衣机——小小神童。小小神童投产后先在上海试销，因为张瑞敏认为上海人消费水平高又爱挑剔。结果，上海人马上认可了这种世界上最小的洗衣机。上海热销之后，很快又风靡全国。到如今，两年时间里海尔的小小神童在全国卖了 100 多万台，并出口到日本和韩国。张瑞敏告诫员工说："只有淡季的思想，没有淡季的市场。"

观点之五：用户的难题，就是我们的课题

1997 年 10 月份，张瑞敏到四川出差。有用户跟他抱怨说，海尔的洗衣机不好，下水管老堵。一了解，原来是有些农民朋友用洗衣机来洗地瓜（北方叫红薯），有时泥沙堵塞了下水管。回来后，张瑞敏把这事讲给大家听。一些人觉得像是笑话，说"重要的问题是教育农民怎么使用洗衣机"。但张瑞敏不这么看。他说："用户的难题就是我们的课题。"后来，海尔专门开发出一种下水管加粗的可以用来洗地瓜的"大地瓜"洗衣机。这事见诸报端后，有人不以为然，说我们的农民富裕到用洗衣机洗地瓜了吗？张瑞敏的想法是，既然用户有需求，我们就该去满足。"这块蛋糕也许不大，但却是我自己享用。"1998 年底，在一次经济工作会议上，江泽民总书记还提到了海尔"大地瓜"洗衣机的事。

观点之六：下道工序就是用户

一件电器产品，从设计、生产到销售，要经过若干道工序最终到达用户的手里。但张瑞敏告诉每一道工序："你的下道工序就是用户！"就是说什么问题都得在你这儿解决好，留给后边人家不饶你。为此，海尔提出：人人都有一个市场，人人都是一个市场——下道工序是你的市场,你又是上道工序的市场。如果你为上道工序遗留的问题付出了劳动,你有权利向他索酬;同样,如果你把问题留给了下道工序,人家也有权利向你索赔。张瑞敏把这叫做"市场链",就是一道道工序像锁链一样咬合在一起,谁那儿"掉链子",谁就得从兜儿里掏钱。此招一出,各种问题立刻大幅减少,企业效益大幅提高。这事被一位叫菲希尔的外国教授(中欧国际工商学院前教务长)知道了,到海尔跟张瑞敏谈了8个小时,拿回去做了个MBA的教学案例。

观点之七:企业就像斜坡上的球

张瑞敏有一个著名的"斜坡球体论",是说企业好比斜坡上的球体,向下滑落是它的本性;要想使它往上移动,需要两个作用力——一个是止动力,保证它不向下滑,这好比企业的基础工作;一个是拉动力,促使它往上移动,这好比企业的创新能力。且这两个力缺一不可。就海尔而言,其15年来平均81.6%的快速增长,首先得益于创业初期长达7年的一门心思就造一个冰箱,拿一个冰箱夯实企业的基础工作,锻炼一支队伍,建立一种机制,培养一种文化。其止动力如"日事日毕,日清日高",拉动力如"在市场否定你之前先自己否定自己",已被证明是非常行之有效的管理方法。

观点之八:赛马不相马

人才缺乏,是国内很多企业的共同感受。但张瑞敏认为,我们最缺乏的不是人才,而是出人才的机制。海尔在人力资源方面的一个基本做法是"赛马"而非传统的"相马"。海尔"赛马不相马"的人才机制就是给每一位员工创造一个发挥才能的机会和公平竞争的环境,从而使企业整体充满活力。海尔的"赛马不相马"下至普通员工,上至集团副总裁都在应用。1999年9月,在海尔全球市场产品交易会上,记者们通过嘉宾介绍得知海尔新近任命了两位"见习副总裁",颇觉新鲜。会后,有记者问张瑞敏"见习副总裁"是怎么回事。张瑞敏道:所谓"见习副总裁"就是把他们放在副总裁的位置上干干看行不行。今年记者再到海尔,得知二人已被正式任命为副总裁。赛马赛

第九章 文化是企业长盛不衰的灵魂

到这份儿上，什么马见了不得奋蹄？

观点之九：企业要长第三只眼

按照张瑞敏的说法——计划经济下，企业长一只眼盯住领导就够了。市场经济下，企业要长两只眼，一只盯住员工，达到员工满意度的最大化；一只盯住用户，达到用户满意度的最大化。但在由计划经济向市场经济过渡的时期，企业还要再长第三只眼睛，用来盯住国家政策。张瑞敏举了三个海尔的例子——一个是1992年邓小平同志南方谈话后，海尔抓住机遇搞了海尔工业园；一个是1997年利用国家优惠政策，一下子兼并了18家企业；再一个是国际方面的，就是在东南亚金融危机连自己设在那边的生产厂的产量也在收缩的时候，在那里大做广告，其广告价格是危机前的1/3。结果危机一过，现在海尔的产品在东南亚销量大增。

观点之十：先有市场，再建工厂

这是一种典型的以市场为导向的经营思路，不仅适用于进入国际市场，也适用于开拓国内市场。这里的"建"字，既包括自己建设，当然也包括兼并、参股等多种方式。海尔在这方面的例子比比皆是，如把滚筒洗衣机的40万台项目拆成两期建设；如在海尔品牌具有相当辐射力的时候兼并"黄山电子"进入彩电行业；如出口美国的冰箱超过当地生产30万台的盈亏平衡点后才在当地建立工厂。反思我们国内很多企业，不就是因为过于乐观地估计了市场、过于乐观地估计了自己，然后盲目建厂，导致设备闲置或生产线开工不足而被拖垮的吗？甚至不是还有世界级的家电企业在中国拿自己开工不足的生产线给国内企业"OEM"的吗？这肯定不是他们不远万里来到中国的初衷！

观点之十一：出口创牌，而不仅仅是创汇

10年前海尔按照"先难后易"的原则，要把自己的冰箱送到"师傅"那儿卖时，坚持要挂自己的牌子——此前，光各种认证就折腾了一年半。20几个德国经销商都不相信刚学会造冰箱没几年的中国，产品能进入德国市场。没办法，海尔就把运过去的4台冰箱跟德国冰箱放在一起，然后都把商标揭掉，让经销商认哪是海尔的，哪是德国的。结果，没发现任何问题的大都是海尔的。一下子，德国人服气了，纷纷订货。不久，又碰上德国检测机构对市场上的冰箱进行质量检测，海尔5个项目共拿了8个加号，排在第一位。现在，据德国海关统计，他们从中国进口的冰箱海尔占了98%。另外，在美国市场，海尔占中国出口白色家电的53%。所有产品打的都是海尔自己的牌子。

观点之十二：国际化就是本土化

面对WTO和网络时代的到来，国内企业的国际化成为一个现实的课题。什么是企业的国际化？张瑞敏认为，国际化就是本土化。本土化可以相对缓解国内企业进入国际市场的三个难题——一是消费者对外来品牌的抵触心理；二是进入国的非关税贸易壁垒；三是我们国际商务人才的极度匮乏。作为中国企业国际化的先行者，海尔"国际化即本土化"的做法是，当地设计、当地制造、当地销售以及当地融资、当地融智。比如在美国，海尔在洛杉矶建立了设计中心，在南卡罗来纳州建立了生产工厂，在纽约建立了营销公司，三位一体，已形成本土化的海尔，其雇员也主要是美国人。张瑞敏说，什么时候美国人不再认为海尔是中国的海尔，而是美国的海尔，海尔在美国就算成功了。

观点之十三：现金流比利润更重要

企业以赢利为目的是尽人皆知的道理。但张瑞敏说："现金流比利润更重要。"这是张瑞敏总结了近年来国内一些名声显赫的企业为什么突然死亡的原因后得出的结论。1999年上海"财富论坛"上张瑞敏提出这个观点，台下有人问跟张瑞敏对话的宝洁公司的老总"您是否同意张先生的观点"。宝洁的老总说："张先生的观点是对的。过去人们看利润，现在人们看现金流量。现金流之于企业，犹如氧气之于人体一样。"张瑞敏说，现在的市场竞争，不是说资不抵债才叫破产，你失去了现金支付能力，就叫破产！同时，张瑞敏对有可能收不回钱的"赊销"不以为然，"企业账面上看有利润，但实际上没有支付能力。"张瑞敏认为，只有让用户喜欢你的产品，像戴尔那样能够满足用户的个性化需求，才能把实物变回货币，形成资金的良性流动。

深度思索 企业家的生命是有限的，但企业家成功创造的企业文化却是恒久的。企业家只有以彻底开放的胸怀，不断地经历一次次涅槃，不断地超越自我，才能对企业文化进行有效调节和控制，维持企业文化的动态平衡，永葆企业文化的生命力，推动企业健康、持续地发展。

2. 企业员工

企业的"企"字，"人"在上，方为"企"；反之，无"人"则"止"。企业要想做大做强，就必须有一种积极向上的企业文化。良好的企业文化是企业成员共同的价值观念和行为规范，是企业的灵魂。企业文化建设是一项系统工程，概括地讲，企业文化建设就是以塑造共同价值观为核心，以全面提高员工整体素质为基准，以树立企业良好形象为重点，充分调动企业员工的积极性和创造性，来共同实现企业蓬勃发展的战略目标。企业文化是基于以人为本的文化，是通过企业与员工愿景、理念达成共识，实现企业与员工在价值取向上的趋同与融合。

韩国的成功企业非常重视组织成员的团结，积极致力于创立能够反映员工创造性建议和意见的企业文化，提倡每个员工的责任承担、爱企业和主人翁精神，从而形成了共同体式的企业文化。东洋制果公司的"好丽友家族会议"、东洋证券公司的"青年理事会制度"等都是由企业的最高经营者直接听取员工意见和建议的制度，而东洋水泥公司的"一起向前运动"则是由工会自发组织发起的经营革新运动。此外，韩国大多数成功企业在"公司的成长与健康的劳资关系是同步的"这样一种信念指导下，积极培育劳资共同体意识和劳资和解气氛，从而使企业的经营活动能够在稳定的劳资关系中顺利进行。韩国众多的优秀企业都制定了诸如"修订福利制度""员工持股制度""对员工采取家庭成员式待遇""通过提供经营情报诱导员工参与企业经营""终生员工"等一系列制度。特别是许多优秀的中小企业常常将企业的经营状况向自己的员工公开，通过经营者与员工之间坚实的人际关系实现劳资和解。正因为有劳资间的相互信任，才克服了许许多多意想不到的经营危机。

企业文化建设的目的是促进人的全面发展，和谐文化将人置于管理的中心，不但将人看做生产力，更要看做企业发展的目的。只有重视加强员工的理想信念教育、思想道德教育，关心员工生活，密切干群关系，在管理上将逻辑与直觉并重，将推理与热情相协调，才能在企业内部营造有利于员工创造和协调发展的文化环境。人是具有文化意识的"主体人"，企业文化不否认制度的严明、职务的威严、测量手段的科学化，强调在全部管理要素中，要以人为本，以文化为统帅，关注人在经济过程中的地位与发展，不断丰富企业发展的人本观。优秀的企业文化帮助企业经营者和管理者改变了认识方式和行为方式，使他们不再把员工只看做生物意义和物理意义上的人，而是重视人的文化主体意义，注重启发人的创造能动性和自觉性，在管理方式上使企业管理者由物本观转为人本观。因此，应着重从尊重员工、民主管理等方面深入实践，体现人本管理的原则。企业文化强调心理沟通，因为心理沟通是企业和员工之间文化认同、情感交流和基于共同愿景的认同。员工把自己的工作自由和权利尊严交给企业安排，是一种庄严的奉献代理权的行为，企业理应为他们提供与他们业绩对称的发展平台，实现他们的预期目标，使员工获得全面发展，从而形成高效率的环境与和谐的局面。员工在企业得不到良好的发展，意味着发展的权利没有受到足够的尊重，职业道路受阻，就不会有良好的心理沟通基础。如果只考虑企业的利益，对员工个人进步、成长漠不关心，与员工的关系只建立在有形的经济和制度关系之上，而对员工心理沟通方面却没有用心做，员工也就只满足于完成与自己利益相关的那部分工作。因此，健康的心理沟通，会使企业与员工保持良好的协调关系，使员工的潜在积极性得以充分释放，从而实现人力资源的自主能动开发，降低管理成本，提高管理效率。

案例　星巴克让员工每天快乐地工作着

正如我们今天都知道的，星巴克咖啡公司创建于1987年。现任的董事长兼首席执行官是霍华德·舒尔茨，他于1982年至1985年与公司的最初创始人一起共事，后来买下了这家公司。在1987年，星巴克公司有11家店。1982年至1992年间，该公司仍是私营企业，但却以令人震惊的年均80%的增长速度增加到150家店。1992年6月，该公司上市并成为当年首次上市最成功的企业。今天，星巴克公司是北美地区一流的精制咖啡的零售商、烘烤商及一流品牌的拥有者。在北美、英国及北太平洋地区拥有1800家店铺，和布瑞尔公司（生产咖啡冰淇淋）及百事可乐公司（生产一种叫富拉普希诺的瓶装咖啡饮品）达成了战略伙伴关系。1997财政年度收入是9亿6700万美元，比上一年增长了近39%。公司雇用了25000多名合伙人（该公司对雇员的称呼）。公司的使命"是使自己成为世界上最好的咖啡的主要供应商，并在发展过程中不折不扣地保持商业原则"。

你会选择成为这家企业的一分子吗？这正是让星巴克董事长兼CEO霍华德·舒尔茨感到无比自豪的事情。他说："我们开设新店的时候，总是会吸引过来很多聪明的年轻人。"

1. 企业发展是根本

员工快乐工作的外在因素既然都是企业给予的，那么只有企业发展才能保证这些外在因素的完好。只有企业不断发展，才能提供更好的员工福利待遇，才能提供更多的员工培训，才能提供更多的空间，也才能谈论员工的个人成长感以及员工的事业成就感。人们在进入一个成长性企业时获得的机会更多，星巴克正是这样一个快速发展的企业，不停开分店意味着公司需要更多的管理人员，这便是很多人的成长与发展机会。

2. 良好的激励措施

虽然很多公司可能无法采用期权激励的方式，但良好的激励措施仍是激发员工快乐工作的重要因素。当一个人的努力和价值被认可的时候，或许是他一生中最幸福的时候。激励可以来自于简单的举动或语言。星巴克的谢海燕说，在星巴克的每一个分店里的墙上，都贴着该店店长或是店员写的好评字条，还有每个月度销售庆功会上的一顿蛋糕和水果。除了以上这些"小恩小惠"，对员工最好的认可以及最好的激励措施最直接的就是规定明确清晰的职位升迁制度以及各种奖励制度。

星巴克全球的员工人手一本《职业旅程手册》。不论你是咖啡调理员、当班主管、副店经理，还是店经理、区域经理，你在手册上都能够明确看到自己的工作职责、学习培训、晋升机会以及可预见的成就都包括些什么内容。有了这个清晰的目标，大家十分确切知道自己该做什么、自己努力做可以做成什么。

3. 好薪情方有好心情

最为现实的薪资也是员工快乐工作的一项重要因素。星巴克董事长舒尔茨的价值观和信念总是把员工放在首位，并乐意对员工进行大量的投资。他坚信把员工利益放在第一位，尊重他们所作出的贡献，将会带来一流的顾客服务水平，自然会取得良好的投资回报。"尊重员工使我们挣了很多钱，使公司更具竞争力，我们何乐而不为呢。"舒尔茨这样说。

在中国，他的这一理念被很好地贯彻执行。你会发现，星巴克从来不做广告，他们通过一杯杯的咖啡传递着品牌文化。而要让员工能够将这一文化更好地传递出去，必须让他们先要感受到这种贴心的文化。因此，相对于同行，星巴克员工的工资和福利都是十分优厚的。星巴克考虑到了早晚班员工上下班路途的辛苦，这些人员可以公费乘坐出租车。值得一提的是，除了国家规定之外的产假，星巴克一线员工在怀孕4个月的时候便可开始带薪休假,前后一共可休假10个月左右。

4. 称谓的诀窍

星巴克有这样一个故事:一个门卫由于长年只干这一份工作而产生倦怠感,他变得应付、得过且过,不久同事们惊奇地发现他又恢复到曾经的勤快、热情了,后来才知道这个改变竟出自公司新来的经理的一个简单得不能再简单的举动——他将"门卫"称谓改成了"防卫工程师"。这就是称谓的诀窍,同一个职位变换一个说法,给人产生的感觉截然不同。

星巴克就倡导这样的文化,在这里,员工一律被称为"伙伴",办公总部被称为"支援中心"。在星巴克,员工被称为"伙伴"是强调彼此之间相互合作的关系,强调共同努力才能做大事业。平日里,他们并不鼓励称谓,同事之间都是直呼其名。

5. 创新的刺激元素

星巴克倡导"以咖啡会友"。每星期两次的"咖啡品尝"时间,品尝的多是伙伴们从各地带来的口味各异的咖啡,带来咖啡的人就以咖啡为切入点,开始自己的话题。

6. 价值驱动型企业

星巴克是一家价值驱动型的企业,公司内有一套被广泛接受的原则。这家公司总是把员工放在首位并对员工进行了大量的投资。这一切来得绝非偶然,全都出自于首席执行官的价值观和信念。舒尔茨曾说道:"我想建立的公司能给人们带来主人翁意识并能提供全面的医疗保险,最重要的是,工作能给他们带来自尊。人们普遍认为该公司是一家能给他们带来自尊的公司,能尊重他们所作的贡献,不管员工的教育程度差别以及工作地点在哪里。"

公司坚信,若把员工放在第一位的话,将带来一流的顾客服务水平,换言之,有了对服务相当满意的顾客后,自然会有良好的财务业绩。公司被《财富》杂志评为100家"最值得工作"的公司之一。

1997 财政年度的收入近 10 亿美元。若包括两次股票分拆在内，股价已比最初上升 30 多倍。员工的流失率，尤其是在商店里的流失率远远低于行业一般水平，约为普遍水平的 1/3～1/2 的样子。对员工的满意度调查表明：员工非常喜欢为公司工作，对公司的领导很满意。

> **深度思索** 员工是企业文化的核心。在企业文化建设中，要充分调动员工的积极性、主动性和创造性，尊重员工的主体地位，增强他们的主人翁意识。

（二）企业文化建设的基本原则

企业文化建设是一项长期而复杂的系统工程，涉及的问题比较多，不同的国家制度、不同的民族特点、不同的经济政治环境、不同的行业、不同的地域等因素都会影响到企业文化的建设。从当前看，企业文化建设应重点遵循以下原则：

1. 人本原则

员工是企业效益的创造者，企业是员工获取人生财富、实现人生价值的场所和舞台。企业因有受过良好培训的员工而受益匪浅，而个人则因增加了某项技能、提高了素质而受益。要确立企业发展与员工受益为一体的价值观，就要树立企业的家庭观念。员工在企业这个大家庭里，从事某种工作，要尽自己的职能，同时也在单位增进和提高了自己的技能。比尔·盖茨说过："我给员工最大的福利就是给员工以支持，给予员工培训。"我们说的福利，一般就是给套房子或给些钱，他不是这样认为的，他说给员工最大的福利是给予员工支持，给予员工智慧，这很值得深思。

2. 目标原则

在管理学中，目标是指人们通过自身的各种活动，在一定时期内所要达到的预期结果。人们从事任何管理活动，都应该有设想，有目标。没有设想和目标的管理是盲目的管理，盲目的管理导致事倍功半，造成巨大的资源浪费，或者完全走到事物的反面，给企业带来在短时期内不可挽回的损失。企业文化建设作为企业管理活动的高层次追求更不可缺少目标。在企业文化建设中坚持目标原则，首先意味着要科学、合理地制定企业文化的发展目标，即明确企业的基本信念和基本哲学。其次，意味着要采取有效的办法实现既定的文化目标。

3. 共识原则

所谓"共识"，就是共同的价值判断。在企业文化建设中贯彻共识原则，应特别强调发挥文化网络的作用，通过正式的或非正式的、表层的或深层的、大范围的或小范围的等各种网络系统，相互传递企业所倡导的这种价值标准和反映这种价值标准的各种趣闻、故事以及习俗、习惯等，做到信息共享，以便于全员共识的达成。同时，还需要逐渐摒弃权力主义的管理文化，建立参与型的管理文化。打破权力至上的观念，实行必要的分权体制和授权机制是充分体现群体意识、促使"共识文化"形成的重要途径。

4. 一体原则

所谓一体原则，即坚持企业管理者和一线员工之间的关系一体化。实行一体原则，最重要的是要弱化等级制度的影响，把原来"干部—工人""脑力劳动者—体力劳动者"等带有等级色彩的等级关系转变为一种带有人情色彩的分工协作关系，尽量赋予一线员工更大的权利与责任。建立一体化关系，从所有权的角度讲，还应创造条件使员工持有部分股份，变过去的名义所有为实际所有，这是实现"一体化"的物质基础。

5. 卓越原则

卓越是一种心理状态，也是一种向上精神。这种心理状态和向上精神是区别企业文化良莠的标志之一。在企业文化建设中贯彻卓越原则，首先，要善于建立标准，建立反馈和激励机制。只有当人们知道什么是最好、最佳的标准并树立了相应的价值判断时，才能克服平庸和知足常乐的惰性心理，为实现组织的目标而不懈努力。其次，造就文化楷模也是不可缺少的。文化楷模是体现卓越文化的典型代表，在具有这类文化楷模的企业中，人们自觉不自觉地受到文化楷模卓越精神的感染，进而仿效文化楷模的行为。

（三）企业文化建设的基本程序

建设企业文化的基本程序，一般包括调查研究、定格设计、实践巩固和完善提高四个环节。

1. 调查研究

把握企业现有的文化状况及影响企业文化的各种因素，为企业文化的定格做好准备。调查研究的主要内容包括：一是企业的经营领域，明确企业的经营领域及由此引起的企业经营管理上的差别，使企业文化建设具有针对性和可行性；二是企业领导者的个人修养和风范，建设企业文化必须体现企业领导者的高尚思想境界和道德风范；三是企业员工的素质及需求特点，使企业文化的定格设计与其相适应，使员工对定格后的企业文化产生自觉认同；四是企业的优良传统及成功经验，这是建设未来企业文化最好的思想文化材料；五是企业现有文化理念及其适应性，它决定企业文化定格时对现有文化的取舍；六是企业所处地区的环境，不同的地理、经济环境造就出来的文化基础各有特点和优势，这是建设企业文化时必须考虑到的。

2. 定格设计

企业文化的定格设计，即在分析总结企业现有文化状况的基础上，充分考虑到企业的经营领域、企业领导者的个人修养和风范、员工素质及其需求特点、企业的优良传统及其成功经验、企业现有文化理念及其适应性、企业面临的主要矛盾和所处地区环境等因素的影响，用确切的文字语言，把已经成型的企业价值观念表述出来，成为固定的理念体系。企业理念体系大体包括企业使命、企业目标、企业价值观、企业道德、企业精神、经营观、管理观、人才观、服务观、员工基本行为准则及企业风尚等。

3. 实践巩固

企业文化定格后，就要创造条件付诸实践并加以巩固。即把企业文化所确定的价值观全面地体现在企业的一切经济活动和员工行为之中，同时采取必要的手段，强化新理念，使之在实践中得到员工的进一步认同，使新型的企业文化逐步得到巩固。一是要积极创造适应新的企业文化运行机制的条件；二是要加强精神灌输和舆论宣传；三是企业领导者要以身作则、积极倡导；四是要利用制度、规范、礼仪、活动等进行强化。

4. 完善提高

企业文化定格并在实践中得到巩固以后，尽管其核心的和有特色的内容不易改变，但随着企业经营管理实践的发展、内外环境的改变，企业文化还是需要不断充实、完善和发展。企业领导者要依靠群众，积极推进企业文化建设，及时吸收社会文化和外来文化中的精华，剔除本企业文化中沉淀的消极成分，不断对现有文化进行提炼、升华和提高，从而更好地适应企业变革与发展的需要。

第十章
品牌是企业长盛不衰的旗帜

品牌的英文单词是 Brand，源出古挪威文 Brandr，意思是"烧灼"。人们用这种方式来标记家畜等需要与其他人相区别的私有财产。在《牛津大辞典》里，品牌被解释为"用来证明所有权，作为质量的标志或其他用途"，即用以区别和证明品质。

品牌的内涵是指一个名称、名词、符号或设计，或者是它们的组合，其目的是识别某个销售者或某群销售者的产品或劳务，并使之同竞争对手的产品和劳务区别开来；品牌最持久的含义和实质是其价值、文化和个性；品牌是一种商业用语，品牌注册后形成商标，企业即获得法律保护拥有其专用权；品牌是企业长期努力经营的结果，是企业的无形载体。

品牌，是广大消费者对一个企业及其产品过硬的产品质量、完善的售后服务、良好的产品形象、美好的文化价值、优秀的管理结果等所形成的一种评价和认知，是企业经营和管理者投入巨大的人力、物力甚至几代人长期辛勤耕耘建立起来的与消费者之间的一种信任。质量是品牌的本质、基础，也是品牌的生命；服务是品牌的重要支撑，是商品不可分割的一部分，是市场竞争的焦点；形象是品牌在市场上、消费者心中所表现出的个性特征，体现消费者对品牌的评价与认知；文化价值是品牌的内涵，是社会物质形态和精神形态的统一，是现代社会的消费心理和文化价值取向的结合。

第十章　品牌是企业长盛不衰的旗帜

品牌是一种"文化名片"。认识企业往往从认识品牌开始。品牌作为企业的一张名片，是本企业商品区别于其他企业商品的特殊标志，而支持这一标志的背后是一种理念和承诺。品牌的背后是文化，文化的载体是品牌，文化是根，理念是魂，品牌是果。优秀企业文化是品牌文化的土壤和支撑，成功的品牌是品质与文化的有机结合，品牌文化，其实就是一种质量，一种体验，一种承诺，一种生活方式，它的魅力就在于不仅仅提供给顾客产品或服务，而且帮助顾客创造价值，去实现他们的梦想。一个国家拥有硬实力和软实力。硬实力是看得见、摸得着的物质力量，而软实力指的是无形的精神力量。品牌就是一个国家软实力的象征。不仅如此，有些品牌已成为民族文化的一部分。就品牌而言，也有软硬之分，硬的是企业的人才、资金、技术和产品质量，软的是品牌内在的精神和无形的文化力量。一个企业拥有自主品牌的多少，不仅体现了企业实力的强弱，而且也体现了企业的无形资源价值，代表了企业的发展前景和持续发展的空间。品牌是企业核心竞争力的重要标志。

第一节　品牌价值

在世界经济一体化逐渐增强和知识经济迅速崛起的时代，品牌已经跨越国界，成为企业走向国际市场的金钥匙。尤其是企业间竞争日益加剧的今天，品牌已经超越纯经济的范畴，成为企业竞争力、增值力、后续力大小的体现。只有过硬的品牌，才能经受各种考验，在企业百年的发展历程中持续前进；也只有过硬的品牌，才能立足于世界经济之林，在全球化的市场竞争中取得主动权。

（一）品牌是企业综合竞争力的体现

一个百年品牌能够经受战乱、经济危机等各种人为与自然因素的长期考验，靠的不是单纯的一两个经营点子，或是几个经理人的个人努力，它体现的是企业整体的积极创新精神，不断完善老产品品质，打破市场生命周期，开辟新市场，长期保持市场领先而稳定的地位。不仅是这些，一些百年老店的品牌之所以固若金汤，还包括重视人才、重视企业文化建设，遇到危机时不回避，积极进行改革创新等，所以说，品牌是一个企业综合竞争力的体现。

品牌首先体现在它是一个企业综合竞争力的体现，尤其是"名牌"，直接代表了特定产品的质量、性能和信誉等综合特质。例如，"可口可乐""微软""宝马"等品牌，既是世界名牌产品，也是这些大型跨国公司实力的象征。品牌在市场竞争中还具有相当的关联效应，凡是消费者认可的牌子，除了其主导产品之外，同一品牌的相关产品，同样可以赢得消费者的信赖，就像"娃哈哈"品牌的主导产品虽然是饮料，但现在其生产的童装也有很好的口碑，这表明品牌有很强的市场渗透力。

当品牌上升到名牌时，它就能够创造出一般品牌所不可比拟的市场效应，即持续效应——能使企业保持长久的影响力和竞争优势；扩散效应——广为流传；刺激效应——吸引消费者，刺激需求；放大效应——在传播中不断添枝加叶，好上加好。可以说，百年老店的品牌在长达百年甚至二三百年时间内，经久不衰，体现出无穷的生命力，这反映了名牌生成的规律性。那些企图在很短时间内靠广告等手段迅速成为名牌的生产者，往往是昙花一现，很容易被市场淘汰。

百年品牌有良好的知名度和美誉度，最根本的是源于其品牌自身的质量、服务和附加值。它是企业经过几代人长期探求、不断创新和改进的艰辛劳动的结晶，是根据优胜劣汰的法则从市场中脱颖而出的，为广大消费者所信赖的精品。经过百年磨炼出来的品牌都具有极高的知名度和美誉度，所以其市场占有率也极高，这就使得企业能保持持续的繁荣。

第十章　品牌是企业长盛不衰的旗帜

案例一　2010年海尔品牌价值855亿元，连续9年成为中国最有价值品牌

2010年9月15日，中国最有价值品牌100榜揭晓，海尔以855.26亿元的品牌价值连续9年蝉联榜首。

中国最有价值品牌研究是由睿富全球排行榜资讯集团与北京名牌资产评估有限公司共同研究发布，根据公开数据，特别是上市公司数据，尽可能广泛地选择与消费相关的竞争行业主导品牌，为消费者、投资者、研究者等社会各界提供中国品牌竞争力状况报告。除海尔集团外，美的集团、TCL集团分别以品牌价值497亿元和458亿元，位列第六和第七。至此，中国家电行业有三个品牌跻身前十。

海尔品牌价值的成长，得益于其全球布局取得的显著成效。在发达国家，很多产品解决方案受到了当地消费者的欢迎。据世界著名监测机构GFK数据显示，2009年，在德国三门及以上的多门冰箱市场，海尔以75.9%的份额高居第一；2010年1～5月，在西班牙三门及以上的多门冰箱市场，海尔冰箱以36.1%的市场份额高居第一；2002年海尔进入日本市场时以面向单身阶层的小型家电为主，最近，海尔将正式在日本市场销售中高端家电产品，满足日本消费者的高端差异化需求。在发展中国家，海尔亦取得不俗业绩。在非洲的尼日利亚，海尔冰箱、洗衣机、空调产品市场份额名列三甲；在南亚的巴基斯坦，海尔业绩增长迅速，大家电产品坐拥市场份额前三位。在拉美的委内瑞拉，海尔品牌不仅受到了消费者的喜爱，就连该国总统也成为海尔的"推销员"。世界著名消费市场研究机构欧睿国际发布数据，2010年，海尔大型家用电器品牌零售量占全球市场的6.1%，蝉联全球第一。

互联网时代，用户需求碎片化，唯有持续满足用户的个性化需求，获得互联网时代用户的口碑，才有持续的品牌价值。因此，原来企业的大规模制造必须变成大规模定制的模式，即从原来的先造产品再找

用户变为先创造出用户再造产品。在这个背景下，传统企业的"生产—库存—销售"模式必须转变为用户驱动的"即需即供"模式。因此，海尔创新探索的"人单合一双赢"模式，建立自主经营体，实践"倒三角"组织结构，使一线员工直面用户，通过创新的商业模式激发每个员工的创造力，让他们能够自创新、自驱动、自运转，在为用户创造价值的同时，实现客户、用户、员工、企业的共赢。

目前，海尔创新"人单合一双赢"模式已取得初步成效：海尔的库存包括在途是5天，是同行业的十几分之一；现金周转天数仅10天，行业为27天。同时，这一模式创出了海尔虚实网融合的核心竞争力，引起一些国际企业巨头的关注和青睐，与海尔进行资源互换，像通用把在中国的家电销售权全部交给海尔；惠普也把电脑在中国农村的销售权交给海尔；还有很多欧洲、日本的品牌也把区域市场的营销权交给海尔。这些创新成效使企业的可持续发展能力进一步提升，同时创出海尔赢得全球市场主流品牌的竞争优势。

深度思索　品牌是企业最重要的无形资产，是占有和保持市场占有率的重要手段，将为企业赢得竞争优势。

案例二　百年张裕，从世博金奖到中国葡萄酒第一品牌

张裕是我国葡萄酒业的领头羊，从1892年投资创建至今已有100多年的历史。张裕公司将其成功总结为张裕精神，即"爱国、敬业、优质、争雄"，这八个字融入了无数张裕人的心血。张裕的创始人张弼士是著名的爱国商人，一直倡导"实业兴邦"，最终争取到了清政府支持，得到在国内投资的通行证，使张裕成为我国第一个实现工业酿造葡萄酒的企业。在1987年的第25届世界优质产品评选会上，张裕获得了一个金牌和一个银牌。

1949年新中国成立以后，张裕就与茅台一起进入国宴，成为新中

第十章 品牌是企业长盛不衰的旗帜

国的国宴用酒。据资料记载，1949年开国大典喝的是茅台，而张裕葡萄酒则担当了当年9月举行的中国人民政治协商会议第一届全体会议的国宴用酒，之后，张裕葡萄酒成为多届政治协商会议的国宴用酒。为什么政协会议如此青睐葡萄酒呢？据分析，历届政协委员都是当时社会各界的贤达、名流，因此选用优雅的葡萄酒更符合他们的交际方式。在1962年第三届全国政治协商会议的晚宴上，毛主席还特意选择张裕葡萄酒款待旅美多年归国的导弹之父钱学森。张裕葡萄酒还见证了1954年日内瓦会议、1955年元帅授勋等中国重要历史时刻。就国宴用酒来说，60年来可谓是"白茅台、红张裕"。

从1984年开始，外交部明确规定"国宴一律不再使用烈性酒"，葡萄酒作为国际交流的"第二语言"，受到前所未有的重视。如今，国宴场合喝的都是葡萄酒；2006年，张裕解百纳同时签约人民大会堂与钓鱼台国宾馆，推出联合品牌；2009年美国总统奥巴马访华，首站上海宴会用酒为张裕百年酒窖干红、张裕爱斐堡酒庄霞多丽干白。在北京钓鱼台国宾馆，招待奥巴马的国宴用酒为张裕爱斐堡大师级赤霞珠干红、霞多丽干白；2009年12月，法国总理菲永访华期间，应国家领导人邀请在人民大会堂就餐时品尝了张裕爱斐堡大师级赤霞珠干红、霞多丽干白、张裕黄金冰谷冰酒。

张裕在2009年创立了拥有七大高级酒庄的国际酒庄联盟，即包括北京张裕爱斐堡国际酒庄在内的国内三大合资酒庄品牌，以及包括法国波尔多拉颂酒庄在内的四个国外酒庄品牌。"在张裕的品牌布局上，国际酒庄联盟主要为中国消费者提供不同特色的优质葡萄酒，而张裕解百纳则担负着走出国门的使命。"张裕葡萄酿酒股份有限公司总经理周洪江说。在张裕的国际化战略中，"解百纳"品牌被寄予厚望，成为构筑国际竞争力的重要一环。2010年，法国国际食品和饮料展览会将"全球葡萄酒品牌30强"的至高荣誉授予张裕解百纳。目前，张裕解百纳已经出口到美国、欧洲等28个国家和地区。作为中国较早的干红葡萄酒品牌，张裕解百纳在国际市场上越来越受到尊重。

深度思索 张裕在提升品牌竞争力的同时,也在提升了企业自身的综合竞争力。将品牌持续的做大做强,保持好历史文化传承,经营品牌优势,保持持久的品牌生命力才是企业生存发展的不竭动力。

(二) 品牌上升为名牌就是高品质、高文化的象征

百年老店的品牌之所以经久不衰,首先在于其最优秀、最稳定、最可靠的质量。从广义来讲,这种质量不仅包括原材料质量、工艺质量、生产技术、外观及包装质量,也包括功能质量和服务质量。在以上各方面都有超凡的表现,才是过硬的品牌。同时,质量的本质在于适用性,质量好坏的最终评判者是市场,只有消费者认可的质量才是最好的质量。由此可见,品牌的价值优异是一个系统的概念,即:一是产品自身品质优,不同层次的品牌应达到相应的质量标准,如国际品牌就应经过国际质量认证,达到国际质量标准;国家品牌就应达到国家标准,地方品牌就应达到省级和部级标准。同时,执行质量标准一以贯之,不管怎样检测和抽查,都能达到全优,即100%的合格。二是产品功能强,产品各种功能的设计充分考虑到消费者的需要,使消费者达到最大限度的满意。三是产品服务好,与产品品质和功能相适应,能为消费者提供售前、售中和售后高质量的服务,在质量保证、产品保换、保修上达到较高标准,消费者的投诉率降至最低点。

案例一 奔驰汽车——世界汽车工业的鼻祖

奔驰汽车公司是世界汽车工业的鼻祖,有上百年生产汽车的历史。如果以销售量而论,即使在德国,奔驰车也只能位居第四,在世界范围内也无法同日本的丰田、意大利的菲亚特和法国的标致等相匹敌。可奔驰却在世界名牌中能稳居第三,而丰田只能位居第七,其他

汽车公司根本进不了前几名,这其中的原因就在于奔驰车有着无可比拟的质量优势。奔驰汽车公司千方百计地使产品质量首屈一指,并以此作为取胜的首要目标,为此公司建立了一支技术熟练的员工队伍及对产品和部件进行严格的质量检查制度。质量、创新、服务等虽然并不是什么秘密,但在生产经营的产品与质量、创新、服务等有机结合上,各企业却有所差异。奔驰汽车公司正是很好地树立贯彻整体观念,才使自己成了世界汽车工业中的一颗明星。[①]

深度思索 产品的质量不仅决定了品牌的生存力与影响力,也是一个企业得以生存和发展的核心要素。

案例二 王老吉——第一个在美国市场叫响的中国品牌

早在百年前,就有一个中国品牌在美国等欧美国家打响牌子,颇受当地市场的青睐,它就是极负盛名的"王老吉"凉茶。这是第一个在美国市场叫响的中国品牌。

有"1903年前后中国舆论界的'执牛耳者'"之美誉的《新大陆游记》一书,曾盛赞"王老吉"凉茶:"西人有喜用华医者,故业此常足以致富。有所谓王老吉凉茶,在广东每贴铜钱二文,售诸西人或五至十元美金不等云,他可类推。"当时在中国只能卖到"铜钱二文"的"王老吉"凉茶,在美国却可以卖到五至十元美金,可见美国人对它的喜欢程度。

1901~1909年在位的美国第26任总统西奥多·罗斯福,与"王老吉"凉茶曾有过一段鲜为人知的故事。在开发巴拿马运河时,西奥多·罗斯福总统曾去工地视察。其时,烈日高照,酷暑难耐,西奥多·罗斯福总统中暑了,牙床也有些肿痛。工地在野外,离医院甚远。

---

① 宋联可:《百年老店是怎样炼成的》,东方出版社,2004。

总统身有小恙，随行人员都很着急，催促着让总统尽快离开工地去就近的医院接受治疗。西奥多·罗斯福总统却不肯走，坚持要视察完才走。正在随行人员无计可施时，工地的一位负责人说，不远处有个临时搭建的小屋，里面有中国人在卖一种叫做"王老吉"的凉茶，对清热去火解暑很有效，工地的工人们经常饮用，让总统不妨一试。西奥多·罗斯福总统从不喝茶，也没听说过什么"王老吉"，不相信饮料还能去火，拒绝去饮用。大家好说歹说，西奥多·罗斯福总统只好随工地负责人来到这个小屋，连饮三碗"王老吉"凉茶。不一会，他感觉暑气散去，如清风徐来，浑身说不出的轻松，牙床也不疼痛了。于是他盛赞：此饮堪称魔水啊，中国文化了不起！此后，每年夏天，西奥多·罗斯福都要饮用"王老吉"凉茶，直至其生命终止。

> **深度思索** 一个品牌的成功，产品本身过硬的质量是基础，这种产品承载的文化一旦获得市场认可，将成为品牌经久不衰的有力保障。

（三）品牌能使企业保持旺盛的生命力

经过百年磨炼出来的品牌都具有极高的知名度和美誉度，所以其市场占有率也极高，这就使得企业能保持持续的繁荣。

百年品牌有良好的知名度和美誉度，最根本的是源于其品牌自身的质量、服务和附加值。它是企业经过几代人长期探求、不断创新和改进的艰辛劳动的结晶，是根据优胜劣汰的法则从市场中脱颖而出、为广大消费者所信赖的精品。在小生产经济条件下，"好酒不怕巷子深"，消费者对产品的感受和由此形成的"口碑"足以使产品在一定区域内扬名并产生较强的吸引力。但在市场经济条件下，市场广阔，产品丰富多彩，大众传播媒介十分发达，好的品牌光靠口碑就远远不够了，需要借助于大众传播媒介进行造势，以便在较短的时间内美名远扬，得到广大消费者的认可。产品的知名度与美誉度，既可以是统一的，也可以是分离的，当知名度与美誉度都达到了极高的水平，即成为品牌所追求的最高理想境界。

一个品牌有了知名度与美誉度，必然会给产品带来极大的市场占有率。在当今世界经济一体化形势下，世界成为一个"地球村"，市场紧密相连，一种产品、一个商标、一家企业一旦有了知名度与美誉度，其市场半径就会迅速扩大，市场占有率就会迅速攀升，巨额利润也会滚滚而来。根据联合国工业计划署的统计，世界上现有的8万多种各类品牌产品，覆盖着98%的国际市场，每个品牌的市场占有率一般都高达30%以上。

知名度与美誉度达到这一理想境界，必然使顾客对品牌产生较高的忠诚度和信任感。很多公司的品牌其美名传遍世界，为世界各国消费者所熟悉和推崇，同时塑造了一大批忠诚的顾客。这些名牌超越种族、语言、信仰的恒久魅力，影响着消费时尚和市场潮流，逐渐成为经久不衰的百年品牌，企业也自然成了基业常青的百年老店。

案例一　全球第二大消费用品制造商——联合利华

联合利华集团是由荷兰 Margrine Unie 人造奶油公司和英国 Lever Brothers 香皂公司于 1929 年合并而成。总部设于荷兰鹿特丹和英国伦敦，分别负责食品及洗涤用品事业的经营。在全球 75 个国家和地区设有庞大事业网络，拥有 500 家子公司，员工总数近 30 万人，是全球第二大消费用品制造商，年营业额超过 400 亿美元，是全世界获利最佳的公司之一。2010 年在世界 500 强企业排名中列第 121 位。

自公司建立以来，联合利华公司就致力于满足世界各地人们的日常需求。联合利华的目标是，让世界每一个角落的消费者每一天都会选择它的产品，包括食品和家庭个人护理产品。全球所有联合利华机构的使命，就是赢得消费者的信任，预见他们的期望，满足他们的需求，并运用国际化和本地化相结合的专业技术和品牌管理经验，为公司的消费者提供高质量的服务。

联合利华认为，衡量公司发展是否健康的标准有两个：一是主要品牌的市场占有率和增长率；二是企业销售额与利润的同比上升幅度。近年来的业绩表明，联合利华公司已走出了一条"以企业增长为长久目标，以品牌战略为核心竞争力"的可持续发展之路。联合利华对名牌产品有着非常清楚的界定，其名牌产品的标准是：优异的质量和可靠的信誉、有极大的市场吸引力和高附加值；有广泛的市场规模，或者有潜力发展成为具有较大市场规模的品牌；名牌的生产、销售理念是建立在对消费者或消费群体深入理解的基础之上；同时，名牌也要随着经济、文化、社会的发展而变化，起到引领消费趋势和时尚的角色。凡是有国际影响力的品牌，凡是本地化特色鲜明、有市场化发展潜力的，符合以上标准的品牌都会成为联合利华的重点关注和精心培育对象。

联合利华历经了多个重大的历史时期：经济繁荣期、萧条期、世界大战、人类生活方式的转变和技术的进步。联合利华一直不断开发新的产品，致力于改善人们的生活，帮助人们减少花在家务上的时间；增加食品的营养；使品尝食物成为享受；让人们开始更多地关注起自身、家庭和衣物等，通过产品创新，丰富其品牌内涵，从而形成了企业持久的生命力。

深度思索 企业有没有品牌、名牌多不多，是衡量一个企业核心竞争力的关键所在。品牌是公司核心竞争力的最重要组成部分，抓品牌、创名牌的过程就是企业增强核心竞争力的过程，能够使企业保持旺盛的生命力。

案例二 劳力士——全球手表业的领头羊

劳力士（Rolex）是瑞士著名的手表制造商，1908年由汉斯·威

第十章 品牌是企业长盛不衰的旗帜

尔司多夫在瑞士的拉夏德芬注册更名为 Rolex。

1908年7月2日上午8时，劳力士（Rolex）商标正式注册。第一批劳力士表因它高超的技术质量而立即受到重视。一只小型劳力士表于1914年得到矫天文台（Kew Observatory）的A级证书，这是英国这一知名天文台从未颁发过的最高评价。它的精确度得到了承认，这是世界性的大事，使劳力士手表在欧洲和美国顿时身价倍增。从此，劳力士的质量即代表了精确。

第一次世界大战后劳力士迁回日内瓦，在创始人的推动下，劳力士公司不断创新、创造，完善自己。它的研究方向有两个：防水与自动。1926年，第一只防水、防尘表终于问世，这就是著名的蚝式表。1929年的经济危机打击了瑞士，但劳力士却没受影响。它在这一时期发明了一种自动上链的机制，造出了后来风靡一时的恒动型表。这种自动表拥有一种摆陀，之前在手表上从未用过，它给钟表业带来了一场革命，是目前所有自动表的先驱。1945年，劳力士又出产了带有日期的表，以及能用26种语言表明日期和星期的表。

劳力士世界总部从20世纪60年代开始策划的扩建工程，在1995年竣工。这是80多年创造、革新、进步的标志，是与它的领导人重视的企业精神相匹配的标志。劳力士的全体员工为了共同的目标努力奋斗，劳力士正继续发扬它的传统，在全世界继续担任日内瓦和高质量钟表的代表。

劳力士最初使用的标志是一只五指伸开的手掌，寓意其产品完全靠手工精制，后来逐渐演变为现在人们所熟知的皇冠，展现着劳力士在制表业的帝王之气。在国际市场上，一只普通劳力士手表的价位从3300美元到15000美元不等。虽然价格不菲，但人们还是认为物有所值。这不仅由于劳力士的品质精良，而且因为它具有独特的投资价值，保值能力极强。

在20世纪机械表时代，劳力士一直是全球手表业的领头羊。时至今日，超卓的工艺与技术依旧使得劳力士保持着手表业的翘楚地位。

销售额稳居瑞士钟表业龙头地位。

劳力士手表在中国久负盛名，曾译"罗莱克斯"。在新中国成立后相当长的一段时间内，许多原因使国人心目中只有劳力士一枝独秀，而并不知道江诗丹顿、百达翡丽及爱彼等世界名表。劳力士在中国拥有很大的市场，在搜狐和《财经文摘》的领袖风范品牌评选中名列前茅，可见其品牌经营之成功。

2008年12月30日，世界权威的品牌价值研究机构——世界品牌价值实验室举办的"2008世界品牌价值实验室年度大奖"评选活动中，劳力士凭借良好的品牌印象和品牌活力，荣登"中国最具竞争力品牌榜单"大奖，赢得广大消费者普遍赞誉。

深度思索 劳力士不但富有创新精神，而且充满了对完美的执著追求，对劳力士而言，"品质"绝不空言。劳力士手表"庄重、实用、不显浮华"的设计风格，备受人们推崇，而准确和耐用性更使劳力士身价不凡。劳力士的百年发展史积淀了其丰厚的品牌价值，使企业久负盛名、保持旺盛的生命力。

品牌作为企业核心竞争力体系中最重要的组成部分，它是企业文化、核心技术、人力资源等综合因素荟萃的结晶，著名世界品牌无不包含着丰富而独特的企业文化。由核心技术打造的名牌产品，往往是品牌的支柱产品。名牌所带来的巨额经济效益，既是规模效益，以量取胜，也包括级差效益，即名牌的文化附加值所形成的效益，而这两种效益都可以令这个品牌所在的企业保持旺盛的生命力。

第二节 品牌价值塑造

一个商品有无品牌，以及品牌美誉度、知名度的高低不同，对消费者的吸引力就不同，销售价格也有很大区别。也就是说，同种商品，不同的品牌，其市场价格就会存在着很大差异。由此可见，品牌有其内在价值。

（一）质量过硬，竞争取胜

只有优质才有竞争力，产品质量与产品竞争能力成正比。消费者购买商品，是选择该商品的使用价值和适用功能，因而，他们首先考虑的是商品的内在质量，包括外观质量。因此，质量优良的产品，具有强大的竞争力，企业必须通过提高质量来求生存。竞争的胜败，首先从企业产品在市场的销量上反映出来。产品的销售量越大，企业获得的利润就越大。产品的销售量，首先取决于该产品的自然属性能否满足社会的和个人的需要。产品质量，就是产品对于人们需要所具备的那些自然属性的满足程度，也就是质量特性。产品的质量特性和人们的要求越接近，产品的质量就越高，越受到用户的欢迎。企业参加市场竞争，首先要在提高产品质量上下工夫。质量是实现商品使用价值的保障，产品质量优，用户得实惠，产品质量次，用户受坑害。在国际市场上，产品质量优比价格廉更好推销。

随着经济的不断发展，科学技术得以广泛普及，信息得以高速传播，不同企业的同类或近似产品，其设计和制造水准已不相上下，其质量和功能也难分高低。在这样的情况下，企业如果只靠有形的产品，就很难在竞争中取胜。百年老店除了注重产品的质量，还要注重服务制胜，为顾客提供超值服务，以此来增强品牌的价值，达到吸引顾客的目的。

案例一　格力空调——中国空调业唯一的"世界名牌"产品

成立于1991年的珠海格力电器股份有限公司，是目前全球最大的集研发、生产、销售、服务于一体的专业化空调企业，连续9年上榜美国《财富》杂志"中国上市公司100强"。格力电器旗下的"格力"空调，是中国空调业唯一的"世界名牌"产品，业务遍及全球100多个国家和地区。2005年至今，格力空调产销量连续6年全球领先。

作为一家专注于空调产品的大型电器制造商，格力电器致力于为全球消费者提供技术领先、品质卓越的空调产品。在全球拥有珠海、重庆、合肥、郑州、武汉、巴西、巴基斯坦、越南8大生产基地，8万多名员工，至今已开发出包括家用空调、商用空调在内的20大类、400个系列、7000多个品种规格的产品，能充分满足不同消费群体的各种需求。拥有技术专利4000多项，其中发明专利710多项，自主研发的超低温数码多联机组、高效离心式冷水机组、1赫兹变频空调、超高效定速压缩机、R290环保冷媒空调等一系列"国际领先"产品，填补了行业空白。

格力电器自1995年开始推行ISO9000质量管理体系，1996年以来先后通过了SGS国际认证服务公司、中国兴轻质量体系认证中心、中国轻工质量认证中心的认证审核，获得ISO9001质量管理体系认证证书。2004年通过SGS国际认证服务公司的认证审核，分别获得ISO14001：2004环境管理体系和OHSAS18001：1999职业健康安全管理体系认证证书。2006年公司获得国家质监总局颁发的特种设备制造许可证（压力容器）。2007年获得QC禁用物质管控体系证书。2008年获得BRC全球标准消费品：第二类产品证书。格力实验室已走在全国同行前列，并通过了国际上久负盛名的认证机构的认可，成为国际一流实验室。1999年通过国家实验室认可，2000年通过德国TUV莱茵认可，2003年通过加拿大CSA认证机构的CATEGORY实验室认可，2004年荣获美国UL的CTDP实验室认证等。格力成为目前中国家电行业首家通过CTDP（Client Test Data Program）认证的空调企业。

在激烈的市场竞争中，格力空调先后中标2008年"北京奥运媒体村"、2010年南非"世界杯"主场馆及多个配套工程、2010年广州亚运会14个比赛场馆、2014年俄罗斯索契冬奥会配套工程等国际知名空调招标项目，在国际舞台上赢得了广泛的知名度和影响力，引领"中国制造"走向"中国创造"。

深度思索 企业竞争的手段虽然很多，但产品质量过得硬，取得声誉是最根本的竞争手段。没有好的质量是占领不了市场的。质量的好坏，不仅影响竞争力的强弱，还决定竞争力的有无。

案例二 柯达公司高人一筹的服务水平赢得品牌价值

柯达公司创立于1886年，当时乔治·伊斯曼研制出第一架自动照相机，并给它取名为"柯达"，柯达公司从此诞生。为建立提高品牌忠实度，柯达公司专门设立了"客户服务部"，如果顾客对自己拍出来的照片色彩不满意，而这又并非胶片质量问题，公司愿意介绍顾客与有关专家进行讨论，以了解毛病出在何处。公司有一条"死规矩"：即使顾客有"节外生枝"的抱怨，公司任何人都不准在谈话、电话、信函中对顾客流露任何不敬。人们越来越多地发现，市场上走俏的商品常常并非品质最好的商品，而往往是那些品质符合需要而服务的确高人一筹的商品。[①]

深度思索 质量和服务是百年品牌的生命，优质商品的内在质量价值通过品牌而得到体现，满意周到的服务成为品牌的附加价值。

（二）塑造形象，提升价值

品牌形象是在企业长期经营过程中形成的。塑造良好的品牌形象，能够使消费者清楚地了解品牌的价值之所在，增强品牌对消费者的吸引力和市场竞争力。成功的品牌形象，像烙印打在消费者的脑海里，一提起某一品牌，立即能反映出该品牌的特色。就像提起奔驰汽

---

① 宋联可：《百年老店是怎样炼成的》，东方出版社，2004。

车给人的印象就是"质量过硬",提起沃尔玛超市就让人想到"天天平价"一样。

案例一 实施品牌战略让百事可乐后来居上

百事可乐诞生于1898年,比可口可乐的问世晚了12年。由于可口可乐早在其10多年前就已经开始大力开拓市场,到百事可乐诞生时早已声名远扬,控制了绝大部分碳酸饮料市场,在人们心目中形成了定式,一提起可乐,就非可口可乐莫属。百事可乐在第二次世界大战以前一直不见起色,曾两度处于破产边缘,饮料市场仍然是可口可乐的一统天下。第二次世界大战后,美国诞生了一大批年轻人,他们没有经过大危机和战争洗礼,自信乐观,与他们的前辈们有很大的不同。这些年轻人正在成长,逐步会成为美国的主要力量,他们对一切事物的胃口既大且新,这为百事可乐针对"新一代"的营销活动提供了基础。经过4年的酝酿,"百事可乐新一代"的口号正式面市。百事可乐还请来专业广告公司为其做宣传,结果,百事可乐的销售量猛增,与可口可乐的差距从5∶1缩小为3∶2。之后为维护战果,百事可乐还请来红极一时的迈克尔·杰克逊做广告。百事可乐在企业形象设计上也是煞费心机,可口可乐选用的是红色,在鲜红的底色上印着白色的斯宾塞体草书"Coca-Cola"字样,白字在红底的衬托下,有一种悠然地跳动之态,显得古朴、典雅而又不失活力。百事可乐则选择了蓝色,蓝色是精致、创新和年轻的标志,在纯白的底色上印着近似中国行书的蓝色字体"Pepsi Cola",十分醒目,而且大有活跃、进取之态。百事可乐的颜色与它的公司形象和定位达到了完美的统一。所以,现在当人们提起百事可乐时,首先的印象就是年轻、创新、有活力。[1]

---

[1] 宋联可:《百年老店是怎样炼成的》,东方出版社,2004。

第十章　品牌是企业长盛不衰的旗帜

深度思索　品牌建设是一项系统工程，涉及企业经营管理工作的方方面面。而品牌战略则是高屋建瓴地将品牌建设提升到企业经营战略的高度，是以建立强势品牌、创造品牌价值为目标的企业经营战略。品牌战略是一项长期的战略任务，关系到企业的生存和发展，关系到企业在市场中的地位，关系到企业的竞争力。

案例二　中华著名老字号全聚德的品牌价值管理

全聚德始建于1864年（清同治三年），至今已有140多年的历史。在中国餐饮业500强中，全聚德排名为中式正餐之首。近年来，全聚德品牌价值不断提升，1994年1月1日，经国家认可的资产评估机构评估，"全聚德"无形资产价值为2.6946亿元人民币。到1999年1月，"全聚德"无形资产价值上升到7.0858亿元人民币，增长了2.63倍。2011年6月28日，在由世界品牌实验室、世界经济论坛主办召开的世界品牌大会上，全聚德荣获中国500个最具价值品牌称号，排名第56位，评估价值为84.58亿元人民币，为1994年的31.39倍。

随着市场经济的发展，全球经济一体化进程加快，麦当劳、肯德基等洋餐饮业大举进军中国，对国内餐饮业形成了强烈的挑战。在市场经济的发展中，名牌效应日益明显，广大消费者追逐名牌成为一种时尚，久负盛名的全聚德得到了社会的青睐。全聚德集团形成了独具特色的经营理念和企业文化，同时积累了一定实力，为弘扬和发展全聚德品牌打下了坚实的基础。

为了使"全聚德"品牌在市场竞争中得到大力弘扬和提升，全聚德有效地对"全聚德"品牌实施了统一管理，加大了控制和保护力度。首先，建立了无形资产管理机构及常年法律顾问制度，制定了一系列无形资产管理办法，在国内外注册"全聚德"商标，获得法律保护。在国内，经国家工商商标局正式注册"全聚德"商标9个，注册范围涵盖 25 类 97 项。在国际上,在美、日、法、德、英、俄罗斯、加拿大、澳大利亚、意大利、香港等 29 个国家和地区正式注册了"全聚德"商标,从而使"全聚德"商标在国内外得到了统一管理及有效的保护。特别是在"全聚德"被认定为"中国驰名商标"以后,根据国际惯例和我国《商标法》规定,驰名商标专有权将得到范围更广、力度更强的法律保护。按照国际知识产权法《保护工业产权巴黎公约》,签约国应对成员国认定的驰名商标予以特殊保护。因此,"全聚德"将受到世界 100 多个国家和地区的共同承认与保护。

> **深度思索**　"全聚德"品牌价值的提升,除了自身的实力外,能够不断地适应竞争发展的需要,注重品牌的统一管理和企业无形资产的保护,提升品牌知名度的同时,通过法律手段,有效促进了品牌形象和品牌价值的提升。

迈克尔·波特在他的竞争战略思想中提到,品牌战略的本质就是差异化的竞争战略代表,它是企业在日趋激烈的竞争环境中,面临产品、技术与服务日趋同质化的形势下,谋求以品牌创造差异化的战略抉择。对于最近比较流行的以资源为基础的核心竞争力的战略思想而言,战略的使命在于打造企业的核心竞争优势,而"品牌战略"无疑是这种战略思想的代表。强势品牌本身就符合企业核心竞争力的几项基本要求,即珍贵、独特并不可模仿、难以替代,说得更直接一点就是让自己的产品更有特色。

百年老店的品牌是伴随着企业长期的生产经营一起成长起来的,深深印有企业特殊组成、特殊经历的烙印,其他企业难以模仿。

(三) 广告宣传,突出特色

品牌战略离不开品牌宣传,品牌宣传是树立个性品牌的一个重要运营环节。具体来说,只有通过有效的品牌宣传,才可以使品牌为广大消费者和社会公众所认知，使品牌获得强势。同时，通过有效的宣传，还可以实现品牌与目标市场的有效对接，为品牌及产品占领市场、拓展市场奠定基础。凡是有利于提高企业的知名度和美誉度，有利于扩大销售、巩固市场的信息，均是企业进行形象宣传的内容。百年老店在进行形象宣传时，其宣传内容、方式和手段的确定都从消费者的心理和企业的实际情况入手，遵循客观经济规律，为企业树立了良好的形象。

案例一　雀巢咖啡的广告经历

拥有130多年历史的雀巢公司是瑞士最大的工业公司，也是全球最大的食品饮料集团之一，在2010年世界500强企业排名中列第44位。

从历史的角度来看，雀巢咖啡的广告宣传经历了三个阶段：

第一阶段，强调咖啡的速溶性。20世纪初期，雀巢欣喜于工艺的突破给传统喝咖啡方式带来的革命，广告自然想到要强调因速溶而带来的便利性。随着时代的进步，妇女的解放，速溶咖啡这种既方便又能保持原味的优势大放光彩。60年代进入日本市场，就立刻受到广大家庭主妇的欢迎。

第二阶段，强调咖啡的品质。当咖啡速溶的优势被省时省力的煮咖啡机器取代时，雀巢公司又把广告的重点转向表现产品的纯度、良好的口感和浓郁的芳香上来。因此，各国的分公司都采用了产品导向的广告，强调雀巢咖啡是"真正的咖啡"。这也与20世纪50~60年代普遍流行产品导向广告的大背景相一致。

第三阶段，强调咖啡的生活性。当人们逐渐认可"咖啡就是雀巢咖啡"后，雀巢咖啡广告的重点又转变为强调生活性，广告尤其注重与当地年轻人的生活形态相吻合。例如，在英国的广告中，雀巢金牌咖啡扮演了在一对恋人浪漫的爱情故事中促进他们感情发展的角色。在日本，广告营造了"雀巢咖啡让忙于工作的日本男人享受到刹那的丰富感"的气氛,至今让许多日本人印象深刻。在中国,雀巢80年代以"味道好极了"的朴实口号做面市介绍,劝说国人也品品西方的"茶道",等国人接收了这一饮品后,90年代,雀巢咖啡又投放了主题是"好的开始"的新版系列电视广告。而面对当今的年轻人,他们渴望做自己的事,同时又保留传统的伦理理念;他们渴望独立,但并不疏远父母;他们意识到与父辈之间的差异,但又尊敬他们的家长;虽然两代之间有代沟,但有更多的交流与理解;他们有强烈的事业心,但也要面对工作的压力和不断的挑战。这就是当今年轻人的生活形态,也成了雀巢咖啡"新的开始"广告的沟通基础。[1]

> **深度思索** 雀巢的广告体现了一个百年老店形象宣传的严谨以及品牌建设的成熟,而且从广告的定位和形式来看,雀巢对当时的消费者以及市场状况都做了详细调查,在形象宣传时,尽量使自己的产品在消费者心中更亲切,突出了百年老店古老品质与现代生活的完美统一。这也正符合雀巢的企业定位——古老又不失现代气息。古老是雀巢专业、诚信、高品质的象征,而不失现代气息则代表雀巢的创新意识。

案例二 中国驰名商标娃哈哈的广告策略

娃哈哈由3个人、借款14万元人民币创办校办经营部起家,发展到今天,已成为拥有1万多名员工、42亿元资产、年销量62亿元的大型企业,居中国饮料行业十强之首,获得多项产品全国销量第一、全国消费者心中的理想品牌、中国驰名商标等荣誉。如今,"娃哈哈"已作为知名品牌深入人心。

娃哈哈一贯注重广告的投入,但同时坚持明确的广告策略:经济

---

[1] 宋联可:《百年老店是怎样炼成的》,东方出版社,2004。

第十章 品牌是企业长盛不衰的旗帜

有效、树立品牌的个性。

所谓有效是指对消费者有效，"叫好不叫卖"、华而不实的广告娃哈哈坚决不采用；而个性是品牌存在的根本，是其生命力的张扬与体现，如激情浪漫——轩尼诗；浓烈甘醇——威士忌；豪放狂野——伏尔加；健康快乐——娃哈哈。健康快乐，正是娃哈哈孜孜以求、努力塑造的品牌个性。

娃哈哈纯净水是公认的全国第一品牌，之所以能够在短期内独占鳌头，与娃哈哈成功地运用明星歌曲广告策略分不开。

1996年4月娃哈哈纯净水面市时，在当时众多瓶装水纷纷以纯净、健康、卫生为诉求点的情况下，独辟蹊径，开拓出了一条情感诉求路线，以青春、时尚为基调，以"明星歌曲策略"为重要特色。先是以青春偶像、当红歌星景岗山作产品形象代言人，并连续5个月在22个省级城市进行纯净水与磁带连环签售活动。伴随着那首青春浪漫、脍炙人口的流行歌曲——也就是娃哈哈的广告语："我的眼里只有你"，娃哈哈的产品——娃哈哈纯净水也深入娃哈哈的目标消费群——广大青少年心中，产生了巨大而持久的广告效应。

1998年，是娃哈哈纯净水进入市场的第三年头，娃哈哈制定的销售目标是1996年的10倍。为完成这一目标，娃哈哈选定新的形象代言人、同样广受欢迎、与景岗山有着不同风格的歌手——毛宁。广告语上升为："心中只有你"。新的合作效果同样令人惊喜！

1999年，台湾歌星王力宏成了"娃哈哈纯净水"新的广告代言人。随着大范围的现场推广、广播电视报纸广告大密度传播以及媒介对歌星的跟踪采访、歌迷的歌曲点播，一时间，王力宏这首"爱你等于爱自己"的娃哈哈广告歌曲，优美动听的旋律传遍了大街小巷。忽如一夜春风来，令人耳目一新。

"明星歌曲策略"贵在轰动，更贵在坚持。在娃哈哈纯净水代言人这一表象的变化背后，有一脉相承的东西，所以6年中在竞争对手不断变换广告策略、也纷纷起用名人的情势下，娃哈哈所一贯坚持的

"健康、青春、活力、纯净"这一品牌核心内涵却日益凸显出来,这一在消费者心中区别于众多品牌的、鲜明而清晰的品牌概念无疑成了娃哈哈宝贵的品牌财富。

娃哈哈一直在努力加强与消费者的情感沟通:不论是"我的眼里只有你"的娃哈哈纯净水;还是"有喜事当然非常可乐"的非常可乐,都体现了娃哈哈产品极富亲和力的情感诉求。

> **深度思索**　娃哈哈的广告策略变与不变的典型意义不仅在于它显著的广告效果,更为重要的是体现了娃哈哈广告创意和广告战略上的整合性、流行性、延续性。这是产品生命力不断增强并得以延续的基础。

第三节　强势品牌的锻造

如果说品牌会使企业的产品、符号、企业实力等在消费者心中留下一个投影的话,那么这个投影就有可能被夸大或缩小,消费者对其印象也有可能会很清晰或很模糊,于是就有了强势品牌和弱势品牌之分。

由于本身在技术领域中的强势,高技术公司的产品和服务往往难以直观地被其消费者所认知。如果公司在进行品牌传播时太过偏重于技术性的描述,就很可能在消费群和公司之间产生所谓的技术性认知障碍。此时,公司若能够改变原来的传播方式,代之以更直观、更丰富的方式向消费者展示品牌特性,在相对理性的技术和相对感性的诉求之间搭建起沟通的桥梁,就有可能建立高技术特征的强势品牌。

(一)整合传播,做强做大

强势品牌的特征不是企业主观臆造的,而是消费者在生活中积累的结果。这与消费者的个性特征、生活环境、品牌传达的信息等息息相关。品牌信息穿过各种屏障后，最终留在消费者脑海中的就是品牌的特征，强势品牌的特征是消费者感觉到的品牌"活生生的信息"的全部，这也是消费者购买强势品牌产品的原因。简单地讲，强势品牌就是在消费者心目中留下了清晰、良好印象的品牌。品牌与消费者有着亲密的关系，这种亲密关系很多时候并不是建立在"高技术"之上，而是建立在品牌的整合传播上。

案例一　宝洁强势品牌的建立

宝洁公司创立于19世纪30年代，至今已有170余年的历史，说它是"百年老店"恰如其分。在170多年的历史中，宝洁公司不断有新的品牌和产品问世，到目前为止，已开发出300余种产品。对于宝洁公司的品牌策略，正如其前董事长白波所说："常改常新，尽善尽美。"

1837年美国正遭受金融危机的冲击，按理说并不是创业的黄金时间，即便辛辛那提是一个繁华的商业中心，但当时全国有成百上千的银行倒闭，经济危机笼罩着这个国家。然而，普洛斯和盖姆这两位创始人依然决定开创自己的事业，共同生产销售肥皂和蜡烛。那时，他们非常镇定，将自己的目光集中在如何与城内的另外14家肥皂和蜡烛制造商一比高低，而不是那场席卷全国的金融风暴。一个小型的企业能有这样的眼光，实在是很难得，也充分显示出他们对企业所实施的长远性规划策略，这种策略后来成为宝洁公司标榜的经营策略。

19世纪50年代，"星月争辉"的标志成为宝洁公司非正式的商标。到了60年代，星月标志开始出现在所有公司产品以及来往文件上。这是宝洁公司品牌建设的雏形。

宝洁公司创业初期也像大多数企业一样，在市场的激烈竞争中，只能勉强维持度日。19世纪80年代，宝洁传到了第二代人手中。宝洁开发出了一种成本低廉、质量优异的白色香皂，命名为象牙牌，并投入 11000 美元为其做广告，这在当时是一个惊人之举。消费者对象牙牌香皂的认可程度在不断增强，到 1890 年，宝洁的年销售额已达到数百万美元。尽管当时品牌建设在企业经营中的作用还不太凸显，但是宝洁这种不自觉的品牌宣传，大大提升了企业形象。

为提高产品质量和产品工艺，宝洁公司于 1890 年在辛辛那提的象牙谷厂建立了一个分析实验室，自此，宝洁公司的新产品一个接一个地诞生了。象牙皂片：一种洗衣和洗碗碟用的片状肥皂；Chipso：第一种专为洗衣机设计的肥皂，以及 Crisco：改变美国人烹调方式的第一种全植物性烘焙油。尤其重要的是，宝洁公司所有这些创新产品都是基于对消费者需求的深入了解而开发的。他们的营销策略也同样具有开创性，1896 年公司聘请当时著名的艺术家设计制作"象牙女士"及"象牙宝宝"形象，以吸引公众注意力，这成为历史上肥皂制造商所作的第一个彩色印刷广告。除此之外，还采用派发产品试用装以及促销奖金等。可以看出，此时的宝洁公司已经在经营品牌上变得很成熟了。

1923 年宝洁尝试采用新的传播媒介——电台广播。公司以 Crisco 名义赞助全国性烹调节目，成为首创使用电台广告的公司之一。1926 年，宝洁继象牙香皂后又推出卡玫尔香皂，公司拥有两个存在竞争的品牌，这是品牌管理系统的雏形。到 1931 年，公司创立了专门的市场营销机构，由一组专门人员负责某一品牌的管理，而品牌之间存在竞争，这一系统使每一品牌都具有独立的市场营销策略。至此，宝洁的品牌管理系统正式诞生。

从 1837 年宝洁的诞生到 1931 年公司品牌管理系统正式形成，在我们今天看来实力庞大、威震全球的宝洁也经历了上百年的时间。由此我们可以看出：中小企业的成长犹如一次长途旅行，启程的是产品，抵达终点站的是一个完整的品牌。打造一个强势品牌要比建设一条生产线难得多，它需要持之以恒。只有心存高远，才能最终牢牢把握市场主动权，推动企业一次又一次的腾飞。

第十章　品牌是企业长盛不衰的旗帜

回顾历史，宝洁在品牌建设方面始终处于领先地位，公司不仅创造了许多产品和品牌，还开创了企业品牌管理系统，为其他企业的品牌建设提供了榜样。而且非常值得一提的是，宝洁注重开发与创新，公司首创了许多目前被广为应用的市场调研技术。宝洁在世界各地开展业务前，必定先对消费者、市场进行调查、研究，以满足消费者的需求为起点，为品牌打下良好的基础。[1]

深度思索　没有一个企业不想做大做强，即便是目前尚小的成长型企业。然而，要拥有稳定的销售和利润，就不能忽视企业品牌的建设。这是因为品牌与销售、利润实质上是互为因果的。尤其是目前企业间的竞争日趋激烈，品牌对某个领域或某个市场进行了细分，因此企业要想保持长久的竞争优势，就必须像宝洁那样建立自己的强势品牌。只有建立了自己的强势品牌，才能掌握市场竞争的主动权。

案例二　从弃牌、借牌到创牌的荣事达

荣事达是中国家电企业的佼佼者，在14年中将300多万元变成了30多亿元，这个增长速度足以让人另眼相看。让我们看看当时作为中小企业的少年荣事达创立品牌的艰辛历程吧。

今天人们对"荣事达"已是耳熟能详，但是它初期的品牌建设过程也是非常艰苦的。从第一台洗衣机出厂至今，荣事达走过了弃牌、借牌、创牌三部曲，成为目前国内的知名品牌。这个过程除了需要巨大的勇气和胸襟外，还体现了荣事达集团对品牌建设的重视。

荣事达的前身合肥洗衣机厂曾生产过"佳净牌"洗衣机，但是由于质量差，根本无人问津，后改用"百花牌"，其质量仍然不稳定，

---

[1] 宋联可：《百年老店是怎样炼成的》，东方出版社，2004。

品种又不新，产品只有积压，更谈不上什么品牌。当时，刚上任的厂长陈荣珍认识到家电产品的竞争力就是产品的高新技术，于是，便以高达900%的负债率贷款2700多万元用于引进生产技术和生产线。当年就生产了92万台高质量的洗衣机，但是万万没有想到，因为牌子不响，形成了巨大的产品积压。原因是"百花"品牌给人的印象仍是落后生产设备生产出的产品，代表的是低质品，在市场上早就没有竞争力。这个品牌不但不能为企业带来价值，还成了束缚企业发展的羁绊。此时的荣事达面临三种选择：一是等"百花牌"被消费者认可；二是创新牌；三是借牌生产。第一种选择，企业等不起；第二种选择，企业已负债累累，没有资金用于创牌；只有第三条路，才能解决企业面临的困难，迅速积累资金还贷。荣事达的领导果断地作出决定——弃牌，就是丢掉这个包袱，让企业轻装上阵。弃牌之后，企业并没有立即创立自己的品牌，因为一个好品牌的创立不是一朝一夕的事情，需要有雄厚的实力，有时间的积累，有全方位的支持，对于一个刚起步不久的小厂来说，这太难了。由于企业实力不够，荣事达选择了借牌，即寻找一个现有的品牌，借助它的竞争力把产品推向市场，共同发展，这是企业最佳的选择。

当时上海的"水仙"牌洗衣机在市场上非常畅销，年产百万台，还获得了全国银奖。1986年下半年，上海水仙洗衣机厂派人来合肥考察，荣事达抓住机遇，决心借"水仙"这个品牌。这在当时是个非常冒险的决定。因为上海引进的是早两年日本"夏普"的设备和生产技术，而合肥引进的是日本近期"三洋"的技术，从技术和外观上都强过上海，只是比上海晚了几年创牌。企业的竞争力是由品牌体现的，它是区别企业的标志，在没有自己的品牌之前，无论产品再好，都不可能迅速地得到市场承认。在这样的现实面前，荣事达不得不作出了痛苦的选择，但是借牌不是目的，只是创牌的手段。荣事达人埋头苦练内功，增加投入，改进技术，提高质量，扩大生产，同时在全国建立销售网点。经过一番努力，荣事达生产的大波轮、新水流洗衣机，

第十章 品牌是企业长盛不衰的旗帜

产品比上海的还要略胜一筹，再加上优秀的售后服务，更受用户的欢迎。精明的顾客注意到了产品的差距，进货时点名要合肥的"水仙"。企业的品牌在市场上得到了承认，而且6年间不断地积累资金，一面还债一面积累资本，终于在1993年决定打出自己的品牌——"荣事达"。

创牌相比借牌来说要冒更大的风险，因为弄不好企业就会失去原有的市场，可能从此一蹶不振。关键时刻，荣事达的领导鼓励员工说："如果我们老是藏在别人的翅膀下，那就永远也学不会飞。我们要上下一心，背水一战。这一仗，一定要打胜，不允许失败。"不创牌不行，要想在市场中立足发展，就必须有自己的品牌，企业的竞争力就是通过品牌显示的。没有品牌的企业，不可能在市场中长久生存，企业有再强的实力也不可能有竞争力。因为它没有给顾客留下什么长久易记的印象，它的成绩终将被市场所淡忘。荣事达要打的是一场有备之战，荣事达人比任何时候都小心。1993年元旦，荣事达洗衣机正式创牌，厂长陈荣珍慎重地宣布："只要运输不出问题，我保证运往全国各地的产品开箱合格率达到100%。""荣事达"洗衣机第一批发往郑州、石家庄、沈阳、南京、武汉、上海等全国大中城市，很快，全国各大商场纷纷急电要货。历经6年的卧薪尝胆，荣事达终于成功地创下了自己的牌子，从此成为中国家电业的一颗明星。

在1996年，荣事达又进行了第二次借牌，这次是借国际品牌，为的是"借船出国，闯荡世界"，是一次机智的战略决策。有了第一次借牌成功的经验，荣事达与美泰克合作中有立场有战略，坚持外方资本不控股，中方品牌不转让，但在国际市场上可暂借外方品牌。这次借牌仍是手段，上次是为了摆脱困境、打开国内市场，这次是为了闯入国际市场，起点不一样，却有异曲同工之妙。

荣事达的品牌策略颇值得借鉴，虽然它几易牌子，但是它的目的始终是明确的——为了更好地创自己的品牌。商场犹如战场，需要斗勇斗智,无论采取什么样的战术,目标只有一个,就是胜利。①

> **深度思索** 经营企业就是经营品牌,一个企业只有拥有自己的强势品牌,才会在市场竞争中取得主动地位。塑造强势的品牌形象,无论从短期的销售业绩还是长期的营销目标来看,无论从宏观的营销环境还是微观的生存竞争来考察,对企业的生存和发展都具有生死攸关的意义。

(二) 创新引领,追求卓越

创新是品牌生命的基础。只有不断地为品牌注入新鲜的血液,才能使品牌紧跟时代节奏,才能使品牌拥有足够的能量持久强盛。

随着国内经济的持续增长,本土企业纷纷高举品牌竞争大旗,攻城略地,不亦乐乎。然而创品牌不易,保品牌更难,有的今天还是"春风得意马蹄疾",转眼间却"一江春水向东流";而有的却仿佛"驻颜有术""万里长城永不倒"。试问,谁不愿做像可口可乐那样的百年品牌?谁不想寻求品牌的"青春秘籍"?可问题是如何对经过几代人的奋斗而建树起来的品牌进行科学管理、行之有效的护理,永葆品牌青春魅力呢?答案其实很简单:创新品牌!创新意味着新生,从某种意义上讲,创新品牌的实质就是遏制品牌老化,使品牌年轻化。

案例一 海信靠品牌创新赢得市场地位

家电业是当今中国市场化程度最高、竞争最激烈的行业。1995年,国内的家电品牌有200多个,而到了2000年仅剩下20多个,短短的5年时间品牌的淘汰率是90%。可以说,家电市场的竞争最终是一场品牌的角逐。

---

① 宋联可:《百年老店是怎样炼成的》,东方出版社,2004。

第十章 品牌是企业长盛不衰的旗帜

而历来崇尚创新的海信，在国内众多家电品牌因循守旧、徘徊在歧路之时，凭借其内部积蓄的创新之力，实现了品牌的飞跃，在互动电视、智能变频、CDMA手机等领域业拓展出了一方全新的天地。到1998年底，经过5年的快速扩张，海信已涉足电子、通信、信息、房地产、商业、酒店业等众多行业，产品包括彩电、冰箱、空调、手机、电脑等19个门类。2002年，海信集团实现销售收入161亿元，名列中国电子信息百强企业的前十位。海信，业已成为国内首屈一指的追求技术创新的品牌。因此，不少专业人士还将"海信"誉为品牌的"模范生"与"中国的索尼"，甚至还预测未来留存的4~5家家电品牌里，海信就在其中。

1999年，凭借令同行刮目相看的多达42名博士、260名硕士的技术研发队伍与在国内率先推出的彩电纯平与空调变频等领先技术，海信将自己品牌的核心价值定位在"创新科技"上，并分别提出了"创新科技，立信百年"的企业口号与"创新就是生活"的品牌口号。海信实施了一系列以"创新科技"为中心的事件营销，包括1999年率先上市网络机顶盒、引爆纯平彩电市场；2000年首推工薪变频空调、设擂防火墙叫板全球黑客；2001年进军第三代CDMA手机通信领域等。无论是涉足新产业还是降价促销等行为，都将"创新科技"的核心价值与消费者的利益联结在一起，成功并且准确地传达了品牌的核心价值。海信雄厚的技术研发队伍，迅速迸发出巨大能量。海信新品迭出：全球通网络胶片电视；将看电视和浏览网页信息同时兼顾的互动立体电视；拥有自主知识产权与20多项专利技术的数字等离子PDP电视；在国产手机中率先突破自主知识产权重围的CDMA移动电话；全直流变转速空调；"商海导航"海信大型商业管理系统……这些产品均代表了同行业的先进水平。不仅领先于竞争对手，而且和品牌主张一样，致力于改善消费者生活质量和情趣，使品牌内涵在消费者层面得到一次次不间断的诠释，进一步培养起消费者对"创新科技"的品牌价值认同。①

> **深度思索** 通过在品牌口号、形象代言人、宣传人物与传播形式方面都持续不断地创新，海信全面加强了自己"创新科技"的核心价值。海信的成功，正在于品牌创新的策略。

案例二　宝马——追求完美的品牌锻造者

作为汽车诞生地的德国，在世界汽车发展史上表现卓越，德国人对于机械和技术的专注，注定了这个国家"汽车专家"的身份。

宝马这一享誉世界的汽车品牌，是德国汽车工业的骄傲。在慕尼黑，记者参观了宝马世界（BMW Welt）。宝马世界由世界顶级建筑师沃尔夫教授设计，是一座集销售、体验和科教为一体的超级汽车展示中心。它新颖独特的双圆锥形设计风格，与毗邻的宝马总部四缸大厦、宝马博物馆以及奥林匹克公园相映成趣，成为巴伐利亚州首府慕尼黑的一个时尚新地标。

宝马世界中的展品，更是令人叹为观止。那些造型、性能无可挑剔、超群卓越的车，无不彰显着这个世界顶尖汽车企业的高贵品质，展示着这个德国汽车品牌对完美的不懈追求。

现任宝马集团董事长诺伯特·雷瑟夫曾这样解释宝马品牌标志的寓意："宝马的总部在慕尼黑，德国的巴伐利亚州，而巴伐利亚州的州旗是蓝白相间的，宝马的名字又是巴伐利亚发动机公司，宝马就代表了巴伐利亚，代表了德国最精湛的发动机技术。"正如他对宝马品牌的自豪描述，在世界汽车竞争格局中，宝马汽车一直是技术的倡导者、品质的主导者、发展方向的定调者。作为世界顶级汽车品牌，宝马汽车牢牢树立了其高贵完美的品牌形象。

---

① 王汉武：《引爆：精准制导的品牌核爆炸模型》，新华出版社，2007。

截至目前，宝马集团旗下拥有"宝马"（BMW）、"劳斯莱斯"（Rolls-Royce）、"迷你"（MINI）三大高档系列轿车品牌。目前，宝马在全球共拥有2500件注册商标和商标申请。不仅如此，宝马集团在其涉足的金融领域申请注册了大量商标；对其提倡的"终极驾驶方式""纯粹驾驶快乐"等口号进行了商标注册；在不同国家申请具有当地特色的商标。同时，宝马非常注重保护产品的独特性，对其造型独特的车灯"天使眼"等也进行了商标保护。此外，宝马集团尽力保护型号设计的命名，如汽车系列型号330等。宝马集团目前还拥有9500个域名。

值得一提的是，目前，中国已成为宝马最重要的市场之一。2009年，宝马公司净利润同比下跌36%，而在中国的销量则同比增长了38%。这也从一个侧面表明，未来宝马将更加重视中国市场。在宝马全新的品牌战略中，中国元素也得到了充分体现。宝马公司宣布在中国启动以"BMW之悦"为核心主题的品牌战略宣传活动。作为对中国这一全球最重要市场的重视，宝马还专门为汉字"悦"的书法字体注册了商标，作为品牌战略的形象标志。

深度思索 企业要立于不败之地，必须有过硬的产品质量，呈现给市场和客户的产品达到近乎完美和无可挑剔，将提升品牌竞争力的核心力量。

（三）延伸发展，传递价值

在1997、1998年，国内家电业出现了"同心或相关多样化"经营的浪潮，长虹挺进空调、电源行业；TCL进军冰箱、洗衣机、PC；康佳涉足洗衣机、冰箱、手机；春兰则有空调、冰箱、彩电等产品相继问世……但所有企业在为不同产品做广告时，只知道各讲各的优点好处，很少看到各个不同产品广告之间的有机联系。而在国际上，众多家电企业麾下的几百种家电产品都用同一个品牌,就是因为消费者对这一品牌在技术、品质、服务、亲和力上的高度认同。因此,春兰、长虹空调的广告不应只在宣传空调的质量、功能上做文章,更应在构造综合电子电器品牌的核心价值上作出努力。海尔则通过传播"OEC零缺陷管理""畅销对质量要求苛刻的德国""海尔,中国造""国际星级服务""真诚到永远"等对各种电器都有销售促进力的信息,所有这些信息都是围绕着"真诚、人性、卓越科技"这一核心价值而展开的,有效提升了海尔"国内第一家电品牌"的含金量。

正如中国民间的冰糖葫芦,用一根竹签把一串冰糖葫芦穿起来。品牌的糖葫芦原理,就是指品牌在扩张过程中,面对品牌的多样化,始终坚持品牌的核心价值不动摇,始终把品牌的核心价值贯穿于一个个子品牌、子产品之中,从而保持品牌的整体统一和持续性。

案例一 青岛啤酒的品牌整合

"2011中国500最具价值品牌榜"中,青岛啤酒以502.58亿元的品牌价值再次蝉联中国啤酒第一品牌,成为唯一跻身世界品牌500强的啤酒品牌。2011年,全球啤酒行业权威报告Barth Report依据产量排名,青岛啤酒为世界第六大啤酒厂商。青岛啤酒的前身是1903年8月由德国商人和英国商人合资在青岛创建的日耳曼啤酒公司青岛股份公司。它是中国历史悠久的啤酒制造厂商,2008年北京奥运会官方赞助商,跻身世界品牌500强。1996年以来,青岛啤酒运用兼并重组、破产收购、合资建厂及多种资本运作方法攻城略地,在华南、华北、华东、东北、西北等全国啤酒消费重点区域控股了45家啤酒企业,只输出青岛啤酒的技术管理模式、质量管理模式和品牌管理模式,但品牌名并不输出。所兼并的啤酒品牌保持不变,只是加上"青岛家族系列产品"的称号。只有当该企业的啤酒质量真正达到青岛啤酒的质量时才赋予"青岛啤酒"称号。运用兼并重组、破产收购、合资建厂等多种资本运作方式,青岛啤酒在中国19个省、市、自治区拥有50多家啤酒生产基地，基本完成了全国性的战略布局。

青岛啤酒的品牌历史悠久，在国际上的影响力比较大，可是"帆很大，船很小"。1998年，公司制定了"大名牌"发展战略，开始进行大规模的并购扩张。青岛啤酒的战略重点从"做大做强"转为"做强做大"，从扩张转向整合。青岛啤酒品牌在世界品牌价值实验室（World Brand Value Lab）编制的2010年度《中国品牌500强》排行榜中排名第27位，品牌价值已达411.76亿元。

青岛啤酒的品牌价值逐年递增，在2005年（首届）和2008年（第二届）连续两届入选英国《金融时报》发布的"中国十大世界级品牌"。其中2008年在单项排名中，青岛啤酒还囊括了品牌价值、优质品牌、产品与服务、品牌价值海外榜四项榜单之冠。2007年，在Interbrand咨询公司和美国《商业周刊》联手进行的中国品牌调查中，通过了解500多名营销和商务专家对中国品牌的认识，并分析了公司的财务状况和战略后，Interbrand评出5家"已获得相当认可"的全球企业，青岛啤酒在"已获得相当认可"的公司中位列第二。文章评论说，"冰镇青岛啤酒早在上世纪40年代就开始出现在中国餐馆和全球各地的商店、餐厅里。"公司成功的树立了品牌形象，44%的调查回应者认为青岛啤酒是中国两大全球品牌之一，并在"中国的形象使者"方面给予了它很高的评价。

深度思索　综观青岛啤酒纵横捭阖大规模扩张的几年，我们发觉青岛啤酒除了运用资本市场的力量外，更主要运用了品牌运作的力量。青岛啤酒持续的发展壮大，成为世界品牌，充分说明了：品牌不是一个图形，一个文字，它有深刻的内涵，就是你能够不断满足用户的需求，解决用户的问题；品牌是全球用户都能听得懂的语言。

案例二　宝洁的扩张之路

成就一个品牌需要千锤百炼，而一个成功的品牌需要不断维护、扩张，这同样也是品牌注入的一种方式。

作为一个全球性日用化妆品公司，宝洁是进入中国十大纳税大户的唯一外资公司。宝洁来到中国，给了中国企业营销启蒙教育，它一个又一个的成功品牌，业已深入寻常百姓家庭。

正是宝洁1931年首创"品牌管理系统"，成为20世纪最具创举的营销史诗，它让宝洁在营销界名垂青史。而宝洁的多品牌战略更是成为抢夺市场空间的利器。宝洁的原则是：如果某一个种类的市场还有空间，最好由自己的品牌去占领。因此，宝洁利用多品牌策略，给每个品牌以鲜明不同的诉求点。结果，宝洁在各个市场中都拥有极高的市场占有率。

在中国，宝洁最先推出的洗发水品牌是海飞丝，其诉求点是"去头皮屑"；紧接着是飘柔，其诉求点着眼于"三合一""柔顺发质"，最近变为"自信就是这样"；最后是潘婷，其定位于"营养发质"，最近变为"爱上你的秀发"。

通过对中国消费者的市场调查，宝洁发现，"头皮屑多""头发太干太枯""头发分叉，不易护理"等是消费者最主要的烦恼。因此，宝洁的三大品牌，各有各的诉求，迎合了不同需求的人群之需要。后来，宝洁又推出沙宣，其诉求点为"专业护理头发"。四大洗发水品牌给中国的消费者提供充分选择，最终结果是，宝洁的多个洗发水品牌之总和占有中国洗发水市场绝大多数的市场份额。

在洗衣粉市场，宝洁也推出"汰渍""高富力""浪奇"等多个品牌，所占市场份额也高居行业榜首。

仅在美国，宝洁就有8种洗衣粉品牌、6种肥皂品牌、4种洗发精品牌和3种牙膏品牌。每种品牌的诉求都各不相同。

多品牌在日用消费品中是有其好处的。消费者购买是寻求变化的，每次购买可能会转换品牌。因此，多品牌可以迎合消费者的不同偏好。多品牌占据的货架空间也更大，有利于销售。但是，并不是每家公司采用多品牌都能成功。多品牌必然会分散公司的营销资源，如果每个品牌都得不到足够的消费者注意力，最后，每个品牌都难以建立其品牌价值。而宝洁的奇迹在于每个品牌都表现卓越。

宝洁的这么多品牌并不是同时推出的，而是逐个推出的。先成功推出一个，待这一品牌市场已牢固之后，再推出另一个，而且每个品牌之间，消费者得到的利益确实不同。而且宝洁多品牌成功还有另一个秘诀：不同品牌间要形成营销资源或经验的共享。比如，在洗发水市场，飘柔最初在美国只是个小品牌，诉求点是"三合一"，即洗发、润发、护发一次完成。当宝洁发现这个品牌诉求获得成功之后，立刻把这种洗发、润发、护发同时并进的技术，加入当时最大销量的海飞丝品牌。[1]

深度思索　不同品牌间要形成营销资源或经验的共享，一个品牌的核心竞争力会嫁接到其他品牌，从而产生了巨大的营销效力，使得品牌延伸和产品扩展中获得巨大的生命力。

案例三　沃尔沃品牌传递的品牌价值理念

和许多汽车品牌一样，沃尔沃过去在大型进口车方面拥有一个可靠性好的地位，因此沃尔沃的价格昂贵。

但是，沃尔沃接着就开始销售豪华轿车、跑车、消防车甚至客货两用车。沃尔沃成了"有闲阶级的工作车"。沃尔沃曾经一度成了一种集可靠、豪华、安全、开起来很好玩四种功能于一体的车。但是，功能越多越好玩这个主张并没有给沃尔沃带来好处，相反，四个功能

---

[1] 王汉武：《引爆：精准制导的品牌核爆炸模型》，新华出版社，2007。

加起来还没有一个功能强。于是，沃尔沃的销量开始下降，成了产品延伸的又一个受害者。

可喜的是，沃尔沃终于痛下决心，不顾豪华、速度和可靠性，决定只强调安全来作为自己的诉求。自此，销量又开始上涨，到目前，沃尔沃已经在消费者心目中牢固地树立了安全的地位。[①]

> **深度思索**　虽然一个品牌不可能永远吃老本，但是一定不可以背叛自己的本原，那就是自己的核心价值。

---

① 王汉武：《引爆：精准制导的品牌核爆炸模型》，新华出版社，2007。

第十一章
员工是企业长盛不衰的基石

金融界巨子罗吉尔·基奇曾说"一个年轻人,如果既无阅历又无背景,只有自己可以依靠,那么,他最好的起步方法就是:第一,获得一份工作;第二,珍惜你的第一份工作;第三,培养勤奋、忠诚、敬业的习惯;第四,认真学习和观察,获取真经;第五,努力成为不可或缺、举足轻重的人;第六,成为一个谦虚、有修养的人。"可以说,罗吉尔·基奇的话道出了企业员工成功的普遍真理。当然,员工的能力与素质也是企业做大做强的基石。一流的企业,必定有一流的员工。作为我们的企业,若要百年不老、基业常青,又需要什么样的员工队伍呢?

第一节 企业需要"会做人"的员工

"做人为先"是社会文化向企业渗透的一部分,也是传统文化在现代企业管理中的表现。与"做人为先"相应的企业人才评判标准就是"品德至上",这与我国传统社会的治理方式"以德为先"是不谋而合的。那么拥有什么品质的人是现代企业所倚重的呢?

(一)诚信意识

诚信就是真挚、公开、值得信任和可以依靠。当人们讲诚信的时候，你可以信任他们不会说谎或欺骗。如果他告诉你他喜欢你，你知道这是他的真心话。有了诚信，你就可以相信事物是表里如一的。诚信就是无论如何都要说真话，即使承认事实会让人失望甚至蒙受损失，也要确保真实。

诚信是社会契约的前提。作为人们共同的行为准则和规范，诚信是构成社会文明的重要因素，也是维系和谐人际关系、良好社会秩序的基本条件。我们放心走路，是因为我们相信车流会在红灯前停下来；我们安心睡觉，是因为相信屋顶不会无缘无故塌下来。没有这种基本的信任，社会就不可能正常运行；市场经济的基本秩序，也就无从存在。如果诚信缺失、道德败坏、是非不分、荣辱颠倒、文明底线失守，再好的制度也无法生效，再快的发展也会出问题。

商海变幻，诚者存，信者立。这是企业百年不老的第一道关口。企业老板对员工的个人诚信看得很重，宁可要一个对企业足够忠诚、哪怕能力差一点儿的员工，也不愿意要一个能力非凡但却朝三暮四的员工。现代企业要求员工有优秀的职业道德和个人修养，是诚实正直的、守信的、忠诚的、可靠的、有奉献精神的、勤勉尽责的。要热爱自己的工作、自己的职业，也只有这样，公司才会给予你相应的报答。在外资企业中，主动要求给予提升是受到鼓励的，因为外企认为，你要求担当一定职务，就意味着你愿意承担更大的责任，体现了你有信心和有向上追求的勇气。员工对企业忠诚，表现在员工对公司事业兴旺和成功的兴趣方面，不管老板在不在场，都要认认真真地工作，踏踏实实地做事。有归属感的员工，他的忠诚，最终会让他达到理想的目标，从而成为一个"我与公司同发展，我与公司共奋进"的人。

丰田对员工的五大要求的第一条就是诚信！他们认为诚信是事业得以成功的根本。丰田对员工的诚信度要求很高，营销人员无论在何时都应将言必信、行必果作为基本信条，从而赢得广泛的信任和良好的声誉。

第十一章　员工是企业长盛不衰的基石

诚信可靠不但是市场经济活动中最基本的规则之一，而且还是我们立身处世的根本要求。做人要讲究诚信，古今中外，皆出一理。墨子曰："言不信者，行不果。"孔子曰："民无信不立。"《中庸》记载："诚者，人之道也。"《增广贤文》曰："一言既出，驷马难追。"欧洲文艺复兴时期，布鲁诺把诚信列为人生众美德之首。大仲马也曾说"当信用消失的时候，肉体就没有生命。"

经常有人这样问通用集团前当家人韦尔奇："在通用，您最担心什么？什么事会让您彻夜不眠呢？"这位在全世界备受推崇的 CEO 回答："诚信。"他明确告诉员工，诚信是通用全体员工 100 多年来所创造的无价资产，如果违反了这两个字，公司将停滞不前。在通用，诚信是公司衡量员工的首要条件。

案例　谁践踏诚信，谁就会受到惩罚

牛奶制品都是要按规定检测蛋白质含量的。要是蛋白质不够多，说明牛奶兑水太多，或是说明奶粉中有太多别的东西。但是，蛋白质太不容易检测，于是一些无良商家就想出个偷懒的办法：因为蛋白质是含氮的，所以只要测出食品中的含氮量，就可以推算出其中的蛋白质含量。因此，添加过三聚氰胺的奶粉就很难检测出其蛋白质不合格了。这就是三聚氰胺的假蛋白。

震惊中外的三鹿奶粉事件中，导致多名儿童患泌尿系统结石病的主要原因，就是患儿服用的奶粉中含有三聚氰胺，可能是在奶粉中直接加入的，也可能是在原料奶中加入的。

15 年，三鹿奶粉独领全国市场风骚。然而，谁能想到，这个奶粉行业的"巨人"却因三聚氰胺而轰然倒塌了。任何事件的背后都有它必然的成因，企业诚信建设问题也顿成关注热点。

三鹿奶粉事件提醒我们，在发展经济的过程中诚信建设的重要性。受"问题奶粉"影响，消费者对奶粉质量安全的信任度骤降，不仅奶制品企业产品销量大幅滑坡，生产经营陷入困境，广大奶农也因

企业减少原奶收购而遭受损失。沉痛的教训告诫企业家们：在追逐利润的同时，必须坚守住自己的道德底线，承担起应有的社会责任。以牺牲道德和消费者利益换取利润，最终必然自食恶果并且付出沉重的代价。

三鹿奶粉事件所暴露的诚信缺失向全社会发出了预警信号。诚信是一切制度运行的社会土壤。一个大型企业的毁灭，给一个城市乃至一个国家的形象带来严重影响，而重新建立一个企业、一个城市的形象需要多大的成本和代价？但愿企业经营者能够从三鹿事件中真正得到启示，受到教育，并做到警钟长鸣，时刻反省。在一个国家的文明框架中，道德与法律唇齿相依，缺一不可，必须做到依法治国与以德治国并举。

一个社会过于强调物质追求，一味强调在商言商，不惜代价竞争，不顾社会责任的企业就会难以维系。如近年来频频发生的震惊社会的"矿难事件"，危及人生命的"大头娃娃事件""华源欣氟事件""地沟油事件""齐二药事件"和"苏丹红事件"等都让人触目惊心，因劳资纠纷而发生的群体性事件时有发生，全社会正在为缺少社会责任的企业付出沉重的代价。危机就是转机，我国社会环境和消费者群体正逐渐走向成熟和理性，毒牛奶事件将推动我国的企业社会责任建设，有利于我国企业更好地发展和融入世界。

深度思索 做人做企业我们都应坚持：内不欺己、外不欺人！

（二）责任意识

一位哲人曾经说过：当我们竭尽全力、尽职尽责时，不管结果如何，我们都赢了。因为这个过程带给我们满足，使我们成为赢家。责任贯穿生命的始终，自我们来到人世间一直到我们离开这个世界，我们每时每刻都要履行自己的责任：对家庭的责任、对工作的责任、对社会的责任、对生命的责任。

勇于担当是一个人的美德，也是一个人取得成就的前提。有责任感的人能够坦然地面对逆境，能够在各种各样的诱惑面前把持住自己，能够真正拥有正直自爱之心。勇于负责能够让一个人具有最佳的精神状态，精力旺盛地投入工作。如果一个人在工作中失去了责任感，那么他就会感到工作对自己的束缚，感到所做的工作只有劳碌辛苦，没有任何趣味可言，更不会有什么伟大的成就。有一位伟人曾说："人生所有的履历都必须排在勇于负责的精神之后。"

正因为担负着这样或那样的责任，人们才会对自己的行为有所约束。社会学家戴维斯说："放弃了自己对社会的责任，就意味着放弃了自身在这个社会中更好的生存机会。"没有责任感的人容易养成轻视工作、敷衍了事的坏习惯，他们常常会对自己说："做这种乏味平凡的工作，有什么希望呢？根本不值得我全力以赴。"于是轻率、拖拉、逃避、马马虎虎，失去了许多提高自身素质和被提拔重用的好机会。所以说，对工作负责就是对自己负责，我们的付出与收获是对等的。一个员工能力再强，如果他不愿意付出，就不能为企业创造价值；而一个愿意为企业全身心付出的员工，即使能力稍逊一筹，也能够创造出很大的价值来。

案例一　西点军校培养学员的责任心

西点学员章程规定：每个学员无论在什么时候，无论在什么地方，无论穿军装与否，也无论是在担任警卫、值勤等公务还是在进行自己的私人活动，都有义务、有责任履行自己的职责和义务。这种履行必须是发自内心的责任感，而不是为了获得奖赏或别的什么。西点认为，没有责任感的军官不是合格的军官，没有责任感的公民不是好公民。同样，没有责任感的员工不是优秀的员工。在任何时候，责任感对自己、对国家、对社会都不可或缺。正是这样严格的要求，让每一个从西点毕业的学员获益匪浅。①

案例二　责任缺失让最安全的轨道交通危机四伏

北京晨报 2011 年 7 月 24 日讯（记者张璐）昨晚 8 时 50 分，杭深线永嘉至温州南间，北京南至福州 D301 次列车与杭州至福州南 D3115 次列车发生追尾事故，D3115 次列车两节车厢脱轨坠落桥下，D301 次列车第 1 至 4 节脱线。据随后赶到现场的温州都市报记者报道，D3115 次动车一个车头和一节车厢已完全从高架桥上掉落，车厢直插地面；另一个车头严重变形。而"浙江交通之声"官方微博显示：出事的 D3115 次动车车厢，一节全部掉落，另一节部分掉落，最终造成了震惊中外的"7·23"甬温线特别重大铁路交通事故，据铁道部统计死亡人数达 40 人。

新华社电国务院"7·23"甬温线特别重大铁路交通事故调查组 9 月 21 日通报了事故调查进展情况。调查组经过严肃认真的调查，取得了阶段性进展，初步认定这次事故既有设备缺陷和故障的原因，又有设备故障后处置不力和安全管理等方面的问题，是一起特别重大责任事故。

然而就在"7·23"甬温线动车追尾事故发生不足百天，国家安监部门还在进行全国安全生产大检查的时候，在东方明珠上海又发生了"9·27"上海地铁追尾事故，且再次被认定为重大责任事故。正当高铁追尾、地铁相撞的血腥场面还让公众心有余悸的时候，铁路部门再次"重拳"出击，来了一场铁路脱轨秀，10 月 10 日 9 时 30 分，由陕西韩城开往北京西站的 1164 次旅客列车，行至石景山南站准备进站时，车头脱轨。逝者尸骨未寒，生者又添新痛，让我们不禁高声呐喊：责任！责任！责任！

---

① 李问渠：《西点军校的经典法则》，武汉出版社，2011。

第十一章　员工是企业长盛不衰的基石

深度思索　良农不为水旱不耕，良贾不为折阅不市，士君子不为贫穷怠乎道。事实上，责任感与机遇成正比。当我们勇于担当时，我们也就即将成功。

（三）敬业意识

敬，原是儒家哲学的一个基本范畴，孔子就主张人在一生中始终要勤奋、刻苦，为事业尽心尽力。他说过"执事敬""事思敬""修己以敬"等语。程颐更进一步说："所谓敬者，主之一谓敬；所谓一者，无适（心不外向）之谓一。"可见，敬是指一种思想专一、不涣散的精神状态。

古往今来，事业上有所成就者，大凡离不开三条：一是有远大的理想和明确的目标；二是有强烈的事业心和责任感；三是有锲而不舍的毅力和勤奋。这三条的有机结合，即为敬业精神。孟子说："天将降大任于斯人也，必先苦其心智，劳其筋骨，饿其体肤，空乏其身，行拂乱其所为，所以动心忍性，增益其所不能。"意思是，干一番事业，必须要专注执著、呕心沥血，意志坚强，吃苦耐劳，才能有所成就。用现代的话来讲，就是要有敬业精神。

朱熹说，"敬者何？不怠慢、不放荡之谓也。""敬业"就是"专心致志以事其业"，即用一种恭敬严肃的态度对待自己的工作，认真负责，一心一意，任劳任怨，精益求精。敬业精神是个体以明确的目标选择、朴素的价值观、忘我投入的志趣、认真负责的态度，从事自己所主导的活动时表现出的个人品质。有了敬业精神，其他素质就相对容易培养了。工作态度很大程度上能够决定一个人的工作成果。有良好的态度才有可能塑造一个值得信赖的形象，获得同事、上司及客户的信任。企业需要员工精力充沛地带着激情去工作，踏实地、尽职地、一丝不苟地、有效率地完成自己的本职工作。一个敬业的员工会将敬业意识内化为一种品质，实践于行动中，做事积极主动、勤奋认真。这样他不仅能获得更多宝贵的经验和成就，还能从中体会到快乐，并能得到同事的钦佩和关注，受到老板的重用和提拔。

案例　同仁堂精益求精的敬业精神

在同仁堂药厂、药店的醒目位置，人们都可以看到这样一副对联："炮制虽繁必不敢省人工，品味虽贵必不敢减物力。"这是创立大栅栏同仁堂药店的乐家第一代传人乐凤鸣为同仁堂留下的训词，同仁堂人已把这句训词铭记在心。

同仁堂的处方来源很广，有民间验方、家传秘方、宫廷太医良方，也有现代名医的新方。千方易得，一效难求。为求一个"效"字，同仁堂根据中医辨证论治的理论、处方的配伍原则，药料选用十分讲究。如白芍用杭白芍，郁金用黄郁金，肉桂用甲级企边桂，陈皮用新会的，蜂蜜用河北兴隆的，十六头人参不能用三十二头小参顶替，僵蚕不能用僵蛹代替。"产非其地，采非其时"的药材坚决不用。有些特殊的药料不能用收购的办法保证质量，同仁堂就想尽办法自己培育。如制作乌鸡白凤丸需用纯种乌鸡，公司在北京市北郊无污染的龙山专门饲养，对纯种乌鸡饲以营养丰富的饲料，饮以清澈洁净的泉水，发现羽毛骨肉稍有变种退化即予淘汰。中药里许多品种价格昂贵，天然牛黄等比黄金价格还高，但他们决不偷工减料。

中药的生产过程是极其复杂的。同仁堂生产的中成药，从购进原料到包装出厂总有上百道工序，每道工序都有严格的要求。药料投放误差每每要控制在微克以下，天然牛黄、珍珠等要研成最细的粉末并灭菌；一种中成药中的苏合香则要用多层纱布裹着卫生药棉滤净后投料。酒类则更复杂，要经过浸煮、过滤、圈缸等几十道工序，除尽苦味，溶解药质，使药料中的有效成分均匀地溶于酒中。膏剂、丸剂等也都有相应严格的操作规程。"修合（配制时）天人见，存心有天知"，同仁堂人常用这句话自励自勉，兢兢业业，不逊分毫。如果不是亲眼所见，简直难以相信，那小山似的各种药材，都要一根根、一颗颗地精心挑拣，一筛筛、一箩箩地筛净。

俗话说，丸散膏丹，神仙难辨。传统的制作工艺历来是靠老药工口传身授、代代相传的。同仁堂在严格按传统质量管理方式进行生产经营的同时，逐步完善并形成了一套适应现代发展要求的同仁堂质量管理制度，先后建立了三级质量管理网，建立了"质量否决权"制度。同仁堂总是以高于部颁工艺标准的要求制定自己的药品内在质量标准。如药品的含水量误差，部颁标准为±15%，而同仁堂的标准是±14%。严格的质量管理措施，使同仁堂产品市场抽检合格率年年都达到百分之百。同仁堂人可以自豪地说，别人可以盗去我们的配方，分析出同仁堂药品的成分，但学不去我们精湛的炮制工艺，照样制不出好药。

深度思索　"干一行、爱一行、专一行"就是提倡以创造性劳动为社会作贡献，这有什么不对？试想，如果人们干什么不爱什么，干什么不专什么，工作时不求有功但求无过，那么，社会这部大机器还能正常运行吗？如果社会这部大机器都锈死了，个人还谈得上什么个性解放和人才流动呢？其实，干一行、爱一行、专一行并不是要求人们一辈子只能干一种工作，而是要求人们无论干什么工作，只要在干着，就要爱它，就要干好它，不尸位素餐，不敷衍了事，不愧对自己和他人，力争在任何岗位上努力发挥出自己的全部能量。

当我们"敬"业，业就会成就我们的人生。

（四）团队意识

孙武曰："上下同欲者胜。"孟轲云："天时不如地利，地利不如人和。"团队的核心是共同奉献。这种共同奉献需要每一名员工能够为其信服的目标而忘我拼搏。

所谓团队意识，简单来说就是大局意识、协作精神和服务精神的集中体现。我们常说的团队精神，其基础是尊重个人的兴趣和成就，核心是协同合作，最高境界是全体成员的向心力、凝聚力，反映的是个体利益和整体利益的统一，并进而保证组织的高效运转。团队精神的形成并不要求团队成员牺牲自我，相反，挥洒个性、表现特长保证了成员共同完成任务目标，而明确的协作意愿和协作方式则产生了真正的内心动力。团队精神是组织文化的一部分，良好的管理可以通过合适的组织形态将每个人安排至合适的岗位，充分发挥集体的潜能。如果没有正确的管理文化，没有良好的从业心态和奉献精神，就不会有团队精神。

团队精神的作用有：一是导向功能，使企业员工拧成一股绳，齐心协力朝着一个目标努力。对员工个人来说，团队要达到的目标即自己所努力的方向，团队整体的目标分解成各个小目标，在每个员工身上得到落实。二是凝聚功能。传统的管理方法是通过组织系统自上而下的行政指令，淡化了个人感情和社会心理等方面的需求。而团队精神则通过对群体意识的培养，通过员工在长期的实践中形成的习惯、信仰、动机、兴趣等文化心理，来沟通人们的思想，引导人们产生共同的使命感、归属感和认同感，反过来逐渐强化团队精神，产生一种强大的凝聚力。三是激励功能。团队精神要靠员工自觉地要求进步，力争与团队中最优秀的员工看齐。通过员工之间正常的竞争可以实现激励功能，而且这种激励不是单纯停留在物质的基础上，还体现在能得到团队的认可，获得团队中其他员工的尊敬。四是控制功能。员工的个体行为需要控制，群体行为也需要协调。团队精神所产生的控制功能，是通过团队内部所形成的一种观念的力量、氛围的影响，去约束规范、控制职工的个体行为。这种控制不是自上而下的硬性强制力量，而是由硬性控制转向软性内化控制；由控制职工行为，转向控制职工的意识；由控制职工的短期行为，转向对其价值观和长期目标的控制。因此，这种控制更为持久更有意义，而且容易深入人心。

世界500强企业很注重团队合作的协作精神，希望员工具备"团队合作"能力，团结其他团队成员，努力使自己融入团队之中，将个人努力与实现团队目标结合起来，完成自己在团队中的任务，以实际工作支持团队的决定，成为可信任的团队成员。在团队决策时提出自己的建议及理由，得到上级认同；随时告知其他成员有关团队活动、个人行动和重要的事件，共享有关的信息；认识到团队成员的不同特点，并且把它作为可以接触、学习知识与获取信息的机会；营造开放、包容和互相支持的气氛，加强集体向心力，对其他团队成员的能力和贡献抱以积极的态度。

IBM希望每一个员工都有协作精神，每一个团队都是高绩效的团队。在IBM，只是个人埋头做事是不行的，必须顾全大局且善于合作。IBM有非常成熟的矩阵结构管理模式，一件事会牵涉很多部门，有时候会从全球的同事那里获得帮助。IBM中国有限公司人力资源部经理李清平说："协作精神反映一个人的素质，一个人的能力。协作精神不行，IBM公司也不会要这样的人。"IBM在任用主管时，大多会选用教练型的主管，因为教练型的领导会产生比较好的组织气氛，这样更利于员工的团队合作。

案例　团队造就战斗力

成立仅短短18年的台湾华硕电脑是最年轻的世界500强入围者之一，究其根源，团队精神是成就事业的重要因素之一。华硕通过传达"共好"理念来作为团队凝聚的基本要素。

华硕电脑中国业务事业部总经理许佑嘉做客新浪访谈时曾这样说道："共好"我们是骄傲的。第一，"共好"要求我们每个人懂得为了未来价值而努力。这是松鼠精神，大家知道松鼠在树林里面它每天很努力寻找食物，并且储存食物，这就是每个人的基本工作精神。第二，就是海狸的生活方式，海狸很讲究团队，利用团队的默契来搭建水坝。

大家可以知道三峡大坝是那么复杂的工程，我们需要很多的施工蓝图，但是海狸没有施工蓝图却能有默契来完成这样一个复杂的水坝，复杂的巢穴搭建，是因为它们相互信任，而且非常有默契的工作方式。团队如果每一个人都有松鼠精神，懂得为未来价值自我努力，在团队合作方面像海狸一样互相默契，互相信任而没有内耗，我们的团队就会战无不胜。第三，像大雁一样，从北方到南方飞好几千公里，因为体力不支任何大雁都可能掉队，在飞行过程中每一只大雁来鼓励它的队友，大家加油。如果团队像松鼠、海狸、大雁，这个团队我们认为就是最有战斗力的团队。

深度思索　一盘散沙难成大业，握紧拳头才有力量。我们必须记住：不管一个人多么有才华，集体总是比他更聪明更有力。

（五）自我修养意识

诸葛亮曰："夫君子之行，静以修身，俭以养德，非淡泊无以明志，非宁静无以致远。"张居正《翰林院读书说》中记载：君子处其实，不处其华；治其内，不治其外。

"修身齐家治国平天下"这句话把修身放在首位，说明个人修为在人的一生中占有非常重要的位置。培养自己的选择能力、鉴别能力和实践能力，不仅对完善自我人格具有不可忽视的作用，而且也是当今社会发展的必然要求和顺应世界潮流的必然举措。我们要通过学习先进的理论思想，深化认识，又要通过社会实践，感知时代脉搏和细心体察社会主义事业和广大人民群众提出的要求，获得前进的动力。自觉坚持知行合一的原则、积善成德的原则、自我省察的原则、见贤思齐的原则，努力做到自己的存在和行动利人、利己、利国，使自己的品质情操从一种境界不断地上升到新的更高尚的境界。著名诗人但丁说过："一个知识不全的人可以用道德去弥补，但是一个道德不全

第十一章 员工是企业长盛不衰的基石

的人却难以用知识去弥补。"就影响力而言,"德"大于"格","格"大于"能"。"德"的影响力是核心。古今中外无数的历史事实证明:崇高的道德和正直的品格具有不可战胜的力量,能超越时空,在人们心中产生恒久不衰的影响力。

可口可乐公司每年招聘的人数不多,但是却要求精益求精,在面试中每个求职者都会经历多次面试,其中第一步面试就是人事部门的初试,主要考察的是应聘者的背景、求职者表现出来的对各种文化的理解以及他在应试中的言行举止。之所以把个人素养作为考察应聘人员的第一步,就是因为可口可乐公司信奉着员工的个人素养决定着员工是否能够有效地继承和发展可口可乐公司长期积累并在全球推行的积极向上、活泼且又充满激情的公司文化。无独有偶,英特尔公司也将初步面试的第一步定位为对应聘者的个人素养的考察,主要考察应聘者的外表、言谈、个人兴趣等方面。

案例 中石化"天价酒"事件

人民网广州2011年4月25日电(记者王静)中国石化广东石油总经理鲁广余违规购买高档酒事件被媒体曝光后,中国石化集团公司党组高度重视,4月14日,紧急召开党组会。由纪检组监察局、人事部、办公厅、油品销售事业部组成联合调查组,两次赴广东就鲁广余违规购买高档酒事件开展调查。

159万买了1176瓶高档酒

调查组调查证实,2010年9月,鲁广余安排下属从贵州茅台销售有限公司购进茅台酒480瓶,金额958320元;从珠海某贸易公司购进红酒696瓶,金额630720元。两项合计1589040元。

鲁广余购买高档酒是为"自己用"

关于鲁广余购买高档酒的目的,调查组给出了肯定的答复:鲁广余违规购买高档酒就是为了"自己用"。何敏君说,中国石化所属的销售公司可以经营烟酒等非油品业务,但是用于经营的酒都是通过销售公司的采购部门进行采购，然后存放在指定的地方，不会存放在中国石化广东分公司的办公楼里。鲁广余购买高档酒应该是他的个人行为。接替鲁广余暂时主持中国石化广东分公司工作的夏于飞接受人民网记者采访时说，这次事件是个别人有章不循、游离于制度之外造成的，作为领导干部今后要更加以身作则，严格执行中国石化的各项规章制度。

当中石油、中石化产品定价机制使国内石油产品市场怨声载道之时，由于鲁老板个人问题的曝光使国民不满情绪从风险点迅速地转化为引爆点，把世界500强前十名的中石油、中石化推到了千夫所指的泥潭中。个人修为对企业的影响可见一斑。

深度思索 企业要求员工是有教养的、明白事理的，希望员工光明正大、实事求是地待人接物，而懒惰散漫、言行粗鲁、举止不雅甚至道德败坏等等，是不能被接受的。个别人的修为出了问题带给企业的可能是灾难性的后果。

第二节 企业需要"能做事"的员工

"创造利润"是任何一家500强公司为了生存和发展都会秉承的原则。在这个大环境中，只是一名"听话、老实"的员工是远远不够的，那些想方设法为公司创造更多利润的员工才是企业梦寐以求的人才极品。惠普公司创始人比尔·休利特和戴夫·帕卡德曾经说："公司只有实现了赢利，才能把赢得的利润拿出来与员工分享。"由此可见，企业永远有一个岗位是缺人的，那就是努力且能够为企业和团队赢得利益的人。在企业中，能力最强的人，并不一定是最有价值的人。只有那些有目标、有想法、有创意，能为企业赚到更多钱的人，才是企业最需要的。那么具备什么能力的人，才可以使企业利益最大化呢？

（一）执行能力

执行力究竟有多重要？我们看到满街的咖啡店，唯有星巴克一枝独秀；同是做 PC，唯有戴尔独占鳌头；都是做超市，唯有沃尔玛雄踞零售业榜首。

所谓"执行力"就是一种通过准确理解组织意图、精心设计实施方案和对组织资源进行有效控制而实现组织目标的能力，通俗地说，就是把事情做成功的能力。执行力包含完成任务的意愿，完成任务的能力，完成任务的程度。对个人而言执行力就是办事能力；对团队而言执行力就是战斗力；对企业而言执行力就是经营能力。而衡量执行力的标准，对个人而言是按时、按质、按量完成自己的工作任务；对企业而言就是在预定的时间内完成企业的战略目标。《把信送给加西亚》中的罗文，就为大家精心描绘出了一个行动不打一分折扣的执行者形象。

案例一　拉芳国际集团完善管理提高执行力

拉芳国际集团高层认为：对于现代企业而言，创一时辉煌与品牌并不难，难的是持续经营，保持品牌不败。没有规矩不成方圆，一个企业要发展壮大，欣欣向荣，除了全体员工的积极努力、领导层的果断决策，还需要一整套的规范。面对经营环境的不断变化和市场的激烈竞争，拉芳人必须要审时度势，统一思想，达成共识，不断地完善管理，苦练内功。更重要的是提高员工的执行力，在拉芳人眼里，执行力＝策略＋执行。相当一部分人都误认为：执行力就是执行的能力。其实，科学的执行力构成是"策略＋执行"，两者缺一不可。成功的富有执行力的企业光有策略或光有执行都是不行的，必须两者结合，而两者结合的纽带就是规范的管理。

案例二　肯德基的执行力

对很多事情来说，执行上的一点点差距，往往会导致结果上出现很大的差别。很多执行者工作没有做到位，甚至相当一部分人做到了99%，就差1%，但就是这一点点"折扣"使他们功亏一篑。肯德基在进货、加工制作、服务等每一个环节都有着严格的质量标准，并有一套严格的规范保证这些标准得到一丝不苟的执行，包括配送系统的效率与质量、每种作料搭配的精确（而不是大概）分量、切青菜与肉菜的先后顺序与刀刃粗细（而不是随心所欲）、烹煮时间的分秒限定（而不是任意更改）、清洁卫生的具体打扫流程与质量评价量化，乃至于点菜、换菜、结账、送客、遇到不同问题的文明规范用语、每日各环节差错检讨与评估等上百道工序，都有严格的规定。为了保证员工能够服务到位，肯德基对餐厅的服务员、餐厅经理等，都要按其工作性质的要求，进行严格培训。例如，餐厅服务员新进公司时，每人平均有200小时的"新员工培训计划"，对加盟店的经理培训更是长达20周时间。餐厅经理人员不但要学习引导入门的分区管理手册，同时还要接受公司的高级知识技能培训。[1]

企业的发展亦如此。制订适合企业发展的战略固然重要，但缺少有效的执行，一切将变成纸上谈兵。通用在推行"六西格玛"过程中，从1981年到1999年的短短十多年时间，实现了销售增长4.6倍，产能提升205%，成本下降90亿美元，其依靠的不仅是正确的工作规划，更重要的是通用有着强有力的执行力。北京某知名百货大楼花费500万元，聘请知名咨询机构麦肯锡为其设计连锁经营方案，然而由于得不到全面贯彻执行，方案锁在档案柜中，如今命在旦夕……无数企业的实践证明，执行力就是企业的生命，没有强有力的执行力，企业就没有竞争力。

---

[1] 姚予：《执行力》，中华工商联合出版社，2007。

深度思索 执行力的强弱可以从员工的精神状态中看出端倪：如果一个人工作起来或者探讨他所做的工作时立刻充满激情，就具备把工作做到精益求精和尽善尽美的基础；如果做起事来总是感到委屈，工作起来没有任何乐趣可言，那他就很难把自己的责任落实到位。

（二）沟通能力

德鲁克曾说："一个人必须知道该说什么，一个人必须知道什么时候说，一个人必须知道对谁说，一个人必须知道怎么说。"

人生在世，须臾离不开沟通。我们要工作，要生活，要发展，就离不开与人的交往。我们在生活中经常遇到这样的情况，同样的一句话从不同的人嘴里说出来，效果是大不一样的。有的人说话让人听起来舒服，也愿意听；而有的人说话让人听起来就心生厌恶，恶与相处；更有的人说话让人怒目相对，仇恨满怀。同样的一件事让不同的人去办，效果也迥然不同。有的人办起来得心应手，时间短、效率高、质量也有保证；而有的人办起来尽管可以完成，但明显感到力不从心，标准也不高；还有的人办起事来，不但办不好反而容易搞砸甚至惹是生非！原因何在？不是因为他们品质上有问题，而是他们的沟通能力各不相同。

有一次，老板安排员工去买复印纸，员工下楼买了三张复印纸回来，老板大叫道："三张够谁用的，我至少要用三摞。"于是员工第二天买回三摞复印纸，老板一看，又大叫道："你怎么买的是 B5 的，我要的是 A4 的。"员工过了几天买了三摞 A4 的复印纸，老板生气道："买个复印纸，用了近一个礼拜！"员工也委屈地说："你又没说啥时候要。"老板摇头叹道："真笨！"员工心里说："老板也不咋的，这么简单的事都交代不清楚，只会骂下属。"这个例子告诉我们，双向沟通，才是有效的沟通。

有效沟通有如下突出作用：一是沟通有助于提高决策的质量。任何决策都会涉及干什么、怎么干、何时干等问题。管理者就需要从广泛的内部沟通中获取大量的信息情报，然后进行决策，或建议有关人员做出决策，以便迅速解决问题。下属人员也可以主动与上级管理人员沟通，提出自己的建议，供领导者做出决策时进行参考，或经过沟通，取得上级领导的认可，自行决策。企业内部的沟通为各个部门和人员进行决策提供了信息，增强了判断能力，提高了决策质量。二是沟通促使企业员工协调有效地工作。企业中各个部门和各个职务是相互依存的，依存度越大，对协调的需求度越高，而协调只有通过沟通才能实现。没有适当的沟通，管理者对下属的了解就不会充分，下属也就可能对分配给他们的任务和要求完成的工作有错误的理解，使工作任务不能正确圆满地完成，导致企业在效益方面的损失。三是沟通有助于提高员工的士气。沟通有利于领导者激励下属，建立良好的人际关系和组织氛围，使领导者了解员工的需要，关心员工的疾苦，在决策中就会考虑员工的要求，以提高他们的工作热情。人一般都会要求对自己的工作能力有一个恰当的评价。如果领导的表扬、认可或者满意能够通过各种渠道及时传递给员工，就会产生很好的激励效果。企业内部良好的人际关系更离不开沟通。思想上和感情上的沟通可以增进彼此的了解，消除误解、隔阂和猜忌，即使不能达到完全理解，至少也可取得谅解，使企业有和谐的组织氛围，所谓"大家心往一处想，劲往一处使"就是有效沟通的结果。

在欧美企业，大家不论职位高低，一般直呼对方的英文名。在公司里，他们认同不同的思想和风格，但必须各自独立完成分内工作。同时，强调上下级之间要保持及时沟通，并直接表达自己的建议。要求不但要有良好的沟通能力，而且要有沟通技巧。沟通包含事与情，即沟通的内容和感受。一个人的沟通能力不在于说话多少，而在于思路是否清晰、有逻辑性，能否善于表达、有亲和力。

第十一章 员工是企业长盛不衰的基石

案例 摩托罗拉的沟通之道

沟通正是发挥团队最大绩效，使得1+1>2的关键。摩托罗拉公司于1992年在天津经济开发区破土兴建寻呼机、电池、基站等5个生产厂，工人从不到100增加到了8000多人。年产值达28亿美元，是一个在华投资成功的企业。

摩托罗拉公司能取得这样的成绩与其良好的沟通是分不开的。公司所有管理者办公室的门都是绝对敞开的，任何职工在任何时候都可以直接进入企业高管的办公室，与任何级别的上司平等交流。公司还规定，每个季度第一个月的1号至21号，中层干部都要同自己的下属和自己的主管进行一次关于职业发展的对话，回答"你在过去三个月里受到尊重了吗"之类的6个问题。这种对话是一对一和随时随地的。

此外，所有摩托罗拉公司的管理者还为每一位员工准备了11条表达意见的途径。比如，我建议（I Recommend），可以以书面形式提出对公司各方面的意见和建议；畅所欲言（Speakout），这是一种保密的双向沟通渠道，即员工可以隐去姓名对公司的问题进行评论或投诉；总经理座谈会（GM Dialogue），每周四召开的座谈会，员工提出的大部分问题都可以当场得到答复，7日内对有关问题的处理结果予以反馈；589信箱（589 Mail Box），当员工的意见通过以上渠道仍无法得到充分、及时和公正的解决时，可以直接写信给天津市589信箱，此信箱钥匙由中国区人力资源总经理掌握。摩托罗拉公司对沟通的重视程度由此可见一斑。正因为摩托罗拉公司注重架起组织内部员工之间的沟通桥梁，能够及时掌握员工的心理动态，才能够始终在全球通信业名列前茅。[①]

---

① 邹中棠：《要成功先沟通》，机械工业出版社，2010。

> **深度思索**　沟通就是对准频率，频率不对，就会听而不闻、视而不见、沟而不通。在具体沟通过程中，我们应当在不违反原则的前提下主动调整自己的频率，尽可能与对方同频，并不是要求对方调整频率，他就很容易跟你沟通。

（三）学习能力

远有杜甫曰："人才虽高，不务学问，不能致圣。"近有毛泽东说："情况是在不断地变化，要使自己的思想适应新的情况，就得学习。"学习能力是世界500强企业颇为看重的关键能力。良好的学习能力，需要系统的、勤奋的、孜孜不倦的学习精神，且能够扎实地、快速地、终极一生地学习。

随着世界经济一体化进程的加快，新知识、高科技发展异常迅猛，企业间竞争已由"大鱼吃小鱼"向"快鱼吃慢鱼"急速转变。当代企业之间的竞争，说到底是人才的竞争，是人才的学习能力的竞争。学习能力可用"三力"分解说明：

认知力，就是认识和把握事物发展客观规律的能力。考察员工的认知力，需要看其能否坚持理论联系实际，着眼于解决现实问题，着眼于增强工作实效，不断加深对科学理论和科学知识的理解和把握；能否通过持续学习多方面知识，主动培养自身的战略思维、创新思维、辩证思维能力，不断增强工作的原则性、系统性、预见性和创造性。

思考力，就是思考和分析问题的能力。孔子说："学而不思则罔，思而不学则殆。"只埋头读书而不思考问题，在学习中就会感到迷惘，最终徒劳无益。学习就必须带着问题学习，把学习与思考有机结合起来，用学习拓展思维空间，用思考巩固学习效果，真正做到学有所获、学有所成。

转化力，就是学以致用、用以促学、学用相长的能力。我们就是

第十一章 员工是企业长盛不衰的基石

要通过学习不断增强明辨是非和抵御各种错误思想侵蚀的能力，确立正确的世界观、人生观、价值观和权力观、地位观、利益观，从而把学习成果转化为工作本领，把所学知识运用于具体实践，不断推进各项工作长足发展。

案例 李嘉诚用学习改变人生

英雄与时势的问题，在一定意义上也就是人与环境的问题。要想改变环境，首先必须适应环境。只有适应环境，才能在不利的环境中生存下来，才谈得上改变环境。所谓"物竞天择，适者生存"，就是这个意思。

李嘉诚从内地来到香港这个陌生之地，来到这个竞争异常激烈的商业社会，感觉一切都变了。这里拜金主义盛行，一个满脑子诗书礼义的14岁少年，要在这样的环境里养活一家人，并创立一番事业，其难度可想而知。

那么该怎么办呢？

李嘉诚用行动做出了最好的回答。这就是从头开始，努力学习新知识，适应新环境。

李嘉诚的父亲李云经虽与香港的商业文化格格不入，但在环境的逼迫下，他也不得不努力使自己与环境融合。面对现实，他对儿子的教育大有改变，不再死抱着古圣先贤的风范训子，而是要求嘉诚"学做香港人"。

这首先得完成两个步骤，即：一要学会广州话，二要攻克英语关。因为在香港，大众语言是广州话。广州话属粤方言，潮汕话属于闽南方言，彼此相差很远。在香港不懂广州话，可以说是寸步难行。另外，香港长期处于英国殖民统治下，其官方语言是英语，也是香港社会的重要交际工具。尤其在上流社会，英语更是通用语言。

李嘉诚深刻领会父亲的苦心。他把学广州话当做一件大事来对待，拜表妹表弟为师，勤练不辍，很快就学会了一口流利标准的广州话。

香港之所以成为国际化大都市，与港人的整体英语水平是分不开的。掌握了英语，就能够更多、更快、更直接地接受西方文化，从而更好地从事国家与地区间的经济文化交流。

来港之初，李嘉诚再也不是什么学校骄子，他坐在教室里听老师讲课就如同在听天书，简直不知所云。而其他的同学，自小就开始了对英语的学习，所以听起课来毫无困难。

李嘉诚深深感到自己的不足，并因此产生一种自卑心理。这是以前从未有过的。但是，他知道，在香港，想做大事，非得学会英语不可。因此，他暗下决心：一定要攻克英语难关。

李嘉诚学英语，几乎到了走火入魔的地步。上学、放学的路上，边走边背单词；夜深人静，他怕影响家人的睡眠，便独自跑到户外的路灯下读英语。每日天刚蒙蒙亮，他就一骨碌爬起来，口中念念有词，苦练英语会话能力。

即使后来因父亲过早病故，李嘉诚辍学到茶楼、到中南钟表公司当学徒，每天10多个小时的辛苦劳作后，也从不间断学习英语。他怕遭到茶客的耻笑和老板的训斥，常常利用短暂的空闲靠着墙角，快速拿出写好的纸片看一眼。

李嘉诚因为从小好学，比较善于学习，记忆力也比较好，经过一年多的刻苦努力，终于逾越了英语难关，能够较熟练地运用英语书写与会话。

从李嘉诚青少年时代的生活经历可以看出，环境的作用确实是巨大的。因此，不断学习以适应环境，进而创造新的环境，是一种最重要的能力。李嘉诚开明识势，能够在艰辛的环境面前面对现实，果断转变观念，懂得抛弃自己那些不合时宜的东西，吸收新环境中优秀的东西，这才适应了陌生的环境并在其中建功立业。在这个意义上，与其说香港改写了李嘉诚的人生之路，造就了一代商界俊杰李嘉诚，不如说是李嘉诚适应了香港、战胜了香港。[①]

深度思索 读书使人充实，谈话使人敏捷，讨论使人机智，笔记使人准确，读史使人明智，读诗使人灵秀，数学使人精密，科学使人深刻，伦理使人庄严，修辞使人善辩，逻辑使人谨严。凡有所学，皆成性格。

（四）创新能力

托马斯·彼得斯曾说："距离已经消失，要么创新，要么死亡"。惠普公司董事长兼CEO卢·普拉特是这样描述创新的："吞噬现有的产品是保持领先的途径。"舒曼对创新的见解更是独到："人才进行工作，天才进行创造，而蠢材永远在重复。"

美国《财富》杂志载文说，公司要想名列前茅，除了要有良好的管理、产品质量和财务状况外，还需要有一种不可缺少的要素，那就是创新能力。什么是创新能力呢？创造能力是指产生新思想，并且能够发现和创造新事物的一种能力。它是成功地完成某种创造性活动所必需的心理品质。创新能力的主要成分是发散思维，即无定向、无约束的由已知探索未知的思维方式。按照美国心理学家吉尔福德的看法，当发散思维表现为外部行为时，就代表了个人的创新能力。其行为表现有三个特征：一是变通性。思维能随机应变，举一反三，不易受心理定式的干扰，能产生超常的构想，提出新观念。二是流畅性。反应既快又多，能够在较短的时间内表达出较多的观念。三是独特性。对事物具有不寻常的独特见解。任何一个企业都想成功，成功的企业都是在变化中求生存，在创新中求发展。对于企业来说，员工的创新能力是保持竞争优势的源泉，是企业最大的财富。因此，世界500强

---

① 王志纲：《成就李嘉诚一生的八种能力》，金城出版社，2009。

企业欢迎有现代化思维、战略眼光、独创性的能力，富有创造力的创新思想，能够创造成功，为企业创造有价值新意的员工，在面试时常会问到：你最近的一次创新活动是什么？

案例　苹果公司的创新精神

管理大师彼得·德鲁克说，对于企业而言，真正的创新并不是单纯的技术创新，而是"为技术创造出市场"的创新。苹果成功的轨迹，对应着乔布斯从早年技术创新的追求者到市场营销大师的转变轨迹。这对我们的企业及其创新，能有怎样的启示呢？是什么造就了苹果的成功，让全球粉丝趋之若鹜？有人认为是"技术创新"。"技术创新"，答案自然不错，但失之笼统；单单用这4个字，无以揭示"IT行业最伟大创新者"的实际内涵。

技术领先不等于市场领先

让我们从乔布斯说起。1985年，乔布斯被苹果董事会赶出了自己一手创办的公司，理由是"此人不切实际地追求技术创新"。当时他正在领导研发世界上最先进的个人电脑"麦金托什"（Macintosh），它拥有先进的图形操作系统，还配备了鼠标，技术上遥遥领先于竞争对手IBM-PC机。可惜技术领先不等于市场领先，"麦金托什"销售不佳，却占用了公司大量资源，最终不得不下马。痴迷于技术、力挺"麦金托什"的乔布斯，因此被扫地出门。

12年后，乔布斯重返公司时，有了全新的思路，从而一举把苹果带到世界之巅。乔布斯领悟到，技术并不是最重要的东西；一味追求技术领先，技术过于超前，结果往往是消费者难以"消化"，市场难以接纳，这正是"麦金托什"让人记忆犹新的失败教训。所以后来，相对于IBM、微软、英特尔等公司，苹果在基础科技研发上的投入很少，有意回避与高投入相伴随的高风险。事实上，无论iPod、iPhone、iPad，其核心技术很少是由苹果自己开发的。如果需要技术，可以购买专利。苹果的独到之处，亦即乔布斯的新理念的核心是"用户体

第十一章 员工是企业长盛不衰的基石

验"——集中精力改进既有技术，使其变得更好用、更容易被用户接受。苹果产品的制胜利器之一触摸屏技术，20世纪70年代即已发明，且早就在自动取款机上得到应用，但苹果大大改进了这项技术，乃至把它变成了手机和电脑用户一种新的使用习惯——不少"果粉"在用没有触摸屏功能的Macbook时，也会不由自主地"指点江山"。

"用户体验"的另一层含义是审美

从"让用户容易使用、乐于接受"到"塑造用户新的使用习惯"，可谓苹果对"技术创新"和"技术领先"的独到理解。

"用户体验"的另一层含义是审美：独特、精致的产品设计，让人产生审美的愉悦和"炫酷"的感觉。乔布斯深谙此道。苹果的每一款产品，都极尽设计之美，出乎意料地简洁、洗练。虽然iPhone的价格高高在上，但高价却畅销，这样的事实表明用户愿花钱获取使用功能之外的东西。

或许可以说，审美的追求，使苹果与众不同。打电话、发短信……是任何手机都有的功能，如果单单以产品功能满足用户需求，昂贵的iPhone不会有如今这样的竞争力。喇叭只要能响就行，但音响设备追求音质；发烧友宁可花几年积蓄买一套顶级音响，也不会屈就能响的喇叭。乔布斯对产品设计的追求，目的正在于把苹果用户培养成发烧友。他做到了。

说到底，强调"用户体验"，其本质是吃透了用户需求和用户心理的高层次的市场营销。"终极的用户体验"是"崇拜"。如今诸多"果粉"的疯狂行为，显然已经超出理性范畴。套用马克思的话说，苹果成了信息时代的拜物教。iPhone4爆出过天线缺陷问题，iPad不能更换电池，也没有USB接口……尽管存在这样那样的缺点，但在崇拜者眼里，缺点也成了苹果特立独行风格的诠释。

真正的创新，是为技术创造出市场

乔布斯在业界还有个绰号是"伟大的小偷"，但这并不是贬义的评价，而是说他很会利用和改进别人的技术，站在别人的肩膀上赢取自己的成功。正如管理大师彼得·德鲁克所说，对于企业而言，真正的创新并不是技术的创新，而是"为技术创造出市场"的创新。苹果成功的轨迹，对应着乔布斯从早年技术创新的追求者到市场营销大师的转变轨迹。"乔布斯能够说服数以千万计的人去买一部充一次电都管不到一天的手机，我还要多说什么呢？"苹果公司的首席宣传官曾这样说。

> **深度思索** 企业在市场竞争中输赢的关键，在于其核心竞争力的强弱，而实现核心竞争力更新的唯一途径就是创新。

第三节 企业需要"善管理"的员工

拿破仑曾说过：狮子率领的绵羊部队可以战胜绵羊率领的狮子部队。这句名言道出了统帅的重要性。现代企业的决策及信息呈现出高度的透明化，企业需要有主见的、有方法的、稳健的、公正的、谦虚的、胜任的、建设性的、承担行为责任的、有点幽默的管理型人才。无论遇到什么困难，都能够发现问题，并能当机立断解决问题的人，条理分明的、有效进行时间管理的人，自然能在激烈的竞争中胜出。员工，既包括在生产一线、营销一线和服务一线日夜拼搏的蓝领工人，也包括制定标准、指挥实施和进行考核的企业高管，而懂管理、会管理、能管理的人正是我们企业所急需的。那么，善管理的员工应该有哪些本领呢？

（一）统筹全局的本领

作为市场经济条件下的企业管理者尤其是高管，肩上的担子很重。不仅生产靠企业管理者去组织，而且原材料采购、产品销售等都要靠管理者去组织。可以说，产、供、销、人、财、物都由管理者统

第十一章　员工是企业长盛不衰的基石

筹策划，资本运营、经营决策都要管理者去把握，考虑不周到、不细微，企业运行就会遇到困难。俗话说"雁无头不飞，人无头不走"就是这个道理。在这种条件下，企业管理者的统筹能力就显得尤为重要。

本节所述的统筹能力是指洞察事物、工作谋划、整合协调和创造性思维等方面的能力，是针对千头万绪的复杂局面，能够抓住关键问题、突出主要矛盾，并将各种任务都能妥善完成的一种综合能力。

作为企业管理者，其统筹能力的强弱主要体现在以下几个方面：

（1）企业战略的确定。企业在未来发展的中长期规划、远景规划决定了企业的发展方向，企业管理者的重要作用首先体现在战略的制定和实施上。

（2）企业管理目标的制定和实施。企业管理者在工作中必须明确地制定出工作目标、管理目标，积极引导全体员工向同一目标奋斗。

（3）企业重要人才的选拔、培育。人才是企业的第一资源，企业管理者必须将人才的选拔和培育，特别是重要人才、关键岗位的人才的选拔和培育，作为企业管理的重要内容来落实，建立一支优秀的人才队伍。

（4）企业管理体系的建立。现代化的企业管理是规范化、制度化的管理，在明确企业的发展方向和目标以后，企业管理者必须建立起一套符合本企业发展的管理体系，支撑企业的有效运行。

（5）企业变革的实施。企业生存的环境和面对的挑战不是一成不变的，特别进入信息时代后，各种事务可说是瞬息万变。有人说，现在唯一不变的是变化，这种说法不无道理。面对变化的外部环境，企业必须适时地作出变革的决定，让企业的发展跟上社会的变化。

（6）企业对外的社会形象的树立。企业作为一个法人主体，具有相应的社会形象，企业管理者必须在企业的社会形象上下工夫，树立良好的社会形象。

案例　从三株兴衰看企业统筹发展的重要性

三株，曾经是中国企业界灿烂的明星，在20世纪90年代辉煌一时。曾几何时，黯淡隐去，给人们留下无尽的思索。

纵观三株发展的历史，我们可以发现一些特点：第一，抓住了好的契机。三株迅速兴起的大背景是人们社会观念的转变和对身体健康、生活质量的关注。第二，利用电视等大众传媒广泛宣传，迅速成名，飞速扩张。三株多元化强有力的媒体宣传攻势，推动三株口服液一夜成名，在农村甚至被称为延年益寿的灵丹妙药，销售额急剧飙升，公司成立仅三年，销售额就达到80亿元，资产达48亿元。

三株在迅速崛起之前规模很小，是一家名不见经传的小企业。它飞速发展羡煞许多同业，这同时也为自己埋下了日后覆亡的祸根。第一，没有明确的战略意图。德鲁克认为，企业战略就是企业的发展蓝图，没有战略的引领就好像没有舵的小船，会在原地打转甚至颠覆。尽管看起来，三株似乎提出了自己的战略，吴炳辉在新华社年会上曾经宣称，三株到20世纪末完成900亿到1000亿元的利税，成为中国第一纳税人。言犹在耳，三株却已轰然倒下。第二，没有形成独特的、不易复制、难以替代的竞争优势。三株的产品单一，科技含量低，舍得花大钱打广告，却舍不得做产品研发，形不成核心竞争力。这不仅是三株的弊病，更是中国众多流星企业的痛疽。三株建立起庞大的营销队伍，不遗余力地打广告，短时间声名鹊起，销售量和销售收入大增。从长期来看，这种竞争手段毫无秘密可言，极易被竞争对手模仿和超越。第三，没有危机管理意识，缺乏危机管理机制。表面上看，三株的猝败是由极偶然的因素引发的：一场人命官司击倒了三株。但从深层次分析，偶然事件打倒一个庞大企业，则反映出该企业内部管理体制不健全，没有危机管理意识和危机处理机制。[①]

---

① 吴晓波：《大败局》。

深度思索 企业发展战略的制定过程并非文字游戏或简单模仿，战略必须与众不同，以此区别于其他企业，并为企业员工注入凝聚力、向心力、自尊心和自豪感。战略制定的质量如何，直接取决于管理者统筹能力的高低。

（二）协调关系的本领

企业作为社会的一个基本细胞，每时每刻都处于错综复杂的矛盾之中和纵横交织的网络之中。作为管理者尤其要精于协调，要从全局着眼来处理方方面面的事务及关系，平衡各种利益冲突，否则，企业的经营环境将不堪设想。也就是说，企业的管理者要具备极高的协调能力。

所谓协调，是指领导者为实现组织目标，而运用各种措施和方法，使其所领导的组织同外部环境，以及组织中的各个部分和组成人员协同一致，相互配合，以便高效率地实现领导目标的行为。管理者的协调工作大致分为两种情况，一是组织内部的协调，二是组织外部的协调。

1. 组织内部的协调

（1）协调与上级之间的关系。上下级之间的关系具有多种层面和性质，是一个立体的概念，主要表现为隶属关系、依存关系、职能关系。陈云同志曾经指出："领导方式的中心问题，是正确处理上下级关系。"作为下级，处理好与上级的关系，可以争取上级对事业的支持和信任，争取较宽松、有利的政策措施，乃至获得相对优厚的物质条件，从而改善自身的工作环境。因此，可以说，良好的上下级关系，是生产力、战斗力，是资源，是财富。

协调与上级之间的关系，还要讲究方法和艺术，把原则性和灵活性结合起来：一是勤奋工作，赢得信任。上级总是希望下级把分管的工作做好。这就要求下级有强烈的事业心和责任感,工作勤奋扎实。在工作中能出思路、出业绩,得到员工的好评,自然也就能赢得上级的好感、认可、信任和器重。一个缺才少德、能力差、不称职的下级,是不会被上级赏识的。二是要求适度,不能苛求。下级希望上级在人、财、物上给予支持,在政策上给予优惠,在个人问题上给予关照,这是正常的。但这种要求要合理适度,期望值不能过高,更不能苛求。三是保持"中立",等距接触。对上级领导成员要一视同仁,疏密有度,建立和发展正常的关系,在组织上一样服从,在工作上一样支持,在态度上一样对待。切不可搞远近亲疏,甚至搞人身依附和分裂。更不要轻易卷入上级领导之间的矛盾之中。

(2)协调与下级之间的关系。领导关系是上下级双向互动的关系,为了做好领导工作,必须处理好与下级的关系。在协调与下级的关系时,要注意到的原则是:一是公正原则。这就要求对下级坚持公正原则,一视同仁。在处理企业、团队和他人的利益关系时,必须以企业、团队、他人的利益为重。二是平等原则。上下级之间在本质上是平等的,主要表现为在真理、法纪、人格、作风上的平等。三是情感原则。对下级要关心、爱护,不断增进感情,从而赢得下级的热爱。四是民主原则。推行政务公开,民主管理,集思广益,集体决策。

协调与下级关系的方法与艺术:一是吸引力。领导者的职权、感情、能力和品质都能对追随者产生吸引力,而后三者更具有魅力,主要表现为较高的责任感和职业道德水准,事事率先垂范的表率能力和亲和感召力。作为上级应该不断地增强自身的非权力性影响,形成对下级的吸引力。二是弹性控制。通过具有一定弹性空间的标准检查控制被领导者的行为,对那些能力强、有主见、自信自尊的下级,只交代完成任务的时间及标准,其他事项则由其发挥主动性、创造性。三是宽宏大度。领导者要有宽广的胸怀和气度,对于下级的缺点和短处,应该持宽容和体谅的态度;对于下级的优点和成绩,要褒扬和鼓励;当下级工作出现失误时,要及时指出,并帮助总结经验教训,而不能

第十一章 员工是企业长盛不衰的基石

把失误"储存"起来，日后算总账。

（3）协调与同级之间的关系。同级关系是指在高层管理者活动过程中或同一行政区域内同一层次的无行政隶属关系的领导者之间或单位、部门之间的一种平行横向关系。大致有两种类型：一是同一组织内同一级别不同分工之间的关系；二是同一组织内同一层次上的不同单位、部门及其管理者之间的关系。良好的同级关系能够创造有利的工作环境，使单位、部门之间，高层管理者之间，彼此配合，相互帮助，共同进步。

在协调与同级之间的关系时，应该特别注意以下几点：一是交流信息，联络感情。保持各相关部门的联系，有利于信息的交流和感情的融洽，为事业的发展创造条件。二是相互支持，互不拆台。各个部门之间各有不同的职责权限，在工作实践中，由于主客观方面的多种原因，不可避免地会遇到这样或那样的困难，每一项工作任务的分配也会有主次之分，这就需要彼此给予支持和帮助，决不应袖手旁观，甚至拆台。

2. 组织外部的协调

组织外部协调的对象存在着较大的不确定性和突发性，但面对这些不确定性的对象，我们在协调的过程中却有规律可循：

（1）着眼大局，平等协商。首先，无论面对哪个方面的主管部门或是形形色色的客户，都要解决好认识和思想上的问题，坚持平等性原则，以大局为重，互利互让，多换位思考，多考虑对方的实际情况和具体困难，做到相互沟通，相互理解，相互支持。其次，也是更重要的是管理者本身要不断提高自己的知识水平和业务能力，努力使自己成为"通才型"管理人才，这样，才能从根本上做到着眼大局，适应现代企业管理工作的需要。

（2）求同存异，疏导平衡。求同存异，关键是求同。要客观全面地分析各方面的情况，找准各方都认可、事关全局的共同点，促使各方统一思想，达成共识。疏导和平衡，就是找准冲突的关键所在，进行正确的估量与分析，采取恰当的方式，有的放矢地进行疏导融通。

（3）刚柔相济，灵活统一。就是要适时有效地运用协商调解与指令制约这两种职能，发挥它们的功效。一方面，在困难与复杂的情况下，管理者要坚持原则，坚强刚毅，果断坚定；另一方面，要辅以柔和，动之以情，晓之以理，明之以义，做到刚柔相济。要在实际协调中做到刚与柔的高度统一，关键是善于审时度势，把握时机，适时应变。具体运用要适度适量，适可而止，恰到好处。

（4）注意协调的语言艺术。管理者协调的成败及功效大小，往往取决于语言艺术水准如何。一是要在协调过程中注意情感打动。二是要对协调客体多做正面启迪，不断用巧妙的语言引导。三是要注意语言温和，语气婉转。四是要让协调对象畅所欲言，耐心倾听。五是注意运用幽默的语言缓解尴尬紧张的气氛，调节引导情绪。六是要适当地自责，以平衡各协调客体的心理。

（5）坚持协调的超前性、持续性和信息化。为防止协调问题的复杂化，减少处理的难度，管理者要以敏锐的洞察力和超前意识，及时发现可能出现的问题和矛盾，做好预防性的协调，把问题解决在萌芽状态，防患于未然。许多问题不是一两次就能够解决的，旧的矛盾解决了，新的矛盾又会随着事物的发展而产生，因此，领导者必须注意协调的连续性和持续性。

案例　美国西南航空公司和谐的内外部环境

美国西南航空是美国整个航空行业多年来唯一一家持续赢利的主要航空公司，其股票是公认的最成功的航空股，同时也是全行业唯一一家一直赢得衡量航空公司经营质量的"三项皇冠"（航班最准时、行李丢失最少、顾客抱怨最少）的航空公司。西南航空的成功得益于其非常独特的"做事方式"，这种做事方式的核心就是在公司中建立和发展了一系列促进高绩效的关系。由于西南航空提供中短程服务，因此飞机在降落与起飞之间的周转次数就比较多，这实际上构成了西南航空在与提供远程服务的公司竞争中的一个劣势。为此，西南航空的做法是，在一线员工中间建立一种团队合作关系，行李员、乘务员、飞行员和其他地勤人员一起参与旅客的登机和下机。再加上只采用波音737一种机型来标准化和简单化检修人员的任务等措施，西南航空公司能够用其他公司一半的时间来完成飞机的周转。公司的领导和经理们尊重员工和真心关爱员工，从而在公司的上下级之间建立了一种相互信任、合作的类似亲情的关系。西南航空甚至鼓励员工持有竞争对手的股票来分散投资风险，其对员工利益的关爱可见一斑。西南航空的高绩效关系体系还表现在劳资关系上。西南航空公司84%的员工是工会会员，公司不仅尊重员工个人也尊重代表他们的工会。公司在合同中规定，任何一个员工都可以担任任何岗位，从而在员工与公司之间发展了一种合作而不是对抗的劳资关系。这一系列的健康的关系链条相互结合，形成了一个进取与合作的企业文化，并作为一种组织能力促进西南航空经营战略目标的达成。

西南航空高绩效关系型的组织文化不仅作用于公司内部运营，同时还扩展到公司与顾客之间。在旅途中，乘务人员用玩笑和善意的恶作剧等活动愉悦顾客，为旅客提供单纯旅行以外的快乐，这对提高回头客比例起到了有效的作用。在上述几种健康的关系被建立和发展起来以后，西南航空公司实现了优秀的财务业绩，从而使投资人的利益得到了保障。因此，西南航空公司以一种隐含的方式和内生化的方式实现了公司与股东之间的良好关系。

正是由于上述这一系列关系导向的做事方式，西南航空公司才能具有杰出的经营业绩。结果，股东得到了优厚的回报，顾客得到了令人满意的服务，员工也得到了丰厚的薪酬与福利。

事情还不仅如此，西南航空公司的员工在得到行业平均水平的货币工资加上相当于工资的8%的利润分享以及养老金计划以外，他们还获得了极高的工作满意度和极高的个人成就感。从西南航空公司发展起来的高绩效关系导向的做事方式可以发现，公司实际上是以为员工创造价值作为出发点，随后将受到高度激励的员工创造的价值的一部分转移给顾客和股东。这正是西南航空公司成功的关键所在。其结果是员工、顾客和股东的利益都得到了实现。①

> **深度思索** 组织的协调能力是广义的协调，其根本就是指根据工作任务，对资源进行分配，同时控制、激励和协调群体活动过程，使之相互融合，从而实现组织目标的能力。

（三）风险管理的本领

现代企业始终生存在危机四伏的发展环境之中。综观企业发生的危机，既有外部因素引发的，如政策危机、自然危机、行业危机、媒介危机、竞争危机等，也有由企业内部因素引发的，如发展战略危机、技术开发危机、人力资源危机、市场营销危机以及资金链危机等。不管哪种危机，都会对企业的生存和发展带来严重不利的后果。那么，如何才能避免或减少企业危机的发生，防患于未然呢？一是树立强烈的危机意识，创建蕴涵危机意识的企业文化。危机管理的理念就是居安思危，未雨绸缪。二是建立企业危机预警管理系统，危机事件虽然有突发性特点，但是就像地震、海啸发生时有征兆一样，企业危机的爆发也是有前兆的。

微软的比尔·盖茨在他的办公室中放了一块牌匾，上面写着：微软离破产永远只有18个月。这家企业应该是世界上迄今为止最优秀的公司之一，领导者的危机管理意识，贯穿了企业经营的始终，我们不得不敬佩盖茨的良苦用心。同样，有一家世界500强企业——美国波音公司，在进行新员工培训时，总会给大家放一段录像，录像中的画面告诉大家，在一个天气阴沉的下午，波音公司的员工们垂头丧气奔

---

① 〔美〕吉特尔：《西南航空模式：借助"关系"的力量实现优异绩效》，周亮、战凤梅译，机械工业出版社，2011。

第十一章　员工是企业长盛不衰的基石

拉着脑袋从办公室、实验室和工厂走出来，期间公司的广播里传来"波音公司今天倒闭"的声音，当大家走到门口，会看到硕大的一块牌子，上面写着"波音公司最后一个厂房等待出售"的消息。当培训的新员工们看到这段录像时，会有怎样的感受？我想，教育的结果不言而喻，那就是要告诉新到者，只要你走进波音公司，兢兢业业辛勤工作才是本分，波音公司的美好明天和每一个人的工作息息相关。波音公司把危机管理思想注入了企业每个员工的心间。

对于那些致力于集团化发展甚至国际化发展的企业管理者来说，应当及时关注、掌握以及处理好以下几个关键风险点：

1. 风险点之一：政治风险和新兴经济体的作用

中东和北非地区发生大规模政局动荡等事件，清楚表明政治风险的存在。如果上升到风险管理更为复杂的层面，针对国内外政府的游说甚至可以在一定程度上影响政治风险发生的可能性和不利后果，这对于致力于进行海外扩张的中国企业而言极为重要。

政治风险的另外一个表现就是"不法经济"的兴盛发展。世界经济论坛（WEF）发布的《2011年全球风险报告》（第六版）就指出，非法贸易目前已占到全球经济总量的7%～10%。对此，企业应拥有一份明晰且经过测试的危机管理预案，可以在政治风险事件发生时启动，确保业务应变能力获得一定程度的保障，从而阻止风险的发生。此外，在风险识别与评估方面，应注意涵盖法治、人权以及商业道德等新兴风险。

2. 风险点之二：供应链风险和业务应变能力

经济全球化的进一步深入使得供应商层数激增，供应链日趋国际化和复杂化，高度依赖于大量风险变量的运行，通常缺乏应变能力。特别是2011年的日本大地震，将企业面临的供应链风险体现得淋漓尽致。同时，信用紧缩和经济产出降低已导致全球许多企业破产，这无疑给供应链的应变能力带来了更大的考验。

中国企业在走向世界的同时，也更加深入地参与到了全球供应链的体系之中。这些企业应确保针对关键供应商实施风险管理流程和应急计划，并评估风险潜在影响的管控措施，将企业自身的风险管理标准延伸到第三方。此外，除了制定并定期更新内部应急计划、替代供应商以及业务持续性方案，还应建立尽职调查程序，确保供应链风险管理的可持续性。

3. 风险点之三：资本投资和项目风险

资本投资和相关风险并不是新型风险，但是对于进行海外扩张的中国企业而言，准确的风险信息有助于区分那些回报相似但风险迥异的项目。一个项目的预期资本回报应根据其面临的风险进行衡量，例如主权风险、交易风险、道德对公司声誉的影响。对于"风险调整资本回报率"近期开始被重新采用的现象，我们就不难看出：风险管理应作为资本投资决策时考虑的一个核心问题。

企业需要做的是，确定在资本投资项目中能够承受的单一风险和总体风险水平，创造分层把关的决策渠道，以确保整个项目周期内的风险都能得到充分的考虑。同时，尽可能多收集项目相关风险信息，以便进行潜在结果分析。

4. 风险点之四：网络风险

随着电子商务的快速增长、互联网的广泛应用以及各方对IT系统的广泛依赖，现在网络相关风险对企业来讲尤为突出，也受到各公司的密切关注。在涉及数据备份、网络盗窃、网络间谍、网络战争以及网络恐怖主义在内的网络风险之中，数据存储的安全是一项急需应对的重大挑战，企业应将"网络风险"纳入自身的风险管理流程。

企业必须以"更迅速、更人性、更透明、更年轻、更科学"的方式来更新危机管理思路，调整处理策略，以发展、可持续的态度应对新世纪出现的企业危机。在网络媒体大行其道之前，纸媒和电视媒体是大众接受信息的主要途径，一个新闻事件的扩散速度和影响力是有限的。而在Web2.0和Web3.0时代，原来的信息使用者变成了信息提供者。在开放的网络平台上，几乎任何网络用户都可以发言，让原本发生在离我们很遥远的事情瞬间到达我们及其他网络用户面前。网络传播的盛行为企业危机的发生"打通"了渠道，使得企业危机出现得越来越多，突发性越来越强，危害性越来越大，传播速度也越来越快，成为引发企业危机发生的重要因素之一。企业危机越来越多地与新的信息传播方式密不可分。

5. 风险点之五：合规与监管风险

随着新的公司治理时代的来临，企业承担着前所未有的压力，需要确保其公司遵守新的监管制度。随着监管部门的监管力度越来越强，监管活动日益全球化，公司问题也给企业高管带来严峻的个人责任风险。在美国多起状告企业的证券集体诉讼案中，个人董事被列为被告。萨班斯-奥克斯利法案和多德-弗兰克法案都要求企业高管亲自保证公司财务报表的准确性。如果一旦证明有误，首席执行官和首席财务官将被责令返还与公司赢利和股价有关的薪酬所得。在英国，新的贿赂和环境责任法严格要求公司对腐败和环境污染负责。如果企业高管坐视不管，将被起诉。在一个更加严苛的管理环境中，除了监管问题引发外，股东、债券持有人、员工、竞争对手和政府部门等其他外部利益相关人也会提起索赔。

案例 "大白兔"勇闯"甲醛门"

危机公关一直是不少国内企业的"软肋"。遇重大危机致死的品牌比比皆是：譬如三株口服液、秦池酒等。这正是"千里之堤，溃于蚁穴"。商誉卓著的名牌企业，面对这种问题一定要慎重。如果处理失当，很有可能危及生存。

大白兔奶糖风波中被披露的所谓食品添加成分甲醛是公认的高致癌物。这条官方信息一经公开，立刻引起连锁反响，大白兔奶糖的食品安全在世界各国都受到广泛质疑，产品出口和销售受到严重影响。

大白兔奶糖遭遇"甲醛事件"，可谓危机公关方面一个教科书式的生动案例。一系列的危机公关行动，让我们看到了冠生园公司应对危机的丰富智慧、良好素质、有序管理和层层递进。在突然遭遇"甲醛门"事件后，冠生园公司积极应对，在四天时间内便成功"突围"。专业人士认为，此危机事件的处理可以给其他企业四点启示：应对危机公关必须主动、及时、统一、权威。

主动：三日内完成沟通、检测、媒体公关

雷厉风行本身就是积极的信号，等到危机事件出现以后，不要拖，不要满不在乎，应该积极响应，这是非常重要的。"甲醛事件"曝出后，冠生园集团自己主动停顿了"大白兔"产品的出口，并在三天内做完了三件重要的事情：给菲律宾方面发函沟通；请权威检测机构SGS对生产线的产品进行检测，并得出没有甲醛的结论；召开中外媒体见面会宣布检测结果。不仅如此，冠生园还对菲律宾食品药品机构在既未公布相关检测报告又未得到生产企业确认的情况下，贸然通过媒体发布消息，给"大白兔"品牌造成损害的极不负责行为，理直气壮地声明：保留诉诸法律的权利。

及时：权威机关及时发声，快速消除疑虑

权威出马可以获取公众的信任，来自权威的信息容易说服公众。获知大白兔奶糖被禁售的消息后，上海市质监部门和国家质检总局及时派员在第一时间介入，出具了权威检测报告。特别是国家质检总局局长李长江在新闻发布会上的权威发言更是让海内外消费者疑虑顿消。李长江说："第一，我们没有接到菲律宾政府有关方面的情况沟通。第二，我们同菲律宾驻中国使馆进行联系，想取得这方面的资料，他们表示无法提供。第三，我们经过了认真的检查测试，大白兔奶糖在生产过程中没有添加甲醛。"

统一：媒体报道客观公正，化危机为商机

遇到危机时统一口径非常重要，以免节外生枝。传媒因素是食品安全事件中的一个重要因素，在"危机公关"中是一把双刃剑。这次大白兔奶糖"甲醛门"事件，尽管海外媒体炒得热火朝天，但国内传媒在对待这一民族品牌上，汲取了以往"见风就是雨"的教训，在报

道时不是盲目跟风、夸大其辞，而是遵循新闻游戏规则，冷静而又客观地在第一时间传递最新的来自权威管理部门和权威检测机构的消息，其实也为"大白兔"这一国内糖果第一品牌树立了正面的形象。

权威：侧面突围，"第三方"鉴定功不可没

由第三方权威部门发布的、具有普遍公信力的数据，以及对数据的客观解释性分析，是应对国际危机事件中非常重要的一步棋。7月18日，新加坡政府的检验机构从冠生园新加坡经销商福南公司仓库中抽样大白兔奶糖进行检验，检测结果：大白兔奶糖不含甲醛，符合世界卫生组织的安全标准；7月19日，国际公认的权威检测机构SGS（通标标准技术服务有限公司上海分公司）对大白兔奶糖检测得出结果：未检出甲醛（福尔马林）；7月20日，文莱卫生部发表声明，宣布经过该部检测表明，中国产的大白兔奶糖不含甲醛，完全可以放心食用……这些"完全一致"的检测结果，让中国产的大白兔奶糖含甲醛这一不实说法不攻自破。

深度思索　在现代社会中，没有危机感就是最大的危机。

（四）有效授权的本领

现代企业的管理需要给员工更多的空间，只有这样才能更加充分地调动员工本人的积极性，最大限度地释放他们的潜力。现代社会是一个日益公平的社会，人人都拥有足够的信息，人人都拥有决策和选择的权利。将选择权、行动权、决策权部分地甚至全部地下放给员工，这样的管理方式将逐渐成为现代企业管理的主流。

《吕氏春秋·李贤》提出两个方法：宓子贱和巫马期先后治理单父，宓子贱治理时每天在堂上静坐弹琴，没见他做什么，把单父就治理得相当不错。巫马期则披星戴月，早出晚归，昼夜不闲，亲自处理各种政务，单父也治理得不错。两个人两种治法，一则事不必躬亲，一则事必躬亲。两种方法孰优孰劣，古人也有评论：事不必躬亲是"古之能为君者"之法，它"系于论人，而佚于官事"，是"得其经也"；事必躬亲是"不能为君者"之法，它"伤形费神愁心劳耳目"，是"不知要故也"。前者是使用人才，任人而治；后者是使用力气，伤力而治。使用人才，当然可逸四肢，全耳目，平心气，而百官以治；使用力气则不然，弊生事精，劳手足，烦教诏，必然辛苦。

敢于授权并善于授权，既是一个管理者成熟的表现，又是一个管理者取得成就的基础和条件。对于企业中层，领导不放权，很多工作难以开展，无法达到目标，领导放了权又受到诸多限制。如何才能做到科学放权？需要解决几个问题：

1. 权责对等，统一完整

权力和责任对等是放权最重要的原则，大多数放权问题的根源都是权责的不对等。权大于责可能导致武断决策，滋生腐败；而责大于权又会使管理者趋于保守，不思创新，责任上交。每个岗位必然都有相应的岗位职责，既然叫做责任，这个责任存在的基础就是判断和决策。应该授的权力是什么？就是游离在企业规章制度可以进行决策和判断范围之外的那个自由度。而对等就是说有了责任就有相应的权力，并且这个权力是一个完整的封闭的框架。也就是哪些是可以决策的、哪些是需要报批的、哪些是需要报备的要有明确的说明。否则必然出现权力的真空，其背后的本质就是责任的真空，最终导致整个授权体系的土崩瓦解。

2. 动静结合，收放自如

授权不是放任、撒手不管，而是保留知情权和控制权。通过这种可控性与下属有机地建立联系，进而掌控全局。可控性表现在两个方面：一是对权力本身的控制，也就是说放权既具有稳定性，但也同时具有时效性、主动性和灵活性。因为放权的基础是授权者对被授权者在授权范围之内可能发生的状况有所判断，并确信异常状况在其可以妥善处理或者接受的范围之内。那么这个判断需要对信息的掌控，妥

第十一章　员工是企业长盛不衰的基石

善处理就意味着对权力的控制，当然这个控制不仅仅是"收"，更多的时候是"放"。因此，放权本身是一个稳定和灵活的动态统一。二是对被授权人的选择。如果你想要授权有效和体现出成果，必须要经过精挑细选，被选中的员工应具备以下素质：有职业道德、善于思考、有自我开创能力、有协调与合作精神，并且要懂得一定的传帮带技术。切忌陷入选人误区：最优秀的就是最适合的和最顺眼的就是最适合的。前者是管理者只注重短期绩效，不注重长期计划的短视行为；后者是管理者选择自己看得顺眼的人，或者个性与能力与自己相仿的人，很难弥补管理者自身的盲点和缺点。

3. 整体考量，有据可依

既然放权是一个稳定和灵活的动态统一，那么这动静之间取舍的标准是什么呢？很显然需要有绩效相支撑。这个绩效主要来源于两个方面：一是工作业绩；二是放权的使用情况。当然，放权的目的就是要提升业绩，但是考绩既要看近期的业绩，也要看远期的；既看全局，又看局部。有些权力的利用可以在近期提升业绩，但却为未来的埋下了"祸根"；有些在短期来看会影响绩效，在长远来看却有利于企业的发展。这种现象在采购管理方面经常会发生，在这进退之间如何权衡也需要有一套机制来保障。

如何做到成功有效地授权，在上述原则的基础上，笔者还整理搜集了十项要诀以飨读者：

（1）要诀一：不要只问"懂了吗"。管理者习惯性会问员工"懂了吗？""我讲的你明白了吗？"这种情况下，许多对细节还不太懂的员工都会反射性地回答"知道""明白"，他们不想当场被主管看扁。

（2）要诀二：明确绩效指标与期限。员工必须了解自己在授权下必须达到哪些具体目标，以及在什么时间内完成，清楚了这些才能有基本的行动方向。授权不是单单把事丢给员工，还要让他明白管理者期盼些什么。

（3）要诀三：授权后也要适时闻问。授权以后不能不闻不问，等着他把成果捧上来。你可以不必紧盯人，但仍要注意员工的状况，适时给予"这儿不错""那样可能会比较好"之类的意见提点。如果任务特别需要"准时"，也可以提醒他注意进度与时间。

（4）要诀四：为下次授权做"检讨"。每次授权后，管理者可以让员工描述自己在这次过程中学到了什么，再配合管理者自己观察到的状况，作为下次授权的参考。

（5）要诀五：授权不一定要是大事。即使只是一件再寻常不过的小事，都可以"授权"。未必一定要是什么大方案、大计划，才叫授权。尤其对于新进员工，从小事开始授权，可以训练他们负责任的态度，也建立他们的自信。

（6）要诀六：先列清单再授权。简单来说，主管可以先列出每天自己所要做的事，再根据"不可取代性"以及"重要性"删去"非自己做不可"的事，剩下的就是"可授权事项清单"了。这会更有系统、更有条理。

（7）要诀七：授权的限度要弄明白。有些员工会自作主张，做出一些超出授权的事。因此，最好在授权时能特别交代"底限"，一旦快触碰到了，他们就应该刹车，这可以防止他们擅自跨过界限。

（8）要诀八：找对你打算授权的人。所指定的人，如果经验多，但对于该项任务不擅长或意愿较低，未必会比经验较浅、有心学习而跃跃欲试的人适合。

（9）要诀九：排定支持措施。告知员工，当他们有问题时，可以向谁求助，并且提供他们需要的工具或场所。当主管把自己的工作分配给员工时，确定也把权力一起转交。此外，主管要让员工了解，他们日后还是可以征求主管的意见并获得支持。

（10）要诀十：帮员工设想可成长项目。就某种角度来说，授权也是一种训练员工成长的方式。因此在授权时就要想想如果员工能接受我的授权，那么在实施过程中这个员工能学到什么。如果授权他做只是因为你忙不过来，那就不能叫授权，只能算是"帮主管打杂"。

第十一章 员工是企业长盛不衰的基石

案例 巴林银行覆灭记

1995年2月27日,有着233年历史的巴林银行垮了。拥有4万员工、下属4个集团,全球几乎所有的地区都有分支机构的巴林银行怎么会垮呢?因为一个人——李森——巴林银行曾经最优秀的交易员之一。李森当年才28岁,是巴林银行新加坡分行的经理。他是25岁进入巴林银行的,主要做期货买卖。之前李森的工作非常出色,业绩也很突出,据说他一个人挣的钱一度达到整个银行其他人的总和。为了表示巴林银行对人才的重视,董事会决定采取一个政策,让李森拥有先斩后奏的权利。可巴林银行没有料到,正是这一决定,使巴林银行走上了毁灭的道路。

从1994年底开始,李森认为日本股市将上扬,未经批准就套汇衍生金融商品交易,期望利用不同地区交易市场上的差价获利。这一举动如果放在别人身上,早就引起上面的审查了,可是李森有先斩后奏的权利,没有人对此表示异议。后来,在已购进价值70亿美元的日本日经股票指数期货后,李森又在日本债券和短期利率合同期货市场上做价值约200亿美元的空头交易。这等于把整个巴林银行都压在了日经指数会升值上。

但不幸的是,日经指数并未按照李森的预测走。在1995年1月降到了18500点以下。在此点位下,每下降一点,巴林银行就损失200万美元。李森又试图通过大量买进的方法促使日经指数上升,但都失败了。随着日经指数的进一步下跌,李森越亏越多,眼睁睁地看着10亿美元化为乌有,而整个巴林银行的资本和储备金只有8.6亿美元。尽管英格兰银行采取了一系列的拯救措施,但都没能救活这家拥有233年历史的银行。[1]

---

[1] 〔英〕尼克李森:《我是如何弄垮巴林银行的》,张友星译,中国经济出版社,1996。

深度思索 授权就像放风筝,要善于调控、善于牵引,放得出去、收得回来。当然前提是你能掌控手中那根线。

(五)捕捉商机的本领

什么叫做商业头脑呢?就是在进行商务活动时能够时常派上用场的、为了领先于他人所必需的对事物的基本思考方式。从日常的信息收集、分析,到构思新产品的设计、规划,乃至种种问题的解决。这些技能有一个特点:要是不了解的话,会觉得格外复杂,但如果尝试着去理解的话,会觉得非常简单,出现如同"醍醐灌顶"般豁然开朗的感觉。

掌握成功运作一个公司的方法是至关重要的。这方面最核心的技能一方面是人员管理、系统管理、资源管理和融资的能力;另一方面是要了解客户的需要并迅速将这些需要转化为商机。在遵守合同和职业标准上可信,有比较好的商业感觉、市场创意、理解西方人的商业逻辑。有较强的市场敏感度,预测、理解并致力于消费者和客户不断变化的需求,了解外部世界其他相关企业业务的发展。在自身所处理的事务中,能够描述出外部客户、消费者不断变化的需求;能够分析、感受、把握商业世界的变化趋势;能够站在市场的前沿、站在消费者的角度看待问题;对于自身产品、组织、个人的竞争优势有着清晰的认识,同时对竞争者的有利之处有着正确的判断。在面试时常会提出:请给出一个你满足消费者或客户的苛求变化的例子。

案例 谁快谁就赢

做生意,就好比赛跑,一定要以最快的反应,紧紧追上机遇。这种快速式进攻之法,并非人人能够掌握,而是深谙趁热打铁者所为。要抓住时机,就要先掌握准确资料和最新资讯,并在适当的时候发力,

第十一章 员工是企业长盛不衰的基石

走在竞争对手之前。当年,在李嘉诚所经营的塑胶花行业日渐没落的时候,他立即意识到,香港是一个人多地少、寸土寸金的社会。他判断出香港的地产业将成为商业发展中的重要的热点,因此,抓住时机,果断地将公司转向房地产业投资,从而为自己日后事业的大发展打下了事业基础。李嘉诚说:"以我个人的经验来讲,最要紧的是要定出正确的方针,但是你制定出正确的方针之前一定要拿到最确实的资料,这是绝对正确的。"早在20世纪70年代末期,李嘉诚就开始涉足海外的投资。当时,地球通信卫星的问世,使得全球范围之内的人们能够在瞬息之间分享来自世界各地的信息,有心的商人利用了这些信息,抓住了发展的机会,从而使生产和资本的社会化程度提高到国际化的水平。而这种纵横发展的趋势,自然逃不过以目光敏锐、预测能力准确独到而著称的李嘉诚的眼光。他在全力发展香港规模庞大的投资的同时,把目光瞄准了加拿大温哥华,并购入了一批物业。1981年,李嘉诚在美国休斯敦投资2亿多港元,购买了数幢商业大厦,同年又扩资6亿多港元收购了加拿大多伦多的希尔顿港口酒店。

以上事例有力地说明了,李嘉诚征战商场半个世纪,每次投资都使其事业发生重大转折,出现了跳跃式的发展。这都得益于李嘉诚能准备掌握最新资讯,以前瞻的目光运筹全局,运用其投资进退战略,在各个领域之间切入切出,游刃有余。在各个经营领域之间的平滑转移,使李嘉诚不仅避免了风险,而且获得了丰厚的利润。

做生意,适时进行战略转移非常有必要。俗话说:"趁热打铁",讲的是不能错过机会。要抓住机会,抓紧时间,立即行动,这样才能以点代面,获得全面的收获。在经商学中,有一句话叫"让机会跟着你跑",非常巧妙地道出了做生意应当扑向机会的紧迫性和重要性。机会总属于有心人,商人要做的就是:让机会跟着你跑,而不是你跟着机会跑。进入21世纪以来,世界商业环境早已发生了翻天覆地的变化，谁的速度快，谁就能抓住难得的商业机遇。①

> **深度思索** 总能在平常事中发现不寻常，总能在别人的事业中发现自己的机会，总能在闲聊中捕捉有价值的线索，这就是捕捉商机的本领。一个成就伟业的企业家，其捕捉商机的能力总是比一般人更早、更准、更具灵气。

---

① 禾田：《华人首富李嘉诚生意经》，中国商业出版社，2009。

附 件

1. 美国《财富》世界 500 强评选特点

世界企业 500 强来源于美国的一家杂志《财富》，英文名为 *FORTUNE*，始创于 1929 年。1955 年，杂志社接受一位名为埃德加·史密斯的普通编辑的建议，开始对全美 500 家最大工业公司排名。当时的排名项目仅限于简单的三栏：年销售额、利润及资产，且排名时的主要参考指数就是上一年度的销售收入。随后，1956 年，杂志社开始公布对美国非工业类企业的类似的排名名单。1990 年，《财富》杂志社的排名开始走向国际化，对全球大工业公司和服务公司分别采取类似的办法进行排名，中国银行和中国化工进出口总公司成为第一批进入世界 500 强的中国企业。1995 年，杂志社为了顺应国际经济发展非规则化、企业经营多样化和数字化的潮流趋势，将上述两项世界排名表合并，混合排出世界 500 强，这就是享誉世界的"财富世界 500 强"。

美国《财富》杂志 500 强企业的排名已经形成了一套严格、规范的评价程序和指标体系。在程序上，首先由企业提出申报，任何公司只要年销售额超过一定规模，就可以把经公认注册会计师事务所审计认可的财务报表寄到美国时代公司杂志社，申请参评。《财富》杂志再根据企业的性质决定是否将其纳入评比范围，一些并非真正市场经济意义上的企业如行政性公司等往往被剔除在外。随后，《财富》杂志根据各公司财政年度销售额进行排名，并于每年 7~8 月份公布上年世界 500 强的排名结果。比如，2011 年《财富》世界 500 强的门槛为营业收入约 195 亿美元，比 2010 年的 171 亿美元提高了 24 亿美元。

世界 500 强的评选标准主要包括五项内容：第一是销售收入。《财富》除将利润、资产、股东权益、雇用人数等作为参考指标外，最通用、最主要的标准就是企业的销售收入。第二是企业统计数据必须具有较高的透明度，《财富》要求所有参选企业的数据必须公开。第三是独立的公司治理，这种独立包括既独立于控股的国家，也独立于控股的家族。第四是统一按美元进行排序。《财富》一直采用当地货币与美元的全年平均汇率，将企业的销售收入统一换算为美元再进行最终排序。第五是必须在规定的时间内申报相关资料。《财富》要求欲参加排名的企业要按照相关要求，事先提出申请，并提供财务报表等有关资料。

《财富》杂志企业评选的最大特点是三公性，即公开、公平和公正。首先，《财富》杂志要求所有入选公司的财务数据必须公开，且经得起检查和推敲。其次，评选活动本身并不向企业收取任何费用，这样也就使得评选有了公平的基础，减少了评选过程中徇私舞弊和弄虚作假现象的发生。此外，杂志社每年进行评选活动时，均清楚地列出专栏主任、助手以及全班评选人马的名单，以求社会监督和公正原则的贯彻实施。

2. 国际其他"大编队"扫描

1.美国《福布斯》杂志

不同于《财富》主要根据有关企业在过去一年中的销售收入来确定座次，《福布斯》主要根据企业的销售收入、利润、资产总额及股票市值这四大指标来进行综合评选。因此，《福布斯》一直在强调标榜自己所评选出的企业不仅是世界规模最大的，而且也是最重要和最具影响力的。

《福布斯》杂志的前瞻性报道为企业高层决策者引导投资方向，提供商业机会，被誉为"美国经济的晴雨表。"《福布斯》为双周刊杂志，每期刊登60多篇对公司和公司经营者的评论性文章，语言简练，内容均为原创。着重于描写企业精英的思维方式，秉承"以人为本"的理念，倡导"企业家精神"；不停留在新闻事实的报道上，着力于洞悉新闻背景、把握动态信息和行业趋势，深入探讨和研究企业运作的经济环境。福布斯杂志的口号为"永不停息"。

2. 英国《金融时报》评选世界企业500强

英国《金融时报》是一家世界领先的商业新闻机构，拥有120多年历史，其编制的伦敦股票市场指数FTSE100指数更是欧洲三大股指之一。

金融时报评定世界500强与《财富》按上一年度的销售收入为评定标准不同，《金融时报》世界500强是按照上市公司总市值为标准进行排名，即市值=单位股票价格发行股份数量。2011年5月30日，《金融时报》发布了2010年度世界500强企业排名，中石油首次超过美国埃克森美孚石油公司，成为全球市值最大的石油企业，前10强中中国企业有3个。

《金融时报》世界500强排行榜是对全球最大公司进行的一次年度"快照"，榜单每年发布一次，今年已经连续发布了14年。入榜公司必须有最少15%的股份在市场上流通，按照公司在各自上市交易所的总市值进行排名，即市值=单位股票价格发行股份数量，未上市的股份没有计入其中。这与《财富》500强按营业额排名的依据不同。

但鉴于资本市场瞬息万变且有一定的特殊性，这种排名方式也不时地遭到"挑战"。市值是个瞬息万变的变量，衡量企业的标准还需看创新能力、管理能力、销售额等综合因素。以苹果和微软的2010年度排名来看就可见一斑。在此次榜单中，微软位列总排名第三，而苹果位居第五。但在5月26日，苹果股价在纳斯达克市场一度大涨

2.8%，苹果市值扩增至 2290 亿美元以上，苹果最终以 2213.6 亿美元市值超过其长期对手微软，成为科技股的龙头老大。

3. 中国企业 500 强

由中国企业家联合会和中国企业家协会组织的中国企业 500 强评选从 2002 年正式开始，由各地企业联合会推荐，各企业自主报名参加评选，评选的指标完全与《财富》500 强一致。

以下为 2005 年中国企业 500 强产生过程：

在去年中国企业 500 强的基础上，从 2004 年 1 月开始，中国企业联合会研究部与各行业企协和有关部门以及各省、自治区、直辖市企联（协）联系，征求各方面的意见，进一步充实数据库。根据收集到的资料和各行业、地方推荐、确认的名单，确定 700 家有可能入选 2005 年中国企业 500 强候选名单、800 家有可能入选 2005 年中国制造业企业 500 强候选名单、950 家有可能入选 2005 年中国服务业企业 500 强候选名单。并将相关申报文件寄发给候选企业。

2005 年的中国企业 500 强、中国制造业企业 500 强、中国服务业企业 500 强初步名单的企业来源主要是三方面：①企业自愿申报，社会中介机构认证；②在地方或行业企业 1000 强或 100 强的基础上，由企业自愿申报，行业、地方推荐；今年全国有 20 个地区开展了地方企业 500 强排序工作；③上市公司公开数据。

凡是在中国境内注册企业（不包括行政性公司及资产经营性公司）、符合收入要求的都有资格申报参加排序。2005 年中国企业 500 强、中国制造业企业 500 强和中国服务业企业 500 强分别要求申报企业 2004 年完成销售收入或营业收入分别为：30 亿元人民币、13 亿元人民币和 5 亿元人民币。

到 2011 年，中国企业 500 强已经走过了 10 年的风雨历程，呈现出以下特点：①国企占据榜单大头。2011 年中国 500 强企业前 20 名的无一例外是央企或国企；②民企上榜数量十年增长近百。与 10 年前 500 强企业中仅有 87 家民营企业相比，2011 年增加到 184 家，民营企业成为中国经济的重要组成部分；③垄断行业强势依旧，房地产业异军突起。钢铁行业连续10年上榜企业数量最多，建筑业和房地产企业上榜数量呈上升趋势；④"门槛"大幅提高。10年前进入500强企业的"门槛"是20亿元，如今已经超过了140亿元。

3. 中国进入《财富》世界500强情况

1989年，中国银行成为第一个在《财富》世界500强排行榜上亮相的中国公司。从2003年开始，中国公司在世界500强榜单上的数量已连续上升8年。2011年度，中国的上榜公司数量达到69家，数量超过日本排名第二，仅次于美国的133家，特别是中国大陆2010年上榜的所有公司2011年悉数上榜，无一下榜。其中中国大陆地区比上一年增加了15家，台湾地区增加了1家。总体上来看，2000~2010年间中国企业进入世界500强的数量呈现递增趋势。与中国上榜公司数量不断增加相对照的是，美国上榜公司数量2002年达到创纪录的197家，在随后的9年，每年都在减少。

同时，中国企业每年在世界500强排名榜上的位次也呈现总体上升趋势，2009年度，有3家中国企业进入前10名，中国石化、国家电网和中国石油分别位列第7、第8和第10位。2010年度名次又有了进一步提升，中国石化、中国石油和国家电网分别位居榜单第5、第6和第7名，营业收入超过2000亿美元。

中国作为世界经济的一枝新秀，在2000~2011年间，其排名上升和上榜的数量、速度均呈现出强劲的势头，多家企业进入了"上升最快"榜单，一些企业甚至呈现出"小步快跑"的局面。以此发展速度和规模，相信在不久的将来，中国会有更多的企业进入世界500强行列。中国企业要想取得更大的发展，不仅要在规模上做大，同时也要在核心竞争力上做强，不断发挥自己的优势，提升自己的各方面的"软实力"，真正为中国跻身于世界经济强国之林奠定坚实的基础。

4. 参考书目

1. 邱庆剑：《世界 500 强企业管理理念精选》，机械工业出版社，2006。
2. 金鸣、张敏主编《世界 500 强企业：领导班子之道》，北京出版社，2006。
3. 唐华山：《世界 500 强企业总裁语录》，人民邮电出版社，2008。
4. 〔美〕詹姆斯·柯林斯、杰里·波勒斯：《基业长青》，真如译，中信出版社，2006。
5. 〔美〕保罗·盖帝：《我如何成为世界首富》，滕飞译，企业管理出版社，2006。
6. 陈泰先：《世界上最能赚钱的九个人》，中国纺织出版社，2010。
7. 高志坚：《世界 500 强管理奇招》，机械工业出版社，2005。
8. 左章健：《世界 500 强成功策略》，南方日报出版社，2005。
9. 苗雨：《世界 500 强管理之道全集》，地震出版社，2005。
10. 胡卫红：《世界 500 强创始人的 16 个商业信条》，企业管理出版社，2004。
11. 宋力刚主编《透视世界 500 强》，中国石化出版社，2001。
12. 钱风元主编《大编队：全球 500 强沉浮录》，经济日报出版社，1999。
13. 〔美〕罗伯特·哈特利：《世界 500 强风云战败启示录》，严若森译，中国人民大学出版社，2009。
14. 世界 500 强企业研究中心：《世界 500 强经典管理制度》，东方出版社，2005。
15. 潭地洲、郑小飞：《世界 10 大创业赢家》，西南财经大学出版社，2004。
16. 许晓明：《企业成长——打造"百年老店"的战略选择》，复旦大学出版社，2007。
17. 陈东：《从十大名企看美国式精英打造》，学林出版社，2007。
18. 万雪晨：《15强顶尖企业家的成功方法》，远方出版社，2007。
19. 〔美〕彼得·德鲁克：《德鲁克管理思想精要》，机械工业出版社，2007。
20. 刘战、潘云良主编《当代中国系统管理：三个体系建设的实践与探索》，中共中央党校出版社，2006。
21. 林根祥、伍娜、潘连柏主编《管理学原理》，武汉理工大学出版社，2009。
22. 林根祥、伍娜、潘连柏主编《管理学原理习题库》，武汉理工大学出版社，2009。
23. 吴能文：《落实力就是战斗力》，新世界出版社，2008。
24. 白山、边建强：《提升执行力的68个关键》，当代世界出版社，2008。
25. 〔英〕约翰·阿代尔：《领导力与激励》，姜文波译，中国人民大学出版社，2007。
26. 杜菲莉：《管理者必知的22个硬道理》，国家行政学院出版社，2005。
27. 吴晓波：《大败局》，浙江人民出版社，2010。
28. 博文：《全世界杰出管理者都在读的30本书》，华文出版社，2009。
29. 〔美〕史蒂芬·柯维：《高效能人士的七个习惯》，王亦兵等译，中国青年出版社，2008。
30. 〔美〕彼得·德鲁克：《管理的实践》，齐若兰译，机械工业出版社，2006。
31. 艾理生：《赢在激励：实现有效激励的17个黄金法则》，地震出版社，2005。
32. 张俊杰：《400个百年老店的长赢基因：全球400个长青企业百年

老店经久不衰的成功秘诀》，中共党史出版社，2010。

33. 吕国荣主编《小故事大管理：世界 500 强管理绝活》，中国经济出版社，2010。

34. 刘雪芹：《赢在决策》，地震出版社，2005。

35. 范志宏：《杰克·韦尔奇如是说》，浙江人民出版社，2007。

36. 苏伟伦：《比尔·盖茨管理只做三件事》，中国商业出版社，2008。

37. 席酉民等编《管理思想大系 2：组织与决策》，中国人民大学出版社，2009。

38. 〔美〕彼得·德鲁克：《卓有成效的管理者》，许是祥译，机械工业出版社，2009。

39. 胡泳：《张瑞敏如是说：中国第一 CEO 的智慧》，浙江人民出版社，2007。

40. 唐朝：《企业管理中的 18 个致命错误》，中国经济出版社，2010。

41. 宋红超：《世界 500 强绩效考核准则》，中国经济出版社，2007。

42. 叶光森、刘红强：《世界顶级 CEO 的商道智慧》，华夏出版社，2009。

43. 〔美〕杰克·韦尔奇、约翰·拜恩：《杰克·韦尔奇自传》，曹彦博译，中信出版社，2001。

44. 全琳琛：《通用汽车百年兴衰》，人民邮电出版社，2009。

45. 胡八一：《这样激励最有效》，北京大学出版社，2011。

46. 周展宏：《英特尔：企业社会责任 3.0》，财富中文网 http：//www.fortunechina.com/coverstory/c/2011－03/11/content_ 50995.htm，访问日期，2011 年 3 月 11 日。

47. 彭剑锋主编《宝洁——日化帝国百年传奇》，机械工业出版社，2010。

48. 彭剑锋主编《互联网帝国——思科》，机械工业出版社，2010。

49. 盘和林主编《哈佛绩效管理决策分析及经典案例》，人民出版社，

2006。

50. 张小强：《疯狂管理》，陕西师范大学出版社，2011。
51. 梁素娟、王艳明：《德鲁克管理思想大全集》，企业管理出版社，2010。
52. 傅雷、袁建财：《世界500强企业顶尖选人之道》，中国经济出版社，2008。
53. 刘澜：《管理的10大真相》，当代世界出版社，2008。
54. 沈蕾、李晓宁：《有效战略执行：决胜营销力》，经济科学出版社，2004。
55. 骆建彬：《提升中层执行力》，北京交通大学出版社，2004。
56. 邢群麟、李卫平：《执行》，中国广播出版社，2006。
57. 罗鲜：《执行在于细节：高效执行的学问》，中国物资出版社，2007。
58. 陈军：《总裁实战执行》，企业管理出版社，2010。
59. 彦博：《执行力决定竞争力》，中国商业出版社，2008。
60. 熊超群：《3倍速执行力》，中国科学文化音像出版社，2007。
61. 吕国荣：《决定执行力的49个细节：细节成就执行力，执行力决定成败》，企业管理出版社，2004。
62. 姚予：《执行力》，中华工商联合出版社，2007。
63. 贾福华、张世奇：《如何提升中层领导执行力》，中国经济出版社，2006。
64. 陈天峰、王晶：《高效执行：案例及操作要点分析》，企业管理出版社，2005。
65. 傅雷、袁建财：《世界500强企业顶尖用人之道（上、下）》。
66. 刘光明：《企业文化案例》，经济管理出版社，2007。
67. 张德、潘文君：《企业文化》，清华大学出版社，2007。
68. 任志宏等：《企业文化》，经济科学出版社，2006。
69. 黎群编《企业文化》，清华大学出版社，2010。

70. 李海等：《中国企业文化建设：传承与创新》，企业管理出版社，2005。

71. 石磊：《企业文化案例精选评析》，企业管理出版社，2010。

72. 万君宝、刘明顺：《企业文化竞争力》，上海财经大学出版社，2007。

73. 刘光明：《现代企业文化》，经济管理出版社，2005。

74. 陈企华、孙科炎：《怎样留住人才》，中华工商联合出版社，2002。

75. 和仁、管家民：《人才三策》，西北大学出版社，2006。

76. 王端旭：《企业间人才争夺：理论与实践》，北京大学出版社，2004。

77. 王汉武：《引爆：精准制导的品牌核爆炸模型》，新华出版社，2007。

78. 宋联可：《百年老店是怎样炼成的》，东方出版社，2004。

79. 〔美〕詹姆斯·柯林斯：《从优秀到卓越》，俞利军译，中信出版社，2009。

80. 刘军伟：《关键在落实上》，中国时代经济出版社，2007。

81. 都明明：《领导者要有大智慧》，中国商业出版社，2005。

82. 赵文明：《中外企业文化经典案例：破解世界顶级企业的文化基因》，企业管理出版社，2005。

83. 李问渠：《西点军校的经典法则》，武汉出版社，2011。

84. 邹中棠：《要成功先沟通》，机械工业出版社，2010。

85. 王志纲：《成就李嘉诚一生的八种能力》，金城出版社，2009。

86. 〔美〕吉特尔：《西南航空模式：借助"关系"的力量实现优异绩效》，周亮、战凤梅译，机械工业出版社，2011。

87. 〔英〕尼克·李森：《我是如何弄垮巴林银行的》，张友星译，中国经济出版社，1996。

88. 禾田：《华人首富李嘉诚生意经》，中国商业出版社，2009。

后 记

本书的最终出版，是集体劳动的成果，得到了诸多方面的支持。特别是中国社会科学院党组书记、常务副院长王伟光同志给予了精心指导，提出了许多宝贵意见，在此表示衷心的感谢！

本书由刘战总体策划、撰写并主编。参加编写的还有：王政堂（撰写第二章、第五章、第九章），刘锡田、张长胜（撰写第六章），刘鹏龙（撰写第十一章），牟标（撰写第三章、第四章），李想（撰写第十章）。

在本书编写过程中，我们参阅了国内外大量的报刊图书资料和网站资料（参考书目见附件4），直接或间接地引用、吸收了部分研究成果和案例材料。他们的理论、思路、观点使我们受到很大启发，他们提供的生动案例引发了我们深思，给了我们很大帮助。限于篇幅，未能一一标明出处，在此表示诚挚的谢意！在写作过程中，令尚、王斌、丁一飞等做了大量后勤服务工作，在此一并感谢！

由于时间关系和能力所限，不足之处在所难免，在歉疚之余也恳请读者朋友批评指正。

编 者

2011 年 12 月

图书在版编目(CIP)数据

你想企业长寿吗？/刘战主编．—北京：社会科学文献出版社，2013.1（2017.11重印）
ISBN 978 - 7 - 5097 - 3657 - 9

Ⅰ.①你… Ⅱ.①刘… Ⅲ.①企业管理 - 研究 - 中国 Ⅳ.①F279.23

中国版本图书馆 CIP 数据核字（2012）第 184174 号

你想企业长寿吗？

主　　编／刘　战

出 版 人／谢寿光
项目统筹／恽　薇　许秀江
责任编辑／许秀江　仇　扬

出　　版／社会科学文献出版社·经济与管理分社（010）59367226
　　　　　地址：北京市北三环中路甲29号院华龙大厦　邮编：100029
　　　　　网址：www.ssap.com.cn
发　　行／市场营销中心（010）59367081　59367018
印　　装／北京京华虎彩印刷有限公司
规　　格／开本：787mm × 1092mm　1/16
　　　　　印张：35　字数：485千字
版　　次／2013年1月第1版　2017年11月第9次印刷
书　　号／ISBN 978 - 7 - 5097 - 3657 - 9
定　　价／68.00元

本书如有印装质量问题，请与读者服务中心（010 - 59367028）联系

▲ 版权所有 翻印必究